Das unterirdische Bayern

Rainer Christlein
und
Otto Braasch

7000 Jahre
Geschichte und Archäologie
im Luftbild

Das unterirdische Bayern

Konrad Theiss Verlag Stuttgart

Hinweis zur Benutzung des Textes

CIP-Titelaufnahme der Deutschen Bibliothek

Das unterirdische Bayern : 7000 Jahre Geschichte und Archäologie im Luftbild / Rainer Christlein u. Otto Braasch. – 2., unveränd. Aufl. – Stuttgart : Theiss, 1990
ISBN 3-8062-0855-7
NE: Christlein, Rainer [Mitverf.]; Braasch, Otto [Ill.]

Die *kursiv* gesetzten marginalen Ziffern beziehen sich auf die Textabbildungen.
Die **halbfett** gesetzten marginalen Ziffern weisen auf die Nummern der Farbtafeln hin.
Hinter den Ortsnamen in Text- und Abbildungsunterschriften stehen in Klammern die Abkürzungen der bayerischen Verwaltungsbezirke; ein Abkürzungsverzeichnis findet sich auf Seite 271.

Schutzumschlag: Michael Kasack, Frankfurt
2., unveränderte Auflage 1990
© Konrad Theiss Verlag GmbH & Co., Stuttgart 1982
ISBN 3 8062 0855 7
Alle Rechte vorbehalten
Gesamtherstellung: Grafische Betriebe
Süddeutscher Zeitungsdienst Aalen
Printed in Germany

Vorwort

Das Luftbild hat in der Archäologie Bayerns bis vor wenigen Jahren nur eine untergeordnete Rolle gespielt. Man beschränkte sich auf die gelegentliche Durchsicht von Bildstreifen, die für andere archäologische Zwecke hergestellt worden waren. Auch dokumentierte man durch wenige gezielte Senkrechtaufnahmen wichtige, obertägig sichtbare Bodendenkmäler und stellte auch ganz vereinzelt Schrägaufnahmen her, beispielsweise von der spätkeltischen Viereckschanze von Buchendorf am Ammersee und schon zu Beginn des Zweiten Weltkriegs von der eben erst abgeschlossenen Ausgrabung des römisch-keltischen Tempelbezirks von Cambodunum. Für alle diese Aufnahmen wurde ein Schwarzweiß-Negativfilm verwendet. Es liegt auf der Hand, daß man mit dieser Methode die frappierenden Ergebnisse der britischen Luftbildarchäologie niemals erzielen konnte, auch wenn schon früh erste Wünsche in dieser Richtung laut wurden. Begreiflicherweise mußte man nach dem Ende des Zweiten Weltkrieges alle Hoffnungen auf eine Aktivierung der Luftbildarchäologie begraben, ja man hegte sie angesichts der drängenden Tagesprobleme erst gar nicht. Es blieb dem Bundesland Nordrhein-Westfalen (Landesmuseum Bonn) vorbehalten, hier zu Beginn der sechziger Jahre bahnbrechend zu wirken. Die Ergebnisse, die Irvin Scollar dabei erzielte, wurden in anderen deutschen Ländern bewundert, gelegentlich punktuell nachgeahmt, beispielsweise in Baden-Württemberg, aber nicht konsequent kopiert. In Bayern scheiterte eine effektive Luftbildarchäologie in den sechziger Jahren an der völlig unbefriedigenden Haushaltslage der Bodendenkmalpflege. In dieser Situation sprangen die zahlreichen örtlichen Luftsportvereine in die Bresche. Mit einer grundlegenden Veröffentlichung I. Scollars als Handbuch und unter Anleitung amtlicher Landesarchäologen förderten sie in großer Zahl bislang unbekannte Bodendenkmäler zutage. Freilich fiel es den Fotografen und Fliegern naturgemäß schwer, die dadurch gewonnenen Ergebnisse dem Archiv des Landesamts für Denkmalpflege einzuverleiben; wer trennt sich schon gerne von Farbdias, die unter großen Mühen angefertigt worden waren, und deren zwar mögliche Kopie bei weitem nicht die Qualität des Originals erreichte. Günther Krahe von der Außenstelle Augsburg fertigte daher möglichst viele eigene Farbdias an (eines aus dem Jahrhundertjahr der Luftbildarchäologie 1976, – Kastell Burghöfe – ist auf Tafel 41 abgebildet). 1976 und 1977 ermöglichten Gelder der Deutschen Forschungsgemeinschaft auch dem Textautor Flüge über Niederbayern, von denen er viele Luftbilder mitbrachte.

Nahezu alle Farbaufnahmen und alle Schwarzweiß-Luftbilder stammen jedoch vom Bildautor O. Braasch. Sie entstanden zumeist in den Jahren 1977–81. Nachdem dies in den ersten Jahren noch amateurhaft in der kargen Freizeit betrieben wurde, finanziell gefördert von F. Schubert (jetzt Ingolstadt) und Klaus Schwarz (München), wurde die Tätigkeit des Bildautors 1980 zum ureigensten, auch etatmäßig berücksichtigten Anliegen der Abteilung für Vor- und Frühgeschichte des Bayerischen Landesamtes für Denkmalpflege in München. Seither wurden mehr als 100 000 Luftbilder unter den besonderen Erfordernissen und Anforderungen der bayerischen Landesarchäologie angefertigt. Dabei wurden, wie im 2. Kapitel des Buches ausführlich dargelegt, nicht nur Bestandsaufnahmen obertägiger Bodendenkmäler angefertigt und Großbauvorhaben im Auge behalten, sondern vor allem eine unübersehbare Zahl bisher unbekannter Fundstellen ermittelt. Über die Zuwachsrate orientieren Kärtchen wie die der Befestigungsanlagen im Donautal bei Ingolstadt (Abb. 26), der bayerischen Viereckschanzen (Abb. 67) und der Grabhügel südlich von Straubing (Abb. 81). Wie rasant die Vermehrung unseres Wissens ist, zeigt bereits die Tatsache, daß allein während der Drucklegung dieses Buches bis heute wiederum 14 Viereckschanzen neu hinzugekommen sind. Gegenden, die vordem für fundarm gehalten wurden, entpuppten sich als dichtbelegte Siedlungs- und Friedhofsareale. Es ist jedoch nicht nur die Dichte der neuen Denkmäler, sondern vor allem deren ausgesprochen hohe Qualität, welche überrascht. Häuser und ganze Dörfer liegen in ihren Grundrissen wohlgeordnet in den Löß- und Schotterebenen des Landes, und nicht wenige von ihnen besitzen alle Anzeichen höfischen Lebens in Form von befestigten Gutshöfen und Wohnbezirken innerhalb der Siedlungsareale. Vielerorts sind bereits die Dörfer des 4. und sogar des 5. Jahrtausends v. Chr. mit Grabenwerken eingefaßt und spiegeln urbane Verhältnisse wider. Das Schutzbedürfnis und der soziale Separierungswille waren von Anfang an ebenso da wie Kultplätze und auch aufwendige Grabstätten. Die Forschung wird für die wissenschaftliche Bewältigung des neuen, in diesem Maße noch nie in Bayern zu beobachtenden Quellenfortschritts zumindest Jahrzehnte benötigen.

Die Aufarbeitung der großen, überraschenden und qualitätvollen Befundmasse ist überhaupt eines der derzeitigen Hauptprobleme der archäologischen Denkmalpflege in Bayern. Das immer noch almosenhaft gewährte Personal des Luftbildreferates kommt mit der Verarbeitung der Informationen und der Weitergabe an die Außenstellen des Amtes nicht nach. Schon ist manche Fundstelle, 1980 entdeckt, 1982 bereits auf Nimmerwiedersehen und ununtersucht verschwunden, und die Beobachtung der großen Baugebiete am Rande der städtischen Zentren Bayerns gehört immer mehr zu einer der zentralen Aufgaben des Luftbildarchäologen. Manche so beobachtete Fundstelle mußte ununtersucht aufgegeben werden. Es ist eine besondere Tragik, daß Bayern in dem Augenblick, in dem es die unter allen Bundesländern vollständigste Übersicht seiner archäologischen Geschichtsquellen bekommt, nur wenig tun kann, deren unwiederbringlichen Schwund wirksam aufzuhalten. Zum gegenwärtigen Zeitpunkt müssen hierzulande der konsequente Vollzug des Denkmalschutzgesetzes und die Erfüllung des Artikels 141 der Bayerischen Verfassung hinter der Bewältigung von Tagesproblemen zurückstehen. Wollen wir hoffen, daß sich dies in besseren Zeiten ändert. Dieses Buch will denn auch nicht zuletzt dazu beitragen, daß archäologische Quellen als Bausteine zur Geschichte Bayerns allgemein bekannt und genutzt werden. Immerhin sind mehr als 100 000 Jahre bayerischer Geschichte nur mehr archäologisch überliefert.

In diesem Buch stellen die Autoren Denkmäler der letzten 7000 Jahre vor, beginnend mit den Dorfsiedlungen und Weilern des ältesten Neolithikums und endend in der Neuzeit, deren archäologisches Fundament oftmals um mehrere Jahrhunderte, gelegentlich sogar um viele Jahrhunderte zurückreicht. Otto Braasch verfaßte das einführende Kapitel zur Luftbildarchäologie, Rainer Christlein alle übrigen Texte und das Register. Viele Freunde haben den Autoren geholfen, die ersten Schritte auf dem Gebiet der Luftbildarchäologie zu tun. So dankt der Bildautor für die frühe Unterstützung durch die Luftsportvereine in Neuburg a. d. Donau und Weißenburg i. B. ebenso wie der anhaltenden Förderung durch den Luftsportverein Landshut. Mit ihnen stellte Ernst Schramm (Schwabach) die erforderlichen Flugzeuge zur Verfügung. Frühen fachlichen Rat erteilten freundlichst Ph. Filtzinger (Stuttgart), G. Krahe (Augsburg), A. M. Martin (Bonn und München), H. v. Petrikovits (Bonn), D. Riley (Sheffield) und W. Sölter (Essen).

Ganz besonderen Dank aber schuldet der Bildautor Herrn I. Scollar, der in langen Gesprächen Anregungen und Einblicke in seine Arbeit am Rheinischen Landesmuseum in Bonn vermittelte. Schließlich ist die verständnisvolle Unterstützung durch die zivilen und militärischen Flugsicherungslotsen, besonders die des Flughafens München-Riem, dankbar zu erwähnen. Die Luftbildfreigabe erteilte mit gewohnter Schnelligkeit das Luftamt Südbayern bei der Regierung von Oberbayern. Der Textautor ist seinen Kollegen im Denkmalamt und in der Prähistorischen Staatssammlung für manche Hilfe und für die Überlassung selbst unpublizierten Fundmaterials sehr dankbar. Insbesondere seien anerkennend die Herren W. Czysz (Augsburg), H. Dannheimer (München), H. Koschik (Nürnberg), G. Krahe (Augsburg), U. Osterhaus (Regensburg), K. Rieder (Ingolstadt) und L. Wamser (Würzburg) genannt. F. Leja fertigte ansprechende Rekonstruktionsskizzen an. Besonders angenehm gestaltete sich die Zusammenarbeit mit Frau I. Koschorreck, von deren Hand viele Pläne und alle Umzeichnungen stammen. Frau M. Lindner half dankenswerterweise beim Lesen der Korrekturen. Der Konrad Theiss Verlag hat sich den Ausstattungswünschen der Autoren bei der Entstehung des Buches stets offen gezeigt, wofür Verleger Hans Schleuning und dem Herstellungsleiter Rolf Bisterfeld besonderer Dank gebührt.

Landshut	Otto Braasch
Ende August 1982	Rainer Christlein

Inhalt

Vorwort	5

Textteil

7000 Jahre menschliche Gemeinschaften auf dem Boden Bayerns	9
Luftbildarchäologie in Bayern	24
Zur Geschichte – Zu den Grundlagen und zum Handwerk der Luftbildarchäologie	
Stadt und Burg, Dorf und Hof	39
Tempel, Kirchen und andere heilige Plätze	73
Die Stätten der Toten	82

Tafelteil

1	Die Weinberghöhlen bei Mauern	102
2	Das Gipfelplateau des keltischen Oppidums auf dem Staffelberg	104
3	Die Gelbe Bürg bei Dittenheim	106
4	Der Hahnenberg bei Appetshofen	108
5	Die Ehrenbürg	110
6	Die Roseninsel im Starnberger See	112
7	Grabenwerk der Jungsteinzeit von Kothingeichendorf	114
8	Jungsteinzeitliches Grabenwerk von Moos	116
9	Die Vogelsburg in der Mainschleife bei Volkach	118
10	Hausgrundrisse des 5. Jahrtausends vor Christus von Harting	120
11	Vorgeschichtliches Gehöft bei Oberpeiching	122
12	Ein vorgeschichtliches Dorf bei Irsching	124
13	Die frühmittelalterliche Siedlung von Kirchheim bei München	126
14	Ein frühkeltischer Herrenhof von Kirchheim bei München	128
15	Hallstattzeitlicher Herrenhof von Schwaig	130
16	Die hallstattzeitliche Burganlage von Niedererlbach	132
17	Das Grabenwerk der Jungsteinzeit von Altheim	134
18	Siedlung der Altheimer Kultur von Ottmaring-Nindorf	136
19	Vorgeschichtliche Befestigung und römische Gebäudespuren von Pförring	138
20	Befestigung der jungsteinzeitlichen Altheimer Kultur von Wisselsing	140
21	Vorgeschichtliches Befestigungswerk von Weltenburg	142
22	Befestigung der vorrömischen Eisenzeit von Neuburg an der Donau	144
23	Vorgeschichtliches Befestigungswerk bei Ettling	146
24	Befestigter Herrenhof von Irl	148

25 Vorgeschichtliche Befestigung und römische Straße bei Kleinmehring	150
26 Befestigungsanlage ungewissen Alters von Galgweis	152
27 Archäologische Denkmäler am Lechufer bei Rederzhausen	154
28 Befestigungsanlage auf dem Sebastiansberg bei Aislingen	156
29 Der Platz der mittelalterlichen Burg Kipfenberg	158
30 Zwei verschwundene Wasserburgen bei Stolzenroth	160
31 Der Burgstall von Emmereis	162
32 Mittelalterliche Burgställe in Wilzhofen	164
33 Der Burgstall Waldburg bei Niederstaufen	166
34 Die Stelle der Wasserburg Gitting	168
35 Die Wasserburg Nassenfels	170
36 Der römische Limes bei Hirnstetten	172
37 Die römische Stadt Damasia auf dem Auerberg	174
38 Eine römische Straße bei Schwabmünchen	176
39 Römische Straße bei Preith	178
40 Römischer Hallenbau in den Isarauen bei Aholming	180
41 Das römische Kastell Burghöfe	182
42 Der Lorenzberg bei Epfach	184
43 Das Hohe Schloß und das Kloster St. Mang zu Füssen	186
44 Das Zentrum des Lagers der 3. Italischen Legion bei Eining	188
45 Das Lagerdorf des Kastells Abusina bei Eining	190
46 Römische Thermen in Weißenburg i. B.	192
47 Römisches Landgut bei Holzharlanden-Buchhof	194
48 Römisches Landgut bei Oberhaunstadt	196
49 Villa rustica bei Weißenburg i. B.	198
50 Villa rustica von Kösching	200
51 Die Villa rustica von Holheim	202
52 Das Hauptgebäude eines römischen Landgutes bei Wengen	204
53 Das Hauptgebäude eines römischen Gutshofes von Ehingen am Ries	206
54 Das römische Landgut von Gaimersheim	208
55 Der »Stein« bei Grünenbach	210
56 Ein jungsteinzeitlicher Kultplatz von Hopferstadt	212
57 Der Kultplatz in der jungsteinzeitlichen Befestigung von Kothingeichendorf	214
58 Jungsteinzeitliches Grabenrondell von Gneiding	216
59 Der große Kreis von Neufahrn	218
60 Tempelbezirk der Hallstattzeit bei Aiterhofen	220
61 Bodendenkmäler bei Oberframmering	222
62 Die keltische Viereckschanze von Roith	224
63 Keltische Viereckschanzen bei Teufstetten	226
64 Das Inselkloster Frauenchiemsee	228
65 Kirche und Kloster Weihestetten	230
66 Grabhügel der Hallstattzeit bei Dittenheim	232
67 Grabhügelfeld der Hallstattzeit bei Geiselhöring	234
68 Grabhügelfeld der Hallstattzeit von Rieden	236
69 Brandgräberfriedhof bei Hochzoll	238
70 Römisches Grabmonument beim Kastell Celeusum	240
71 Mausoleum und Römerstraße bei Niedererlbach	242
72 Bajuwarische Adelsgräber von Harting	244
73 Vorgeschichtlicher Brandgräberfriedhof bei Marzling	246
74 Vorgeschichtliche Siedlungen und Grabbezirke bei Zuchering	248
75 Siedlungen und Gräber bei Dornach	250
76 Vorgeschichtliche Siedlungen und Gräber bei Rockolding	252
77 Spätrömischer Familienfriedhof von Kirchheim bei München	254
78 Ein bajuwarischer Dorffriedhof von Emmering	256
79 Ein Friedhof des frühen Mittelalters von Bergheim	258
80 Der Judenfriedhof von Rödelsee	260
Übersichtskarte	262
Ortsverzeichnis zur Übersichtskarte	263
Verzeichnis der erwähnten bayerischen Orte	264
Abkürzungsverzeichnis der bayerischen Kreisverwaltungen	271

7000 Jahre menschliche Gemeinschaften auf dem Boden Bayerns

Zur physischen Gestalt eines Staates gehören seine Bürger, seine Verfassung und seine Geschichte. Uns Bewohnern der Alten Welt sind diese Eigenschaften eines Staatengebildes so selbstverständlich, daß wir erst das Fehlen des einen oder anderen Teils als verwunderlich oder schmerzlich empfinden würden. Ein Blick auf eben erst entstehende Staaten der Dritten Welt offenbart, wie unter gewaltigen Geburtswehen versucht wird, der vorhandenen Menge Volks eine Ordnung ihres Zusammenlebens und dem sich bildenden Staatswesen eine Geschichte zu geben. Geschichte ist hier wie dort Legitimation, ist Maßstab für die Gegenwart und Fundament der Zukunft. Kein Staat kann auf seine Geschichte von sich aus verzichten, weil sie untrennbar mit der physischen Existenz seiner Bürger und mit seiner Verfassung verbunden ist. Wohl wäre es aber denkbar, daß ein Staat auf die Kenntnis seiner Geschichte verzichtet, daß er nicht nach historischer Legitimation strebt und wähnt, dadurch der Zukunft seiner Bürger zu dienen. Noch gibt es einen solchen Staat nicht, so daß in der Praxis keine Auswirkungen totaler Geschichtsnegierung zu studieren sind. Versuche in dieser Richtung gab es zwar immer wieder, haben sich jedoch stets als sehr kurzlebig erwiesen und scheiterten letzlich. Aus dem Endstadium solcher revolutionärer Experimente entstand dann in einem ernüchternden Akt der Selbstbesinnung zumeist genau das Gegenteil, nämlich eine oftmals emphatische Hinwendung zur Geschichte.

Die Geschichte eines Staates beginnt mit der Geschichte der Menschen, die auf seinem Territorium leben. Es ist gelegentlich, öfters unbewußt als bewußt, unternommen worden, diesen Beginn der eigenen Geschichte genau festzulegen und zu bestimmen: von diesem Tag und Jahr an beginnt die Geschichte dieses Volkes; was davor war, ist Vorgeschichte, ist für die eigene, die eigentliche Geschichte belanglos. Oder man definierte den Beginn der Geschichte mit dem Einsetzen bestimmter Zivilisationsstufen, beispielsweise der Schriftlichkeit. Wer dann jedoch die ersten schriftlichen Äußerungen genauer betrachtet, und wer die Schriftlosigkeit vieler Hochkulturen bemerkt, der wird auch in diesem Zivilisationsschritt keine entscheidende, eine »Vorgeschichte« ausscheidende Marke sehen können. Geschichte vollzieht sich unabhängig vom Grad der Zivilisation und von der Art der Quellen, welche sie hinterläßt. Sie setzt spätestens an dem Punkt ein, wo der Mensch sich seiner Geschichtlichkeit bewußt wurde und zu reflektieren begann, mithin am Beginn menschlicher Evolution und zu einem Zeitpunkt, da sich der Mensch der Möglichkeit und Notwendigkeit von Tradition bei weitem noch nicht bewußt gewesen sein dürfte. Das Weitergeben eigener Entscheidungen und Lebensformen an die Zukunft kann freilich keinesfalls als Kriterium beginnender Geschichtlichkeit gewertet werden. Denn dann befänden sich heute noch Teile mitteleuropäischer Gesellschaften in tiefer Vorgeschichte.

Geschichte ist somit eine Sache, die Tradition geschichtlicher Vorgänge eine andere, die Sichtbarmachung der

Geschichte eine dritte. Diese Reihung stellt gewissermaßen einen Gradmesser für die Ernsthaftigkeit eines Staates dar, mit der er seine historische Gestalt zu pflegen und zu präsentieren sucht. Hierzu gehört eben nicht nur die Erhaltung sichtbarer Denkmäler vergangener Zeiten, sondern in erster Linie die Erforschung der gewachsenen Strukturen, das Zurückverfolgen des heutigen Erscheinungsbildes auf seine Ursprünge, das Aufzeigen von langsamen Wandlungen, abrupten Zäsuren und immerwährenden Konstanten in der Geschichte von Land und Volk. Die Erforschung der eigenen Geschichte war denn auch ein Anliegen des Staates Bayern, seit man sich allseits der Notwendigkeit bewußt geworden war, seinen historischen Standort zu bestimmen, das heißt seit dem Ende des Mittelalters, und seitdem man Geschichte und Schicksal nicht mehr ausschließlich gottbezogen sah. Die Entdeckung anderer Schriftquellen als die Bibel und anderer Ahnen als nur Adam und Eva war die Folge, wenngleich immer noch die Nähe der festgefügten biblischen Weltordnung gesucht wurde. Fortschrittliche Forscher wie Johannes Aventinus und Philipp Apian wurden von Staats wegen gefördert, die Archive und das Land schlechthin öffneten sich ihnen, ihre Arbeiten und Atlanten zur Geschichte und Topographie Bayerns erschienen in vergleichsweise hohen Auflagen. Die Quelle geschichtlicher Erkenntnis war damals zum kleineren Teil mündliche Überlieferung, zum weitaus überwiegenden Teil das Schrifttum in Archiven und Bibliotheken. Andere Quellen, etwa archäologische, wurden, wenn man sie nicht mit den antiken Autoren in Übereinstimmung bringen konnte, in den Kuriositätenkabinetten abgelegt. Was nicht schriftlich oder biblisch zu belegen war, blieb bestenfalls »graue Vorzeit«. Undenkbar schien, daß diese einmal erforschbar wäre, und dieser resignierende Verzicht wurde vielen Historikern – bis in unsere Tage hinein – dadurch erträglich gemacht, daß man außerhalb der von der Schriftlichkeit erleuchteten Geschichte zunächst überhaupt keine geschichtlichen Ereignisse sehen wollte, später allenfalls nur solche zweiten oder dritten Ranges. Mehr und mehr gesellten sich jedoch zu den antiken Steindenkmälern, die von den Humanisten fleißig gesammelt und richtig gedeutet wurden, jene undeutlichen Bodendenkmäler und undeutbaren Bodenfunde. Die beiden großen bayerischen Topographen Philipp Apian und Michael Wening haben festgehalten, was sie bei ihren Reisen und Umfragen in Altbayern in der Mitte des 16. Jahrhunderts bzw. um 1700 über den Bestand an unerklärlichen Erdwerken im Lande erfuhren. Über einhundert Mal verzeichnet beispielsweise Apian in seiner Topographie »vestigia arcis vetustae« oder »ruina arcis«. Heute wissen wir, daß sich hierunter tatsächlich häufig Burgställe aus dem Mittelalter befanden, daneben aber auch keltische Viereckschanzen, römische Kastelle und sogar der Moosberg bei Murnau, eine spätrömische Befestigung. All dies wurde von Apian (und noch 150 Jahre später von Michael Wening) unreflektiert aufgelistet. Andere Bodendenkmäler gab es für beide so gut wie überhaupt nicht. Vor allem die noch in großer Zahl vorhandenen Grabhügel gehörten für beide Topographen nicht zum Bild des Landes.

Im Verlaufe des 18. Jahrhunderts mehrten sich die Hinweise auf Bodendenkmäler. Der römische Limes wurde als ein Monument von einzigartiger Erstreckung erkannt und in seiner historischen Bedeutung als Grenze des römischen Reiches richtig eingeordnet. Grabhügel wurden geöffnet und gaben Dinge preis, die man bis dahin noch nie gesehen hatte: Schwerter und Äxte aus Bronze, mürbe Tonscherben, rätselhafte Eisengegenstände. Das Wissen um den zu erwartenden Inhalt der zahlreichen Hügelgrabstätten hielt sich bis in die erste Hälfte des 19. Jahrhunderts und führte dann im Zeichen einer aufblühenden Altertumsbegeisterung zu umfangreicher, gezielter Ausgrabungstätigkeit in den Grabhügelnekropolen des Landes. Diese Grabungseuphorie verschaffte im günstigsten Falle den neugegründeten Altertumsvereinen ein nützliches Betätigungsfeld und den damit verbundenen Sammlungen und Museen einen enormen Zuwachs an Fundstücken. Heute wissen wir, daß diese frühe Ausgrabungswelle keinesfalls den Ansprüchen heutiger Forschung genügte, ja daß der Schaden, der damals den noch weitgehend ungestörten Befunden zugefügt wurde, den Nutzen oftmals überstieg. Der Nutzen: dies war damals bestenfalls eine volkskundliche Ausdeutung des Gefundenen. Zwar bemühte man sich auch um das Erfassen der historischen Bedeutung jener Altertümer, doch zumeist mit untauglichen Mitteln und oft am untauglichen Objekt. Denn jene Grabfunde bildeten nur einen kleinen zeitlichen und sachlichen Ausschnitt aus dem Gesamtbestand archäologischer Denkmäler. Zwar wuchs im 19. Jahrhundert mit dem Beginn der Industrialisierung und mit dem Einsetzen größerer, noch von Hand getätigter Erdbewegungen auch der Anfall an Ge-

genständen aus oberirdisch nicht sichtbaren Denkmälergattungen, vor allem aus keltischen oder frühmittelalterlichen Flachgräbern und aus römischen, gelegentlich auch aus vorgeschichtlichen Siedlungen. Doch blieb der Fundbestand höchst ungleichmäßig auf die Zeiten und auch auf die Regionen Bayerns verteilt. Diese Forschungsetappe ist streng genommen noch forschungsgeschichtlicher Vorzeit zuzuschlagen; sie gehört noch dem Zeitalter des unreflektierten Sammelns an. Erst im fortgeschrittenen 19. Jahrhundert war der Ruf nach einer zeitlichen Klassifizierung des riesigen Berges von Altertümern unüberhörbar geworden. Die im Norden Europas erprobte und von dort übernommene Dreiteilung der vorgeschichtlichen Zeiten nach den Werkstoffen ihrer Waffen und Geräte in Stein-, Bronze- und Eisenzeit genügte bald nicht mehr. Verfeinernde Untergliederungen zeichneten sich ab und wurden zunächst mit ihren vorherrschenden archäologischen Erscheinungsformen verknüpft: Hockergräberzeit, Hügelgräberbronzezeit und Urnenfelderzeit wurden innerhalb der Bronzezeit ausgesondert, die Reihengräberzeit aus dem Mittelalter. Zur weiteren Differenzierung dienten dann einzelne Fundplätze mit charakteristischen Inventaren, beispielsweise das österreichische Hallstatt und das schweizerische La Tène in der Eisenzeit, die mittel- und süddeutschen Orte Rössen, Großgartach, Münchshöfen und Altheim in der Jungsteinzeit. An die Untergliederung der Altsteinzeit nach bedeutenden französischen Fundorten hatte man sich ebenfalls gewöhnt. Vor allem innerhalb der Jungsteinzeit kam dann mit der Vermehrung des Fundmaterials die Möglichkeit hinzu, bezeichnende Gefäßformen und -muster als Kriterien einzusetzen: Linienbandkeramik, Stichbandkeramik, Schnurkeramik, Glockenbecher erwiesen sich als kennzeichnend für einzelne Zeitabschnitte. Wo sich inzwischen zahlenmäßig tragfähiges, in sich vergleichbares und einheitliches Fundmaterial angehäuft hatte, konnte mit dem Mittel der Kombinationsstatistik an weitere Untergliederungen gegangen werden: Urnenfelder- und Hallstattzeit wurden zu den vier Stufen Hallstatt A, B, C und D zusammengefaßt, ebenso die Bronzezeit und die Latènezeit. Am Ende dieses zweiten forschungsgeschichtlichen Abschnitts, der vielleicht eben erst als abgeschlossen betrachtet werden kann, stand die zeitliche Reihung der einzelnen Kleinfundgruppen und der mit ihnen verbundenen Kulturerscheinungen, wie dies das nachfolgende Schema zusammenfaßt:

(Neuzeit)
(Mittelalter)
Frühes Mittelalter (Reihengräberzeit)
späte ⎫
mittlere ⎬ römische Kaiserzeit
frühe ⎭

Latènezeit mit den Stufen
- D
- C
- B
- A

Hallstattzeit mit den Stufen
- D
- C

Urnenfelderzeit mit den Stufen
- B
- A

Bronzezeit mit den Stufen
- D
- C
- B
- A

Kupferzeit mit den Kulturgruppen der
- Glockenbecherkultur
- Schnurkeramik
- Chamer Gruppe
- Altheimer Kultur
- Michelsberger Kultur
- Pollinger Gruppe

Mittlere Jungsteinzeit mit den Kulturgruppen der
- Münchshöfener Kultur
- Bischheimer Gruppe
- Rössener Gruppe
- Oberlauterbacher Gruppe
- Großgartacher Gruppe
- Stichbandkeramik

Ältere Jungsteinzeit — Linienbandkeramik

Die davor liegenden Abschnitte der Mittelsteinzeit und der Altsteinzeit befinden sich außerhalb unserer Betrachtung, da diese Zeiträume so gut wie keine im Luftbild erkennbaren anthropogenen Denkmäler im Boden hinterlassen haben.

Natürlich ging mit dem Bemühen um eine Gliederung der Sachaltertümer stets auch das Suchen nach absoluten Daten einher. Am einfachsten war das Problem für die Römerzeit zu lösen. Hier standen bekannte historische Ereignisse, datierte Inschriftdenkmäler und die Jahresangaben auf den zahlreichen Münzen zur Verfügung. Münzfunde in Reihengräbern lieferten auch das Gerüst für die chronologische Bestimmung der frühmittelalterlichen Quellen. In jüngster Zeit wurden viele Daten aus der Archäologie des frühen Mittelalters und der Römerzeit durch die Jahrringchronologie in erhaltenen Hölzern korrigiert und präzisiert. Diese Methode der Dendrochronologie beginnt auch zunehmend in vorrömischen Epochen eine Rolle zu spielen, sofern erhaltene Hölzer verfügbar sind. Bis dahin zehrt die Chronologie der späten Hallstattzeit und der Latènezeit von den fest datierten mediterranen Importgegenständen in einheimischen Gräbern und Siedlungen, allenfalls noch unterstützt durch die historisch belegten keltischen Eroberungszüge in den Mittelmeerraum und die dabei hinterlassenen archäologischen Spuren. Auch dieser Datierungsweg wird, beschreiten wir ihn in Richtung Bronzezeit oder gar Jungsteinzeit, immer beschwerlicher, weil in seinem Verlauf die mittelmeerischen Chronologievorstellungen zunehmend der Präzision entbehren und die Kontaktfunde zum nordalpinen Raum immer spärlicher werden. Hier gewinnt die naturwissenschaftliche Methode der C^{14}-Datierung, aus der meßbaren Zerfallszeit des Kohlenstoff-14-Gehalts in Organismen nach deren Absterben gewonnen, als Korrektur und Orientierungshilfe immer mehr an Bedeutung und wird nach dem zu erhoffenden Ausschalten aller Unsicherheitsfaktoren einmal ein exaktes chronologisches Gerüst für die Datierung der steinzeitlichen Altertümer Bayerns abgeben. Bislang führte dieser naturwissenschaftliche Datierungsweg noch zu Diskrepanzen zwischen seinen Ergebnissen und den herkömmlichen Vorstellungen zur absoluten Datierung jungsteinzeitlicher Kulturgruppen. Dennoch wird er hier für berechtigt gehalten, werden seine Daten in die folgende Auflistung der Zeitmarken im Ablauf der vorgeschichtlichen Altertümergruppen eingefügt:

(Neuzeit)		
		1500
(Mittelalter)		
		800
Frühes Mittelalter		
		450 n. Chr.
Römische Kaiserzeit		
		Christi Geburt
Latènezeit	D	
		130 v. Chr.
	C	
		280
	B	
		380
	A	
		430
Hallstattzeit	D	
		560
	C	
		700
Urnenfelderzeit	B	
		1000
	A	
		1200
Bronzezeit	D	
		1300
	C	
		1400
	B	
		1500
	A	
		2000
Kupferzeit		
		3500
Mittlere Jungsteinzeit		
		3900
Ältere Jungsteinzeit		
		4500

Abb. 1 Der zweiteilige Wasserburgstall vom Wasenhof bei Petershausen (DAH) im Tal der Glonn war im Winter 1981/82 durch Überflutung und als Schneemerkmal gewissermaßen wieder auferstanden, nachdem er nicht einmal in die amtliche Liste der obertägigen Bodendenkmäler Aufnahme gefunden hatte und dadurch schon so gut wie für tot erklärt war. Dabei ist die Wasserburg eines der ältesten erkannten archäologischen Denkmäler Altbayerns. Schon Philipp Apian erwähnt sie im 16. Jahrhundert in seiner Topographie als »vestigia vetustae arcis«.

Dem Leser wird auffallen, daß die zahlreichen jungsteinzeitlichen Kulturgruppen nur mit wenigen absoluten Zäsuren versehen sind. Dies liegt nicht nur daran, daß gerade hier jüngste Entwicklungen auf naturwissenschaftlichem Gebiet erneut für Unsicherheit sorgen, sondern auch am Charakter der jungsteinzeitlichen Kulturerscheinungen: ein Teil von ihnen ist nicht (nur) nacheinander, sondern auch nebeneinander zu plazieren, war also gleichzeitig. Überhaupt sind die Inhalte der archäologischen Phänomene in obiger Liste höchst verschieden. Die Stufen der Reihengräberzeit, die Latènestufen A–C, die Formeninhalte der Bronzezeit, Urnenfelderzeit und Hallstattzeit wurden aus einer großen Zahl von Grabfunden gewonnen. Für alle diese Abschnitte kennen wir am besten die Entwicklung des Trachtenschmucks und der Waffen, während die keramische Entwicklung nur dort zu überblicken und analog zu klassifizieren ist, wo auch keramische Erzeugnisse mit ins Grab gerieten. Dies war nicht immer der Fall, vor allem nicht immer in der ganzen Bandbreite der Töpfereierzeugnisse. Demgegenüber entstammt der überwiegende Teil des klassifizierten Fundstoffs des Mittelalters, der späten Latènezeit und der römischen Kaiserzeit, dann aber vor allem der jungsteinzeitlichen Epochen, aus Siedlungen. Keramikformen können ganz andere Entwicklungsstufen durchgemacht haben als Trachtenschmuck, die Verbreitung ihrer

Formen und Verzierungselemente ist von anderen Vorgegebenheiten bestimmt als die von Waffen und Werkzeugen. Würde man beispielsweise aus der Bronzezeit nur die Keramik kennen, so hätte man sicher zunächst das ganze Formenspektrum aus den verschiedensten Unterstufen als eine allgemeine Kulturerscheinung aufgefaßt und etwa der Altheimer Kultur der Jungsteinzeit gleichberechtigt zur Seite gestellt. Und dies nicht einmal zu Unrecht.

Zu den Fragen, bei denen die feinstchronologische Untergliederung des archäologischen Fundstoffs unerläßlich ist, gehört in erster Linie die Frage nach Beginn und Abbrechen von Gräberfeldern. Zunächst darf man, wenn nicht andere Gründe dagegen sprechen, mit solchen Zäsuren auch Beginn und Ende der zugehörigen, die bestattete Bevölkerung liefernden Siedlungen gleichsetzen. Ein gutes Beispiel für diese Regel – und auch für eine erste Ausnahme – sind die frühmittelalterlichen Reihengräberfelder, die gleichzeitig mit den alamannischen, fränkischen oder bajuwarischen Siedlungen einsetzen und den Beginn einer bis heute kontinuierlichen Nutzung einer Markung genau anzeigen. Ihr Ende ist freilich nicht mit dem Ende der Siedlung gleichzusetzen, sondern Eigengesetzlichkeiten der inneren Entwicklung von Kirche und Bestattungswesen im frühen Mittelalter unterworfen. Die Siedlung eines um 700 abbrechenden Reihengräberfriedhofs besteht in den meisten Fällen heute noch. Dagegen ist es erlaubt, das Ende der meisten römischen Gräberfelder Südbayerns um die Mitte des 3. Jahrhunderts mit einer Aufgabe der zugehörigen Siedlungen zu verknüpfen, da die Gegenkontrolle, die Untersuchung dieser Siedlungen, nur zu oft eine Bestätigung erbrachte. Schließlich ist auch noch der Fall denkbar, daß ein Gräberfeld aus Pietät weiterbelegt wurde, selbst wenn die zugehörige Siedlung aufgelassen und an anderer Stelle neu errichtet wurde. Gerade zur Römerzeit geschah dies, wenn ein spätrömisches Kastell die in mittelrömischer Zeit noch an anderer Stelle siedelnde Bevölkerung aufgenommen hatte, beispielsweise in *Cambodunum* – Kempten, *Guntia* – Günzburg und *Sorviodurum* – Straubing. Die sichersten Aussagen über Siedlungsweise und -dauer erfahren wir somit immer noch am ehesten von den Siedlungen selbst. Freilich bedeutet auch hier das Verlassen eines Siedlungsplatzes nicht von vornherein, daß die so handelnde Bevölkerung auch ihren Grund und Boden aufgegeben hätte. Oftmals verlegte man aus anderen Gründen, beispielsweise wegen der Erschöpfung der Böden, oder auch nur wegen Baufälligkeit oder Zerstörung des alten Siedlungsplatzes, die Siedlung an eine benachbarte Stelle innerhalb der Feldflur, ohne daß sich darin Umschichtungen von Bevölkerungsteilen widerspiegelten. Bezeichnenderweise benutzte man in solchen Fällen häufig den Friedhof der Vorfahren ohne Unterbrechung weiter. Zum Nachweis einschneidender Bevölkerungsverschiebungen taugen auch nicht plötzliche Veränderungen im Formen- und Ornamentschatz von Schmuck, Waffen und Keramik. Früher meinte man vielfach und vereinfachend, an solchen Nahtstellen vorgeschichtlicher »Kulturen« habe jeweils die Auswechslung ganzer Völker stattgefunden. Dies *kann* in Einzelfällen auch so gewesen sein; in vielen Fällen erweist es sich bei näherer Betrachtung, daß andere Lebensäußerungen des antiken Menschen die betreffende Kulturnaht hurtig überspringen, daß beispielsweise Siedlungen und Gräberfelder ohne Zäsur weiterbenutzt werden, daß somit die Bevölkerung die gleiche blieb und nur die Mode sich änderte.

Ein Überblick über die Geschichte der Antike in Bayern hat gleichwohl zunächst die Geschichte menschlicher Gemeinschaften zu sein. Es verbietet sich nach dem soeben Dargelegten, die Abfolge vorgeschichtlicher »Epochen«, »Kulturen« oder »Zeiten« für diese Geschichte schlechthin zu halten. Der Unterschied zwischen diesen antiquarischen Einteilungskriterien des Quellenstoffs und dem eigentlichen historischen Geschehen ist wie der Unterschied zwischen einem Metronom und einem Musikstück. Bevor wir uns mit dessen Melodik, der Bevölkerungsentwicklung, näher beschäftigen, wollen wir einen Blick auf verschiedene theoretische Möglichkeiten werfen. Der Zustand ungebrochener Bevölkerungskontinuität, verbunden mit stetigem Wachstum, in dem wir derzeit leben, ist dabei nur eines von verschiedenen Modellen. Diesem stabilen Zustand mit interner Motorik kann ein labiler Zustand gegenüberstehen, bei dem ein Volk als Einheit zwar erhalten bleibt, in seinen einzelnen Gruppenbestandteilen jedoch mobil wird; die Germanen der Völkerwanderungszeit und ihre ersten Phasen der Seßhaftwerdung in Süddeutschland wären hierfür ebenso ein Beispiel wie die Bevölkerungsbewegungen Süddeutschlands in der Zeit keltischer Expansion. Schließlich ist mit einer dritten Fallgruppe zu rechnen, bei der nun wirklich ein fremdes Ethnikum mit externer Motorik

Abb. 2 Die Römerstraße, die von Augsburg aus nach Norden auf dem rechten Lechufer verlief, zeigte sich im Winter 1981/82 erstmals deutlich durch die weißen Schneebänder ihrer Straßengräben. Sie zieht zwischen Mühlhausen und Anwalting (AIC) im Talgrund der Friedberger Ach und wird heute von diesem Bach mehrfach gekreuzt.

Abb. 3 *Überpflügtes Grabhügelfeld bei Allersheim (WÜ), kenntlich nur noch durch die andersartige Färbung der verflachten Hügelaufschüttungen.*

zu einem kompletten Bevölkerungsaustausch führt. Hier wären die Ablösung romanischer Bevölkerungsteile durch die Germanen im 5. Jahrhundert in Südbayern und die slawische Einwanderung in Böhmen im 6. Jahrhundert als Beispiele tauglich. Ein wesentlicher Faktor der Bevölkerungsentwicklung ist in den beiden ersten Fallgruppen der Geburtenüberschuß; wir können dies an den Rodungsanstrengungen und überhaupt an der Kolonisationstätigkeit des Mittelalters gut beobachten. In der dritten Fallgruppe wirkt sich dies erst mit Verspätung aus, eben nach erfolgter Seßhaftwerdung und nach einer Zeit ungestörter Binnenentwicklung. Ob eine derartige Bevölkerungsexpansion in vorrömischen Zeiten angenommen werden darf, und inwieweit sie sich ähnlich wie im älteren Mittelalter auf die internen Verhältnisse auswirkte, hängt vom Vorhandensein ähnlicher Heirats- und Vermehrungsgebräuche und von den jeweiligen Möglichkeiten ab, durch Kriegszüge, wie denen der Kelten im 4. und 3. Jahrhundert v. Chr., ein Ventil zu öffnen.

An dieser Stelle muß als weiteres Instrument zur Beobachtung geschichtlicher Vorgänge die Gattung der archäologischen Fundstücke in unsere Betrachtung aufgenommen werden. Ihre formale Ausprägung war in eine lange Evolutionsreihe eingefügt, deren Träger wiederum der Mensch war. Dies gilt für die Keramikentwicklung in zumeist lokal arbeitenden Töpfereien ebenso wie für die Produktionsserien von Bronzegießereien oder Waffenschmieden. Die Unterbrechung einer formalen Traditionsreihe, beispielsweise der Keramik, kann auf einen Bevölkerungsaustausch hindeuten, muß es aber nicht.

Umgekehrt ist jedoch gerade auf dem Keramiksektor eine ungebrochene, kontinuierliche, nur der typologischen Reihung unterworfene Entwicklung stets das Anzeichen ungebrochener Bevölkerungskontinuität, nachdem das Weitergeben handwerklicher und formaler Traditionen enge menschliche Kommunikation sowie die Verfügbarkeit des älteren Vorbildes voraussetzt.

Gestörte oder ungestörte Entwicklungstendenzen gibt es unter den Fundstücken jedoch nicht nur in der Dimension Zeit, sondern auch in der Dimension Raum. Die Form eines Gegenstandes ändert sich nicht nur mit der Zeit, sondern auch mit der Entfernung von seinem Ursprungsherd. Auch hier kommt es erst zum formalen Bruch, wenn die Kommunikationskette reißt, wenn das Vorbild den nächsten Töpfer, Gießer oder Schmied nicht mehr erreicht, wenn es an eine Grenze gestoßen ist. Solche Grenzen haben sich stets als künstlich erwiesen und waren immer politischer Natur. So stellen beispielsweise unsere Sprach- und Dialektgrenzen das Abbild der ganzen breiten Palette von der Staatsgrenze über die eine Kommunikation eben noch erschwerende Binnenverwaltungsgrenze bis hin zum Heiratskreis dar und verwischen sich mit zunehmender Liberalisierung des Verkehrs. Fallen freilich derartige künstliche Barrieren ganz weg, so sind der menschlichen Kommunikation und der Ausbreitung von Kenntnissen, von Formen und letztlich von Menschengruppen selbst nur mehr natürliche Grenzen gesetzt. Solche natürlichen Verkehrsräume haben sich im Formenschatz archäologischer Funde aus Bayern deutlich niedergeschlagen. Dabei erweisen sich die scheinbar verkehrshemmenden Gebirgskämme des Thüringer-, Oberpfälzer- und Böhmerwaldes und vor allem der Alpen als in Wirklichkeit verbindend. Ober- und Unterfranken tendierten stets zum thüringischen Becken auf der einen und zum Mainmündungsgebiet auf der anderen Seite, die Oberpfalz und der niederbayerische Gäuboden gehörten mit West- und Südböhmen zu einem gemeinsamen Verkehrsraum, und im unmittelbaren Alpenvorland bestanden zwischen Salzach und Bodensee stets mindestens ebenso intensive Verbindungen zu den Alpentälern beiderseits des Alpenhauptkammes wie zum bayerischen Donauraum. Es ist erstaunlich zu sehen, daß diese zusammengehörenden Zonen enger menschlicher Kontakte in der Folge oftmals auch ethnisch-politische Einheiten bildeten. An den vorgegebenen naturräumlichen Rahmen hielten sich beispielsweise die Slawen bei ihrem kurzlebigen Vorstoß nach Nordbayern. Die Raeter siedelten vom nördlichen Alpenvorland bis in die südlichen Alpentäler. Der Nordfuß der Alpen – und nicht etwa der Südfuß – bildete vom 5. Jahrhundert an die Grenze zwischen Romanen und Germanen. Und die alamannische Ostgrenze pendelte sich schließlich im Bereich des Lechflusses ein und damit auf derjenigen Linie, die schon seit Jahrtausenden einen südwestdeutschen Verkehrsraum vom immer östlich geprägten oberbayerischen Hügelland geschieden hatte. Selbst der mittelkaiserzeitliche Limes, jenes gewaltige Produkt römischer Macht, hatte schließlich vor den Tallandschaften des Main, der Regnitz und der Naab haltgemacht und damit auf diejenigen bayerischen Landschaften verzichtet, die schon immer ihren Rückhalt in den Tälern von Saale und Elster, von Eger und Moldau hatten. Es mag bezeich-

Abb. 4 Keltische Viereckschanze bei Hailing (SR). Im niederbayerischen Lößgebiet gelegen, hatten Gräben und Wälle keine Chance, der Nivellierung durch den Pflug zu entgehen. Am Boden ist keinerlei Erhebung mehr zu erkennen. Die Wiederentdeckung des spätkeltischen Tempelbezirks war einem Luftbild vom Frühjahr 1982 vorbehalten, auf dem die auseinandergepflügten hellen Wallaufschüttungen mit einer Torlücke und die scharfkantigen Umrisse des Grabens deutlich auszumachen waren. Hailing ist eine der 70 auf diese Weise in den letzten vier Jahren neu aufgefundenen derartigen Anlagen.

nend sein, daß eine der wenigen Grenzen, die den natürlichen Verkehrsräumen Gewalt antat, nämlich der spätrömische Limes an Iller und Donau, ein Provisorium war und nur kurze Zeit hielt. Als eine extrem politisch-künstliche Verkehrsscheide besitzt er dennoch Modellcharakter. Man wird in den Verbreitungsbildern kultureller Ausdrucksformen aus vorrömischen Epochen nach ähnlich irregulären und scharfen Grenzen suchen müssen, um politische Grenzziehungen der Vorzeit herauszufiltern.

Voraussetzung bleibt nach wie vor eine Kenntnis der Bevölkerungsverhältnisse in Bayern in den letzten sieben Jahrtausenden. Die heutigen Zustände sind dabei eine direkte, durch äußere Einflüsse wie Kriege oder Krankheitsepidemien kaum beeinträchtigte Folge der Ereignisse des 5.–8. Jahrhunderts. Weder die Turbulenzen der Ungarneinfälle mit ihren unbeschreiblichen und weitgehend unbeschriebenen Verheerungen, noch die sozialen und politischen Nöte und Aderlässe des ausgehenden Mittelalters oder des Dreißigjährigen Krieges haben die Entwicklung der germanischen Bevölkerung Bayerns auf Dauer beeinflußt, allenfalls dahingehend, daß die jeweiligen Reduzierungen der Einwohnerzahlen fürs erste kaum noch eine Expansion oder Binnenkolonisation erforderlich machten.

Am Anfang dieser Ära, in der wir uns heute noch befinden, stand die Inbesitznahme des Landes durch germanische Völker, freilich nicht gewissermaßen mit einem gewaltigen Paukenschlag, sondern eher mit leichtem, sich über den Zeitraum von acht Jahrhunderten hinziehenden Tremolo. Während nämlich der Norden und Nordosten Bayerns schon von der Mitte des ersten vorchristlichen Jahrhunderts an germanischen Siedlern offenstand, das Gebiet zwischen Limes und Donau immerhin seit 260, fiel das Land südlich der Donau endgültig erst im 5. Jahrhundert, wobei sich einzelne romanische Siedlungsinseln (Regensburg, Passau, Salzburg) noch bis ins 8. oder 9. Jahrhundert hinein hielten. Zur gleichen Zeit, als sich im Süden germanische Bevölkerung zu konsolidieren begann, wurden dann wiederum germanische Siedlungsgebiete an Main und Regnitz vorübergehend oder auch für länger aufgegeben, bis schließlich auch Nordbayern vom 8./9. Jahrhundert an bis heute von germanischer Bevölkerung besiedelt blieb. Den Anfängen germanischer Aufsiedlung im Norden steht in den ersten fünf Jahrhunderten nach Christus im Süden Bayerns politisch das römische Weltreich in seinen Provinzen Raetien und Noricum gegenüber. Ethnisch war diese Zeit alles andere als einheitlich und ruhig. Eine stabile Bevölkerungsgruppe stellten allenfalls die Bewohner der ländlichen Gutshöfe dar, allerdings für den größten Teil Südbayerns nur vom 2. bis zum 3. Jahrhundert. Nur im äußersten Südosten Bayerns, auf dem Gebiet der Provinz Noricum, gehen die römischen Siedlungen auf keltische Vorläufer zurück. Eine gewisse Konstante dürfte auch die zivile Einwohnerschaft zentraler Kastellorte gebildet haben. Sie war zwar weitaus mobiler als die Landbevölkerung, hielt sich dafür aber in den meisten Orten bis ins 5. Jahrhundert hinein. Austauschbar war stets das Militär, das einen beträchtlichen Anteil an der Gesamtbevölkerung ausmachte, und ausgetauscht war auch die Ureinwohnerschaft der ältesten zivilen Römerorte auf bayerischem Boden, der um 14 n. Chr. gegründeten Städte *Cambodunum* (Kempten), *Damasia* (Auerberg) und des noch etwas älteren *Abodiacum* (Epfach). An keinem dieser Orte knüpfte die römerzeitliche Besiedlung an Vorrömisches an, wenngleich außer Zweifel steht, daß die Masse der Bevölkerung keltisch war. Die Einwohnerschaft aller dieser Plätze muß von anderen Regionen der keltischen Welt ins Alpenvorland transferiert worden sein. Gleiches gilt auch für das flache Land zwischen Lech und Inn, in dem im ersten Jahrhundert nach Christus fremde Volkssplitter angesiedelt wurden. Die beiläufige Selbstverständlichkeit, mit der hier Völker und Stämme über große Entfernungen hinweg bewegt worden sind, befremdet aufs erste, und auch ein Hinweis auf ähnliche Praktiken in der Spätantike kann solchen Vorgängen kaum etwas von ihrer Verwunderlichkeit und Ungewöhnlichkeit für uns Heutige nehmen. Doch war dergleichen keineswegs neu, sondern seit langem geübter Brauch und oftmals überliefert. Hier setzte sich in nachchristlichen Zeiträumen fort, was in vorchristlichen Zeiten gang und gäbe war: die Bewegung beträchtlicher Bevölkerungsmassen als Ganzes über größere Räume hinweg, sei es zum Beispiel als Kolonisationsvorgang von Griechenland nach Sizilien, Unteritalien oder Südfrankreich, sei es – unter anderem Blickwinkel – als bedrohliche Wanderbewegung barbarischer Völker. Die keltischen Vorstöße nach Italien, Griechenland und Kleinasien waren Belege solcher innerer Motorik. In Bayern haben sich die Bevölkerungsverschiebungen dieser Zeit deutlich in den nur kurzen Belegungsspannen keltischer Friedhöfe und den allgemein

Abb. 5 Zweieinhalb Kilometer ostnordöstlich des großen Oppidums von Manching liegt bei Westenhausen (PAF) eine spätkeltische Viereckschanze. Ihr Umfassungsgraben ist jedes Jahr als Bewuchsmerkmal auszumachen. Freilich nur mehr zur Hälfte. Da das Denkmal bis zu seiner Entdeckung aus der Luft unbekannt war, konnte es vor wenigen Jahren durch eine Kiesgrube unbemerkt abgebaut werden.

kurzphasigen Siedlungen niedergeschlagen. Hier bilden die großen Stadtsiedlungen der ausgehenden Latènezeit mit ihrer ununterbrochenen Besiedlung vom 3. bis 1. vorchristlichen Jahrhundert ausnahmsweise eine Konstante und sichern wenigstens für diesen Zeitraum stabile Bevölkerungsverhältnisse.

Die vorherrschende Mobilität macht es schwierig, aus den ergrabenen Friedhöfen – zumeist sind es ja nur Friedhofsfragmente – allgemeine Zäsuren abzulesen. Sicher ist jedoch, daß die Schwelle von der Hallstattzeit zur Latènezeit im 5. vorchristlichen Jahrhundert keinen bevölkerungsmäßigen Einschnitt bedeutete, so scharf sie sich auch in den Grabsitten und in den Metallschmuckformen abzeichnete. Die meisten Siedlungen der späten Hallstattzeit reichen nämlich ohne Unterbrechung bis in die Frühlatènezeit hinein, Keramikformen setzen sich kontinuierlich fort, und auch die Trachtsitten änderten sich zumeist nicht. Dem entsprechen hallstattzeitliche Nekropolen mit latènezeitlichen Nachbestattungen. Auch die Bauweise der Häuser und die Anlage der Siedlungen änderten sich nicht zwischen Hallstattzeit und Frühlatènezeit.

Die gleichen Beobachtungen lassen sich nun an den Nahtstellen zwischen Urnenfelderzeit und Hallstattzeit (im 8. vorchristlichen Jahrhundert) und zwischen Bronzezeit und Urnenfelderzeit (im 13. vorchristlichen Jahrhundert) anstellen. Stets sind die verschiedenen archäologischen Zeitabschnitte durch eine ungestörte Tracht-

und Gefäßformenentwicklung, durch fortlaufend genutzte Siedlungen und Gräberfelder, durch Details der Grabsitten und durch gleiche Anlage von Häusern und Siedlungen derart miteinander verklammert, daß kein Zweifel an einer kontinuierlichen Bevölkerungsentwicklung aufkommen kann.

Eine zweite große Zäsur – nach derjenigen der Römerzeit – ist erst im Bereich der frühen Bronzezeit zu beobachten. Deren jüngster Abschnitt ist durch vielfältige Gemeinsamkeiten vor allem auf dem Gebiet der Formenentwicklung von Tracht, Metallschmuck, Geräten, Waffen und Keramik so eng mit der nachfolgenden, durch Grabhügelbestattungen gekennzeichneten mittleren Bronzezeit verbunden, daß nur eine gemeinsame ethnische Basis angenommen werden kann. Die älteren Abschnitte der frühen Bronzezeit sind dagegen in allen ihren Erscheinungsformen noch der Kupferzeit verhaftet und bilden zusammen mit Schnurkeramik und Glockenbecherkultur eine kulturgeschichtliche Einheit. Gekennzeichnet ist diese Phase durch die Existenz mehrerer, mindestens teilweise gleichzeitiger Bevölkerungsgruppen mit nahezu paneuropäischem Verbreitungsbild und mit jeweils starken inneren Bindungen. So besaß jedes der Teilvölker eine eigene Keramiktradition, eigene Waffensitten und Kampfesweisen und eigene Bestattungsbräuche. Daß es sich zumindest bei Schnurkeramikern und Glockenbecherleuten jeweils um ethnische Einheiten handelt, haben auch anthropologisch faßbare Unterschiede der Körpergestalt ergeben: sie hätten sich in dieser deutlichen Form ohne lange gemeinsame Geschichte und ohne strenge Abschirmung gegen andere Bevölkerungsgruppen nicht herausbilden können. Die archäologische Erscheinungsform ist durch Hockergräberfelder mit strengen, die Geschlechter verschieden behandelnden Bestattungsbräuchen gekennzeichnet. Großflächige Untersuchungen archäologischer Stätten der verschiedensten Zeitstellung in Bayern haben quasi als Nebenprodukt immer wieder Bestattungen der Glockenbecherkultur oder der Schnurkeramik erbracht. Häufig waren es Einzelgräber oder Gruppen von nur wenigen Bestattungen, die dabei zutage kamen, und die von einer unsteten Lebensweise der damaligen Bevölkerung berichten. Nur gelegentlich läßt sich an größeren Gräberfeldern – etwa der Schnurkeramik in Franken oder der jüngeren Glockenbecherkultur im Donauraum – eine vollzogene längere Seßhaftwerdung ablesen. Eine Addierung archäologischer Merkmale beispielsweise der westeuropäisch orientierten Glockenbecherkultur sähe folgendermaßen aus: Über ganz Bayern verstreute Einzelgräber und kleinere Gräbergruppen der älteren Glockenbecherkultur, nur im Donauraum in größere Gräberfelder mit jüngeren Fundmaterialien einmündend. Der zahlenmäßige Schwerpunkt der älteren Einzelgräber liegt in Südbayern. Die bevölkerungsgeschichtliche Interpretation dieses Befundes wäre nun: Eine große Menschenmenge mit festgefügter politischer Ordnung sucht für kurze Zeit gemeinsam auch landwirtschaftlich ungünstige Gebiete (z. B. die Münchner Schotterebene und das tertiäre Hügelland beiderseits der Isar) auf und verläßt sie auch wieder gemeinsam. Erst in einem späteren Stadium erfolgte dann eine befristete Seßhaftwerdung in den fruchtbaren Lößebenen der Donau. Die deutlichen ethnischen Verbindungen zwischen Glockenbecherleuten und den in frühbronzezeitlichen Gräberfeldern bestattenden Personenkreisen, die man durchaus als Bevölkerungskontinuität bezeichnen darf, fanden außerhalb Bayerns statt. Frühbronzezeitliche Populationen kamen wiederum – wie Schnurkeramiker und Glockenbecherleute – von außen, wohl von Osten, ins Land. Sie waren nunmehr ähnlich bedingt seßhaft wie die jüngeren Glockenbecherleute. Auch ihre Friedhöfe brechen ab, wenn sie 40 bis 60 Bestattungen aufgenommen hatten. Es ist dies schließlich der ganz normale Befund innerer Mobilität, wie er sich wenig später in den zumeist nur kurzfristig belegten Grabhügelnekropolen der mittleren Bronzezeit immer noch äußert, und wie er auch noch Hallstatt- und Latènezeit bestimmt.

Am Beginn dieser Phase ethnischer Unruhe steht die hohe Mobilität schnurkeramischer Völkerschaften. In Südbayern sind es fast stets Einzelgräber, die das kurzfristige Aufsiedeln einer Landschaft durch jene Fremdlinge, jedoch in überraschend hoher Zahl, anzeigen. Wenn auch der Formenschatz der Grabkeramik für einen Schwerpunkt dieser Erscheinung gegen Ende des der Schnurkeramik zugewiesenen gewaltigen Zeitraums von fünf bis sechs Jahrhunderten spricht, so verteilen sich einige bayerische Funde doch auch auf ältere schnurkeramische Perioden. Lediglich in Nordbayern und in den angrenzenden württembergischen, mitteldeutschen und böhmischen Gebieten kam es zur Ausbildung größerer Gräberfelder und zur Seßhaftwerdung von – begrenzter – Dauer. Diese Regionen mögen die Herde gewesen sein,

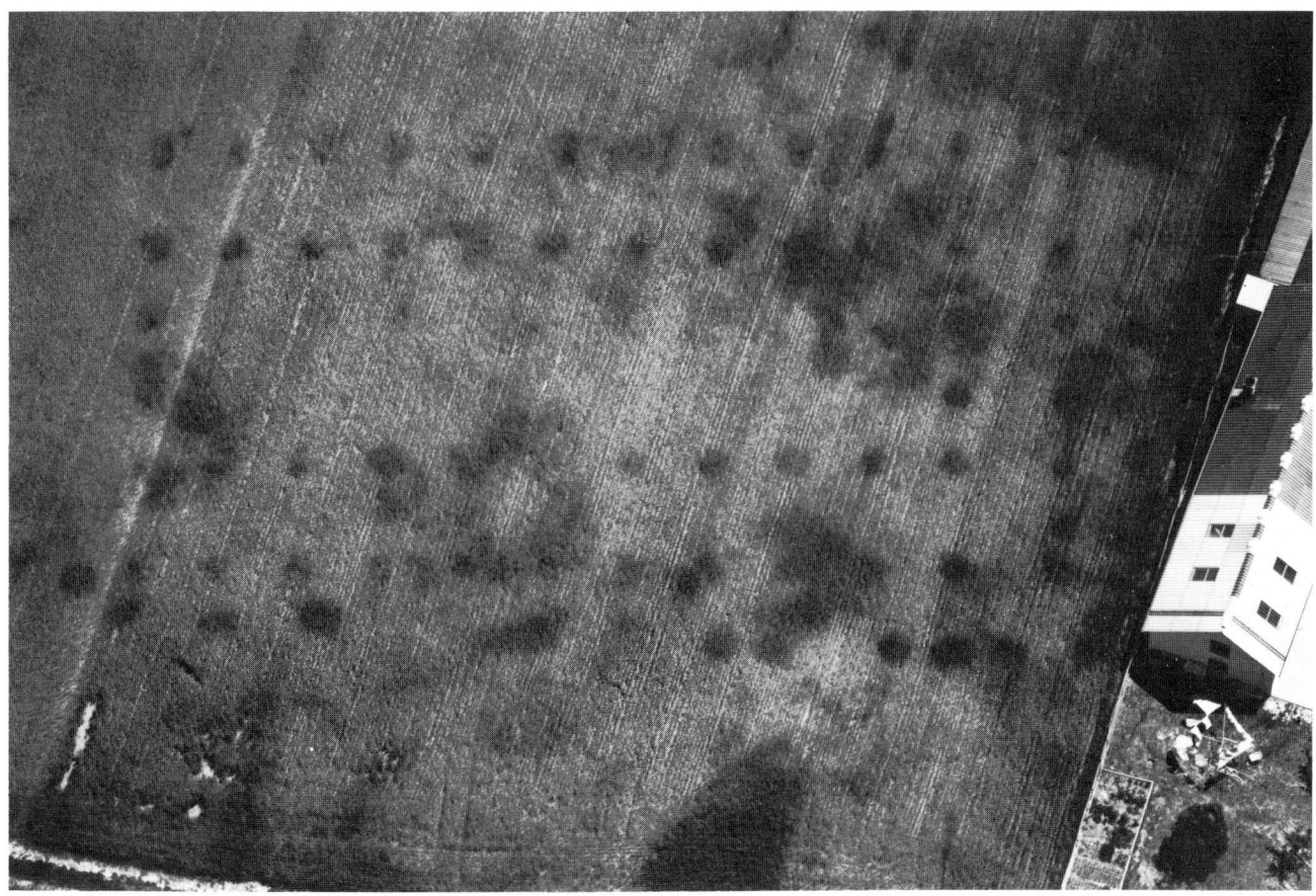

Abb. 6 Im Juni 1981 tauchten in einem Weizenfeld bei Oberstimm (PAF) die Pfostenstellungen eines ungewöhnlich großen Gebäudes auf. Schon wenige Wochen später mußte eine Ausgrabung die gerade erst entdeckten Befunde sicherstellen. Dabei kam eine dreischiffige Lagerhalle des 2. Jahrhunderts von 51 m Länge und 27 m Breite zum Vorschein. Das mittlere Schiff war 12 m breit. Die Holzstämme, welche ein derart gewaltiges Bauwerk und eine Dachfläche von 1400 Quadratmeter zu tragen hatten, waren 2 m tief in den anstehenden Kies eingegraben gewesen. Im Bereich dieses Baues kamen noch ein Gräberfeld der Glockenbecherkultur und ein Herrenhof der Hallstattzeit zutage.

von denen die mit der Schnurkeramik verbundene Bevölkerungsgruppe immer wieder nach Süden ausschwärmte.

Eine Siedlungsweise, die auf alles andere als auf dauerhafte Seßhaftigkeit und auf intensiven Ackerbau ausgerichtet war, brauchte keinen besonderen Wert auf massive Hausbauten zu legen. Dementsprechend kennen wir auch kaum Siedlungsfunde der Schnurkeramik, der Glockenbecherkultur und der beginnenden frühen Bronzezeit. Erst mit dem Übergang zur mittleren Bronzezeit begegnen wir beispielsweise in größerem Umfang Erdkellern als Vorratsbehältnissen. Wenn derartige Eintiefungen in den Boden fehlten und somit größere Fundmengen kaum Chancen hatten, in den bergenden Boden zu geraten, und wenn kein aufwendiger Hausbau hinzukam, kann durchaus im Fundbild einer Zeit eine Epoche nur durch Grabfunde repräsentiert sein.

Bei der Mobilität der zwei oder drei kupferzeitlichen Bevölkerungsgruppen um Schnurkeramik, Glockenbecher und frühe Bronzezeit blieb es nicht aus, daß sich einzelne Funde aus ihrem Kulturmilieu auch in anderen Siedlungszusammenhängen fanden. Auf diese Weise wurde deutlich, daß nicht alle bäuerlich-jungsteinzeitlichen Bevölkerungselemente dem Neuen gewichen waren. Besonders die süd- und ostbayerische sogenannte Chamer

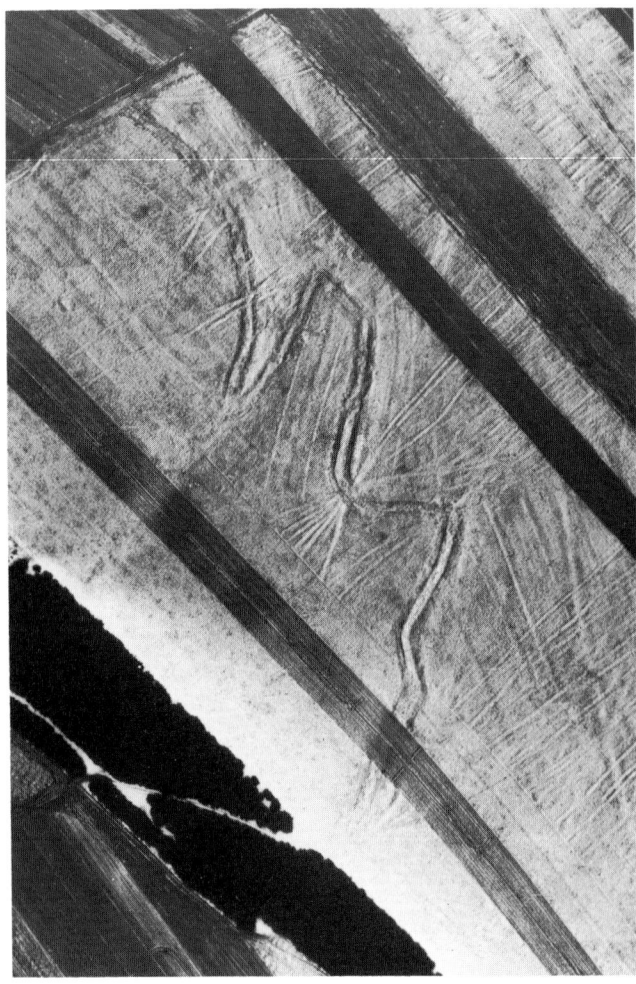

Abb. 7 Teile des von Generalmajor Keim entdeckten und 1906 veröffentlichten Bewässerungssystems zwischen Graben und Kleinaitingen (A) auf dem Lechfeld südlich von Augsburg sind zum Teil noch erhalten. Unser Luftbild vom Oktober 1981 zeigt einen von zwei Wällen eingefaßten Hauptstrang des Systems und davon abzweigende kleine Nebenstränge, welche die umliegenden Felder als dichte Parallelfurchen durchziehen, und dies auf mehrere Kilometer Länge. Die Datierung dieses einmaligen Zeugnisses früher Agrarwirtschaft ist noch ungewiß.

Gruppe des dritten vorchristlichen Jahrtausends und verschiedene gleichzeitige Höhensiedlungen (wie der Goldberg im Ries) mit jeweils eigenem kulturellen Gepräge sind Ausläufer älterer Traditionen und muten in ihrer neuen Umgebung seltsam stabil-antiquiert an. Die Träger dieser »Kulturen« und die Einwohner dieser nun häufig befestigten Siedlungen bauten auf den Traditionen zweitausendjähriger bäuerlicher Erfahrung auf, wenn es auch nicht leicht fällt, ihre direkten genetischen Vorfahren im mittelneolithischen Kulturendickicht auszumachen. Sie waren jedenfalls anders als die zunächst vagierenden Neuankömmlinge und im Gegensatz zu diesen heimisch und seßhaft. Sie bildeten die letzten Ausläufer einer Entwicklung, die im 5. Jahrtausend mit dem Erscheinen der ersten Bauern in Mitteleuropa eingesetzt hatte.

Man hat die Errungenschaften dieser Epoche als revolutionär, und den ganzen Vorgang als »neolithische Revolution« bezeichnet: die Abkehr von der Wirtschaftsform des Jagens und Sammelns zu derjenigen der Viehhaltung und des Ackerbaus, verbunden mit der Anlage dauerhafter Wohnplätze auf dem flachen Lande, mit der Herstellung von Keramik und geschliffenen Steingeräten. So sehr man auch versucht ist, alle diese Erscheinungen aufzufächern und zeitlich zu staffeln, so läßt doch die extrem weiträumige Verbreitung schon der ältesten neolithischen Merkmale – Hausbau, Steinschliff, Keramik – nur den Schluß auf eine ungewöhnlich intensive Kommunikationsfähigkeit über halb Mitteleuropa hinweg zu, wie wir sie mit der archäologischen Gruppierung der Linienbandkeramik verbinden. Nach unseren gegenwärtigen Denkmodellen kann eine derart intensive Verständigungsmöglichkeit nur innerhalb einer weitgehend einheitlichen ethnischen Gemeinschaft stattfinden, einer Gemeinschaft, die vom Westen Frankreichs, von Belgien und den Niederlanden bis in die Ungarische Tiefebene reichte, und die den Raum des heutigen Bayern in ihrer Mitte sah. Vielleicht liegt eine der Ursachen dieser ungewöhnlichen Gemeinschaftlichkeit noch in der vorausgehenden Epoche des vagierenden Jäger- und Sammlertums begründet; wir sahen am Beispiel der ähnlich unsteten Glockenbecherkultur, welch weite Räume eine Völkerschaft überbrücken und ausfüllen konnte, ohne ihre unverwechselbare Erscheinungsform zu verlieren. Bei den ältesten Ackerbauvölkern in Bayern zu Beginn des 5. Jahrtausends kann es sich nur um Leute gehandelt haben, die sich untereinander mühelos verständigen konnten und nicht durch politische Grenzen auf Dauer voneinander getrennt waren.

Schon bald, von der Schwelle zum 4. Jahrtausend an, begann sich diese umfassende Gemeinsamkeit in einzelne Gruppen aufzulösen. Die Entwicklung von Keramik und Hausbau besaß zwar noch eine grundsätzlich gleiche

Tendenz, verästelte sich jedoch in den einzelnen Teillandschaften in verschiedene Richtung. Dies deutet auf eine zunehmende Verkleinerung der Verkehrsräume und auf eine Separierung der einzelnen Bevölkerungsgruppen hin. Keinesfalls darf man hinter jeder neuen Keramikform und hinter jedem neuen Verzierungsmuster, beispielsweise der Stichbandkeramik, der Großgartacher, der Rössener oder der Oberlauterbacher Keramik, ein neues Ethnikum sehen. Selbst die Schwelle zum Jungneolithikum, die mit den nun gänzlich neuartigen Erscheinungsformen der Münchshöfener, der Michelsberger oder der Altheimer Kultur spätestens seit der Mitte des 4. vorchristlichen Jahrtausends überschritten ist, kann in weiten Teilen Bayerns nicht mit einem Bevölkerungswechsel gleichgesetzt werden, weil immer wieder kontinuierlich besiedelte Plätze und ungebrochen tradierte Kulturerscheinungen die gleiche Bevölkerung diesseits und jenseits dieser zeitlichen Schwelle anzeigen.

Überblicken wir nochmals abschließend die Geschichte der menschlichen Gemeinschaften auf bayerischen Boden, so wurde eine weitgehend ungestörte Entwicklung seit dem 5. vorchristlichen Jahrtausend nur zweimal gründlich und für mehrere Jahrhunderte unterbrochen. Beide Male entstanden hieraus neue Bevölkerungsgruppen und ein neuer Abschnitt bayerischer Geschichte. Der erste Abschnitt ging am Ende des 4. Jahrtausends oder wenig später mit dem Verschwinden der bäuerlichen Urkulturen zu Ende und wurde von Bevölkerungsgruppen sehr entfernter Herkunft und zunächst unsteter Lebensweise abgelöst. Aus einer dieser Gruppen, der in die frühe Bronzezeit einmündenden Glockenbecherkultur, entstand der zweite große Geschichtsabschnitt auf bayerischem Boden. Er endete, wiederum nach ungefähr zweieinhalb Jahrtausenden, mit dem Vordringen der Germanen nach Süden im letzten vorchristlichen Jahrhundert. Die römische Herrschaft der ersten vier Jahrhunderte nach Christus war nur ein künstlicher, freilich die spätere geistige und politische Entwicklung ganz wesentlich befruchtender Einschub, ohne daß im Bevölkerungsbestand nennenswerte Spuren davon zurückgeblieben wären. Mit dem Abschluß der germanischen Okkupation Bayerns im 5. Jahrhundert begann die dritte große Geschichtsepoche dieses Landes; wir leben heute noch in ihr.

Luftbildarchäologie in Bayern

Zur Geschichte

»... in Süddeutschland werden Sie Hunderte von eingeebneten Grabhügeln, viele völlig vergessene Befestigungen neu entdecken können...«, mit diesen Worten wies im März 1938 der englische Archäologe und Geograph O. G. S. Crawford, der zu den Pionieren der Luftbildarchäologie zählt, am Ende eines Lichtbildvortrages in Berlin auf die Bedeutung der neuen Methode für die Erschließung der archäologischen Fundlandschaft Süddeutschlands hin.

Der Engländer kannte übrigens Süddeutschland schon flüchtig. Als Beobachter der Royal Flying Corps geriet er 1918 nach einer Notlandung in deutsche Gefangenschaft und erlebte in Landshut Internierung, Fluchtversuch und als nachfolgende Bestrafung zwei Wochen Haft im dortigen bürgerlichen Gefängnis.

Crawford war der Einladung deutscher Kollegen gefolgt, die das Luftbild in den 20er und 30er Jahren für ihre Arbeit nur zögernd und weniger erfolgreich als ausländische, vor allem englische und französische Forscher zu nutzen wußten. Dabei hatte bereits der bekannte deutsche Archäologe, Theodor Wiegand, in Kampfpausen während des Ersten Weltkrieges die klassischen Ruinenstätten in Palästina, Westarabien und Syrien durch die Fliegertruppe aufnehmen lassen und die Ergebnisse schon 1919 und 1920 veröffentlicht.

Wiegand, der bereits viele Jahre Ausgrabungen in Kleinasien geleitet hatte, war von 1916 bis 1918 Generalinspektor des »Deutsch-Türkischen Denkmalschutzkommandos«, das die Erhaltung der archäologischen Denkmäler im Bereich der syrisch-westarabischen Armee zur Aufgabe hatte. Sein Landsmann Carl Schuchardt konnte Reihenluftbilder der deutschen Fliegertruppe für seine Arbeit über den römischen Limes in der Dobrudscha verwenden, die 1918 erschien. Reihenluftbilder auf Film waren zur damaligen Zeit, als in der Regel noch mit Plattenkameras gearbeitet wurde, ein großer Fortschritt.

Wohl die ältesten Luftbilder von archäologischen Stätten und Spuren in Bayern stammen aus den Jahren 1916 bis 1918, sie werden im Kriegsarchiv des Bayerischen Hauptstaatsarchives in München aufbewahrt. Die von Fliegerabteilungen aus Lechfeld und Sonthofen zu Übungszwecken erstellten Aufnahmen zeigen u. a. die Roseninsel im Starnberger See und die römische Straße zwischen Schwabegg und Schwabmünchen (A), deren heutige Ansichten hinten abgebildet sind.

Nach dem Ersten Weltkrieg, als im Ausland die Luftbildprospektion unter so erfolgreichen Forschern und Fliegern wie Allen und Crawford (England), Poidebard (Syrien) und Lindbergh (Nord-, Südamerika) zur ersten Blüte gelangte, blieb in Deutschland die Nutzung des Luftbildes für Archäologie und Denkmalpflege erstaunlicherweise hinter den hoffnungsvollen Anfangserfolgen von Wiegand und Schuchardt zurück.

Luftbildfirmen fertigten für Archäologen vereinzelt Fotos von bekannten oberirdischen Denkmälern und von

Ausgrabungen an. Aus Süddeutschland sind u. a. die Bilder der Firma Luftverkehr Strähle, Schorndorf, vom Limes und vom Ipf bei Bopfingen sowie von den Ausgrabungen bei Buchau am Federsee aus den Jahren 1926 und 1928 publiziert. In Norddeutschland wurden durch die Baubehörde Hamburg und durch die Firma Hansa Luftbild seit 1928 Bodendenkmäler auf Veranlassung von Archäologen fotografisch erfaßt. Später kam es zur Zusammenarbeit mit der Luftwaffe, die durch Bildflugeinheiten in Kiel, Hildesheim und Mannheim auf Übungsflügen für die Bodendenkmalpflege Fotos erstellen ließ.

Das steigende Interesse der Archäologie an Luftbildern fand 1937 in einem Erlaß des Reichsministers für Wissenschaft, Erziehung und Volksbildung, der die Nutzung und Erstellung von Luftaufnahmen für die Bodendenkmalpflege regelte, seinen Niederschlag. Die Vortragsveranstaltung 1938, die von der Lilienthal-Gesellschaft für Luftfahrtforschung ausging und auf der Crawford als Gastredner sprach, war sicher ein Höhepunkt der damals einsetzenden Aktivitäten. Crawfords Zuhörer konnten wohl schwerlich ahnen, daß bis zur konsequenten, planmäßigen Nutzung der neuen, flächendeckenden Prospektions- und Dokumentationsmethode durch die amtliche Bodendenkmalpflege in Süddeutschland noch über vierzig Jahre vergehen sollten. Der Zweite Weltkrieg trug schon bald alle Pläne zu Grabe.

Erst 1958 und 1963 fanden Ph. Filtzinger und G. Krahe durch erfolgreiche Flugbeobachtungen, die anfangs durch großzügige Hilfe der neuen deutschen Luftwaffe ermöglicht wurden, Crawfords Voraussage von 1938 am Donau-Iller-Limes und in Bayerisch Schwaben vollauf bestätigt.

Aber die durch den Wiederaufbau in den Nachkriegsjahren ausgelöste Flut von Notgrabungen in den Städten und ein beklagenswerter Mangel an Personal und Mitteln, verhinderten bis 1980 in Bayern und bis 1982 in Baden-Württemberg die planmäßige, gezielte Nutzung der nun längst nicht mehr neuen Prospektionsmethode in den süddeutschen Ländern. Ihre Anwendung blieb bis auf wenige Ausnahmen der Initiative einzelner Archäologen und lokalen Unternehmungen von Wissenschaftlern und interessierten Fliegern vorbehalten. Wer heute im Fluge die aus dem Schlund junger Kiesgruben verstümmelt vorschauenden Kultanlagen (bei der Klosterkirche von Aholming kam der Flieger noch zur rechten Zeit), Siedlungen, Befestigungen und Gräberfelder erblickt, vermag zu erahnen, was wir allein seit Aufhebung des Flugverbotes im Jahre 1955 aus unserer Geschichte unbemerkt durch diese »Denkmalfresser« verloren haben.

Nachfolgend wird von einigen bekannten Beispielen und Ansätzen zur Nutzung des Luftbildes für Denkmalpflege und Archäologie in Bayern und im benachbarten Baden-Württemberg seit 1955 kurz berichtet. W. Krämer und F. Schubert haben für ihre seit 1955 im Manchinger Oppidum durchgeführten Grabungen das Luftbild in zunehmendem Umfang für die Dokumentation und zur Aufklärung weiterer Spuren im und in Nachbarschaft des Oppidums genutzt. Auf Anregung von F. Schubert förderte die Römisch Germanische Kommission später die Flugbeobachtung des weiteren Manchinger Umlandes durch einen interessierten Laien und Piloten, dessen Bilder das schottergefüllte Donautal um Ingolstadt bald als eine der reichsten archäologischen Fundlandschaften Bayerns auswiesen. Das komplexe Friedhofsareal von Rockolding und die Siedlung bei Irsching geben davon Zeugnis.

1959 wies K. Schwarz als Leiter der Abteilung für Vor- und Frühgeschichte des Bayerischen Landesamtes für Denkmalpflege auf die Bedeutung von Luftaufnahmen für die Erfassung vorgeschichtlicher Denkmäler hin und erläuterte anhand von Senkrechtaufnahmen kurz Techniken zu deren Erkennung. In den folgenden Jahren wurden von mehreren bekannten oberirdischen Denkmälern Senkrechtluftbilder durch Firmen gefertigt und in das Archiv der Abteilung genommen, 1962 konnte Schwarz den Luftbildarchäologen des Rheinischen Landesmuseums, I. Scollar, zu einem Suchflug über Bayern einladen, der auch die erwarteten positiven Ergebnisse brachte. Die Filme, u. a. mit Aufnahmen des römischen Gutshofes von Buchdorf (KEH), werden heute im Bonner Museum aufbewahrt. In den Jahren 1977 bis 1979 förderte Schwarz trotz beschränkter Mittel seiner Abteilung archäologische Bildflüge freiwilliger Mitarbeiter nach Kräften.

In Unterfranken konnte 1962 Chr. Pescheck die von H. Hahn-Geldersheim bei Schnackenwerth (SW) am Boden entdeckte, erste spätkeltische Viereckschanze nördlich des Mains durch Luftbild erfassen.

In Baden-Württemberg gelang es R. Koch 1966 und 1970, bei Notgrabungen an den Erdwerken der Michelsberger Kultur bei Neckargartach und Ilsfeld/Neckarwestheim, weitere Einzelheiten der Befestigungen durch eigene Befliegungen auszumachen. Kochs über den eigenen Erfolg geäußerte Überraschung mag zeigen, wie wenig bis dahin über den Wert von gezielt geflogenen Luftbildern für das Grabungswesen in der Bodendenkmalpflege bekannt war. Seine in der Veröffentlichung ausgedrückte Hoffnung auf weitere Erkenntnisse zu den Befestigungen durch spätere Flüge wurde inzwischen erfüllt. Hoch am Himmel über Württemberg und dem westlichen Bayern lagen sich 1976 an einem Sommertag bei jeder archäologischen Entdeckung Pilot und Beobachter eines kleinen Flugzeugs abwechselnd vor Freude in den Armen (man möge dem Berichtenden die Indiskretion verzeihen). W. Sölter, Luftbildarchäologe und selber Pilot, war aus Nordrhein-Westfalen 14 Jahre nach dem Bayernflug seines Kollegen I. Scollar der Einladung seines Stuttgarter Freundes Ph. Filtzinger zu einem Suchflug gefolgt, der den beiden Wissenschaftlern in dem extrem trockenen »Jahrhundertsommer für die Luftbildarchäologie« so reiche Ernte wie die Fotos von der Innenbebauung des Aalener Reiterkastells oder vom Faiminger Vicus bei Dillingen (DLG) bescherte.

Die 1973 einsetzenden gemeinsamen Bildflüge in Motorseglern der Augsburger Segelflieger unter H. Sterz mit G. Krahe, der als Leiter der dortigen archäologischen Außenstelle des Bayerischen Landesamtes für Denkmalpflege, wie schon berichtet, seit 1963 in Eigeninitiative Schwaben befliegt, machten bald – durch gemeinsame Ausstellungen und Veröffentlichungen dokumentiert – auf weiteren Flugplätzen Schule. In der derzeit aktivsten Gruppe in Donauwörth (E. Bäcker, E. Högg, W. Proeller), Kelheim (S. Rewitzer) und Weißenburg (J. Mang) haben sich inzwischen begeisterte Piloten mit Geschick und auf eigene Kosten in ihr interessantes Hobby eingeflogen.

Auch um den Bestand anvertrauter Bodendenkmäler zu Recht so besorgte Kreisheimatpfleger wie E. Neumair, Freising, und H. Mahr, Fürth, fanden in ihrer Not den Weg zu Flugplatz und Piloten, um in Selbsthilfe die Suche nach den von Zerstörung heimgesuchten Denkmälern aufzunehmen.

Als es 1980 im Bayerischen Landesamt für Denkmalpflege endlich dem K. Schwarz als Leiter der Abteilung für Vor- und Frühgeschichte nachfolgenden R. Christlein, der 1976 mit Erfolg in Niederbayern zur Flugbeobachtung fand, gelang, die Luftbildprospektion als festen Bestandteil der amtlichen Bodendenkmalpflege erstmals auch etatmäßig zu verankern, widerfuhr nicht zuletzt dem Landshuter Gefangenen von 1918 und Berliner Gastredner aus dem Jahre 1938 eine späte Genugtuung.

Zu den Grundlagen und zum Handwerk der Luftbildarchäologie

Wer in der Bundesrepublik nach dem Zweiten Weltkrieg Luftbildarchäologie ernsthaft betreiben wollte, konnte bei Agache, Bradford, Crawford, Riley und anderen ausländischen Autoren, ab 1965 auch in einem deutschen Werk von I. Scollar, eigentlich alles Wichtige nachlesen. I. Scollar, ein amerikanischer Physiker und Archäologe, den H. v. Petrikovits, schon früh vom Wert einer eigenen Prospektionsabteilung überzeugt, 1958 für eine Tätigkeit am Rheinischen Landesmuseum in Bonn gewinnen konnte, schildert in dem Buch »Archäologie aus der Luft« seine Erfahrungen mit der Luftbildprospektion im Rheinland in den Jahren 1960 und 1961. Scollars Werk ist die bisher gründlichste und umfangreichste Veröffentlichung zur Sache in deutscher Sprache geblieben. Inzwischen hat die Zahl einschlägiger Titel im Ausland, vor allem in französischer und englischer Sprache, die Hundert schon überschritten. Wo sich dort Angaben zu empfehlenswerten Luftbildkameras, Filmmaterial, geeignetem Fluggerät und zu Kosten finden, sind diese natürlich heute oft überholt. Der rasche Fortschritt bei Fotografie und Fluggerät beschert dem Archäologen laufend bessere und auch wirtschaftlichere Lösungen.

Heute haben handelsüblicher Kleinbildfilm, Sportflugzeug und Motorsegler die ehemals großformatigen, oft auch festmontierten Fliegerkameras und entsprechend schweres Fluggerät auf ein unabdingbares Maß für Sonderfälle verdrängt. So entstanden denn auch fast alle hier gezeigten Luftbilder mit handgehaltenen Kleinbild-, wenige mit Mittelformatkameras.

Den Fotografen verhalfen Motorsegler und Leichtflugzeug zu Vogelschau und »Überblick«, mit deren Hilfe erst die besonderen Merkmale, als archäologische Spuren erkennbar werden, die sich vom Erdboden aus oft überhaupt nicht ausmachen oder zu einem sinnvollen Bild ordnen lassen.

In den Spuren lesen

Dem Leser mögen folgende Zeilen und Zeichnungen vor allem bei der Betrachtung derjenigen Bilder Hilfe leisten, die stark verebnete oder unterirdische Denkmäler zeigen und sich einer raschen Entschlüsselung durch das Auge hartnäckig widersetzen. Einteilung und Bezeichnung der beobachteten Merkmale folgen weitgehend dem von Crawford, Riley und Scollar entwickelten Schema.

Oberirdisches

Am Erdboden noch erhaltene Bodendenkmäler, wie Grab- oder Burghügel, Dämme und offene Gräben von Straßen oder Befestigungen bleiben im freien Gelände aus der Luft so lange durch Licht und Schatten, anwehenden Schnee oder gar eine Überschwemmung sichtbar, bis sie vollends eingeebnet werden und ihr Relief verlischt.

Schattenmerkmale (Shadow Sites)

Bei tiefem Sonnenstand zeichnet klares Schräglicht auch noch geringe Bodenunebenheiten durch lange Schatten nach. Da, wo sich am steigenden Hang der Einfallwinkel der Sonnenstrahlen erhöht, wird das Licht jedoch stärker reflektiert und der Helligkeitsgrad der steiler beleuchteten Fläche gegenüber dem Umfeld gesteigert.

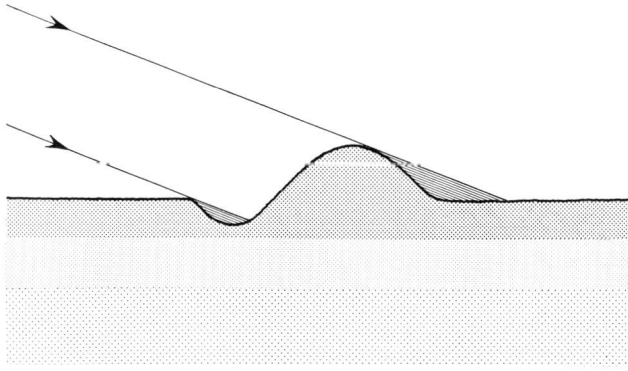

Abb. 8 Querschnitt durch Graben und Wall einer Befestigungsanlage. Von links fällt Schräglicht ein und modelliert das Geländerelief.

Neben der Sonnenhöhe spielt auch die Lage der einzelnen Bodenunebenheiten zur Einfallrichtung der Sonnenstrahlen eine wichtige Rolle. So kann sich ein längs zu deren Einfallrichtung erstreckender Wall geschickt vor den Augen des Beobachters verstecken, bis ihn die Sonne zu anderer Zeit aus veränderter Richtung beleuchtet.

Das Grabhügelfeld von Geiselhöring verdankt seine Entdeckung dem späten, plastischen Licht einer Septembersonne. Die Wirkung von Schattenmerkmalen wird durch gleichmäßige, glatte Bedeckung des Geländes wie Gras oder Schnee, der störende Rauhigkeiten und Farben verdeckt, noch gesteigert.

Beispiele für die günstige Wirkung glatter Gras- und Schneeflächen bieten die Farbfotos, die das Grabhügelfeld Rieden (OAL), die Burgställe von Niederleierndorf (KEH) und Wilzhofen (WM) und schließlich die Gelbe Bürg bei Dittenheim (WUG) zeigen.

Schneemerkmale (Snow-Marks)

Ein Sturm, der Dammkronen und Hügelkuppen vom Schnee freifegt und dunkel zurückläßt, lagert seine weiße Fracht am Fuß und im Windschatten der Erhebungen, in Gräben und Mulden wieder ab und markiert so eigenwillig und kontrastreich die Oberflächenstruktur eines Fundplatzes.

Ein ähnliches Bild schafft die Frühjahrssonne, wenn sie aus einer geschlossenen Schneedecke zuerst ihr zugewandte Hänge als schwarze Flecken herausschmilzt und dem restlichen Schnee noch eine Schonfrist gewährt.

Wirken beide, Wind und Sonne, nacheinander auf ein durch archäologische Spuren bewegtes, schneebedecktes Gelände ein, dann können sie uns wahrhaft bizarre Bilder hinterlassen.

Schneemerkmale treten auch auf, wenn Unterschiede in der gespeicherten Bodenwärme, etwa im Spätherbst, den ersten Schnee an der Ackeroberfläche ungleichmäßig abtauen lassen. Sie sind dann den Frostmerkmalen verwandt, die später noch besprochen werden.

Unter den Farbtafeln zeigt der Hahnenberg bei Appetshofen im Ries (DON) ein Beispiel für das Zusammenspiel der ersten und zweiten Variante.

Auf der römischen Straße bei Schwabmünchen (A) begegnen uns die erste und dritte Variante dieser Merkmale. Die zu Eis erstarrte höhere Bodenfeuchte in den völlig verebneten Straßengräben hält dort bei Tauwetter im

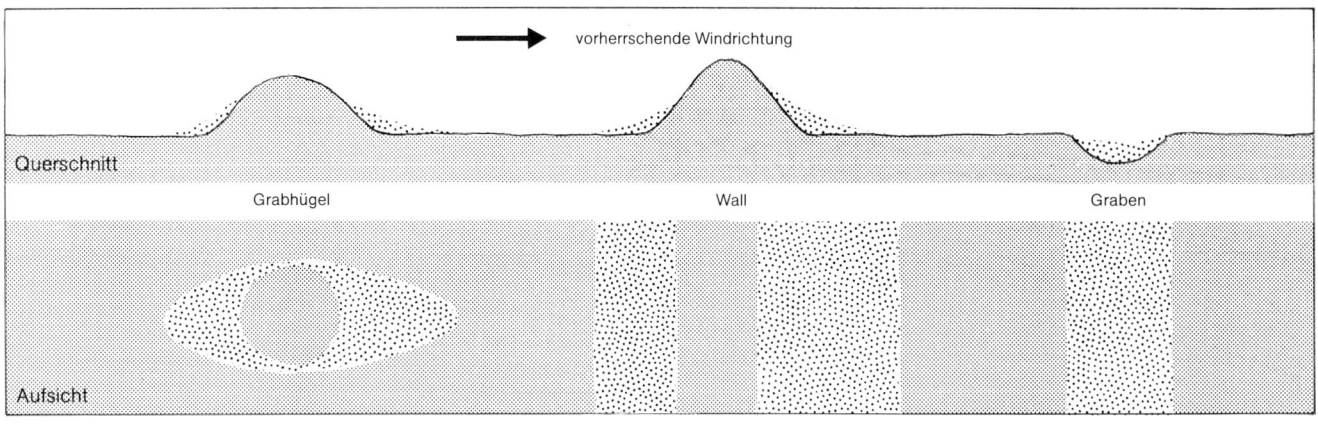

Abb. 9 Die Verfrachtung des winterlichen Schnees durch den Wind und seine Ablagerung an obertägigen Bodendenkmälern.

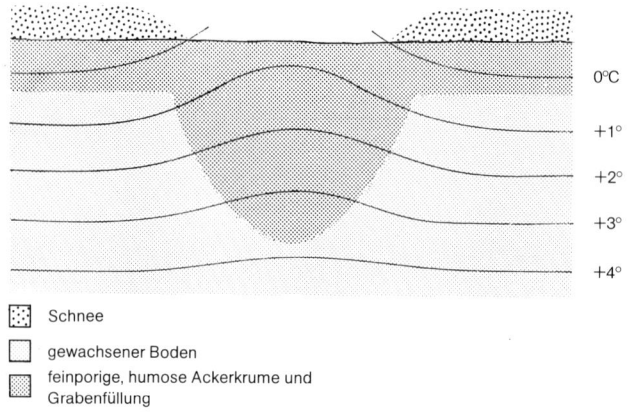

Abb. 10 Die im verfüllten, feuchten Graben gespeicherte Bodenwärme läßt im November ein Schneemerkmal durch Abtauen erscheinen. Die vermutbare Temperaturverteilung im Boden ist durch Isothermen dargestellt.

Vordergrund den Schnee noch besser fest, als es die benachbarte, trockenere Ackeroberfläche vermag. Im oberen Bildteil dagegen modellierte der Wind die dort in Wiesen noch ganz schwach erhaltenen Grabenprofile im Schnee heraus.

Flutmerkmale

Nicht oft werden uns oberirdische Denkmäler so frisch vor Augen geführt, wie wenn sie aus einer Flut auftauchen.
Die Altmühl hat in unserem farbigen Bildbeispiel dem linken Hügel der Gräbergruppe von Dittenheim (WUG) dabei zur Erinnerung noch einen dünnen Kranz aus mitgespültem Schilf und Gras um die Kuppe gelegt.
Obwohl selten und auf wenige Gegenden unseres Landes beschränkt, sind Flutmerkmale wegen der im geschonten Grünland häufiger erhaltenen Denkmäler doch von einiger Bedeutung für die Luftbildprospektion. Je nach Stand der Überschwemmung läßt das Wasser dort die erhabenen Geländeteile wie in einem Höhenschichtplan hervorschauen.

Unterirdisches

Wie die Spitze eines Eisberges ragt die Zahl uns bekannter, obertägiger Bodendenkmäler aus dem Meer der Spuren und Hinweise hervor, die in der Erde verborgene Quellen anzeigen. Die Mehrzahl aller bislang bekannten Spuren verdankt die Bodendenkmalpflege dem jahrzehntelangen, unverzichtbaren Wirken der Sammler und Heimatforscher auf den Feldern. Dort aber, noch innerhalb deren oberster Schicht beginnend, hinterläßt der mit der Anlage von Siedlungen, Befestigungen, Gräben und anderem Menschenwerk verbundene Eingriff beständige physikalische und chemische Spuren, die unter günstigen Voraussetzungen für unser Auge lesbar werden und der Luftbildarchäologie ihren eigentlichen Reiz und ihre Bedeutung verleihen.
Das vereinfachte Schicksal einer Befestigung in der nebenstehenden Zeichnung soll die wichtigsten Voraussetzungen für die Entstehung der weiteren Merkmale erklären helfen. Mit der Eintiefung der Gräben stört der Mensch erstmals das natürliche Bodenprofil, das eine

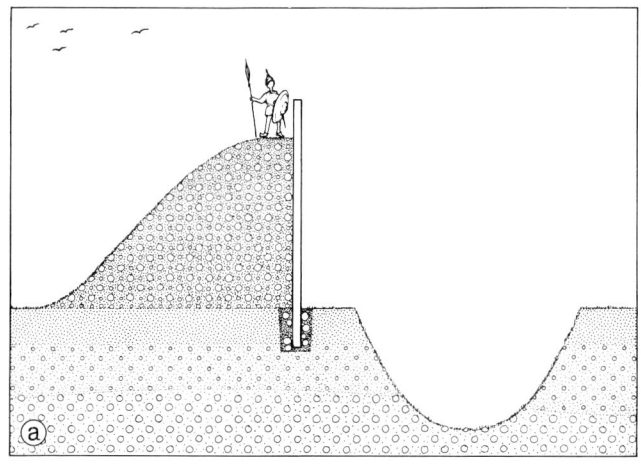

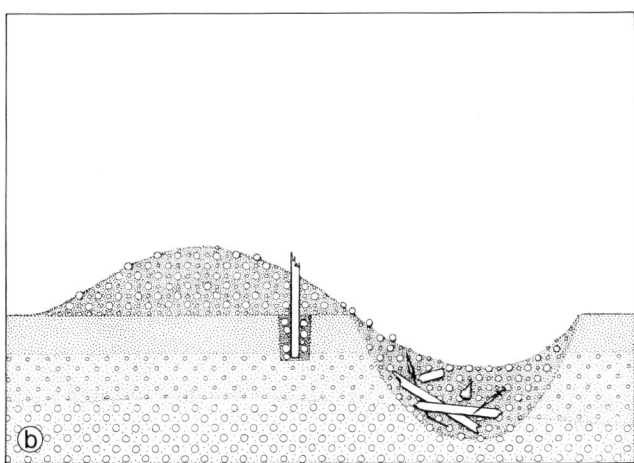

ausgeprägte Schichtenfolge aufweist. Die spätere gemischte humose, dunkle Einfüllung mit erhöhtem Anteil an Feinsubstanz bringt das ursprüngliche Bodengefüge vollends durcheinander. Die Einfüllung verfügt nun über eine höhere Speicherkapazität für Wasser und über mehr Nährstoffe als der grobkörnige, helle Kies des umgebenden Bodens, der zudem das Wurzelwachstum durch verfestigte Schichten bremst.

Die phsysikalischen und chemischen Unterschiede können noch stärker werden, wenn der Graben ein solides Mauerfundament, etwa von einer villa rustica, aufnimmt, das den Wurzeln schon in Pflugtiefe im Wege steht und einen noch schlechteren Wasserspeicher darstellt. Wie massiv solches Mauerwerk die Zeiten im Boden überdauern kann, wird auf den Bildern von der villa rustica bei Holheim im Ries (DON) und von den römischen Thermen in Weißenburg (WUG) deutlich. **51, 46**

Abb. 11 Die Zerfallsstufen einer Befestigungsanlage (a) über den Zustand (b) kurz nach der Zerstörung und den Befund als obertägig gerade noch sichtbares Bodendenkmal (c) bis zur völligen Verflachung (d). Nunmehr sind Palisadengräbchen und Grabenverlauf nur noch durch das Luftbild zu erfassen. Fast 98% aller vormittelalterlichen Wehranlagen Bayerns sind nur noch im Zustand d erhalten.

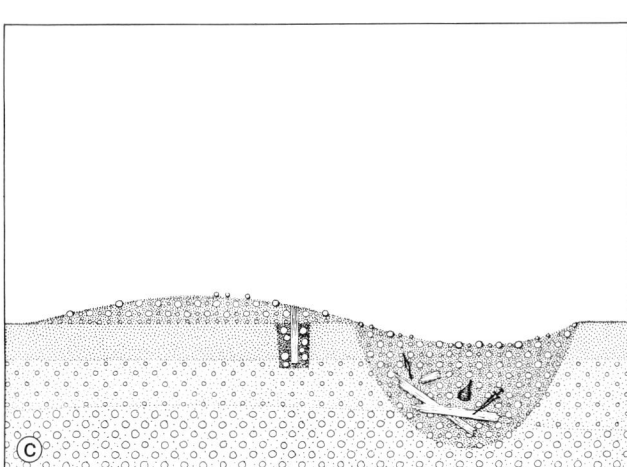

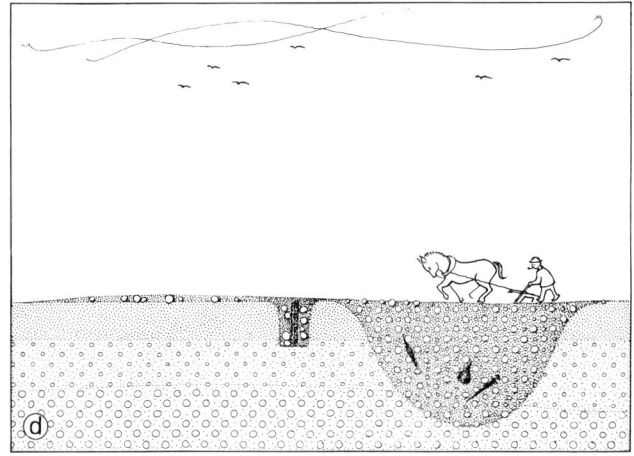

Bodendenkmale (Soil Marks)

Als Verfärbungen zeigen Bodenmerkmale direkt, ohne Umweg über die manchmal eigenwilligen Pflanzen, unterirdische Störungen an, indem sie in vegetationsloser Zeit an der Ackeroberfläche mit hochgepflügter Graben- und Grubenfüllung oder mit Mörtel und Steinen, wie bei dem römischen Risalitbau von Ingolstadt-Oberhaunstadt (IN), Verborgenes markieren.

Aber auch verebnete Wälle, Straßendämme und Grabhügel geben sich durch ihre fremdfarbenen Erdreste auf dem gleichmäßigen Farbton der Äcker zu erkennen. Die Viereckschanzen von Teufstetten (ED) in Oberbayern, die Grabhügel von Allersheim in Unterfranken und von Hailing in Niederbayern machen das deutlich.

Auftreten und Ausprägung der Bodenmerkmale hängen von vielen Faktoren ab, die wichtigsten sind:
– Bodenart, seine Farbe und Schichtung
– Farbe, Tiefe und Ausdehnung der Einfüllung
– langfristige Bodenbewegung am Fundplatz, Erosion-Sedimentation
– Pflugtiefe und Frequenz der Pflügens
– aktueller Bearbeitungszustand des Feldes (gepflügt, eingesät usw.)
– aktuelle Bodenfeuchte
– Beleuchtung.

Die verschiedenen Faktoren fördern und behindern in einem verquickten Netz von Beziehungen und Abhängigkeiten, das ähnlich komplex auch für nachfolgend beschriebene Bewuchsmerkmale gilt, Erscheinungsform und -häufigkeit der Bodenmerkmale.

Das Grabenwerk von Ottmaring-Nindorf (DEG) als erstes Beispiel für offengepflügte Gräben ist, auf einer Anhöhe gelegen, von der Erosion bereits weitgehend abgetragen (Ausdünnung und Verschwinden der dunklen Grabenspuren).

Die Anlage von Großmehring (EI) dagegen wurde am Rand durch späteren Eingriff gestört.

Gut erhalten scheint die Befestigung von Ettling (EI), deren links hervorgepflügten Gräben sich zur Bildmitte hin schon bald wieder unter dem schützenden Mantel der vom Mühlbach herangeschafften Sedimente verbergen.

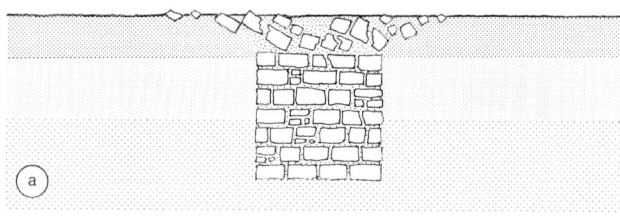

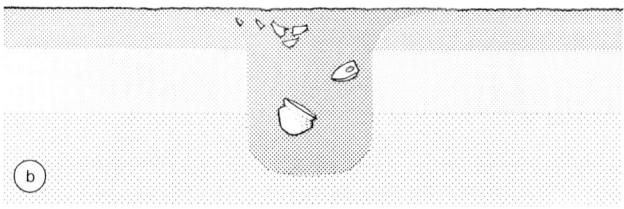

Abb. 12 Bodenmerkmale. a: Ein Mauerzug gerät in den Pflugbereich. Im Oberflächenhumus finden sich Bruchsteine und Mörtelreste. Der Mauerverlauf wird als heller Streifen im Acker sichtbar; siehe Tafel 48.
b: Eine Grube mit organischen Resten und Fundstücken gibt sich in der oberen Ackerschicht als dunkler Fleck zu erkennen; siehe beispielsweise Abb. 28.

Feuchtemerkmale (Damp-Marks)

Stark durchnäßte Böden mit glatter Oberfläche, die nach der Schneeschmelze oder nach einem Platzregen im Frühjahr auszutrocknen beginnen, lassen in tieferen Schichten verborgene, wasserspeichernde archäologische Störungen manchmal erkennen. Über ihnen bleibt die das Sonnenlicht schwach reflektierende Feuchtigkeit dann dunkel in den Umrissen der Störung auf dem sich aufhellenden Umfeld noch eine Weile erhalten, bis der ganze Acker die hellere Tönung gleichmäßig angenommen hat.

Diese Merkmale sind besonders kurzlebig, nach Regenfällen im fortgeschrittenen Frühjahr kann ihre Lebensdauer sogar auf wenige Stunden beschränkt sein. Sie be-

Abb. 13 Bodenmerkmale und ihre Gefährdung durch Ackerbau und ▶ Erosion. An einem leichten Nordhang des Reißinger Baches zwischen Hankofen und Reißing (SR) befand sich ein wohl bronzezeitliches Grabhügelfeld, kenntlich an den dunklen Flecken im Ackerbereich. Es ist schon so weit flachgepflügt, daß die erodierenden, als helle Streifen sich abzeichnenden Wasserrinnen ihren Weg quer über die einstigen Hügelflächen nehmen können.

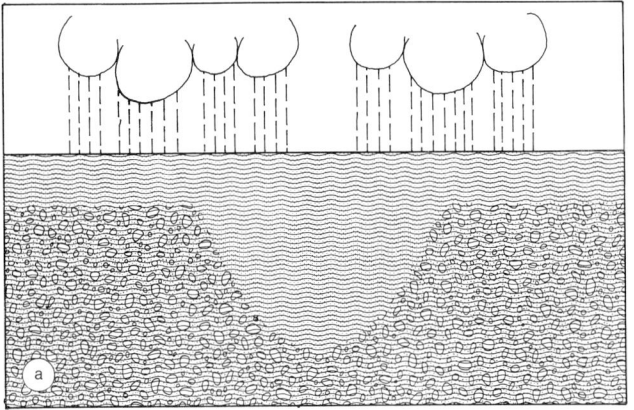

100% Bodenfeuchte durch Dauerregen

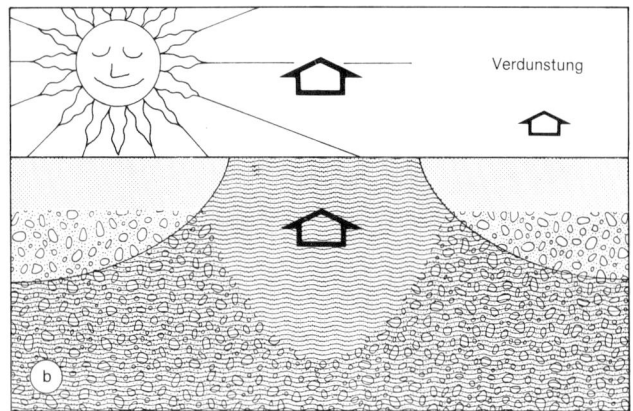

Die Grabenfüllung wirkt bei Austrocknung als Feuchtereservoir

▨ Gewachsener Boden (Schotter)   ≋ Zone der 100%igen Bodenfeuchte

☐ feinporige Oberflächenschicht (Löß, Lehm) und Grabenverfüllung

Abb. 14 Der Verlauf eines Grabens als Feuchtemerkmal. Er wird nach dem Ende eines längeren Regenfalls (a) in der nachfolgenden Austrocknungsphase für kurze Zeit als Feuchtigkeitsstreifen im Oberflächenhumus sichtbar (b).

Abb. 15 (nebenstehend) Vorgeschichtliches Grabenwerk bei Herrnwahlthann (KEH). Die Doppelgräben sind am 30. April 1982 während einer Austrocknungsphase als dunkle Feuchtebänder in der hellen Lößoberfläche sichtbar (oben), am Tage darauf jedoch nach einem nächtlichen Regen fast völlig verschwunden (Mitte). Der Regen hatte die Ackeroberfläche gleichmäßig und intensiv befeuchtet und dadurch dunkel gefärbt. Der Verlauf der Gräben zeigte sich erst wieder im heranwachsenden Getreide wenige Wochen später als Bewuchsmerkmal (unten).

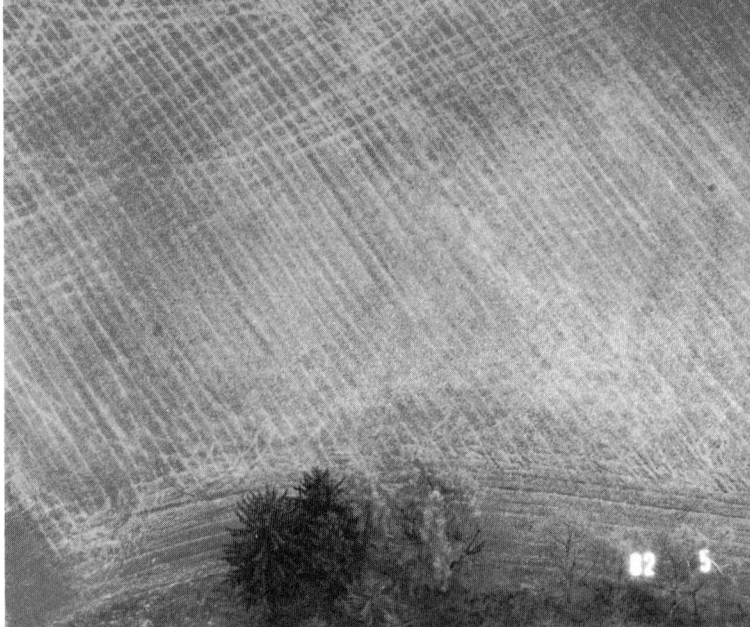

vorzugen Böden, deren untere, gut entwässernden Schotterschichten eine relativ dünne Überdeckung aus Löß oder Lehm tragen und die so gute Voraussetzungen zur Ausbildung starker Feuchtedifferenzen zwischen Einfüllung und gewachsenem Boden bieten.

Wo Feuchtemerkmale zusammen mit Bodenmerkmalen einwirken, wie bei den Viereckschanzen von Teufstetten (ED), kann das zu besonders klaren Ergebnissen führen. Die Kurzlebigkeit der Merkmale dokumentieren die Fotos von der Befestigung bei Herrnwahlthann in Niederbayern.

Frostmerkmale (Frost-Marks)

Gefriert das bei den Feuchtemerkmalen schon so wirksame Wasser in den Störungen, so bietet das mit zunehmender Frosttiefe wachsende Kältereservoir an seiner Oberseite, der Ackerkrume, dem Schnee bei Tauwetter noch eine längerwährende Unterlage und dem morgendlichen Rauhreif eine ideale Ansatzfläche. Der oben schon erwähnte Sondertypus der Schneemerkmale hat hier seine Grundlage.

Eine ähnliche Wirkung erzielen die besonders rasch auskühlenden Mauerreste eines mittelalterlichen Gebäudes oder eines römischen Gutshofes, die im Acker verborgen liegen. Der französische Luftbildarchäologe Roger Agache hat auf diese Weise durch Rauhreifspuren in der schneearmen Somme viele römische Villen nachweisen können.

Wir schauen hier als Beispiel auf das verwandte Schneemerkmal mit den in der Tiefe gefrorenen Gräben der Römerstraße zwischen Anwalting und Mühlhausen (A).

Bewuchsmerkmale (Crop-Marks)

Für das schon frühe Erkennen der verbreiteten Bewuchsmerkmale als Boten der Vergangenheit führt D. N. Riley aus England Beispiele aus den Jahren 1857 und 1899 an. Auch in den Ortsakten der bayerischen Denkmalpflege finden sich einige alte Berichte, die von der »Beobachtung von welkem Getreide über vergessenen Mauern« und von ähnlichem sprechen. Freilich gelang es den wohl zumeist auf einem Pferderücken oder auf einem nahen Hügel weilenden Beobachtern selten, eine solch gute Aufsicht auf die Stelle zu gewinnen, um alle in einem größeren Feld beobachteten Einzelheiten zu einem sinnvollen Plan zu ordnen. Diese Gelegenheit bot in idealer Weise erst das Flugzeug.

Auf die durch archäologische Störungen ausgelösten Feuchte- und Nährstoffunterschiede reagiert vor allem das Getreide, nach Arten abgestuft, empfindlich. Es quittiert nach längerer Trockenheit oder gar Dürre den erhöhten Feuchtegehalt, den ein verfülltes Pfostenloch, ein Grab, oder ein Graben seinem dort tiefer reichenden Wurzelwerk bietet, mit höherem Wuchs, größeren Blättern, mit dunklerem Grün und späterer Reife als das Korn auf benachbartem, nichtdurchlöchertem Boden. Wir haben es in diesem Fall mit *positiven Bewuchsmerkmalen* (Positive Crop-Marks) zu tun. Bei nur flach eingetieften Störungen oder bei Verfüllungen, die dem umgebenden Boden in seinen Eigenschaften ähnlich sind, ist nur eine geringe Differenzierung der Feuchteverhältnisse möglich und die Merkmale lassen bald nach oder treten überhaupt nicht auf.

Positive Bewuchsmerkmale bevorzugen feste Schotterböden oder grobe Sande, in denen es bei feinporigen Einfüllungen zu den erforderlichen größeren Feuchteunterschieden kommt. Tiefgründige, homogene Lehm- und Lößböden mit ihrem hohen Gehalt an Feinsubstanz sind

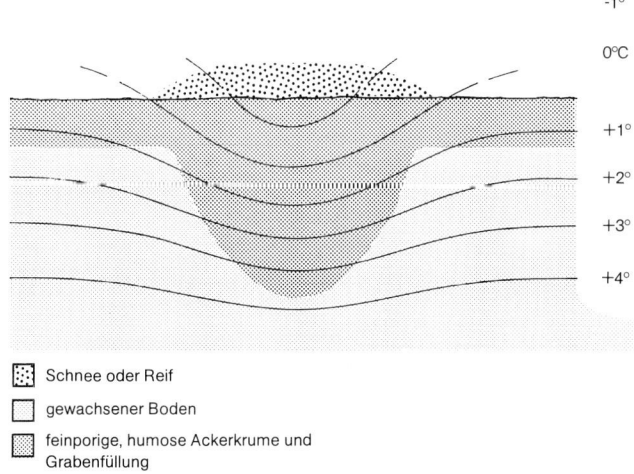

Schnee oder Reif
gewachsener Boden
feinporige, humose Ackerkrume und Grabenfüllung

Abb. 16 In Umkehrung der Verhältnisse beim Schneemerkmal der Abb. 10 bewirkt der tiefer gefrorene Boden im Bereich eines Grabens, daß sich über ihm Schnee und Reif bei einsetzendem Tauwetter länger halten. Derartige Frostmerkmale bilden sich erst nach längeren Frostperioden.

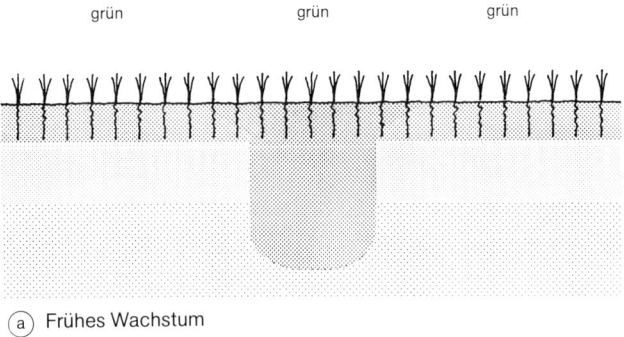

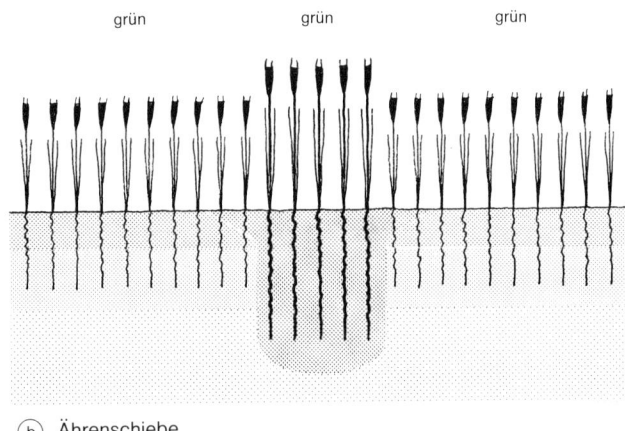

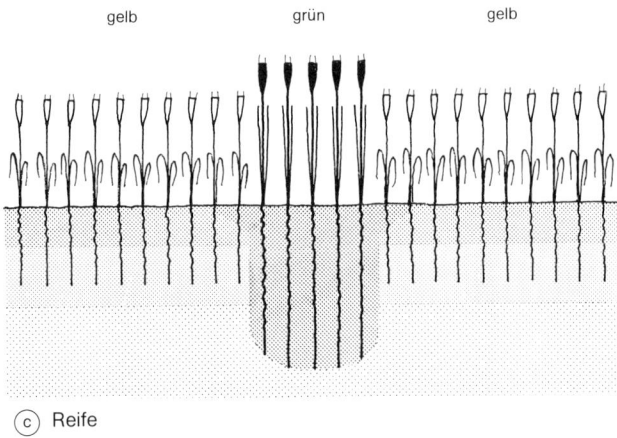

Abb. 17 Das Wuchsverhalten von Getreide im Bereich einer eingetieften Störung während des frühen Wachstums (a), der Ährenschiebe (b) und der Reife (c). Vergleiche Abb. 23.

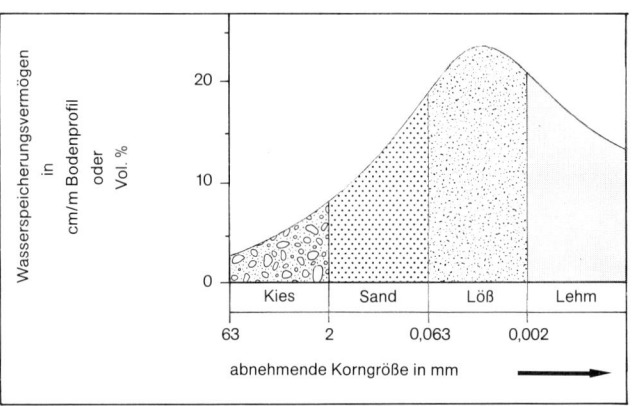

Abb. 18 Schematische Darstellung des unterschiedlichen Wasserspeicherungsvermögens verschiedener Bodenarten und Korngrößen.

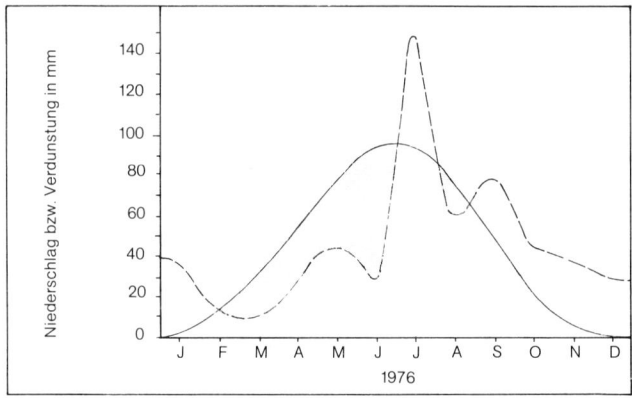

Durchschnittlicher Verdunstungsbetrag (mm) eines Getreidefeldes im Verhältnis zur Niederschlagsmenge (mm) gemessen im Trockenjahr 1976 an der Wetterstation Neuburg/Donau

◠ Verdunstung

◠ Niederschlag

☐ Wasserbilanzdefizit (Verdunstung größer als Niederschlag)

Abb. 19 Darstellung der Wasserbilanz einer Feldflur am Beispiel des Umlandes von Neuburg an der Donau im Jahre 1976. Die Gesamtverdunstung eines Feldes setzt sich aus der Verdunstung des unbedeckten Bodens (Evaporation) und der Pflanzenoberflächen (Transpiration) zusammen. In unserer Abbildung sind beide Verdunstungsarten für den Bereich eines Durchschnittsjahres addiert. Dieser durchgezogenen Kurve ist der gestrichelte Kurvenverlauf des Niederschlags im Dürrejahr 1976 gegenübergestellt. Dadurch wird deutlich, daß 1976 in den Monaten Februar bis Juni die Verdunstung ständig über der durch Niederschlag zugeführten Wassermenge lag. Das so entstandene Defizit in der Wasserbilanz schuf ausgezeichnete Voraussetzungen für Bewuchsmerkmale. 1976 war das »Jahrhundertjahr« für die Luftbildarchäologie.

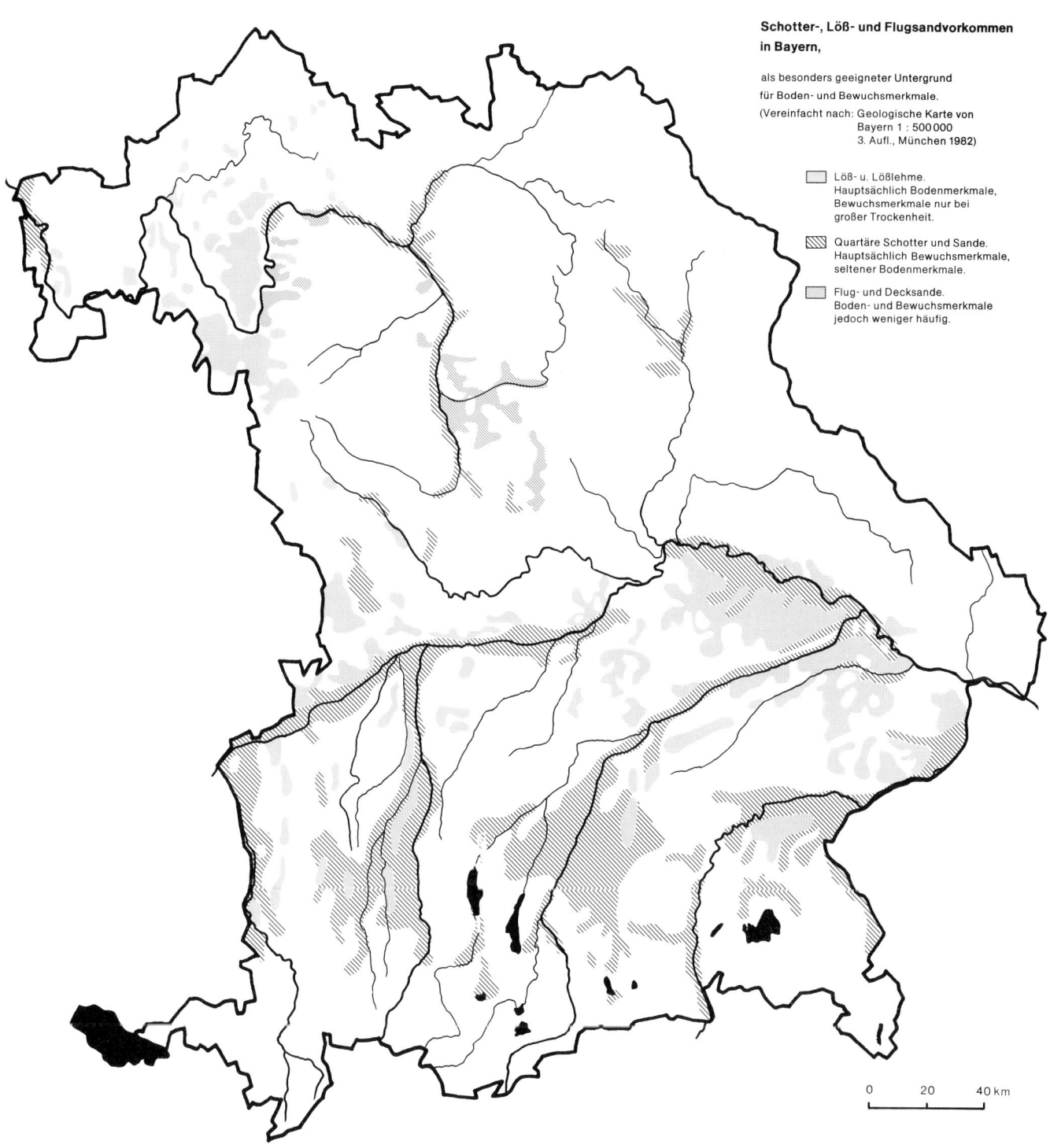

Abb. 20 Die für archäologische Luftbildbeobachtungen besonders günstigen Löß-, Schotter- und Sandböden Bayerns.

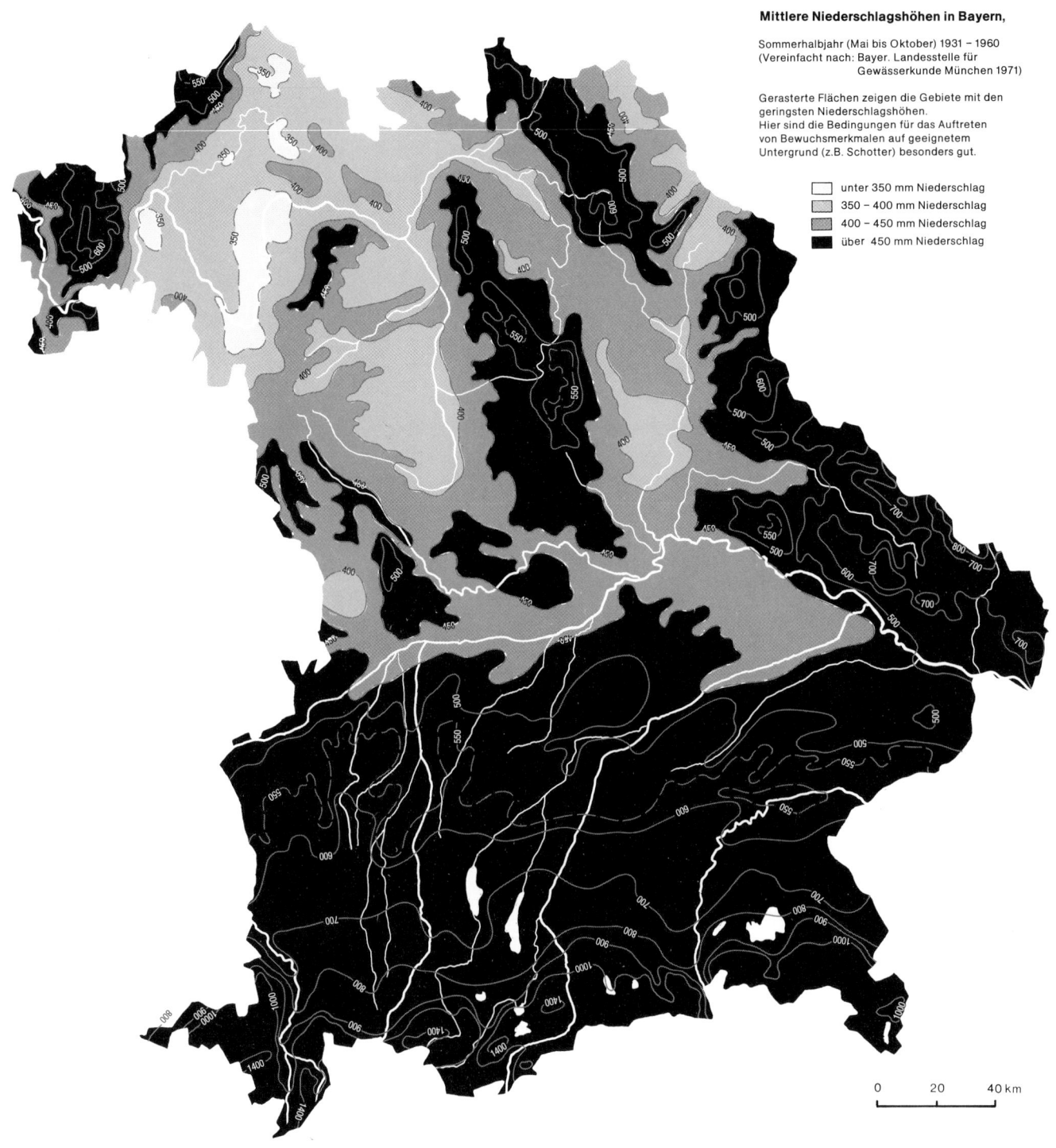

Abb. 21 Karte der mittleren Niederschlagsmengen Bayerns während der Monate Mai bis Oktober. Besonders günstig sind Schotterlandschaften mit einer mittleren Niederschlagsmenge unter 450 mm; diese Verbindung schafft bei Wasserbilanzdefizit besonders gute Beobachtungsmöglichkeiten an Bewuchsmerkmalen.

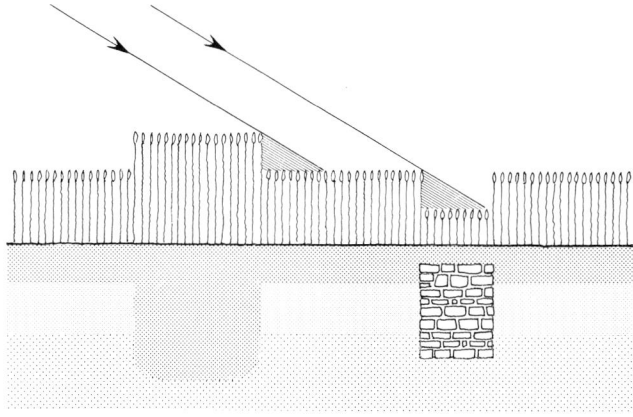

Abb. 22 *Schattenmerkmale im unterschiedlichen Getreidewuchs über Grabenverfüllungen (links) und Mauerzügen (rechts).*

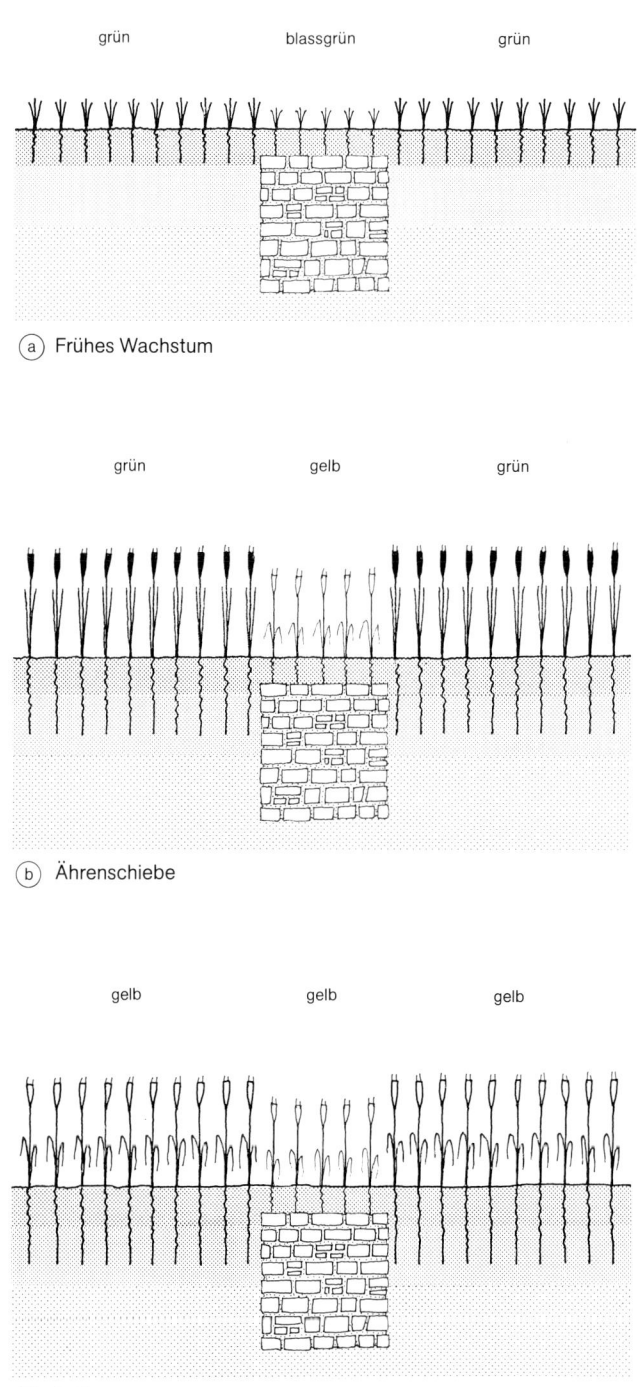

Abb. 23 *Das Wuchsverhalten von Getreide im Bereich eines Mauerzuges während des frühen Wachstums (a), der Ährenschiebe (b) und der Reife (c). Vergleiche Abb. 17.*

insgesamt ideale Feuchtespeicher und lassen die positiven Bewuchsmerkmale nur bei ausgeprägter Trockenheit oder Dürre erscheinen. Sie tragen dafür die Mehrzahl der so häufigen Bodenmerkmale. Aus der Bodenverbreitungskarte und der Niederschlagskarte lassen sich für das Auftreten der beiden wichtigsten Merkmalgruppen in Bayern nur ungefähre Angaben gewinnen, die vielfältige Bodengestalt und klimatische Ausreißer sorgen immer wieder für Überraschungen.

Das unterschiedliche Höhenwachstum (im Getreide werden bis zu 50 cm Differenz beobachtet) fördert besonders bei den positiven Merkmalen das zusätzliche, hilfreiche Auftreten von Schattenmerkmalen, die das Höhenrelief in noch jungen, gleichmäßig grünen oder vollreifen, gleichmäßig gelben Kornfeldern plastisch herausarbeiten.

Ein wahrhaft armseliges Dasein führen die schon wegen ihrer Bezeichnung benachteiligten *negativen Bewuchsmerkmale* (Negative Crop-Marks). Sie fristen ihr Leben nahezu unabhängig von der jeweiligen Bodenart ebenso über verschütteten Feldgleisen, über Rollwegen von Flugplätzen des letzten Krieges, wie über versenkten mittelalterlichen Klostermauern und den soliden Fußbodenheizungen römischer Wohnstuben Raetiens.

Von Bauern schon früh wegen ihrer kränkelnden fahlen Farbe scheel beäugt und später wegen kurzem Wuchs und magerer Ernte beschimpft, hält sich das schwer geprüfte Korn mit verkrüppeltem Wurzelwerk mühsam auf der harten Hinterlassenschaft der Vergangenheit am Leben.

Freunde haben diese Merkmale nur in ihren fliegenden Beobachtern, denen sie, wie auf dem vergessenen Reißbrett des römischen Baumeisters, dessen großzügige Gutsanlage mit seinen Gebäuden im grünen Feld nachzeichnen.

Negative Bewuchsmerkmale sind wegen ihrer geraden Linien leichter als positive auch in Rüben und Mais auszumachen. Bei sehr trockenem Wetter findet man sie auch im sonst sehr robusten und unempfindlichen Gras. Beispiele für typische Bewuchsmerkmale zeigen folgende Farbbilder:

- **62** – Viereckschanze Rosenhof-Roith (R): positives Bewuchsmerkmal über einem Graben in Getreide und Rüben.
- **78** – Reihengräberfeld Emmering (FFB): positive Bewuchsmerkmale über Körpergräbern in Gerste (oben) und Weizen (unten).
- Bandkeramisches Dorf Regensburg-Harting: positive Bewuchsmerkmale über Pfostenlöchern, Wandgräben und Gruben im Weizen. **10**
- Bestattungen Augsburg-Hochzoll: positive Bewuchsmerkmale und Schattenmerkmale (Schräglicht) über Kreisgräben, Begrenzungsgräben und Grabgruben im Getreide. **69**
- Römische Fundstelle Niedererlbach (LA): frühe negative Bewuchsmerkmale über römischer Straße und steinernem Grabdenkmal im jungen Getreide. **71**
- Kloster Aholming (DEG): negative Bewuchsmerkmale über mittelalterlicher Klosteranlage mit Umfassungsmauer im Getreide. **65**
- Villa rustica Gaimersheim (EI): negative Bewuchsmerkmale über römischem Gutshof in Getreide und Rüben. **54**
- Villa rustica Ehingen am Ries (DON): negative Bewuchsmerkmale über römischem Gutshof im Gras. **53**

Stadt und Burg, Dorf und Hof

Die ältesten menschlichen Ansiedlungen in Bayern haben den Boden dieses Landes nicht geprägt und sind im Luftbild nicht zu erfassen. Sie stehen deshalb außerhalb unserer Betrachtung. Von dem, was die von Jagd, Fang und Aufsammeln lebende Bevölkerung der Alt- und Mittelsteinzeit an archäologischen Spuren hinterließ, erhielt sich in größerem Umfang nur das, was unter schützenden Felsdächern oder in Höhlen von Sedimenten bedeckt wurde. Im freien Gelände hatten die schwachen Substruktionen von Zelten und die seichten Mulden, die man zum Schutz vor den Unbilden der Witterung anlegte, normalerweise keine Chance zu überdauern, allenfalls dort, wo später keine natürlichen oder künstlichen Kräfte die Bodenoberflächen angriffen und abtrugen. Von einem solchen geschützten Platz, Sarching bei Regensburg, kennen wir mesolithische Hüttenstellen und wissen um die Fragilität dieser frühen Wohnstättenbefunde. Mit dem Beginn der Jungsteinzeit ändert sich das Bild der Wohnplätze von Grund auf. Die nunmehr in größerem Umfang betriebene Haltung von Vieh und die Bewirtschaftung des umliegenden Landes führten rasch zu Seßhaftigkeit und zu beschleunigtem Bevölkerungswachstum. Festgefügte Häuser aus Holz mit stabil verankertem tragenden Pfostengerüst wurden nach einheitlichem Schema errichtet und beherbergten Mensch, Vieh und Vorräte. Für die Flechtwerkwände der Häuser entnahm man den erforderlichen Lehm aus flachen Lehmgruben entlang der Hauswände. Die Unebenheiten füllten sich in der Folge rasch mit den Abfällen des Hauses, insbesondere auch mit zerbrochenen Tongefäßen, und sind für uns heute unentbehrliche Quellen unseres Wissens um das Alter des danebenstehenden Hauses und die Lebensumstände von dessen Bewohnern. Von allen geschichtlichen Erscheinungsformen, die mit dem Einsetzen der Jungsteinzeit verknüpft sind, und deren Bündelung den Eindruck eines »revolutionären« Vorgangs hervorriefen – Ackerbau, Viehhaltung, Seßhaftigkeit, Keramikherstellung, Steinschliff –, könnte sich die Seßhaftigkeit am spätesten durchgesetzt haben. Die rasche Erschöpfung der ungedüngten Böden zwang zu baldiger Verlagerung der Siedlung. Gerade die ältesten jungsteinzeitlichen Siedlungsplätze bestanden offensichtlich nur kurze Zeit. Später, etwa um 4000 v. Chr., waren dann infolge der raschen Bevölkerungsvermehrung Grund und Boden nicht mehr uneingeschränkt verfügbar. Es kam zur intensiven Nutzung der Feldfluren und zur Stabilität des Siedlungsplatzes: neue Häuser wurden immer wieder in der unmittelbaren Nachbarschaft ihrer Vorgänger errichtet. Eine solche Siedlung aus dem jüngeren Abschnitt der Linienbandkeramik wurde in Hienheim bei Kelheim an der Donau (KEH) untersucht und ergab das Bild eines kontinuierlich über Jahrhunderte hinweg besiedelten kleinen Dorfes. Nicht ganz so dicht war die annähernd gleichzeitige Siedlung von Regensburg-Harting mit ihren im Luftbild erkennbaren imposanten Langhäusern bebaut. Kein Zweifel, daß wir es hier mit regelrechten Dörfern zu tun haben. Dennoch kann man nicht ausschließen, daß es in dieser Frühzeit schon Einzelhofsiedlungen

10

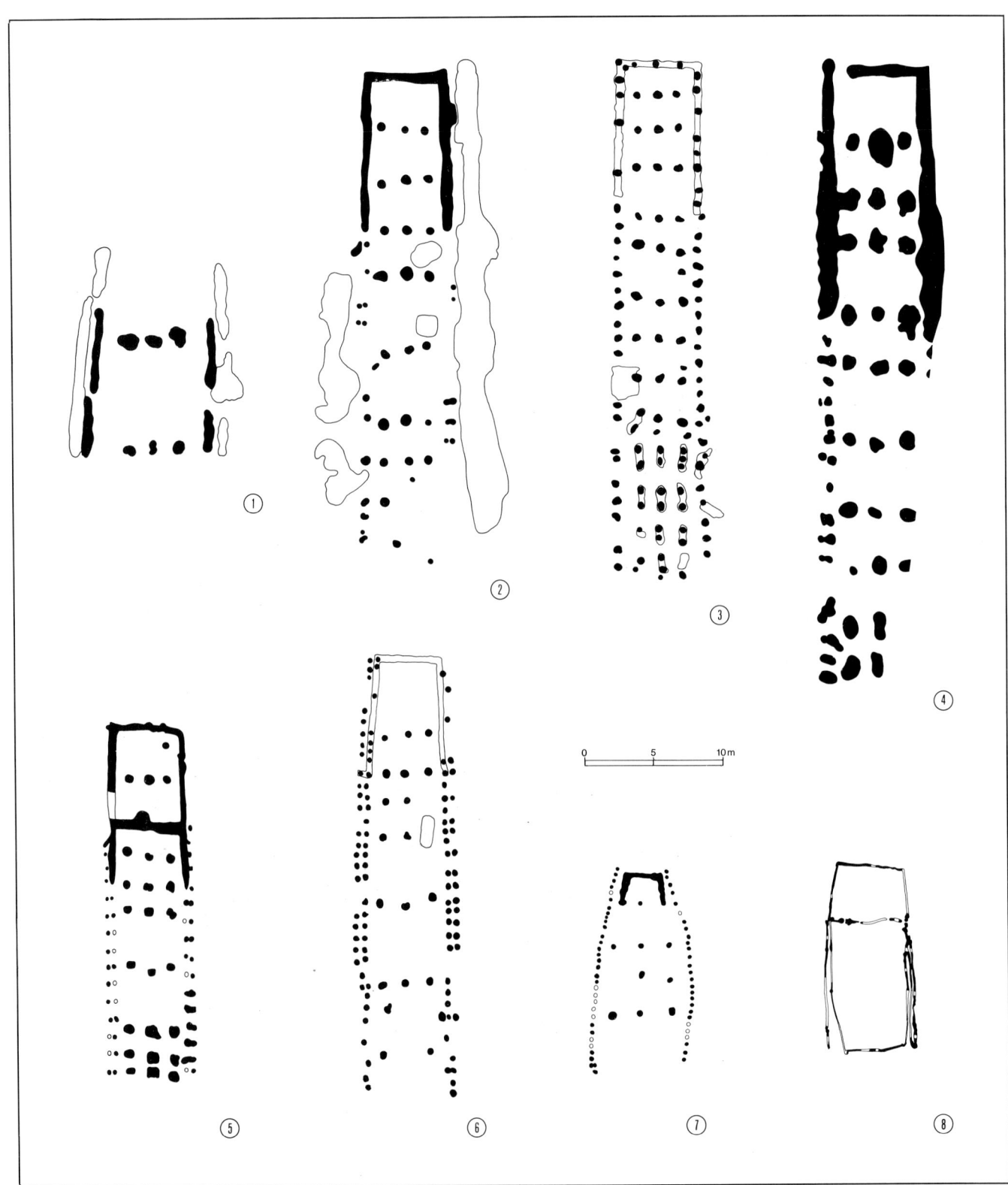

40

gegeben hat, wenngleich der sichere Nachweis hierfür noch aussteht und auch schwer zu erbringen sein wird. Ein solcher Hof kann allenfalls aus einem großen Langhaus bestanden haben. Dieses »Einheitshaus« der beginnenden Jungsteinzeit bestand sichtlich aus mehreren Abschnitten unterschiedlicher Funktion. Vorratsspeicher, Wohnteil und möglicherweise auch ein Stall waren unter einem Satteldach vereint. Diese Häuser konnten bis über 50 m lang und 10 m breit sein. In den beträchtlichen Größenunterschieden dürften sich durchaus bereits frühe soziale Unterschiede widerspiegeln. Ein erhöhter Raumbedarf infolge einer besonders großen Familie hätte sich allenfalls in einer Verlängerung des Wohnteils niedergeschlagen. Erst eine damit einhergehende Vergrößerung des Stallteils oder des Speichers ließe auf besonderen Reichtum an Vieh und Ernteprodukten schließen. Solche Befunde wie die des 55 m langen Hauses von Lengfeld-Dantschermühle (KEH) mit seinen in alle Richtungen aufgeblähten Ausmaßen können kaum anders als sozial-elitär interpretiert werden.

Andere Anzeichen einer gesellschaftlich hervorgehobenen Bevölkerungsschicht kennen wir vorerst noch nicht. Die in späteren Zeiten so geläufige Befestigung eines Hofes als Hinweis auf seine besondere Stellung ist vorerst nicht nachweisbar. Überraschen dürfte ein solcher Befund allerdings nicht. Zum einen gibt es – freilich vorerst nur wenige – linienbandkeramische Fundplätze in ausgesprochener »Burgenlage« auf hervorragenden Bergspornen, zum anderen fand das Befestigungswesen bereits in der Zeit der Linienbandkeramik Eingang. Einige, freilich wiederum nur wenige Siedlungen dieser Zeit sind mit Gräben umgeben, welche jedoch im Gegensatz zu späteren Epochen stets eine größere Anzahl von Gehöften einschlossen, und erhielten damit einen eher stadt- als burgähnlichen Anstrich.

Die Entwicklung des Hauses verlief für mehrere Jahrhunderte in vorgezeichneten Bahnen. Die Tendenzen sind in Hienheim bemerkbar: Das Haus wird kürzer und gedrungener, die Außenwände verlaufen nicht mehr gerade, sondern leicht nach außen gebaucht, der massive Nordteil wird immer kürzer und schließlich zur ins Haus eingebundenen Chiffre. Der Weg führt zum trapezförmigen Haus, wie es aus mittelneolithischer Zeit in Schernau, Unterfranken (KT) überliefert ist. Die nunmehr sehr leichte Bauweise macht verständlich, weshalb nur sehr wenige dieser Hausgrundrisse auf uns gekommen sind, und weshalb wir über Hausbauten der genetisch noch den Anfängen der Jungsteinzeit verbundenen Kulturgruppen Münchshöfen, Michelsberg und Altheim nichts wissen. Die vor allem mit letzterem Namen verknüpften Baubefunde – es sind dies ausschließlich in den Boden eingetiefte rechteckige Gruben – dürften kaum Wohnbauten dargestellt haben. Die eigentlichen Wohnhäuser dieser Zeit waren zu seicht fundiert, um sich in Lößböden nach jahrhundertelanger Beackerung und Erosion noch überliefern zu können.

Die Entwicklung des Dorfes verlief im ersten großen bäuerlichen Geschichtsabschnitt des 5. und 4. vorchristlichen Jahrtausends anscheinend weitgehend ungestört. Soweit wir dies aus den eben dargelegten Gründen verfolgen können, waren alle Häuser gleich orientiert: Die betonte, abgeschlossene Schmalseite lag im Norden mit leichtem Schlag nach Nordwesten, die gegenüberliegende, stets offene Schmalseite dementsprechend im Süden. Gegenüber dem »Einheitshaus« gab es keine Nebengebäude, zumindestens keine, die zum Funktionieren eines Gehöftes obligat waren. Lehmöfen, deren Tenne mit Kieseln ausgepflastert waren, und die zum Brotbacken oder Keramikbrennen gedient haben müssen, befanden sich außerhalb der Häuser. Zum Charakter eines Dorfes der älteren Jungsteinzeit gehörte auch das Fehlen von trennenden Zäunen zwischen den Häusern: Grundbesitz war nicht festgeschrieben. Dem entspricht die Regellosigkeit der immer wieder erneuerten Häuser in Hienheim, und dem entspricht auch das Fehlen von Dorfgassen. Besitzunterschiede müssen sich anders als in Grundbesitz ausgedrückt haben. Die Größe solcher Dörfer hat man häufig zu bagatellisieren und mit der Mobilität der einzelnen Hofstellen innerhalb der Siedlung zu erklären versucht. Dies wird der Wirklichkeit nicht immer gerecht. Selbst recht kurzfristig belegte Siedlungen wie die von Straubing-Lerchenhaid erreichten Umfänge, die denen mittelalterlicher Dorfschaften nicht nachstanden. Schließlich waren um manche der Siedlungen des ausge-

◄ *Abb. 24 (nebenstehend) Hausgrundrisse aus dem älteren Abschnitt der Jungsteinzeit in ungefährer chronologischer Reihung. 1–4 5. Jahrtausend v. Chr. 5–8 4. Jahrtausend v. Chr. Maßstab 1:400. Die Fundorte: 1 Altdorf-Aich (LA). Mittelteil eines Hauses der ältesten linienbandkeramischen Stufe. – 2 Landshut-Sallmannsberg. – 3 Straubing-Lerchenhaid. – 4 Lengfeld-Dantschermühle (KEH). – 5 Hienheim (KEH). Haus 8 (nach Modderman). – 6 Straubing-Lerchenhaid. – 7 Hienheim, Haus 3 (nach Modderman). – 8 Schernau (KT) (nach Lüning).*

Abb. 25 Straubing-Lerchenhaid. Die in den Jahren 1979 bis 1981 ausgegrabene Fläche innerhalb einer großen Siedlung der Linien- und Stichbandkeramik ist von einheitlich orientierten Langbauten mit Längenausdehnung zwischen 25 und knapp 40 m gekennzeichnet. Auch wenn möglicherweise nicht alle Häuser gleichzeitig existierten, kommt doch der Charakter als Haufendorf deutlich zum Ausdruck. Maßstab 1:2500.

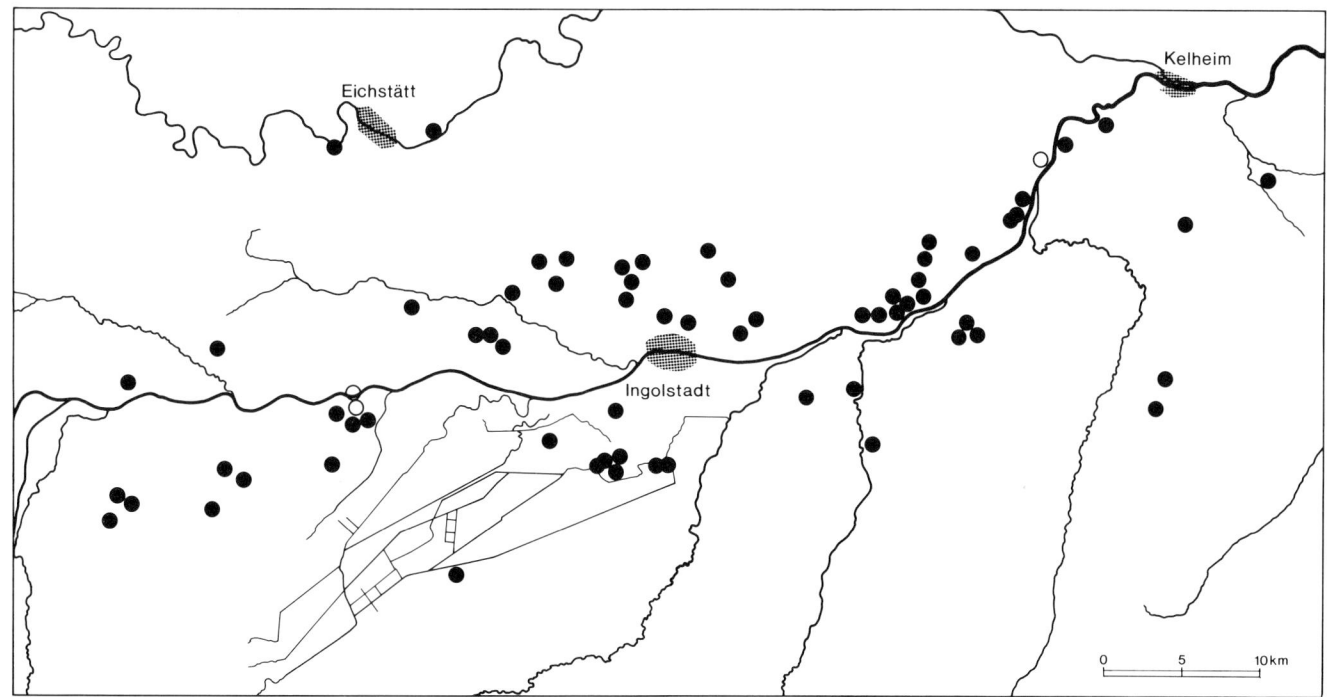

Abb. 26 Vorlatènezeitliche Befestigungen im Donauraum zwischen der Lechmündung und Kelheim, entdeckt durch die Luftbildarchäologie zwischen 1978 und 1982. Die vorher bekannten Befestigungen, zwei Grabenwerke im Stadtgebiet von Neuburg an der Donau und die Chamer Grabenanlage von Hienheim (KEH), sind als offene Kreise eingetragen. Unsere Kenntnis vom vorgeschichtlichen Befestigungswesen und seinen Denkmälern hat in den letzten vier Jahren gegenüber den davor liegenden eineinhalb Jahrhunderten um das 22fache zugenommen.

henden 4. oder des 3. Jahrtausends Gräben gezogen, die ersten deutlichen Hinweise auf Wehrhaftigkeit, auf Wehrbedürfnis und auf Wehrvermögen. Die vorauszusetzenden Wälle sind längst eingeebnet. Stets wurden in einer gemeinschaftlich vollbrachten Arbeitsleistung mehrere Gehöfte befestigt, ja es ist vorerst kein Fall bekannt, daß ein Siedlungsteil von der Umwehrung ausgeschlossen wurde. Beispiele solcher Befestigungen sind Moos, Osterhofen-Mooshöhe, Künzing-Unternberg (alle DEG) und vor allem Kothingeichendorf (DGF). Alle Beispiele unterscheiden sich in Einzelheiten. Gemeinsam ist ihnen nicht viel mehr als der extreme Spitzgraben als Wehrelement und der beträchtliche Umfang. Die drei ersteren Beispiele zeichnen sich zudem durch eine begrenzte Lebensdauer aus: Sie existierten nicht länger als eine durchschnittliche unbefestigte Siedlung des älteren Neolithikums. Kothingeichendorf dagegen weist schon im Plan auf die Kompliziertheit seiner Geschichte hin. Immer wieder scheint eine Kernsiedlung – die den Funden nach der jüngeren Linienbandkeramik zuzurechnen ist – erweitert worden zu sein, immer wieder wurden die alten Grabensysteme erneuert und ausgebaut, bis schließlich in der Zeit der Münchshöfener Kulturgruppe das Ende auch dieser Siedlung anbrach: nach mindestens 500 Jahren blühenden Lebens. Kothingeichendorf ist das erste Beispiel eines Ortes, dessen Inhalt und Gestalt ihm eine längere Existenz ermöglichte, als sie den landwirtschaftlichen Ansiedlungen gemeinhin beschieden war. Heute würde man ihm wohl eine zentralörtliche Funktion bescheinigen. Vermutlich waren die gut gewarteten Befestigungswerke und ihr fortwährender Ausbau die Folge einer Bevölkerung mit stadtähnlicher Struktur, und dies war auch die Voraussetzung für eine weit über dem Durchschnitt liegende Lebenserwartung der jungsteinzeitlichen Siedlung Kothingeichendorf.

Es scheint so, als ob in jener Phase, welche die Archäologen mit den Begriffen jüngere Linienbandkeramik, Oberlauterbach und Stichbandkeramik bezeichnen, und

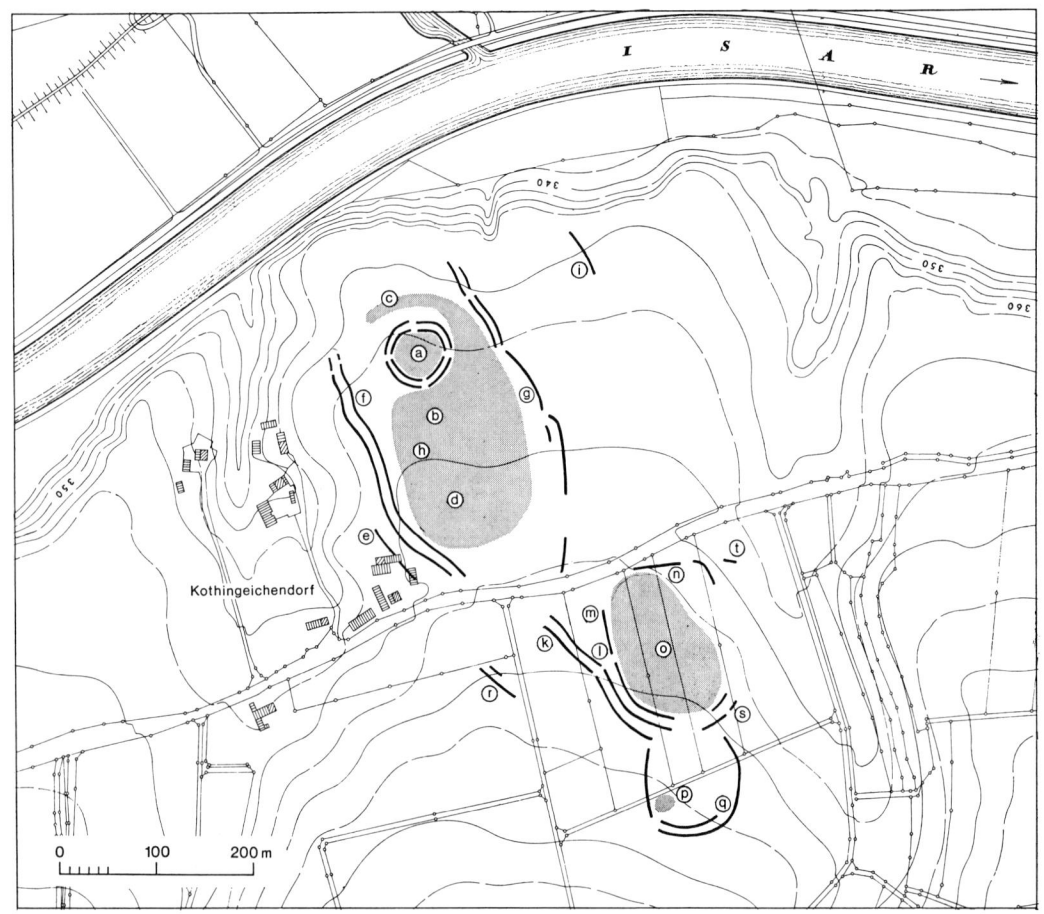

Abb. 27 Kothingeichendorf, Stadt Landau an der Isar (DGF). Befestigtes Siedlungsgebiet des älteren und mittleren Neolithikums nach Ausgrabungs- und Luftbildbefunden. Die schon länger bekannten Grabenzüge k, l und m und die neugefundene Erweiterung q sind auf dem Luftbild Tafel 7 zu sehen. Bei a der Kultplatz Tafel 57. Gerastert sind die Flächen, für die bisher Besiedlung nachgewiesen ist. Maßstab 1:7500. Nach Christlein/Schmotz.

die die erste Hälfte des 4. Jahrtausends v. Chr. umfaßt, die Anfänge des bayerischen Städtewesens lägen. Hier wurden Leistungen vollbracht, die nur mit einer gut gegliederten, verfaßten und geführten menschlichen Gemeinschaft zu erklären sind. Doch scheinen solche komplexen Strukturen auch verwundbar gewesen zu sein. Zumindest überdauerten die meisten dieser Siedlungen nicht einmal bis zum Ende der ersten Geschichtsphase Bayerns. Während im württembergischen Westen und im Rheinland auch weiterhin große, mitunter komplizierte Befestigungssysteme errichtet und instand gehalten wurden, fehlen in der Folge derartige Anzeichen urbanen Lebens in Bayern. Die sogenannte Altheimer Kultur, die wir der Mitte und zweiten Hälfte des 4. Jahrtausends v. Chr. zuweisen, und die den bayerischen Donauraum und die Täler der Alpenflüsse einnahm, kennt dagegen ganz andere Befestigungen.

Es sind dies Grabenwerke, welche sich in mehreren Punkten von denen der vorhergehenden Zeit unterscheiden. Am auffallendsten ist ihre nunmehr wesentlich reduzierte Größe. Wall und Graben können bestenfalls zwei oder drei Höfe, in den meisten Fällen wohl nur eine Hofeinheit, wenn wir den Platz für das Vieh mit hinzurechnen, umschlossen haben. Die Gräben nahmen einen betont geraden Verlauf und bogen zumeist rechtwinklig um; sie hatten im Gegensatz zu ihren Vorgängern eine breite Sohle. Und schließlich das wichtigste: die Befestigungswerke der Altheimer Kultur lagen in der Regel innerhalb größerer Ansiedlungen und da häufig an betonter Stelle. Wir haben es bei ihnen somit zum ersten Male mit der Hervorhebung eines Hofplatzes innerhalb der Siedlungsgemeinschaft, mit einer sozialen Separierung eines Familienverbandes zu tun: mit Burgen der Steinzeit. Die Kellergruben innerhalb der erforschten Burgen

Abb. 28 Befestigtes Dorf des Mittelneolithikums (4. Jahrtausend v. Chr.) im Vordergrund und das Dorf Buchbrunn (KT) des 2. Jahrtausends n. Chr. im Hintergrund. Das ältere Dorf mit seinem Grabenoval und den darin eingeschlossenen Siedlungs- und Abfallgruben ist durch die intensive landwirtschaftliche Nutzung der jüngeren Dorfsiedlung weitgehend zerstört, aber gerade dadurch aus der Luft gut zu erkennen. Die Einwohnerzahl der Jungsteinzeit mag derjenigen des Mittelalters in etwa entsprochen haben.

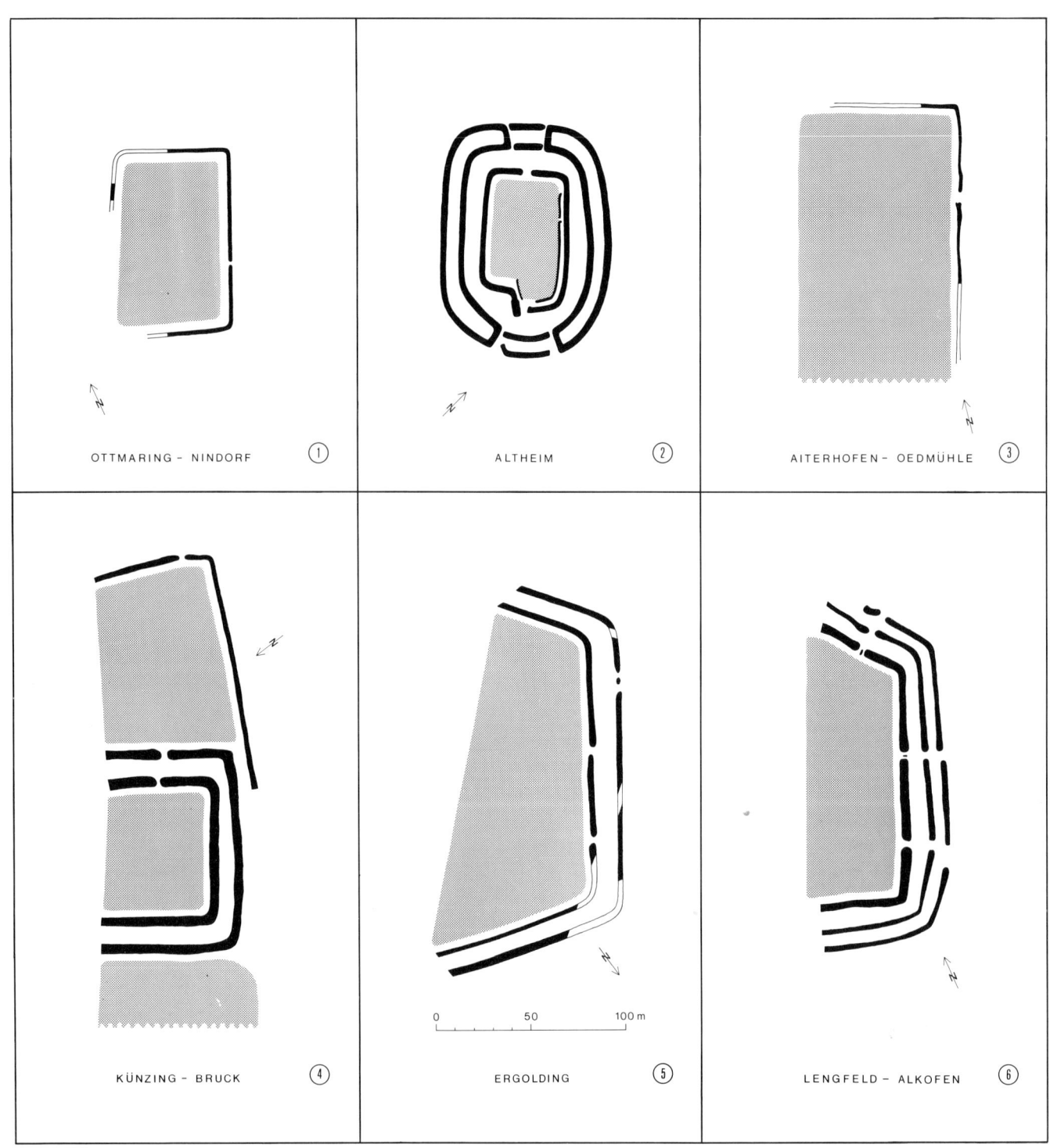

Abb. 29 Befestigungen der jungsteinzeitlichen Altheimer Kultur aus dem Donau- und Isartal. 3 und 6 Ausgrabungsbefunde, 2 Ausgrabungs- und Luftbildbefund, sonst Luftbildbefunde. Maßstab 1:3000.

von Altheim (LA) und Lengfeld-Alkofen (KEH) und die Einfüllungen der Gräben enthielten das ganze Fundspektrum einer normalen Siedlung. Es besteht kein Anlaß, an einer profanen Funktion dieser Befestigungswerke zu zweifeln und sie als Kultplätze zu erklären.

In diesem mittleren Abschnitt jungsteinzeitlicher Geschichte und in diesen Grabenwerken der Altheimer Kultur wird zum ersten Male archäologisch eine Herrenschicht deutlich faßbar. Zum ersten Male lernen wir eine »Burgenlandschaft« kennen, die der mittelalterlichen nicht unähnlich war. Auch in jener Frühzeit war beileibe nicht jeder Ansiedlung eine Befestigung beigegeben,

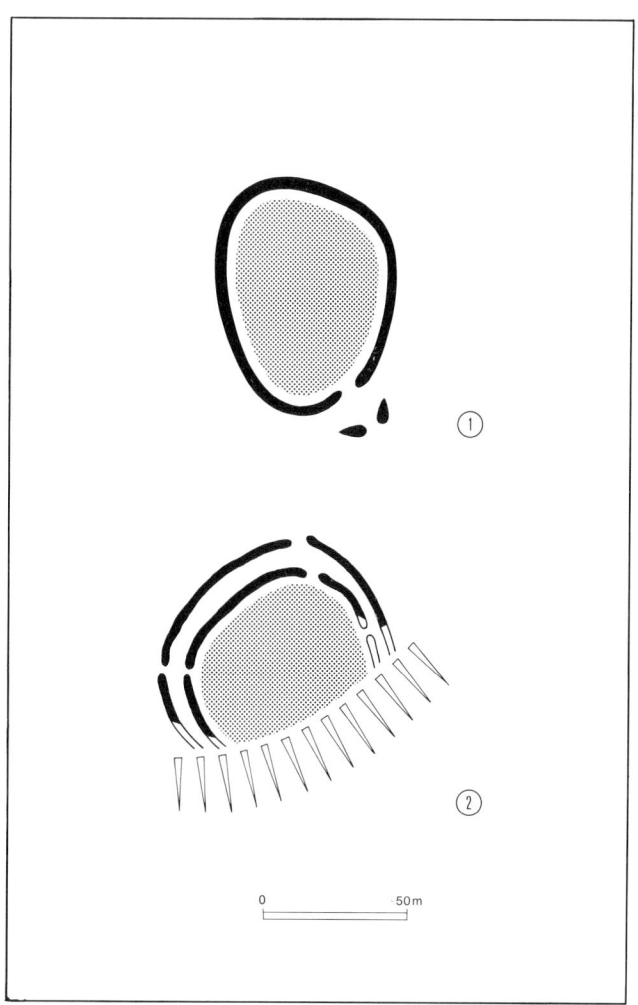

Abb. 31 Befestigungen der jungsteinzeitlichen Chamer Kulturgruppe mit ihren gebogenen Grabenverläufen und kleinen Innenflächen. 1 Ergolding-Kopfham, Galgenberg (LA) mit einem Tor, das durch zwei vorgelegte Grabenstummel zusätzlich geschützt ist. – 2 Hienheim (KEH); nach Modderman. Maßstab 1:2500.

Abb. 30 Altheim, Gde. Essenbach (LA). Der innere Graben des Befestigungswerks (Tafel 17) während der Ausgrabung im Jahre 1914. Man beachte die enorme Tiefe und die breite Sohle des Grabens.

doch erfuhr die Zeit um 3000 durch diese wehrhaften Höfe und Weiler ihre entscheidende Prägung. In der Folgezeit verdichtete sich das Bild burgartiger Ansiedlungen noch. Zur Zeit der Chamer Gruppe des 3. vorchristlichen Jahrtausends scheint es mehr befestigte als unbefestigte Siedlungen gegeben zu haben. Ihre Form weist beträchtliche Unterschiede zu den Altheimer Anlagen auf. Keine von ihnen besaß mehr geradlinige Grabenstrecken, auch waren die Grabenquerschnitte nunmehr muldenförmig. Die Anlagen von Hienheim (KEH),

Kopfham (LA) und Aiterhofen-Ödmühle (SR) sind für diese Zeit kennzeichnend. In ihnen kamen gewiß nicht nur Imponiergehabe und Demonstrationswille, sondern auch ein fundamentales Schutzbedürfnis zum Ausdruck. In manchen Ansiedlungen dieser Zeit und dieser Kulturgruppe fanden sich denn auch Funde der Schnurkeramik als erste Vorboten einer neuen Zeit.

Die Zeit der Becherkulturen, welche Schnurkeramik, Glockenbecher und frühe Bronzezeit umschreibt, und die von der Mitte des 3. bis über die Schwelle zum 2. vorchristlichen Jahrtausend reicht, stellt eine erste große Zäsur im Geschichtsablauf der letzten 7000 Jahre dar. Haus- oder Siedlungsbefunde gibt es so gut wie gar nicht, eine Folge der weithin wieder unsteten Siedlungsweise. Dabei wären die Voraussetzungen zum Erkennen massiver Hausgrundrisse im Luftbild jetzt so günstig wie kaum zuvor: Mit der Mitte des 3. Jahrtausends begann die flächige Ansiedlung auch ungünstigerer Siedlungsanlagen, wurden die tertiären Höhenrücken zwischen den Alpenflüssen und die Schotterböden des Voralpenlandes genutzt, mithin Regionen, die gute Erkenntnismöglichkeiten für das Luftbild bieten. Vielleicht verbirgt sich hinter jenem einsamen Gehöftgrundriß von Oberpeiching (DON) eine Ansiedlung aus der Frühzeit des zweiten großen Geschichtsabschnitts bayerischer Vorzeit. Der Hausbau, der mit dieser Epoche verbunden ist, erscheint auf weite Strecken hin einförmig, ja womöglich noch variantenärmer als derjenige, der mit dem älteren Abschnitt des Neolithikums verknüpft ist. Die Häuser sind zwar wiederum Nord-Süd orientiert, jedoch stets viel kürzer und gedrungener. Häufig handelt es sich um einschiffige, seltener um zweischiffige Bauten. Die Standspuren der Pfosten sind ungewöhnlich massiv und ließen schon den Gedanken aufkommen, daß auf ihnen womöglich mehr als ein Geschoß, zumindest aber ein fester Zwischenboden ruhte. Auch diejenigen Hausgrundrisse, die aus drei (und nicht bloß aus zwei) Pfostenreihen bestanden, brauchen nicht unbedingt mit einem pfostengetragenen Dachfirst rekonstruiert werden. Es gibt nämlich vor allem zur Hallstattzeit einen zweiten Haustyp, der zwar auch in Nord-Süd-Richtung orientiert, jedoch sehr viel größer dimensioniert ist als die kleinen »Normalhäuser«. Dennoch haben diese Häuser sichtlich schwächere, dafür recht eng gestellte Wandpfosten, und dennoch fehlt meistens eine Mittelpfostenreihe. Es kann durchaus sein, daß solche Hallenbauten zu manchen Zeiten die eigentlichen Wohnhäuser waren, die kleineren Häuser jedoch Nebengebäude, etwa Speicher. Insgesamt sind jedoch beide Haustypen die Varianten eines einzigen Grundmusters: des Rechteckhauses. Der bislang älteste Vertreter dieser Gattung tritt uns in zwei Häusern gegenüber, die beim frühbronzezeitlichen Friedhof Raisting (WM) gefunden wurden, und die vermutlich ebenso dem Totenkult dienten wie ein Haus des gleichen Typus von Polsingen (WUG). Die bislang jüngsten Vertreter lieferte in nahezu unveränderter Form die frühlatènezeitliche Siedlung von Kirchheim bei München. Über die gegenseitige Zuordnung der Hofstellen innerhalb der Siedlungen wissen wir fürs 2. vorchristliche Jahrtausend noch wenig Bescheid. Hier deuten die vielen, teiluntersuchten Grabhügelnekropolen der mittleren Bronzezeit mit ihren kurzen Belegungsphasen nur an, daß das Gros der Bevölkerung in recht kleinen Siedlungen wohnte und sich immer noch nicht an eine längere Seßhaftigkeit von mehreren Jahrhunderten Dauer gewöhnt hatte. Freilich: auch für diese frühe Metallzeit gilt, was schon am Beispiel Kothingeichendorf für die Jungsteinzeit bemerkt wurde, daß es nämlich Ausnahmesiedlungen gab, deren Funktionen und Strukturen über einen größeren Zeitraum hinweg Bestand hatten und für eine organisatorische, vielleicht auch politische Konstante im wechselvollen Ablauf ländlicher Siedlungsmobilität sorgten. Nach einer anfänglichen Häufung solcher stadtähnlicher Siedlungsplätze im 16. vorchristlichen Jahrhundert – hierher gehört eine Besiedlungsphase der Roseninsel im Starnberger See – schälen sich später große urbane Zentren heraus, deren Umfang, durch Befestigungsringe umschlossen, jeden Zweifel daran verstummen läßt, daß hier politische und wirtschaftliche Mittelpunkte ganzer Landschaften vor uns liegen. Der Hesselberg (WUG), der Stätteberg (ND), der Frauenberg bei Weltenburg (KEH), der Schloßberg von Landsberg am Lech sind Beispiele für die mittlere Bronzezeit, der Domberg von Freising, die Roseninsel (STA), die Gelbe Bürg (WUG), der Bogenberg (SR), der Natternberg (DEG), der Bullenheimer Berg (KT und NEA) und der Schloßberg von Kallmünz (R) für die Urnenfelderzeit. Schon die Lage der Orte auf hohen Bergklötzen oder auf einer Insel ohne landwirtschaftlich nutzbares Umland macht deutlich, daß die Bevölkerung dieser Städte nicht von eigener agrarischer Betätigung leben konnte, sondern auf die Versorgung durch Dritte angewiesen war. Sie muß in der Tat von urbanem Zu-

Die jüngsten Ausgrabungen in Unterhaching (M), Unterschleißheim (M) und Kirchheim bei München erbrachten jeweils Siedlungen der Urnenfelderzeit, der Hallstattzeit und der Latènezeit von überraschendem Umfang. Die Unterschleißheimer Siedlung war mindestens 750 m lang, die Frühlatènesiedlung von Kirchheim mindestens 13 Hektar groß. Wir kennen jeweils nur Ausschnitte von ihnen, die aber doch genügen, um sie als eine Ansammlung von Einzelgehöften zu kennzeichnen, die ohne feststellbare Ordnung aufeinander folgten. Alle Häuser waren Nord-Süd orientiert. Straßen zeichnen sich ebenso wenig ab wie Grenzzäune und überhaupt Grundstücksgrenzen. Einzelne Gehöfte wurden immer wieder am alten Platz von Grund auf erneuert, andere könnten nach Verfall aufgegeben und an anderer Stelle der Siedlung neu errichtet worden sein. Damit ließe sich die ungewöhnliche Größe der Siedlungsplätze teilweise, aber nicht ausreichend erklären.

Wenn soeben gesagt wurde, daß es keine Grenzzäune gab, so ist dies in einem Punkt zu berichten. In einigen hallstattzeitlichen bzw. frühlatènezeitlichen Siedlungen erwiesen sich bestimmte Hofareale als massiv eingezäunt, als von einer Wand enggestellter Palisaden umgeben, mit einem Eingang versehen und im Inneren die Baulichkeiten eines besonders betonten Hofes beinhaltend. Wir haben hier die sichtbare Separierung einer Familie vor uns und möchten den Befund dementsprechend sozialgeschichtlich interpretieren. Zum ersten – und bis vor kurzem auch letzten – Male war dieses Phänomen vor 60 Jahren auf dem Goldberg am Ries beobachtet worden, bis 1980 in Eching (FS) ein gleicher Befund auftauchte. Hier erwies sich die Hof-»Befestigung« sogar als mehrmals erneuert, die soziale Hervorhebung der dort wohnenden Familie war also von gewisser Dauer gewesen. Auch der im gleichen Jahr im Luftbild beobachtete Palisadenhof von Kirchheim bei München gehört, wie wir mittlerweile wissen, zu der schon mehrfach erwähnten Frühlatènesiedlung und stellt wohl auch eine elitäre Komponente der dortigen sozialen Verhältnisse dar. Die dadurch zum Ausdruck kommende Elitebildung – wir können dies vielleicht am besten als Entstehung einer adelsähnlichen Gesellschaft bezeichnen – war im Grunde durch die Befunde in hallstattzeitlichen Grabhügelnekropolen vorgezeichnet. Die sichtbaren Unterschiede in den Grabausstattungen, das in der Mitgabe von Wagen und in der Überdeckung der Grabkammern mit oftmals

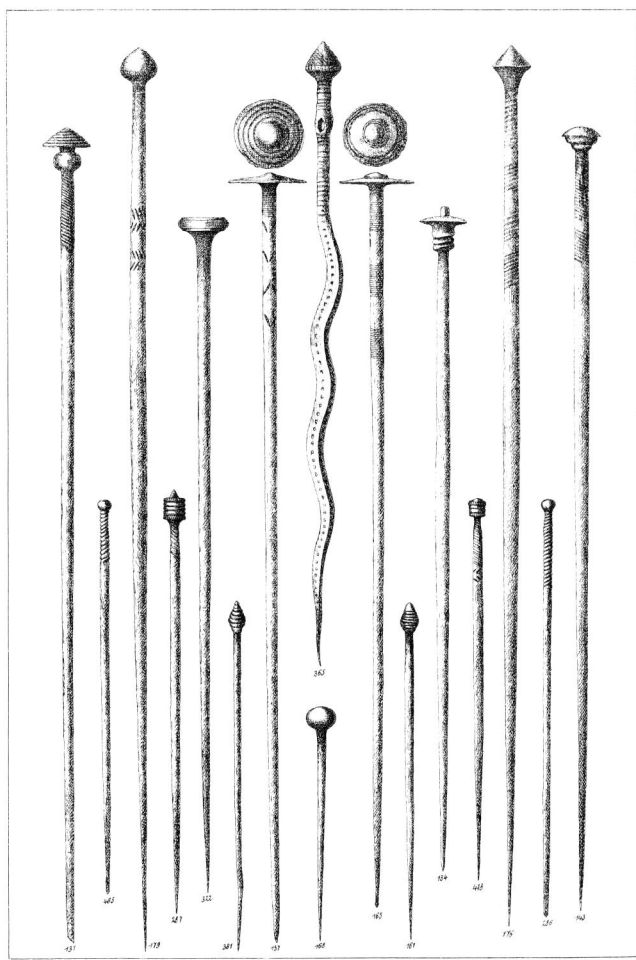

Abb. 32 Nadeln aus Bronze von der Roseninsel im Starnberger See (STA) (Tafel 6) sind wie ein Spektrum, an dem man die verschiedenen Besiedlungsphasen des Platzes ablesen kann: die des 16./15. und die des 9./8. vorchristlichen Jahrhunderts. Nach S. v. Schab.

schnitt gewesen sein, vielleicht Handel getrieben und die Umgebung mit hochwertigen Handwerksgeräten versorgt haben. Es ist daher sehr schade, daß noch in keinem dieser städtischen Zentren Forschungen zur Struktur der Besiedlung angestellt wurden. Wir wissen deshalb nicht, ob sich das Bild dieser frühen Städte wesentlich von dem der umliegenden agrarischen Siedlungen unterschied, ob es Straßen oder Häuserfluchten, ob es Handwerkerviertel gab und Höfe der Herrschenden. Dies ist um so bedauerlicher, als wir neuerdings über urnenfelderzeitliche oder hallstattzeitliche Dörfer recht gut Bescheid wissen.

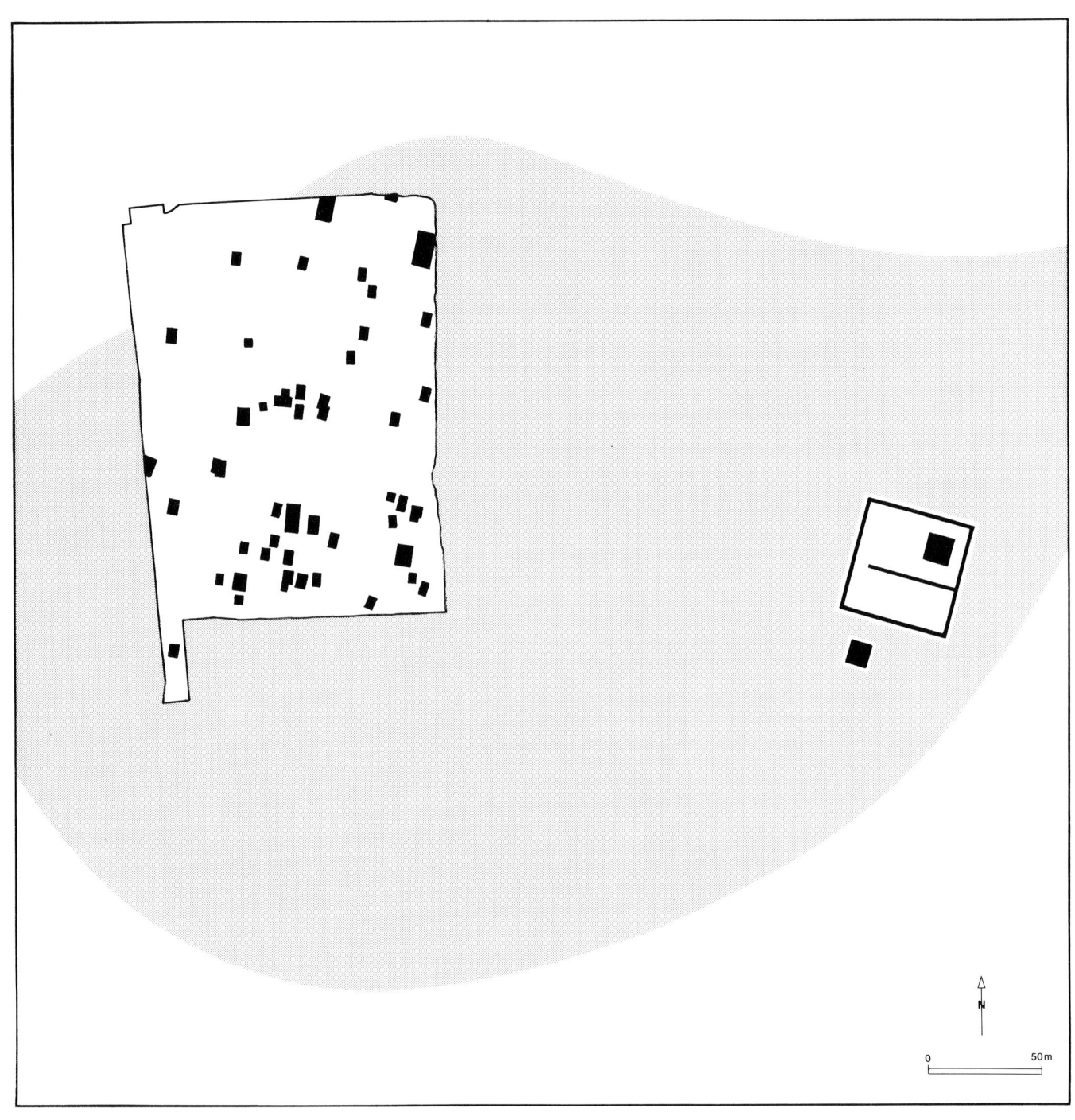

Abb. 33 Die große frühlatènezeitliche Siedlung von Kirchheim bei München (M) mit ihrer ausgegrabenen Teilfläche (links) und dem Luftbildbefund des Herrenhofes (Tafel 14). Im Vergleich mit der jungsteinzeitlichen Siedlung Straubing-Lerchenhaid (Abb. 25) fällt sofort die Kleingliedrigkeit der Häuser auf. Gemeinsam sind beiden Siedlungen die Anlage als Haufendorf und die Orientierung der Häuser. Maßstab 1:2500.

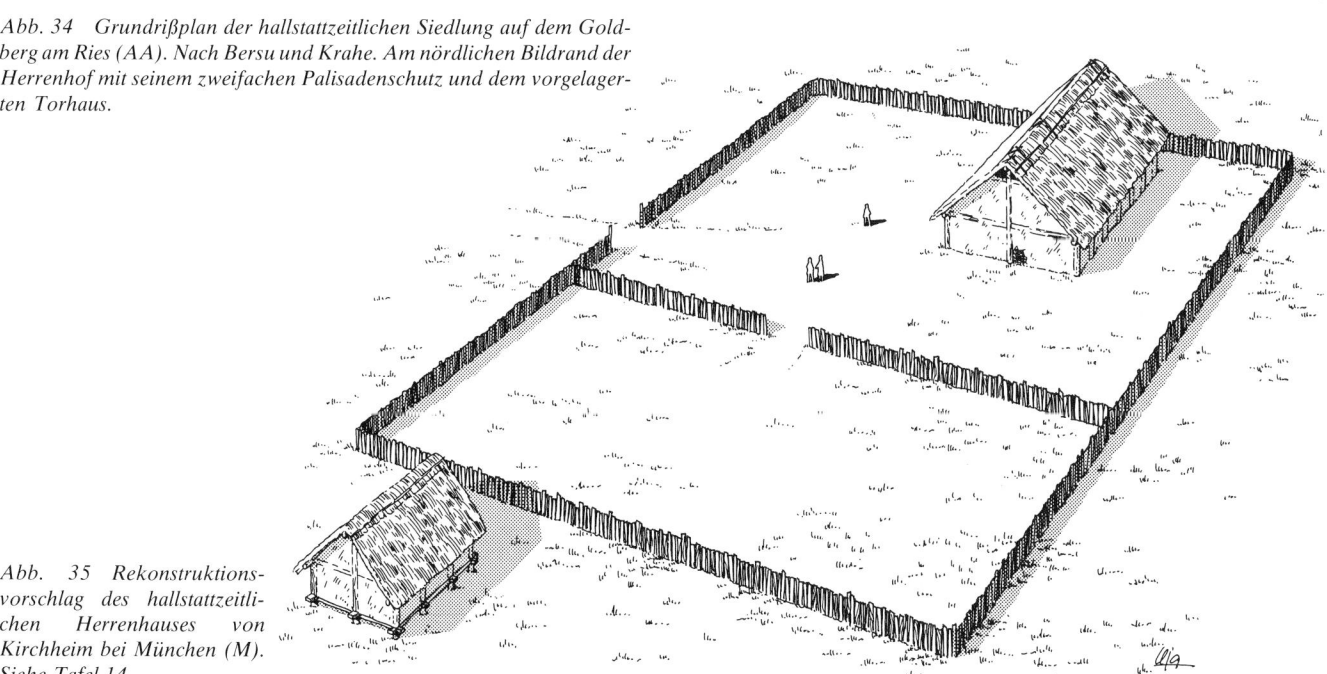

Abb. 34 Grundrißplan der hallstattzeitlichen Siedlung auf dem Goldberg am Ries (AA). Nach Bersu und Krahe. Am nördlichen Bildrand der Herrenhof mit seinem zweifachen Palisadenschutz und dem vorgelagerten Torhaus.

Abb. 35 Rekonstruktionsvorschlag des hallstattzeitlichen Herrenhauses von Kirchheim bei München (M). Siehe Tafel 14.

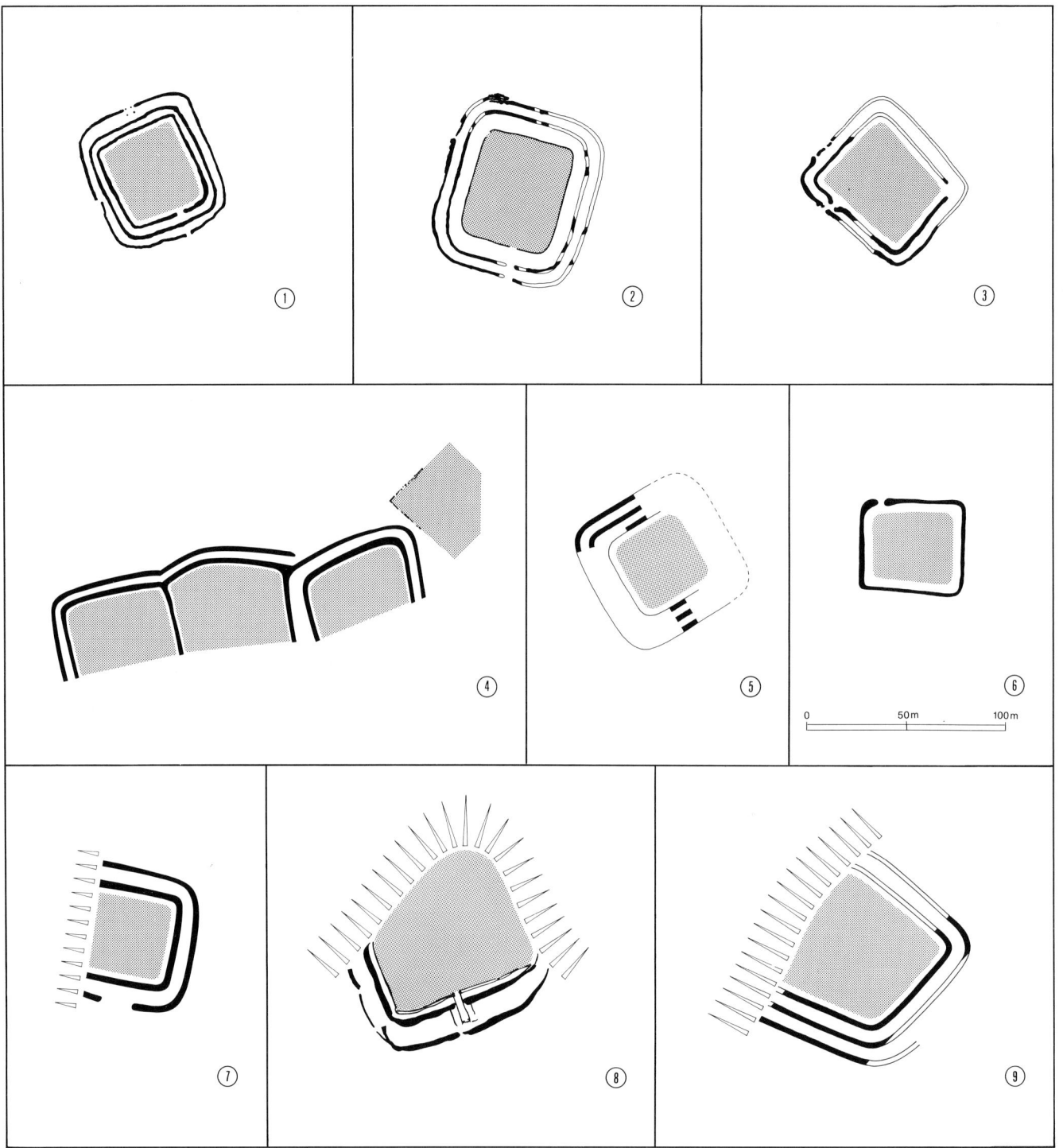

52

Abb. 36 Hallstattzeitliche umwehrte Gehöfte im Grundrißvergleich. Alle Plänchen sind genordet. Maßstab 1:3000. 1 Natternberg (DEG). Ausgrabungsbefund. – 2 Aiterhofen (SR). Ausgrabungsbefund; vgl. Tafel 60. – 3 Straubing-Alburg, Kreuzbreite. Ausgrabungsbefund und geomagnetische Prospektion. – 4 Landshut-Hascherkeller. Ausgrabungs- und Luftbildbefund, geomagnetische Prospektion. – 5 Altheim (LA). Luftbildbefund. – 6 Langenisarhofen (DEG). Luftbildbefund. – 7 Osterhofen-Linzing (DEG). Luftbild- und Ausgrabungsbefund. – 8 Oberhaching (M). Ausgrabungsbefund. – 9 Niedererlbach (LA). Luftbild- und Ausgrabungsbefund, geomagnetische Prospektion; vgl. Tafel 16.

monumentalen Erdhügeln zum Ausdruck kommende Bedürfnis, den eigenen Rang innerhalb der Gesellschaft darzustellen und zu tradieren, mußte sich geradezu früher oder später im Bau burgähnlicher Ansitze niederschlagen.

Hallstattzeitliche Burgen gehören inzwischen zum festen Bestand des bayerischen Befestigungswesens, ja man darf die Zeitspanne zwischen dem 8. und dem 5. vorchristlichen Jahrhundert als zweite große Burgenzeit Bayerns (nach dem jungsteinzeitlichen »Burgenmaximum« der Altheimer und Chamer Gruppe) betrachten. Stets war wiederum nur ein Gehöft von Palisaden und/oder Gräben umschlossen. Als Gemeinsamkeit schält sich – neben technischen Eigenheiten wie dem Spitzprofil des Grabens – vor allem die Rechteckigkeit der Anlagen heraus. Ein trapezförmiger Grundriß wie der von Niedererlbach (LA) ist bereits eine Ausnahme. Den durchschnittlichen Herrenhof der Hallstattzeit repräsentiert Schwaig (KEH), vermutlich auch die kleine, stark umwehrte Anlage, die jüngst oberhalb von Welten-

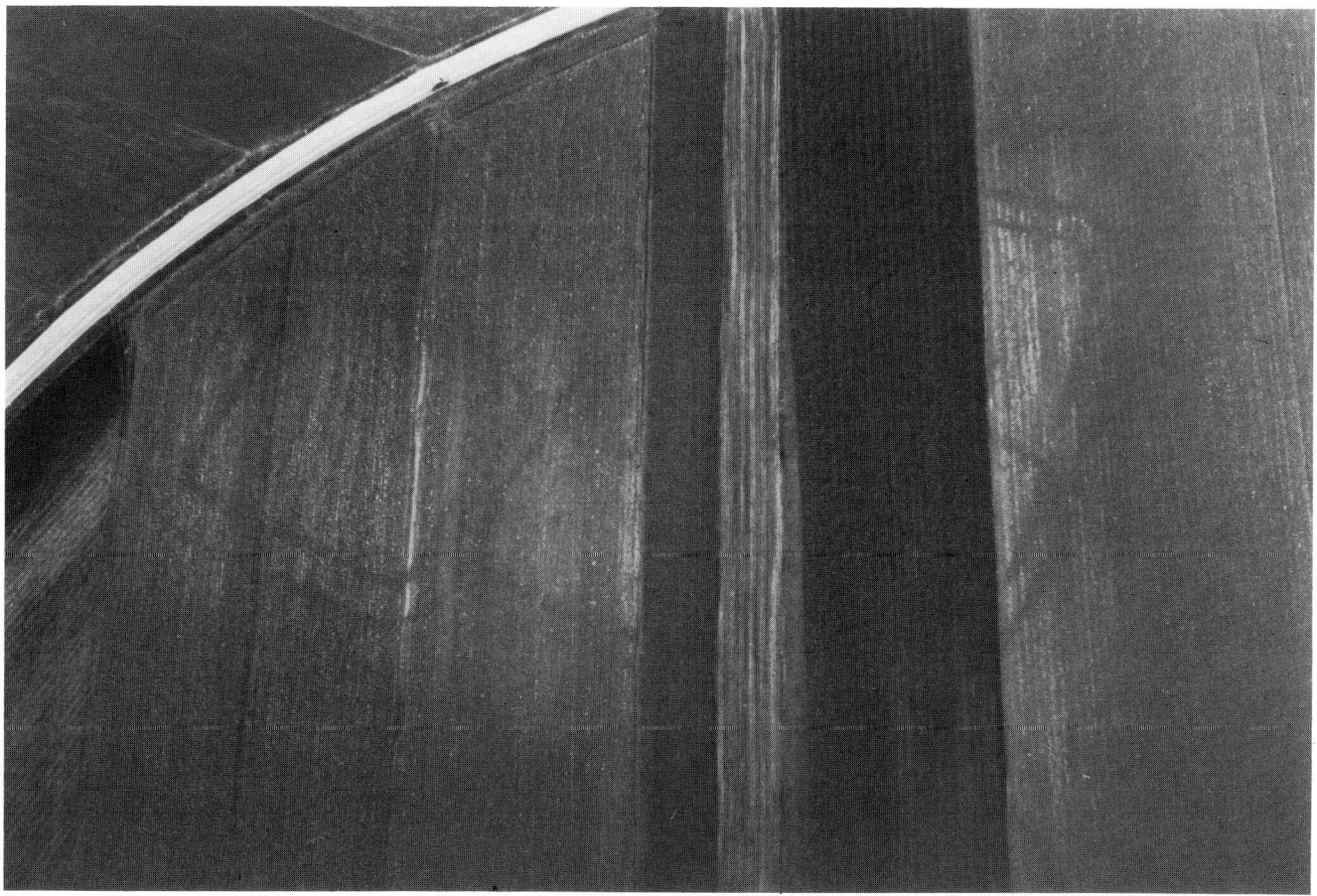

Abb. 37 Mirskofen, Gde. Essenbach (LA). Ansammlung von aneinandergebauten hallstattzeitlichen Herrenhöfen mit je zwei Befestigungsgräben.

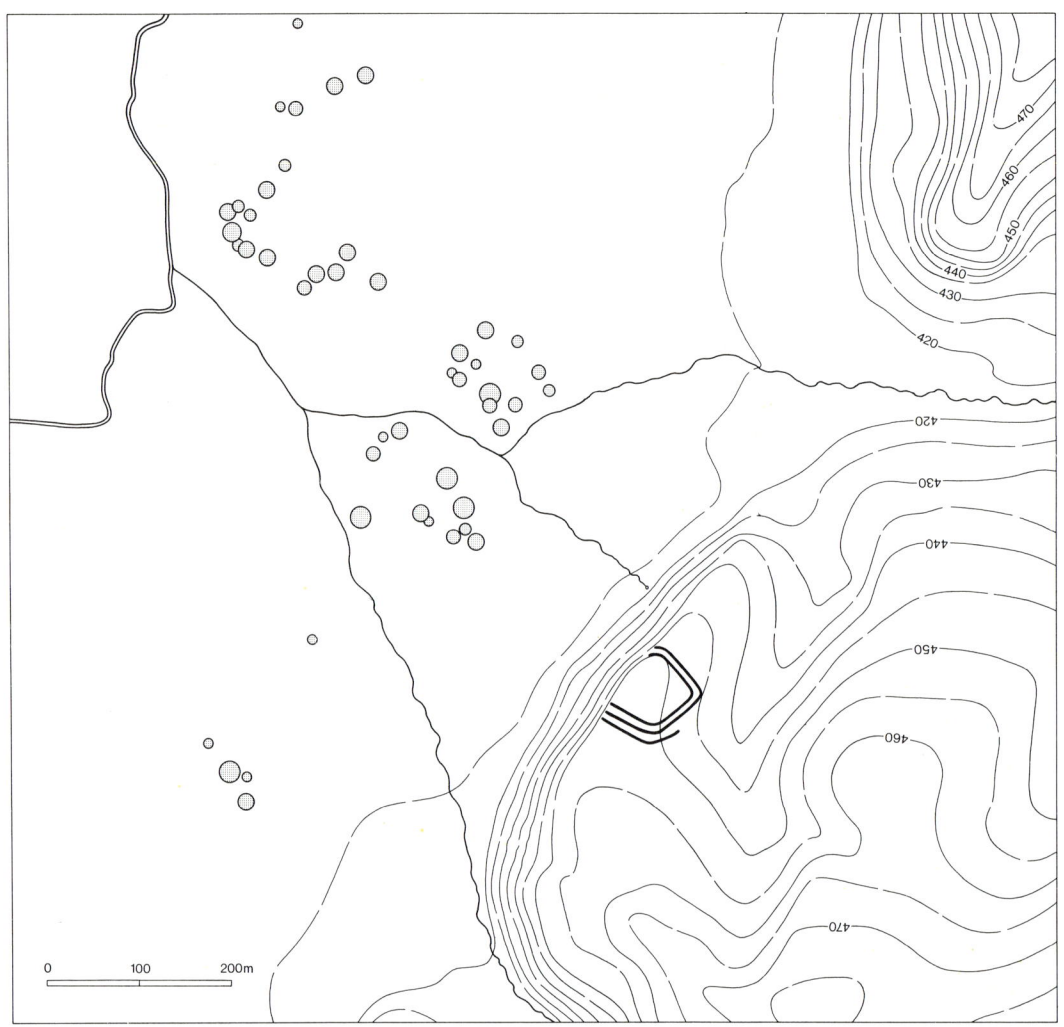

Abb. 38 Die Lage der hallstattzeitlichen Burganlage von Niedererlbach (LA) und des gleichzeitigen Gräberfeldes im Talgrund. Beide Teile des Geschichtsensembles wurden durch das Luftbild entdeckt. Vgl. Tafel 16.

burg (KEH) aufgefunden wurde. Manche dieser kleinen Burgen gehen bruchlos in die Frühlatènezeit über und enden erst an der Wende zum 4. Jahrhundert v. Chr., wie beispielsweise das Fundmaterial von Niedererlbach anzeigt. In dieser, bereits der voll entwickelten Latènezeit zuzurechnenden Phase endet das zweite »Burgenmaximum« Bayerns. Vergleichbare Ausformungen einer elitären Gesellschaftsschicht gibt es dann erst wieder im germanischen Mittelalter.

Werfen wir jedoch noch einen Blick auf die hallstattzeitliche Burgenlandschaft. Es mag einer allgemeinen, oben bereits am Beispiel der Grabgestaltung angesprochenen Geisteshaltung entsprungen sein, daß es anscheinend zum guten Ton einer wohlhabenden Familie gehörte, sich ihren Herrenhof zu befestigen. So erklärt sich zum einen die teilweise verblüffende Dichte hallstattzeitlicher Herrenhöfe, zum anderen der zuerst am Beispiel Landshut-Hascherkeller zu beobachtende Befund einer regelrechten Kolonie von befestigten Hofanlagen. Zu den beiden durch Ausgrabung und geomagnetische Prospektion erschlossenen vier graben- bzw. palisadenbewehrten Höfen sind mittlerweile in unmittelbarer Nachbarschaft zwei weitere befestigte Höfe gleicher Größe gekommen und ergeben das Bild einer von adeligem Selbstbewußtsein strotzenden Dorfgemeinschaft. Freilich blieb es bei einer solchen Zersplitterung wirtschaftlicher Macht – kaum etwas anderes kann den archäologischen Siedlungsbefund hervorgerufen haben – nicht aus, daß wirklich hochadelige Geschlechter, wie sie in Südwestdeutschland durch die dortigen Fürstengräber und durch Zentralburgen wie der Heuneburg an der oberen Donau hinlänglich bekannt sind, in Bayern weitgehend fehlen. Bezeichnenderweise scheinen dafür in Südwestdeutschland Herrenhöfe wie die hier beschriebenen auszubleiben: ein Anzeichen einer sehr starken, zentralen Machtfülle. In Bayern kam es lediglich im Maingebiet zu überdimensionierten Grabhügeln und zum Bau von zentralen Burgen (wie der auf dem Marienberg zu Würzburg), ohne daß jedoch derzeit in der Qualität der Grabausstattungen enge Parallelen zu den württembergischen Fürstengräbern gezogen werden dürften. Im Donauraum und im Alpenvorland überwog bäuerliches Mittelmaß, herrschte hallstattzeitlicher »Landadel«.

Über das Aussehen solcher Herrenhöfe werden wir wohl durch die noch nicht abgeschlossenen Ausgrabungen in Niedererlbach (LA) und Osterhofen-Linzing (DEG) belehrt werden. Es scheint, daß die vollständig untersuchte Anlage von Aiterhofen (SR), welche wir als Tempelbezirk interpretieren, das getreue Abbild eines solchen Hofes ist. Danach hätten nur wenige, in diesem Falle drei Gebäude einen freien, vielleicht dem Vieh vorbehaltenen Platz umstanden. Von den Häusern dürfte mindestens eines der Vorratshaltung gedient haben. Die ganze Anlage entbehrte nicht einer gewissen großbäuerlichen Grandezza und unterscheidet sich deutlich von der überaus engen, Bürgerlichkeit atmenden Bebauung beispielsweise der Heuneburg, jener beispielhaften Hochadelsburg an der oberen Donau.

Siedlungen der folgenden vier Jahrhunderte sind nur in zu kleinen Ausschnitten bekannt, als daß wir sagen könnten, daß sich die Siedlungsverhältnisse der Hallstattzeit und insbesondere die Anlage der Häuser nicht verändert hätten. Auf die Frühlatènesiedlung von Kirchheim bei München folgt mit ähnlichem Erschließungsgrad erst wieder das große Oppidum von Manching bei Ingolstadt (PAF). Diese bislang größte aller bayerischen – und wohl auch mitteleuropäischen – Siedlungsanlagen war schon um die Mitte des 3. vorchristlichen Jahrhunderts entstanden. Den Kern bildete eine schon damals respektable Siedlung von nahezu 1000 Meter Länge. Dieser Umfang der Kernsiedlung mag nur diejenigen überraschen, die übersehen, daß derartige umfangreiche Siedlungsagglomerationen bereits seit der Urnenfelderzeit nicht selten waren. Was in Manching überrascht, ist vielmehr die in-

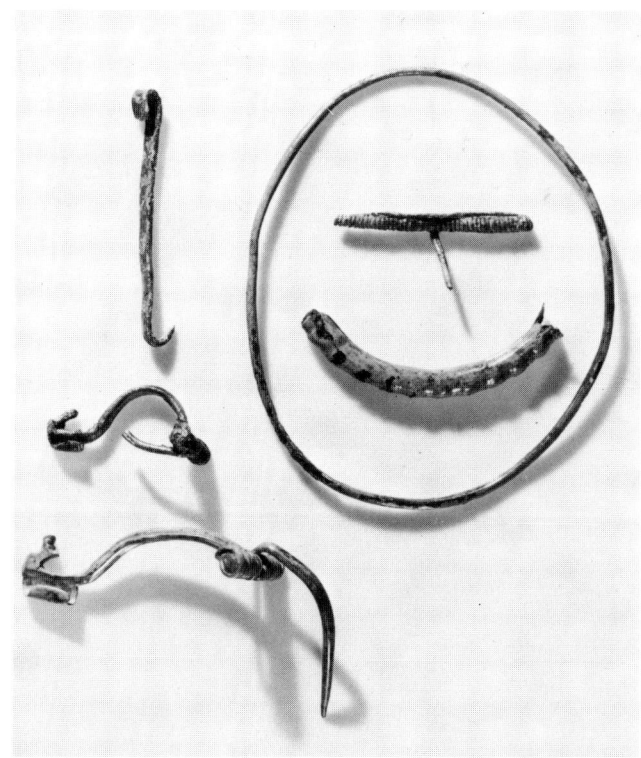

Abb. 39 Funde des 5. vorchristlichen Jahrhunderts aus den Gräben der Burg Niedererlbach (LA). Bronze, etwa halbe natürliche Größe.

nere Gliederung der Siedlung, die anscheinend schon in dieser Frühzeit nicht mehr jene lockere Gehöftbebauung wie das 200 Jahre ältere Kirchheim bei München aufwies, sondern ausgesprochen urbane Züge trug: Es gab Wege, Straßenfluchten, die unterschiedlichsten Hausformen. Schließlich wuchs dieser Kern um weitere Stadtviertel, bis das Oppidum jenen gewaltigen Umfang erreichte, den sein wohl im späten 2. Jahrhundert v. Chr. errichteter Mauerring anzeigt. Die Bautechnik der Mauer war nicht ungewöhnlich. Sie entsprach jahrhundertelanger örtlicher Tradition: Eine steinerne Vorderfront wurde durch senkrechte Pfosten und ein waagrechtes Balkengerüst im Boden und in einer Erdrampe verankert. Cäsar hat diese Bauweise als »gallische Mauer« beschrieben. Trotz dieser einheimischen Grundstruktur in Siedlungsumfang und Befestigungsart scheint in Manching Neues durchzuschimmern. Die Unterteilung in Stadtviertel, die Spezialisierung einzelner Bevölkerungsgruppen auf bestimmte Berufe, die variantenreichen

Abb. 40 Kirchheim bei München. Die 1970 und 1980 ausgegrabenen Teile des frühmittelalterlichen Dorfes stellen nicht einmal die Hälfte des einstigen Siedlungsareals dar. Man ist fast versucht, die im Norden ergrabenen und die im Süden durch das Luftbild erkannten Befunde für zwei ursprünglich getrennte und erst später durch eine deutlich bemerkbare, im Ausgrabungsbereich liegende Nord-Süd-Dorfstraße miteinander verbundene Siedlungshälften zu halten. Ein Vergleich mit den Dorfgrundrissen Abb. 25 und 33 läßt die Unterschiede in der Orientierung, verschiedenen Funktion und Größe der Häuser deutlich hervortreten. Maßstab 1:2500.

Abb. 41 Die Dorfstraße des frühmittelalterlichen Kirchheim von Norden um 700. Rekonstruktionsvorschlag; siehe Tafel 13.

Haustypen verraten die intensiven Kontakte jener späten Kelten mit dem Mittelmeerraum und seiner überlegenen Zivilisation.

Zu gerne wüßten wir, ob sich diese vielfältigen Berührungspunkte des Keltentums mit Römern, Griechen und anderen Völkern am Rande der antiken Welt auch im ländlichen Siedlungswesen niederschlugen. Die auf Familienverbände gegründete gesellschaftliche Gliederung der Kelten hätte gewiß das Entstehen von Gutsbetrieben nach italischem Muster begünstigt. Nur in einer bayerischen Region, dem äußersten Südosten mit dem Salzachtal und dem Chiemgau, gab es eine bevölkerungsgeschichtliche Kontinuität zwischen Kelten- und Römerzeit. Nur hier zeichnet sich ab, daß die römischen Gutshöfe in der Tat auf keltischen Vorgängern fußen. Diese müssen daher wohl so eingerichtet gewesen sein, daß sie den hohen wirtschaftlichen Ansprüchen und Organisationsvorstellungen der Römerzeit genügten. Wir dürfen auf die vollständige Ausgrabung eines keltisch-römischen Gutshofes im Salzburger Land sehr gespannt sein.

Es wurde bereits dargelegt, daß die Römerzeit der ersten fünf Jahrhunderte nach Christus im Grunde eine mehr zufällige Unterbrechung des geschichtlichen Weges Bayerns von prähistorischen, zuletzt keltisch geprägten Zuständen zu den zunächst gar nicht so viel anderen zivilisatorischen Verhältnissen des germanischen Mittelalters war. Dieser kulturell so fruchtbare Einschub wird daher weiter unten gesondert behandelt. Das Vorrücken der Germanen von Norden nach Süden, das sich schon früh angekündigt hatte, zeitigte mit der Okkupation Nordbayerns um 50 v. Chr. einen ersten dauerhaften Erfolg. Die Inbesitznahme des Landes war dann im 5. Jahrhundert mit der Ansiedlung von Alamannen und Bajuwaren im Donauraum und im Voralpenland abgeschlossen. Über Siedlungen und Häuser der ersten fünfhundert Jahre wissen wir nur wenig Gesichertes. Beispiele aus außerbayerischen Gebieten lassen vermuten, daß die uns später dann wohlbekannten Haustypen schon in jener Frühzeit vorhanden waren. Insbesondere jene sogenannten Grubenhäuser, überdachte Außenkeller, sind schon seit der Zeit um Christi Geburt bekannt. Wir können uns vorstellen, daß die Okkupation eines Teils des römischen Gebietes nördlich der Donau im 3. Jahrhundert vorübergehend Unruhe in die germanischen ländlichen Siedlungsgewohnheiten brachte. Die römischen steinernen Gutshöfe wurden zumindest zeitweise gerne zu Wohnzwecken genutzt, um das umliegende Land zu bewirtschaften. Erst später pendelte sich das Siedlungsbild wieder auf den früheren Stand ein.

Die Grundeinheit auch der germanischen Siedlung war natürlich der Hof, wie er freilich bislang noch an keinem Ort mit der wünschenswerten Gründlichkeit erforscht wurde. Aus den frühmittelalterlichen Volksrechten, insbesondere aus der Lex Bajuvariorum, wissen wir von einigen Gebäudetypen, die es gegeben haben muß: Dem Wohnhaus waren Scheune, Keller, Schuppen und Wohngebäude für das Gesinde, sodann Backhaus und Backstube beigefügt. Auch wenn nicht jeder Hof alle diese Bestandteile besessen haben dürfte, so schält sich doch eine recht vielgliedrige Bautengruppe heraus. Bestätigt wird dieses Bild durch die frühmittelalterliche Siedlung von Kirchheim bei München. Die Ausgrabungen der Jahre 1970 und 1980 erschlossen zwar das bislang größte

40, 41, **13**

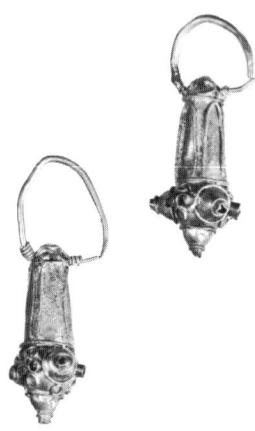

Abb. 42 Kirchheim bei München. Ohrringe aus Goldblech aus dem Grab einer Hofbesitzerin, die um 700 in einem kleinen Separatfriedhof neben der Dorfstraße bestattet worden war. Natürliche Größe.

Siedlungsareal des 7. und 8. Jahrhunderts in Süddeutschland, hatten damit aber immer noch nur einen kleinen Teil des großen Dorfes erfaßt. Bekannt wurde im Norden das offensichtliche Zentrum, eine von da an nach Süden abzweigende, von einem Graben begleitete Dorfstraße und an dieser beiderseits Hofstellen. Zu diesen gehörten neben dem sofort auffallenden Wohnhaus stets ein Kellerhaus, zumeist noch ein weiteres Nebengebäude. Das Fehlen von trennenden Zäunen macht es schwer, die Hofbezirke voneinander zu scheiden. Doch ermöglicht zumindest die Lage eines der insgesamt sechs Hoffriedhöfe innerhalb der Siedlung eine Angabe der Mindestgröße dieses Gehöftes. Die Gräber waren nämlich zwischen Hof und Dorfstraße auf eine Länge von 34 m verteilt. Nachdem man davon ausgehen kann, daß dieser Familienfriedhof auf Familiengrund angelegt wurde, müssen die dahinter liegenden Gebäude den zugehörigen Hof darstellen. In diesem Falle handelt es sich um ein (mehrmals erneuertes) Wohnhaus, um etwa drei weitere Pfostenbauten, um drei oder vier Kellerhäuser (die nicht alle gleichzeitig sein müssen) und um einen Brunnen.

Die Größe des Kirchheimer Dorfes im 7. und 8. Jahrhundert scheint nicht ungewöhnlich. Auch andere, bislang nur im Luftbild erschlossene Siedlungen, beispielsweise eine in unmittelbarer Nachbarschaft bei Aschheim (M) gelegene, waren kaum kleiner. Hierin kommt letztlich wieder die große Menge Volks zum Ausdruck, eine der wesentlichen Ursachen der germanischen Erfolge des 3. bis 6. Jahrhunderts. Fast möchte man bezweifeln, ob es in dieser Zeit überhaupt Einzelgehöfte in nennenswerter Zahl gegeben hat. Solche sind mit Sicherheit erst mit dem Beginn der Rodungstätigkeit und des intensiven Landausbaus vom 7. Jahrhundert an wahrscheinlich zu machen.

Während sich im Norden Bayerns die ersten Germanen niederließen, stieß von Süden her das römische Reich über die Alpen vor. Seit 15 v. Chr. war das Voralpenland fest in römischer Hand. Für die Problemlosigkeit dieses Vorganges ist bezeichnend, daß schon bald große Zivilsiedlungen wie Cambodunum (Kempten) und Damasia

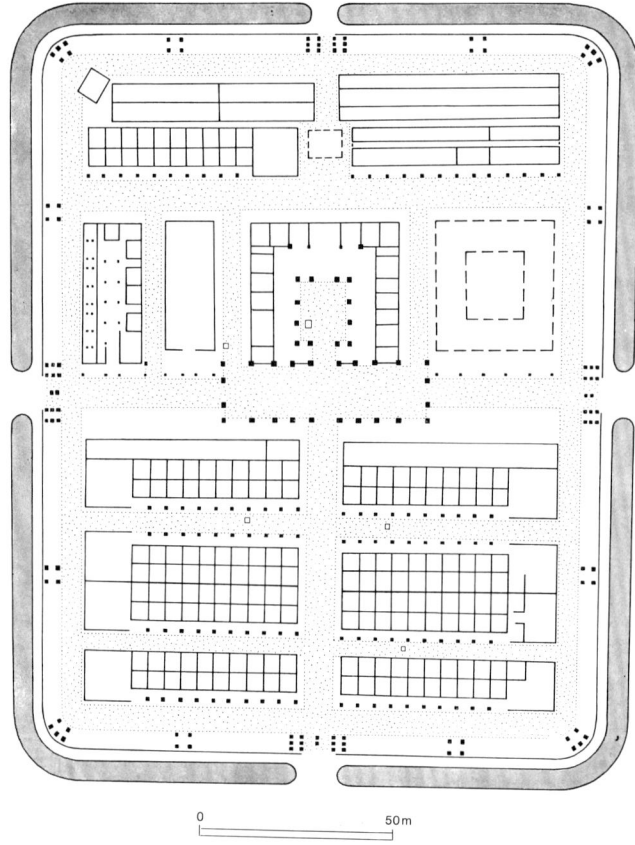

Abb. 43 Das Schema eines römischen Kastells am Beispiel der ersten, noch hölzernen Bauperiode des Hilfstruppenlagers Quintanis – Künzing (DEG). Um 100 n. Chr. Im unteren Lagerteil die Baracken für 500 Mann. Der Mittelstreifen darüber enthielt die Verwaltungsbauten der Principia, des Praetoriums, des Vorrats- und des Werkstattgebäudes. Dahinter dann eine weitere Mannschaftsbaracke und Ställe. Nach Schönberger.

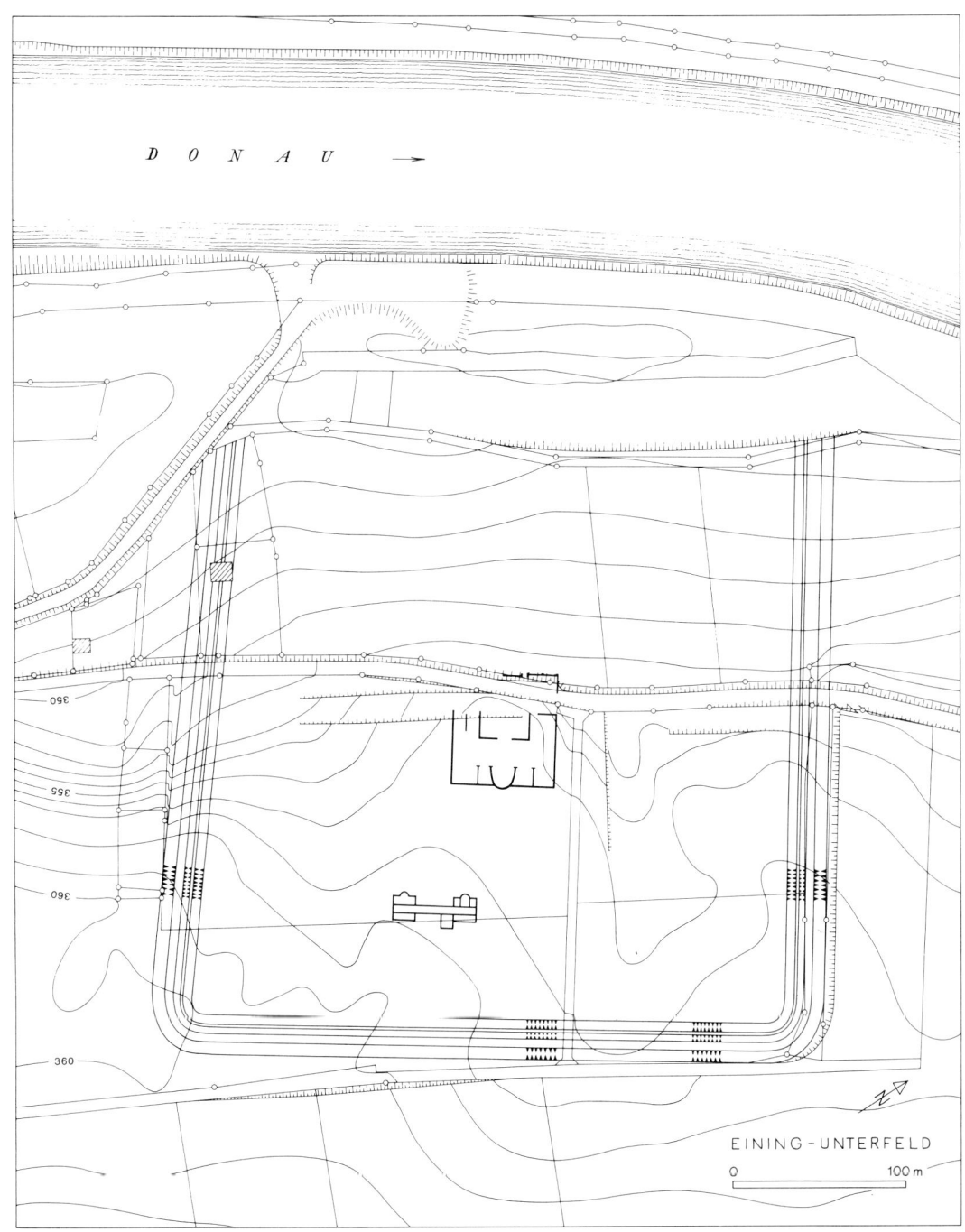

Abb. 44 Das um 170 errichtete Lager der 3. Italischen Legion im Unterfeld bei Eining (KEH) mit den auf Tafel 44 dargestellten Bauten. Vgl. auch Abb. 45.

(Auerberg, WM) gegründet und fast ohne militärische Bedeckung gelassen wurden. Auch bei der frührömischen Anlage auf dem Lorenzberg bei Epfach (WM) ist die militärische Komponente noch schwach entwickelt. Die Bewohner dieser urbanen Orte waren zwar noch keltisch, jedoch sicher zumeist aus anderen keltischen Gebieten des römischen Reiches hierher verpflanzt, wie dies im übrigen auch für die ländliche Bevölkerung gilt, die zur gleichen Zeit zwischen Lech, Isar und Inn angesiedelt wurde. Derartige Kolonisationsakte und Bevölkerungs-

59

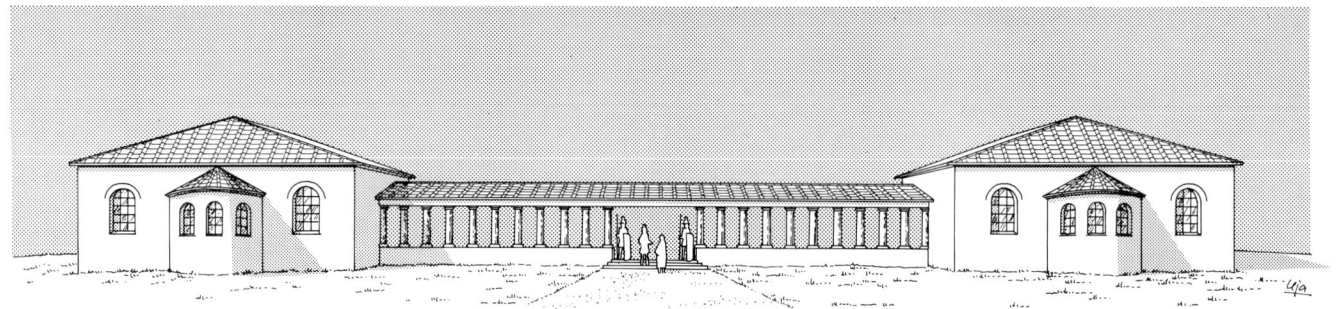

Abb. 45 Rekonstruktionsvorschlag des Legatenhauses im Lager der 3. Italischen Legion bei Eining (KEH). Vgl. Tafel 44.

verschiebungen waren in jener Zeit nichts Ungewöhnliches. Auch das weitere Schicksal der ersten urbanen Ansiedlungen war altbekannten Gesetzmäßigkeiten unterworfen. Auf eine rasche Hochblüte im 1. Jahrhundert folgte in Cambodunum ein langsames Abflauen bis ins 3. Jahrhundert. Damasia (Auerberg, WM) wurde gar nach nicht einmal drei Jahrzehnten wieder aufgegeben. Während somit die Anfänge römischer Herrschaft in noch beinahe prähistorischen Bahnen verliefen, kam das grundlegend Neue mit dem Unterfangen, das erworbene Gebiet auch militärisch nach Norden abzusichern. Von den dreißiger Jahren des 1. Jahrhunderts an entstanden reguläre Hilfstruppenkastelle über immer wieder dem gleichen rechteckigen Grundriß. Das Kastell Burghöfe bei Mertingen (DON) ist ein gutes Beispiel für eine solche frühe Anlage. Zunächst waren auch hier – wie in allen anderen Kastellen dieser Zeit – alle Baulichkeiten und sogar die Front der Lagerumwehrung aus Holz, Grassoden und Erde errichtet. Die im Kastellinneren sichtbaren Steinbauten stammen aus einer Zeit, als das militärische Lager längst aufgelassen und sein Gelände ziviler Nutzung zugeführt worden war. Das Innere der Kastelle war meist nach vorgegebenem Schema gegliedert. Am besten wurde dieses Schema anhand der ersten Bauphase des Kastells Quintanis-Künzing (DEG) sichtbar. Auch hier, in der Zeit um 100 n. Chr., sind noch alle Gebäude aus Holz errichtet. Erst von der zweiten Hälfte des 2. Jahrhunderts an setzte sich die Bauweise in Stein allgemein durch. Die Principia und der Legatenpalast des Lagers der 3. Italischen Legion bei Eining (KEH), nach 170 als Folge der Markomanneneinfälle neu errichtet, waren beide aus Stein. Um diese Zeit hatte die Grenze des römischen Reiches ihren letzten Ausbaustand erreicht, war von Eining an nach Westen weit über die Donau nach Norden vorgeschoben und mit Mauer und Wachtürmen durchgehend befestigt worden: der Limes. Er bildete schließlich das größte antike Bauwerk in Bayern und ist auch heute noch, beispielsweise bei Kipfenberg-Hirnstetten (EIH), großartig anzuschauen und von landschaftsprägender Gestalt.

Hinter dem römischen Limes, der in Bayern entlang des Mains zwischen Miltenberg und Obernburg, zwischen dem Nordrand des Rieses und Eining bei Kelheim und von da an mit der Donau abwärts bis Passau verläuft, entwickelte sich im 2. und 3. Jahrhundert eine bescheidene wirtschaftliche Blüte, die in der Nähe volkreicher Zentren wie der Provinzhauptstadt Augusta Vindelicum–Augsburg oder des seit 179 eingerichteten Legionslagers der 3. Italischen Legion, Castra Regina–Regensburg sich bis zur Hausse steigern konnte. Das Land, durch ein enges Netz verkehrsfördernder Kunststraßen erschlossen, war Ende des 2. Jahrhunderts dicht von

Abb. 46 Rekonstruktionsvorschlag des Limes im Bereich der Provinz Raetien. Letzter Ausbauzustand der Zeit um 200. Nach D. Baatz.

ländlichen Gutsbetrieben überzogen. Eine solche »villa rustica« bestand aus einem Hauptgebäude und einer ganzen Reihe von Nebengebäuden und war stets von einer Mauer oder von Palisaden umgeben. Eine große Zahl von Luftbildern solcher Villen läßt erkennen, daß im Voralpenland und im besonders dicht besiedelten Gebiet zwischen Limes und Donau nur bescheidener Wohlstand herrschte. Die Hauptgebäude waren von großer Schlichtheit, ihre Fassaden mit den fast regelmäßig vorhandenen Eckrisaliten besaßen häufig genug den Charakter einer Attrappe, welche die Kargheit des einräumigen Wohnhauses dahinter verbergen sollte. Dennoch leistete sich der eine oder andere Gutspächter gelegentlich städtischen Luxus und zierte den Mund seines Brunnens mit einer Maske des Gottes Okeanos. Prächtige Landgüter, wie sie etwa die Villa von Stadtbergen bei Augsburg darstellt, gehörten hierzulande zu den Seltenheiten. Sie finden sich vorzugsweise in der unmittelbaren Nachbarschaft von großen Städten wie Augusta Vindelicum und Juvavum–Salzburg und sind dort mit allem architektonischen Luxus, etwa Mosaikfußböden, Stuckfriesen und Wandmalereien, ausgestattet. Auch diese vornehmen

Abb. 47 Burgweinting (R). Die seit Anfang dieses Jahrhunderts bekannte und größtenteils ausgegrabene spätrömische Villa rustica im Luftbild vom Juni 1982. Vgl. Abb. 48.

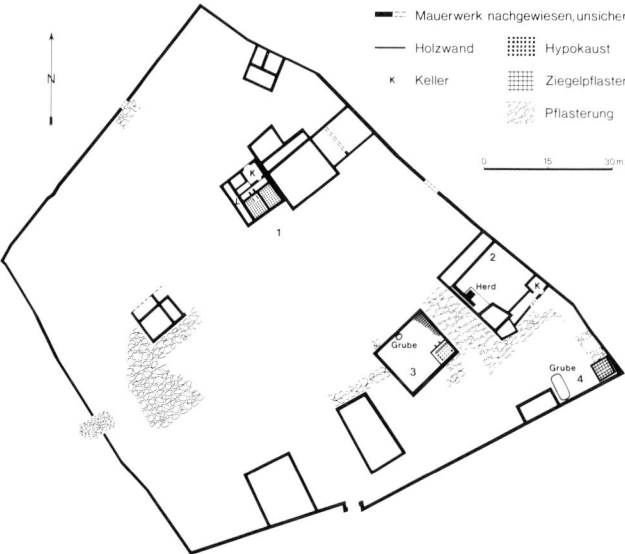

Abb. 48 Burgweinting (R). Ausgrabungsplan der Villa rustica. Ein Vergleich mit dem Luftbild Abb. 47 zeigt, daß durch die Grabungen 1911–1916 nicht alle Gebäude erfaßt worden sind. So lag zwischen den Häusern 1 und 3 ein weiteres Gebäude, und die Pflasterung im Bereich der – in Wirklichkeit geraden – Westmauer ist der Bauschutt eines an die Mauer angelehnten Wirtschaftsgebäudes. Die Gesamtanlage ist das Musterbeispiel eines ländlichen Gutshofs von nur durchschnittlichem Besitzstand. Nach Dietz/Osterhaus/Rieckhoff-Pauli/Spindler.

Landgüter besaßen einen Wirtschaftsteil mit zahlreichen Nebengebäuden, in denen bisweilen auch Gewerbebetriebe angesiedelt waren. In der prächtigen Villa von Tittmoning (TS) scheint man beispielsweise Metallschmuck hergestellt zu haben. Anderen Gutshöfen waren Ziegeleien und Töpfereien angegliedert. Ansonsten

Abb. 49 Brunnenmaske aus Bronze mit der Darstellung des Gottes Okeanos aus einem ländlichen Gutshof bei Treuchtlingen-Schambach. Durchmesser 17 cm.

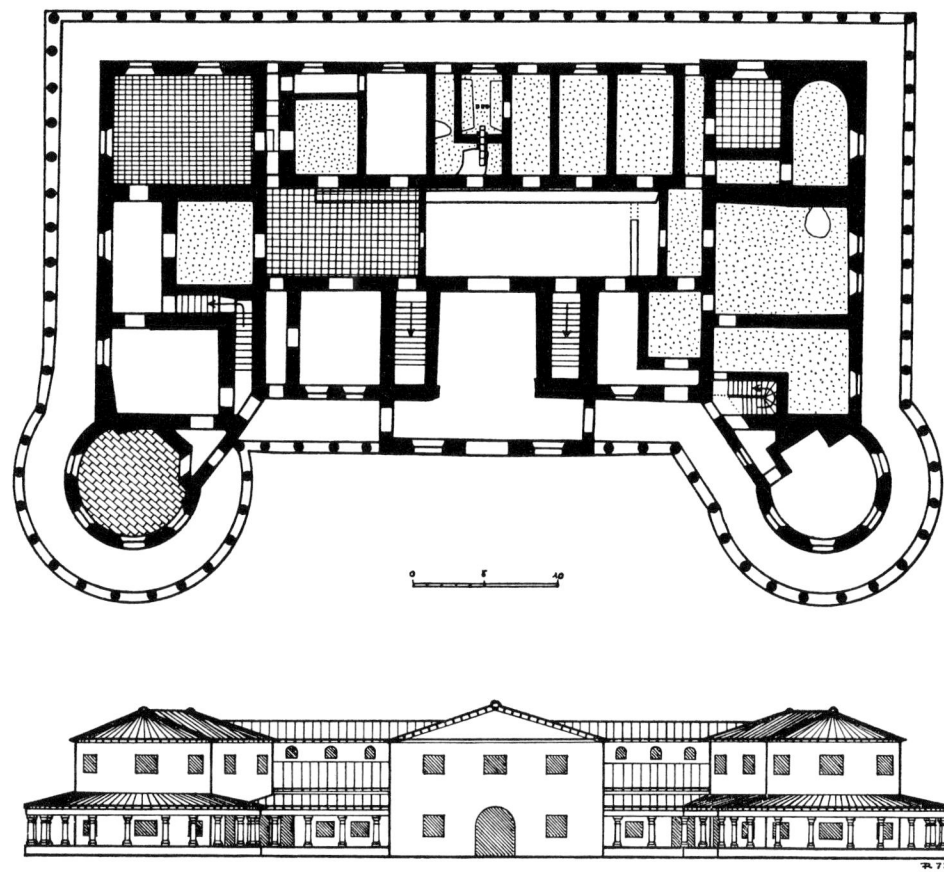

Abb. 50 Stadtbergen (A). Hauptgebäude einer Prunkvilla vor den Toren der Provinzhauptstadt Augusta Vindelicum – Augsburg. Grundriß und Rekonstruktionsvorschlag der Vorder- und Rückfront. Maßstab 1:500. Nach F. Reutti.

aber bildeten die Gutshöfe das Rückgrat der römischen Landwirtschaft und der Besiedlung des flachen Landes. Auf ihren Schultern ruhte die Versorgung der Hauptstadt und der Grenztruppen in den Kastellen. Größere Zentralorte gehörten zu den Ausnahmen. Sie bildeten sich um die Kristallisationskerne eines Kastells wie Abusina–Eining (KEH) oder eines Heiligtums wie Phoebianis–Faimingen (DLG). Von diesen zentralen Orten aus erfolgte wiederum die Versorgung des umliegenden Landes mit den Gütern römischer Zivilisation: Wein, Öl, Feingeschirr, Glasgefäße, Schmuck.

Schon gegen Ende des 2. Jahrhunderts zeichnete sich ab, daß Unruhen ins Haus standen. Wenig später begann sich das Militär um die Verbindungen von der Grenze ins Hinterland zu sorgen und beispielsweise an wichtigen Binnenstraßen ähnliche Wachtürme zu errichten, wie sie schon längst an der Reichsgrenze bestanden. Noch in der ersten Hälfte des 3. Jahrhunderts setzten dann die Einfälle der Germanen, insbesondere der Alamannen, ein und zwangen schließlich die Römer zur Preisgabe des Landes nördlich der Donau und zur Aufgabe aller Kastelle und größeren Orte mit Ausnahme der Legions-

Abb. 51 Als Beispiel für die prunkvolle Ausstattung eines gehobenen römischen Landguts dient der Mosaikboden von Tittmoning (TS).

festung Castra Regina – Regensburg. Die Auxiliarlager, ihrer Anlage nach mehr ummauerten Kasernengeländen ähnlich als Festungen, erwiesen sich als zur wirksamen Verteidigung untauglich und wurden durch sehr viel kleinere, dafür um so stärker bewehrte Bollwerke ersetzt. Solche Kastelle befanden sich an der neu gebildeten spätrömischen Reichsgrenze entlang von Iller und Donau sowie tief gestaffelt im Hinterland. Sie ermöglichten ein Überdauern der Restbevölkerung mindestens bis ins 5. Jahrhundert. In ihnen drängten sich bunt gemischt Militär und Bürgerschaft, nachdem die Landbevölkerung in einem breiten Streifen entlang der neuen Grenze ihre Höfe aufgegeben hatte. Auch nach der offiziellen Entblößung der römischen Reichsgrenze von Truppen zu Beginn des 5. Jahrhunderts existierten die kleinen Kastelle weiter, schon von den Abkömmlingen germanischer Nachbarn bewohnt und kaum noch uneingeschränkt mit dem Begriff »römisch« zu versehen.

Das Ende vieler dieser urbanen Zentren kam um die Mitte des 5. Jahrhunderts mit dem letzten Ausgreifen der Alamannen nach Osten. Ein Teil der Kastelle überdauerte jedoch, nachdem er sich teilweise – wie Regensburg – schon früh unter germanische Oberherrschaft be-

Abb. 52 Das spätrömische Kastell Boiotro und die Kirche St. Severin am Innufer in Passau. Modell des Zustandes im frühen 5. Jahrhundert.

geben hatte, teilweise jedoch – wie Passau – aus eigener Kraft sich seine Existenz bewahrte. Zu den letzten Beispielen gehören auch die beiden Orte Abodiacum–Epfach (WM) und Foetibus–Füssen (OAL). Am ersteren Platz war gut zu beobachten, wie im 5. und 6. Jahrhundert die spätantike Ansiedlung beinahe erloschen wäre, sich dann jedoch samt ihrem Namen ins Mittelalter hin-

Abb. 53 Die Doppelgräben eines römischen Wachturms am Donauufer bei Nersingen (NU). In der Südfront eine Toröffnung. Luftbildentdeckung vom Juni 1982.

Abb. 54 Rekonstruktionsvorschlag des spätrömischen Burgus am Donauufer bei Saal (KEH). Ende 4. Jahrhundert. Nach H. Bleibrunner.

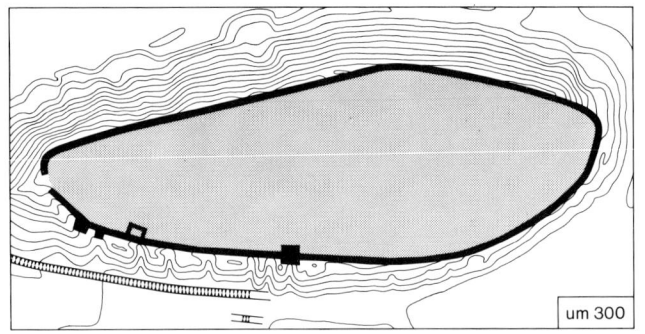
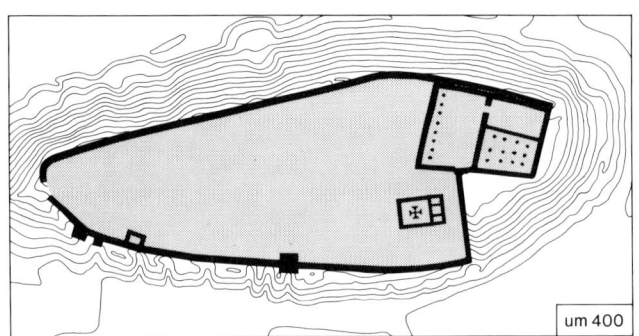
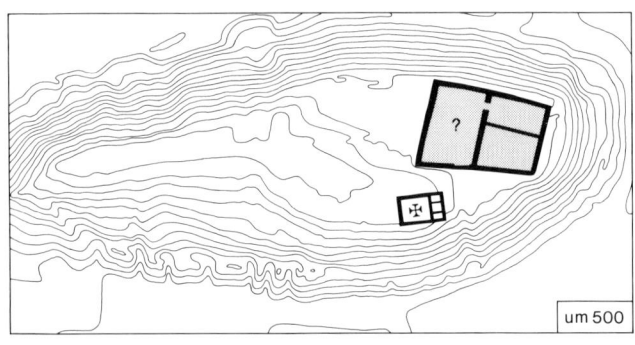
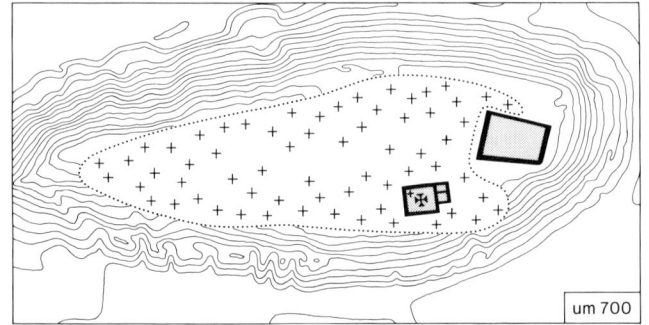
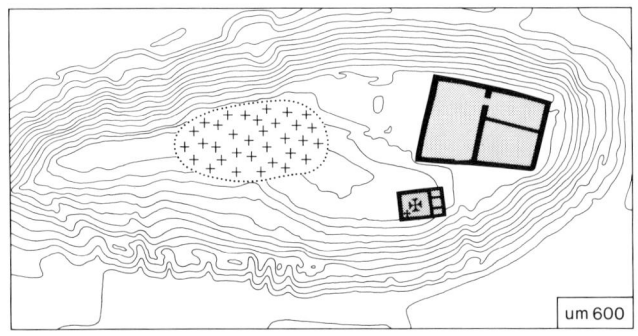
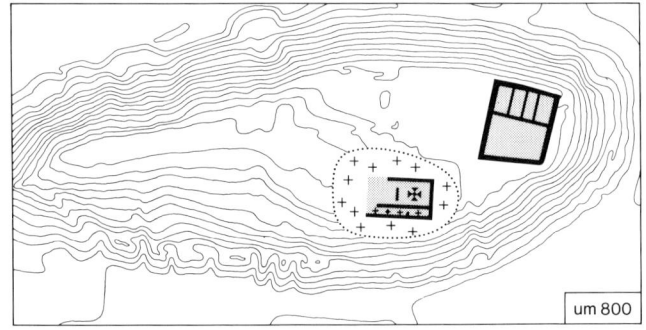

Abb. 55 Die Entwicklung des spätrömischen Kastells Abodiacum auf dem Lorenzberg bei Epfach (LL) bis ins frühe Mittelalter. Von den Bauten des 4. Jahrhunderts erhielten sich eine Kirche und ein Teil des besonders massiven Magazinbaues am längsten. Die Südfront der im 19. Jahrhundert ausgebrochenen römischen Kastellmauer ist auf dem Luftbild Tafel 42 noch gut zu erkennen.

genutzte Gebäudeflächen

Friedhof

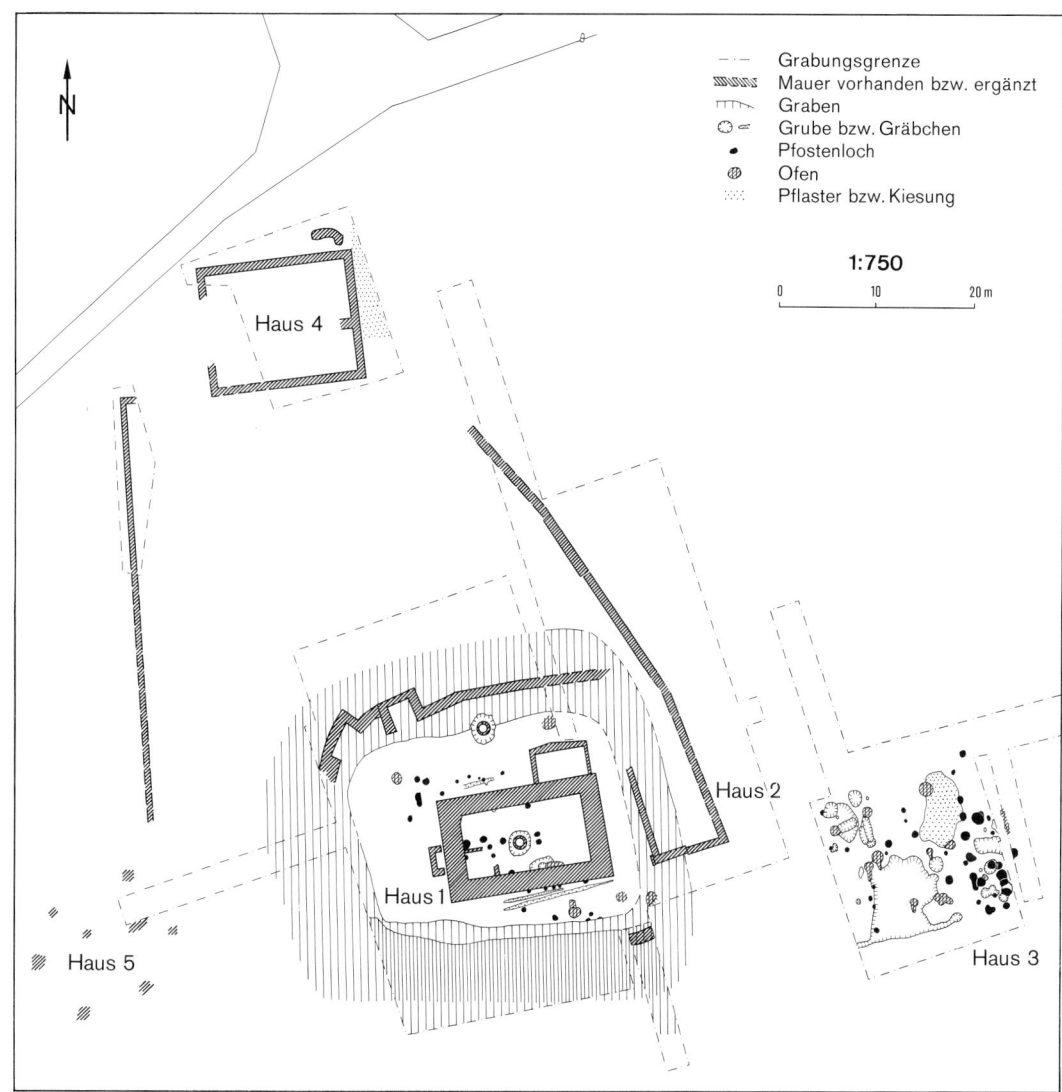

Abb. 56 Poikam (KEH). Die Burg des vom 13.–15. Jahrhundert nachgewiesenen Ortsadels gehört zu den ganz wenigen archäologisch untersuchten Adelssitzen Bayerns. In ihrem Untergrund steckten noch die Holzpfosten des Bauernhauses, in dem seit dem 11. Jahrhundert die Ahnen der Herren von Poikam wohnten.

43 ein retten konnte. In Füssen möchte man ähnliches annehmen. Hier war das mittelalterliche Schloß der Augsburger Fürstbischöfe der Erbe des antiken Kastells in seinem Untergrund. Die im 4. Jahrhundert nur noch im Alpenvorland anzutreffende und ihre alten Villen bewirtschaftende ländliche Bevölkerung zog sich im 5. Jahrhundert fast gänzlich in die Alpentäler zurück. An wenigen Plätzen, kenntlich an ihren romanischen Ortsnamen, scheint sie vereinzelt überdauert zu haben. Zu diesen Regionen gehört vor allem das engere Umland von Salzburg und der bayerische Anteil des Saalachtales. Hier findet sich an Orten wie Marciolae–Marzoll (BGL) die älteste, kontinuierlich seit der Spätlatènezeit siedelnde Bevölkerung Bayerns.

Die aus der Antike überkommenen burgartigen Kastelle hatten allenfalls als Ruinen das Mittelalter erreicht. Sie weckten, wie Regensburg, die Bewunderung ihrer neuen germanischen Bewohner, nicht jedoch den Wunsch, auch ihren Fortifikationswert zu erhalten. Sie zerfielen zumeist und wurden in der Regel als Steinbrüche für die mittelalterlichen Kirchen- und Schloßbauten in ihrer Umgebung benutzt. Vorbild oder auch nur Anregung zum mittelalterlichen Burgenbau stellten sie nicht dar. Auch die germanischen Gauburgen des 3. Jahrhunderts,

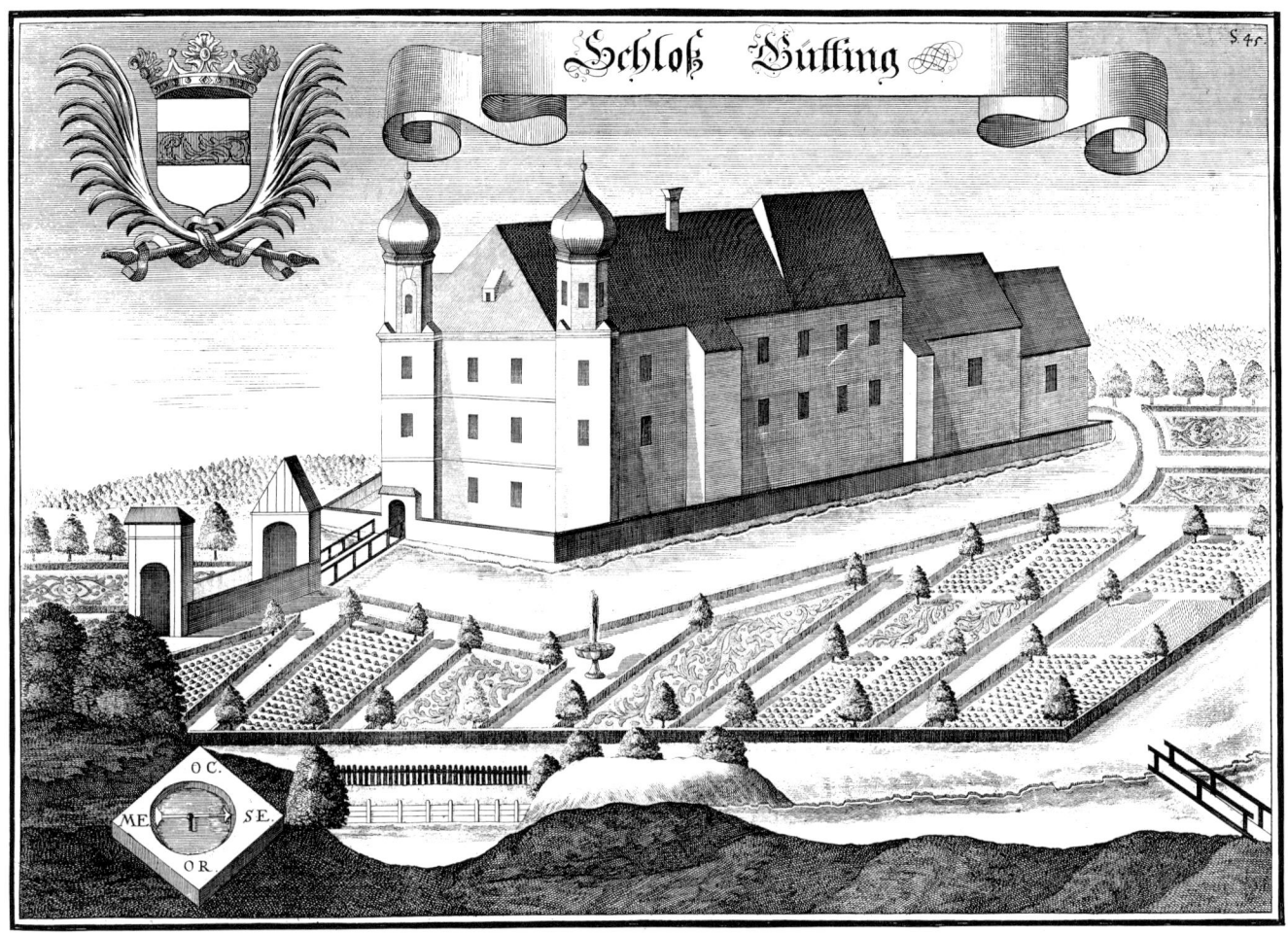

Abb. 57 Das Aussehen der Wasserburg Gitting (KEH), deren heutiger Zustand auf Tafel 34 dargestellt ist, hat Michael Wening zu Anfang des 18. Jahrhunderts in Kupfer gestochen. Hundert Jahre später wurden die meisten Baulichkeiten abgebrochen. Heute ist die Burg kaum noch obertägig sichtbar.

die vor allem von exponierten Höhen Nordbayerns bekannt sind, und deren bekanntestes Beispiel die Gelbe Bürg (WUG) ist, brachen noch im spätantiken Milieu des 5. Jahrhunderts ab und hatten keine unmittelbaren Nachfolger, wenngleich sie sozialgeschichtlich als Residenzen des alamannischen Hochadels durchaus hochmittelalterlichen Grafenburgen gleichzusetzen sind.

Der Burgenbau des Mittelalters hat andere Wurzeln. Ihnen nachzugehen ist fast nur mit archäologischen Mitteln möglich. Eine dieser Wurzeln ist der unbefestigte Hof eines mittelalterlichen Bauern. Auf diese Ursprünge verwies die Ausgrabung der im 15. Jahrhundert abgegangenen Burg Poikam (KEH), welche im 13. Jahrhundert als steinerner Burgturm, von einem Wassergraben umgeben, errichtet worden war. Vorher stand an ihrem Platz

Abb. 58 (nebenstehend) Die Wasserburg Pillhofen (FS) und ihr Schicksal kann stellvertretend stehen für einen großen Teil der bayerischen Adelssitze. Im frühen 18. Jahrhundert von Michael Wening abgebildet (oben), erhielt sie ihren spätmittelalterlichen Baubestand noch bis ins frühe 19. Jahrhundert, wo er auf dem ältesten Katasterblatt erscheint (unten links). Gegen Ende des gleichen Jahrhunderts (unten rechts) sind dann Burg und Burgstall völlig aus dem Ortsbild verschwunden. Nur die Lücke, die sie hinterließen, ist sichtbar.

Schloß Pilhoffen
L107
SE.
OC
OR.
ME

Bühlthofen

Pillhofen

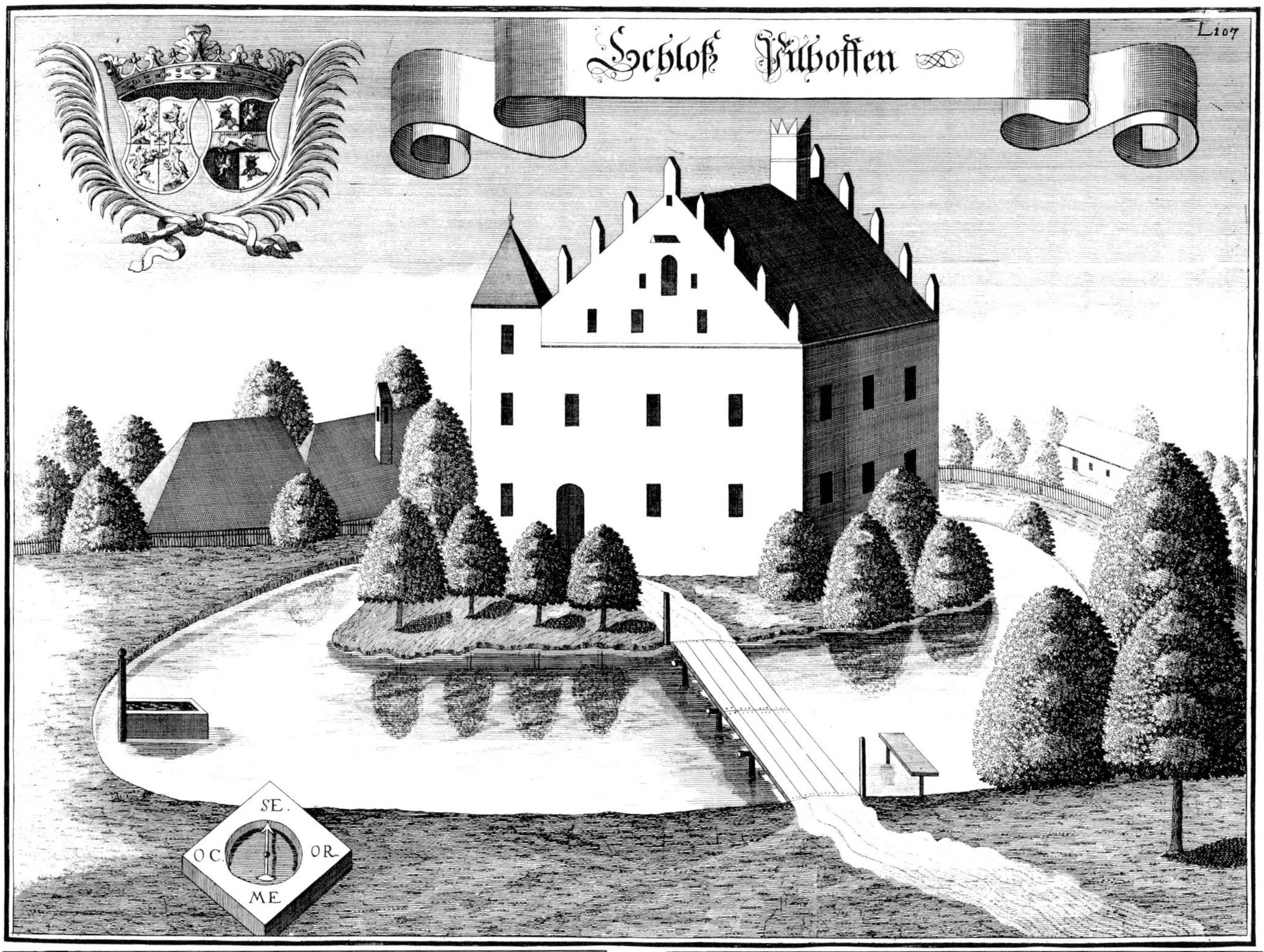

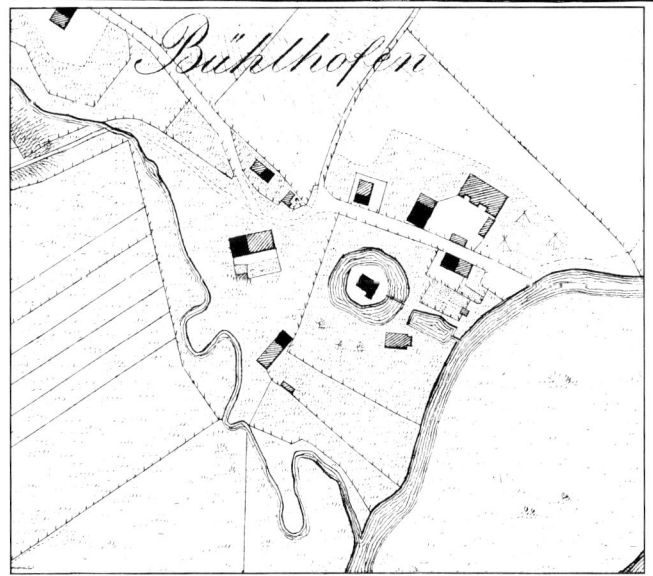

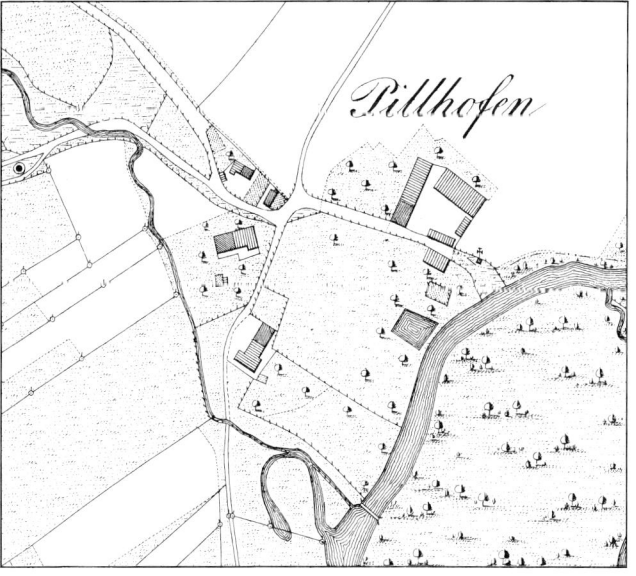

ein schlichter Hof, freilich der eines Mannes, welcher die Nähe der unmittelbar vorüberfließenden Donau wirtschaftlich zu nutzen gewußt und Eisenverhüttung sowie eine Fähre betrieben hatte. Hier hatte ganz offensichtlich ein wirtschaftlicher Vorteil langsam zu gesellschaftlichem Rang geführt. Bei einem großen Teil des mittelalterlichen Ortsadels können ähnliche Entwicklungen am Beginn des sozialen Aufstiegs gestanden haben, beispielsweise bei den vielen Wasserburgen in Ortsrandlage; gute Beispiele hierfür sind die drei Wasserburgen von Stolzenroth (BA) und der Burgstall Gitting in Niederleierndorf (KEH). Andere Burgen waren erwiesenermaßen Gründungen auf wilder Wurzel, so Kipfenberg (OAL) und Emmereis (OA), vielleicht auch Wilzhofen (WM) und Niederstaufen (LI). Ihre erhöhte Lage auf künstlichem oder natürlichem Hügel ist bereits an sich der Ausdruck gesellschaftlicher Erhabenheit.

Für einen beträchtlichen Teil der mittelalterlichen Burgen Bayerns besitzen wir eine listenartige Bestandsaufnahme in Philipp Apians Bayerischer Topographie der Jahre um 1560. Für die größten Teile Ober- und Niederbayerns, für Randbereiche von Schwaben und für den südlichen Teil der Oberpfalz stellte Apian fast 750 Burgen zusammen. Nicht einmal die Hälfte von ihnen ist auf uns gekommen, sondern in den vergangenen Jahrhunderten abgegangen, nicht wenige davon spurlos. Die mittelalterliche Wasserburg von Pillhofen (FS) läßt anhand der in Jahrhundertabständen vorgenommenen Bestandsaufnahmen die Systematik dieses Schwundes deutlich werden. Die Burg Gitting (KEH) befindet sich danach unmittelbar vor dem völligen Erlöschen. Wie reich unsere Landschaft einstmals an diesen sichtbaren Zeugnissen mittelalterlichen Adelslebens war, lehrt ein Blick auf das älteste Katasterblatt des Binatals (LA). Von den vier von Apian erwähnten mittelalterlichen Burgen waren um 1820 zwei (Hilling und Langquart) noch vorhanden, zwei (Aich und Niedernaich) jedoch schon abgegangen. Auch die beiden Burgen Hilling und Langquart sind mittlerweile spurlos verschwunden. So befindet sich eine ganze Burgenlandschaft, das dritte große »Burgenmaximum« der bayerischen Geschichte, auf dem Weg, eine rein archäologische Quellengattung zu werden.

Der allergrößte Teil der mittelalterlichen Burgen ist der Archäologie ohnehin anheimgefallen. Ein Vergleich der Liste Apians mit den archäologischen Denkmäleraufnahmen läßt nämlich sofort erkennen, daß im 16. Jahrhundert nahezu die Hälfte der mittelalterlichen Burgen bereits nicht mehr vorhanden, sondern in den gesellschaftlichen Umschichtungen am Endes des Mittelalters auf der Strecke geblieben war. Dazu gehören einmal die großen Landesburgen des mittelalterlichen Hochadels, die verödeten, wenn sie nicht vor dem Aussterben ihrer Besitzer beziehungsweise vor den politischen Konzentrationsvorgängen des 13. Jahrhunderts der Kirche übergeben worden waren. Ihre archäologische Gestalt kann an vielen Ringwallanlagen, die gemeinhin dem 10. Jahrhundert zugewiesen werden, studiert werden.

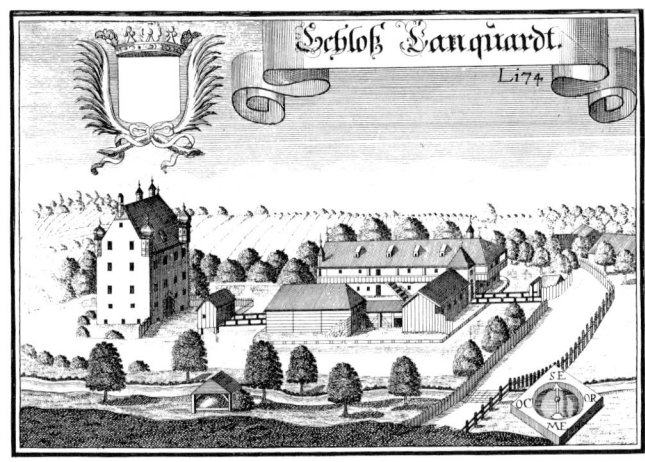

Abb. 59 Die Wasserburg Langquart (LA), wie sie Michael Wening Anfang des 18. Jahrhunderts abbildete, gehörte mit ihrem Burgturm und der ebenfalls grabenumwehrten Vorburg zu den besterhaltenen mittelalterlichen Adelssitzen, bevor sie im 19. Jahrhundert abgebrochen wurde. Vgl. Abb. 60.

Die zweite Gattung früh abgegangener mittelalterlicher Burgen hat sich in Wasserburganlagen überliefert. Ein beträchtlicher Teil von ihnen ist eingliedrig und häufig von sehr regelmäßiger, runder oder rechteckiger Gestalt. Zu diesem Typus ist beispielsweise der kleine Turmhügel von Wilzhofen (WM) zu zählen. Für beide Burgformen gibt es bereits aus karolingischer Zeit Belege, so daß wir damit rechnen müssen, daß die mittelalterliche Burgenzeit Bayerns weit vor dem Zeitpunkt beginnt, da uns der Adel selbst, erst recht natürlich der niedere, in schriftlichen Quellen begegnet. Solange freilich noch keine einzige dieser frühen Anlagen archäologisch untersucht ist, erhalten wir auf viele Fragen keine Antwort: beispielsweise auf die nach den Verbindungen der frühen Rundburgen zu ähnlichen, durch Grabungsbefunde datierten

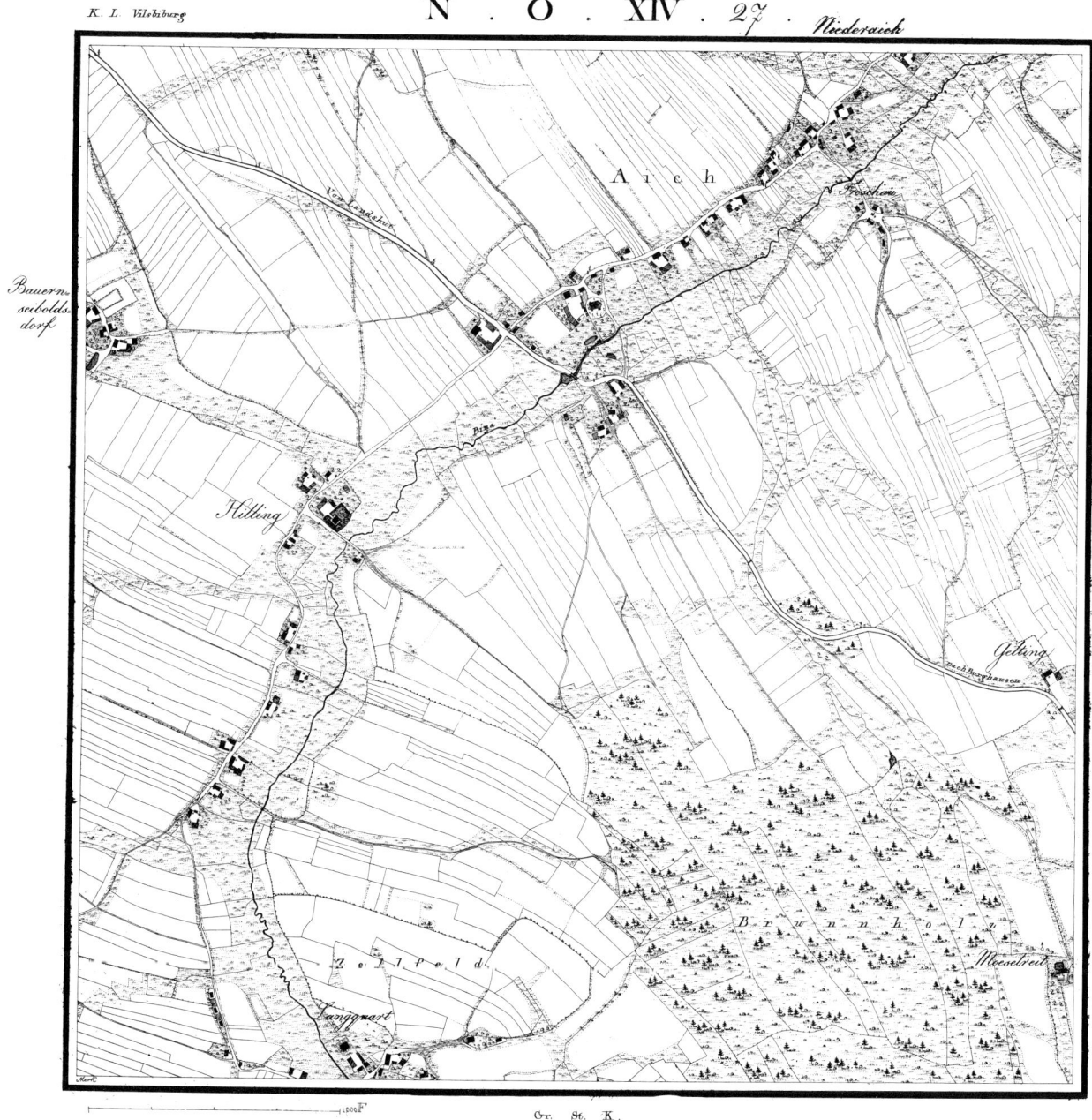

Abb. 60 Das älteste Katasterblatt NO 14–27 stammt aus dem Anfang des 19. Jahrhunderts. Es sei als Beispiel für diese einzigartige topographische Quelle bayerischer Geschichte wiedergegeben. Das Tal der Bina enthielt damals in dem Abschnitt, der im Kartenbereich liegt, nicht weniger als vier Burgen, und zwar in allen Stadien des Erhaltungszustandes. Am besten war die Wasserburg Hilling mit ihrem Burgturm inmitten eines künstlich aufgestauten Weihers erhalten. Langquart (Abb. 59) wies zwar noch alle Baulichkeiten, jedoch nicht mehr die Wassergräben der Umwehrung auf. Nur mehr als ovaler Wasserburgstall war Niedernaich vorhanden, während von der Wasserburg Aich südlich der Kirche im Binagrund nichts mehr kartographisch zu erfassen war. Heute sind nur noch von Niedernaich kümmerliche Reste des Turmhügels vorhanden. Die Stätten von Aich und Hilling sind zerstört, der Platz von Langquart ist nicht geschützt. Der Höhepunkt mittelalterlicher Geschichte in diesem Talabschnitt ist aus dem Landschaftsbild verschwunden.

Erscheinungen am Niederrhein, nach der Art der Innenbebauung, nach den exakten Anfängen und den möglichen Vorgängern.

Im Gegensatz zur Burgenfülle des Mittelalters steht die Stadtlandschaft dieser Zeit heute noch in voller Blüte. Wir kennen ihre Anfänge im 12. und 13. Jahrhundert mit befriedigender Genauigkeit, wissen um die politischen Anlässe der Stadtgründungswelle, die erst im 14. Jahrhundert verebbte. Zur Archäologie wurde noch kaum einer dieser neuen zentralen Orte in Bayern. Anders steht es um diejenigen urbanen Gemeinwesen, die schon vorher da waren. Einen Teil von ihnen können wir den Burgen der Geistlichkeit zurechnen, so vor allem Bamberg, Freising, wohl auch Würzburg und vielleicht noch Eichstätt. Alle diese Plätze waren früh befestigt und besaßen vermutlich das Aussehen frühmittelalterlicher Ringwälle, wie denn überhaupt der Übergang zu den Landesburgen des weltlichen Adels, als die wir hier Aislingen (DLG) nennen, fließend gewesen sein dürfte. Zu denken gibt, daß ein beträchtlicher Teil der weltlichen Großburgen des 10. Jahrhunderts – um einmal ein Datum zu nennen – wüst wurde, und daß für einen Teil von ihnen eine urbane Besiedlung und eine komplizierte Geschichte erwiesen scheint. Es wird eine der Aufgaben künftiger Geschichtsforschung Bayerns sein, zu untersuchen, ob nicht zwischen die antike und die mittelalterliche Stadtlandschaft eine Zwischenphase einzuschieben ist, eine Periode früher Stadtgründungen, den großmährischen Städten parallel laufend und in den Ungarneinfällen des 10. Jahrhunderts, denen ja jedes zweite Kloster unwiderruflich zum Opfer fiel, ihr Ende findend. Vielleicht haben wirklich nur wenige dieser frühen Stadtgründungen ähnlich wie Moosburg (FS) oder Laufen (BGL) diese Zeit der Verwüstungen überstanden.

Unbestritten ist jedoch eine dritte Wurzel mittelalterlicher Stadtkultur: die Antike. Wir können die betreffenden Orte rasch aufzählen. Augsburg scheint sich am reinsten seine antike Bedeutung erhalten zu haben, nicht zuletzt dank jener Frau Afra, die man 305 ob ihres christlichen Glaubens hinrichtete, und deren Grab zur Stätte ununterbrochener Verehrung wurde. Die Kirche scheint auch das verbindende Kontinuum in Passau gewesen zu sein, wo sich im 8. Jahrhundert die Bischofsburg mit der antiken Reststadt Niedernburg zu einem in der Folgezeit immer mächtiger werdenden urbanen Zentrum verband. Demgegenüber scheint in Regensburg die Dominante schon früh den germanischen Neuankömmlingen des frühen 5. Jahrhunderts zugefallen zu sein. Hier schlugen denn auch die ersten Herzöge der Baiuvarii ihre Residenz auf.

Tempel, Kirchen und andere heilige Plätze

Zum ersten Mal stoßen wir in der Zeit um 4000 v. Chr. oder wenig später auf Menschenwerke, welche anderem als alltäglichem Gebrauch dienen mußten, die zwar von regelmäßiger Gestalt, aber dennoch zu keinem profanen Zweck tauglich waren. Es sind dies kreisrunde Plätze mit Durchmessern von 60 bis 150 m, umgeben von einem oder zwei ebenfalls kreisrunden Spitzgräben. Die Gräben sind häufig von zumeist vier Erdbrücken unterbrochen. Derartige Anlagen kennt man in ganz ähnlicher Bildung aus Österreich, Mähren und Mitteldeutschland. In Bayern weist die Form der großen Anlage von Hopferstadt (WÜ) nach Mitteldeutschland, während die Grabenrondelle von Kothingeichendorf (DGF), Gneiding (DEG) und mehrerer anderer Fundplätze im niederbayerischen Donauraum, vor allem der von Künzing-Unternberg (DEG), ihre nächsten Parallelen in Niederösterreich und Mähren besitzen. Dort ist ihre Funktion als Platz von Kulthandlungen durch die Auffindung von entsprechenden Idolen in ihrem Inneren gesichert. Aber auch ohne diese eindeutigen Hinweise würde man die Rondelle kultisch deuten müssen. Zu irrational und zur Aufnahme von Wohngebäuden nahezu untauglich ist ihre Form, und zu kanonhaft erscheint die Regelmäßigkeit ihrer Gestalt. Hinzu kommt die gleiche Datierung aller dieser Anlagen. Und schließlich als eine der wichtigsten Gemeinsamkeiten: die Kultplätze befinden sich alle innerhalb von Siedlungen ihrer Zeit, und zwar nicht der unbedeutendsten. Sowohl Künzing-Unternberg, als auch Kothingeichendorf waren befestigt. Es mag für die ganz allgemeine Bedeutung von Kulthandlungen in jener Phase der Jungsteinzeit sprechen, daß in beiden Befestigungsanlagen die Rondelle an betonter Stelle liegen. Damit sind die ersten Tempelanlagen auf bayerischem Boden hinlänglich umschrieben. Sofort fallen bei der Zusammenstellung der spezifischen Eigenschaften Grundmuster auf, die auch für den Modellfall bayerischer Kultanlagen, die Kirchen des christlichen Mittelalters, Gültigkeit besitzen. Gleichwohl eignet sich dieser Katalog nicht als Schablone, die, an bayerische Bodendenkmäler angelegt, alle Kultanlagen herausfiltert. Schon eine zweite Gattung von Kultplätzen, die für heilig erachteten Naturdenkmäler, entziehen sich unserer Erfassung nur dann nicht, wenn sie, wie der Dengelstein im Kemptener Wald (OA), oder der Stein bei Grünenbach (LI), aus unvergänglichem Material, in diesem Falle aus Findlingsblöcken, bestehen und von einem Grabenwerk umzogen sind. War der Mittelpunkt von Kultplatz und Verehrung etwa nur ein Baum, oder war das Kultobjekt nur von einer Palisade umgeben, fällt der Nachweis einer heiligen Stätte sehr viel schwerer. So ist zu vermuten, daß die wenigen gesicherten Plätze dieser Art nur die Spitze eines Eisbergs darstellen, und daß sich hinter manchem Grabenwerk kein profaner Wohnplatz, sondern ein Heiligtum verbirgt. In welchem Umfang das Land mit heiligen Stätten versehen war, lehrt die Dichte der Gewässerfundstellen, derjenigen Plätze in Mooren und Flüssen also, an denen man Kostbarkeiten an Waffen und Schmuck den Göttern darbrachte und unerreichbar

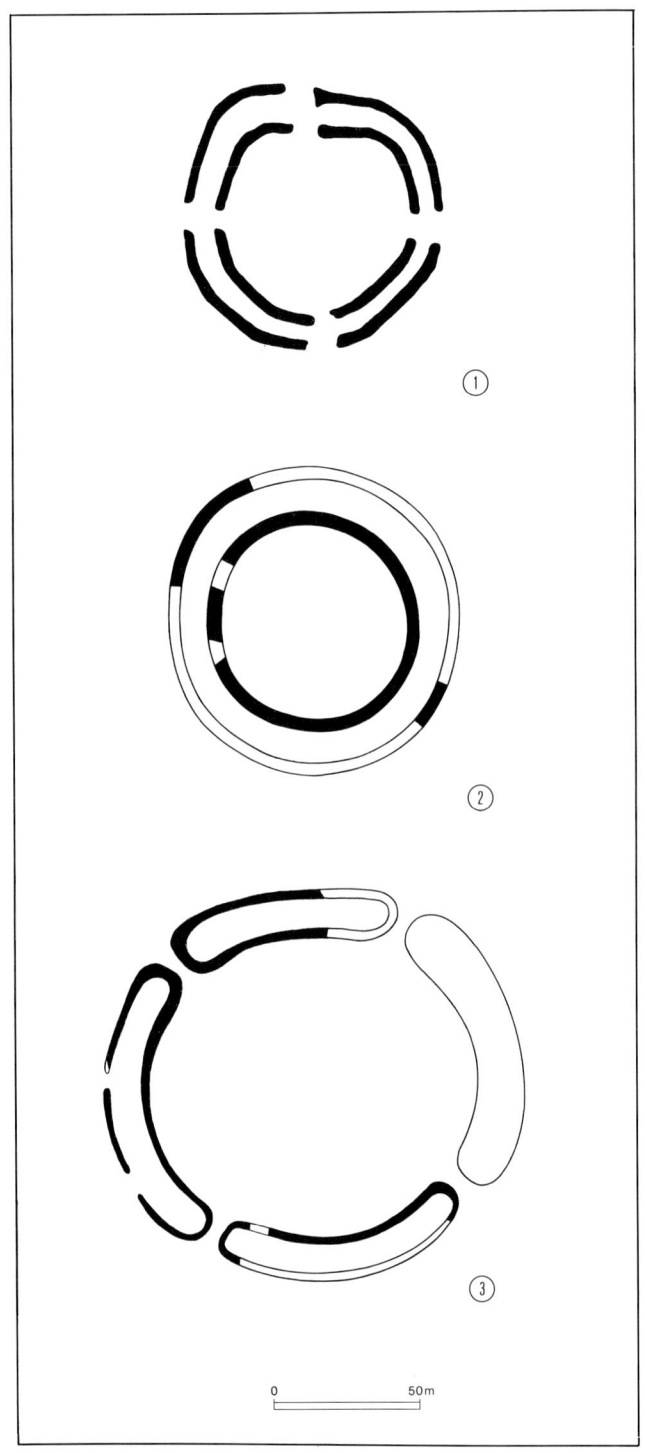

Abb. 61 Grabenrondelle als Kultanlagen des 4. Jahrtausends v. Chr. im Größenvergleich. Die Plänchen sind genordet. Maßstab 1:2500. 1 Kothingeichendorf (DGF); vgl. Tafel 57. – 2 Gneiding (DEG); vgl. Tafel 58. – 3 Künzing-Unternberg (DEG); vgl. Abb. 62.

für die Menschen versenkte. An anderen Plätzen blieb das Opfer nicht immer so unerreichbar für die Mitmenschen, wurde aber dennoch am Opferplatz belassen. Zu dieser Kategorie von heiligen Plätzen gehören beispielsweise Höhlen, Felsspalten und Felswände, wie sie vor allem der Jura, aber auch die Alpenregion aufweisen. Hier mag mancher als Einzelfund registrierte Schwertfund, mancher für ein Versteck in Notzeiten gehaltene Schatzfund in Wirklichkeit ein Geschenk für die Götter gewesen sein.

Weihefunde und dementsprechend Naturheiligtümer gibt es in vielen Phasen der Jungsteinzeit, zur Bronzezeit und vor allem während der Urnenfelderzeit. Die meisten Schwertfunde dieser letzteren Periode entstammen beispielsweise den bayerischen Flüssen. Erst zur Hallstattzeit, vom 7. vorchristlichen Jahrhundert an, erfahren wir wieder von regelrechten Kultplätzen. Einer rationalen Deutung entziehen sich vorerst die großen, kreisförmigen Gräben, von denen in den letzten Jahren mehrere entdeckt worden sind. Sie besitzen unterschiedliche Durchmesser von 20 bis über 70 m. Sicher ist, daß über ihnen niemals Grabhügel aufgeschüttet waren, wie man aus ähnlichen Kreisgräben um tatsächliche gleichzeitige Grabhügel schließen könnte. Dennoch standen zwei dieser Kreisgräben – Königsbrunn (A) und Oberpeiching (DON) – in Zusammenhang mit Gräbern der jüngeren Hallstattzeit und dienten daher wohl dem Totenkult. Vielleicht gilt gleiches auch für die beiden nur 700 m voneinander entfernten Kreisgräben von Eching und Neufahrn (beide FS), mit über 70 m Durchmesser die größten Vertreter ihrer Art. Der Echinger Ring besaß im Norden eine nur 1 m breite Öffnung, war also in seinem Inneren zugänglich. Bei der großen Sorgfalt, die man zur Hallstattzeit dem Totenkult und dem Andenken bedeutender Verstorbener widmete, erscheint der beträchtliche Aufwand für die beiden Kultringe durchaus verständlich. Die Kreisform, die in ihrer Vollkommenheit besticht, war zu eben derselben Zeit, beispielsweise bei den Anfängen des griechischen Theaters, unentbehrlicher Rahmen für kultisch-szenische Handlungen.

Wie konkret wir uns möglicherweise den Umgang der hallstattzeitlichen Bevölkerung mit ihrer Heroen- und Götterwelt vorstellen müssen, lehrt uns der Befund eines Befestigungswerkes des 7. und 6. Jahrhunderts, das in einer Straßentrasse bei Aiterhofen (SR) zum Vorschein kam. Die rechteckigen Palisaden- und Grabenzüge wa-

Abb. 62 Künzing-Unternberg (DEG). Siedlung des Mittelneolithikums (Gruppe Oberlauterbach) mit mehrfacher Abschnittsbewehrung und Grabenrondell. Gerastert sind die Flächen mit Siedlungsmaterialien. Nach Christlein/Schmotz.

Abb. 63 Der Dengelstein bei Betzigau (OA), ein grabenumzogener Findlingsblock. Zustand um 1900. Nach J. Leichtle.

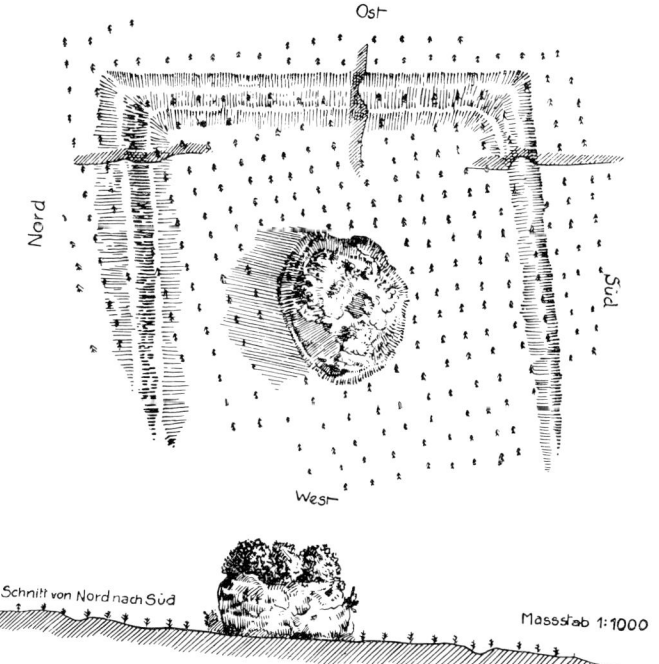

ren zunächst samt den drei Pfostenbauten in ihrem Inneren für einen Gutshof gehalten worden, und diese Deutung kann auch heute noch diskutiert werden. Stutzig machte jedoch bald das Fehlen von Grob- und anderer Küchenkeramik, beispielsweise von Töpfen und Tellern. Der Keramikbestand war fast ausschließlich auf Trinkgefäße der unterschiedlichsten Form beschränkt. Man schien also in Aiterhofen in der Hauptsache Gelage gefeiert zu haben. Einer profanen Erklärung der rätselhaften Anlage würde auch das Fehlen jeglicher Keller zur Vorratshaltung widersprechen. So bleibt kaum eine andere Möglichkeit übrig, als das umwehrte Gehöft von Aiterhofen als Kultanlage anzusehen. Damit würde uns freilich ein einzigartiger Blick in die religiöse Vorstellungswelt dieser Zeit geboten. Denn ohne Zweifel stellt der Tempelbezirk das getreue Abbild eines hallstattzeitlichen Herrenhofes dar. Wohnte hier etwa ein heroisierter Vorfahre oder gar ein Gott? Lebte dieses verehrungswürdige Wesen so überaus konkret fort nach Art eines Adeligen? Lud es von Zeit zu Zeit die Bewohner

Abb. 64 Eching (FS). Der Große Kreis während der Ausgrabung im August 1981. Blick von Süden.

der Umgebung zu Speis und Trank ein? Von allen diesen Fragen bleibt als Basis und erste Antwort der Befund: der Tempelbezirk hatte so auszusehen wie der Wohnsitz eines Adeligen.

Unter diesem Gesichtspunkt wird man die nun schon klassische Gruppe vorgeschichtlicher Kultanlagen, die spätkeltischen Viereckschanzen, nochmals betrachten wollen. Der Befund schien nach den grundlegenden Untersuchungen von Klaus Schwarz eindeutig: Das Innere der Anlagen enthielt neben nur ganz wenigen, unschwer als Tempel interpretierbaren Holzgebäuden mehrfach Schächte, die bis in ganz exorbitante Tiefen hinabführten und dennoch keine Brunnen sein konnten, mithin rationaler Deutung entzogen waren. Hinzu kamen noch Beobachtungen wie die, daß die Tore der Viereckschanzen in alle Himmelsrichtungen wiesen, nur nicht nach Norden. Das gleiche Phänomen war bei den Toren der gallo-römischen Tempelbezirke festzustellen und schien somit eine Funktionskontinuität zu belegen. Die Argumente überzeugen. Der weitaus überwiegende Teil der rechteckigen, eintorigen Grabenwerke spätkeltischer Zeit gehört unzweifelhaft zur Gruppe der Heiligtümer. Wie aber, wenn die Viereckschanzen nur die jüngste Ausformung eines Befundes sind, den wir in Aiterhofen kennengelernt hatten? Wenn es zwischen den beiden zeitlichen Extremen – die ja durch ein gemeinsames Ethnikum miteinander verbunden waren – einen ganzen Pulk von umwehrten Hofanlagen gegeben haben sollte, bei denen stets das Fundspektrum zu entscheiden hat, ob sich hinter ihnen ein profaner Herrenhof oder das Abbild der Wohnung eines Gottes verbirgt? Wie, wenn eine kelti-

Abb. 65 Aiterhofen (SR). Rekonstruktionsvorschlag des hallstattzeitlichen Heiligtums in Form eines befestigten Herrenhofes. Blick von Süden.

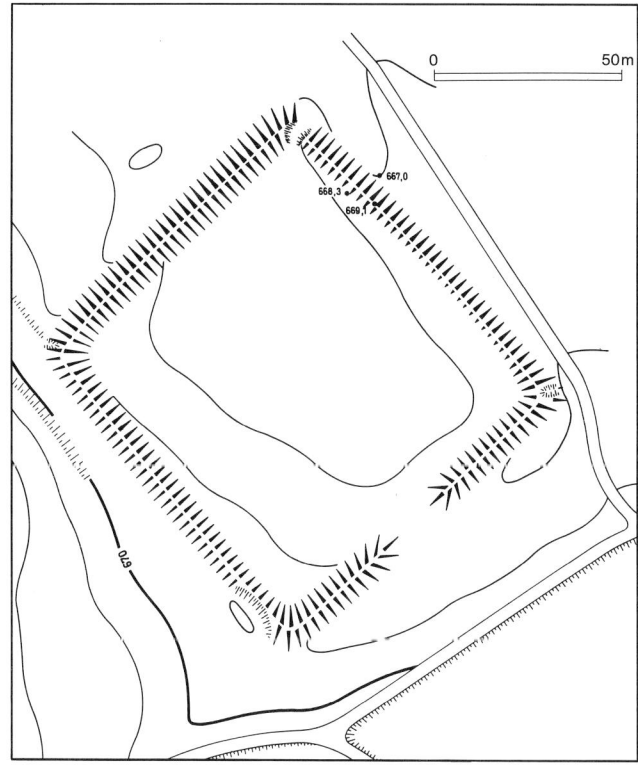

Abb. 66 Die berühmte keltische Viereckschanze von Holzhausen rechts der Isar (M) in ihrem letzten Ausbauzustand als Wallanlage ohne vorgelegten Graben. Topographische Aufnahme vor den Ausgrabungen und Abtragungen der sechziger Jahre. Nach K. Schwarz.

sche Viereckschanze nur der letzte, durch fortwährendes Kopieren verformte Abklatsch eines solchen göttlichen Hofgevierts wäre, wenn die Kultschächte beispielsweise nichts anderes als Andeutungen und typologische Rudimente profaner Brunnen darstellten? Wenn sich dementsprechend die gallorömischen Umgangstempel über die hölzernen Pfostentempelchen von Holzhausen bis auf die Sechspfostenbauten der frühlatènezeitlichen Siedlungen zurückführen ließen? Dann wäre der keltischen Religionsgeschichte mit ihrer zwar konkreten, doch überwiegend den Denkmälern des letzten vorchristlichen Jahrhunderts verhafteten Vorstellungswelt ein weiteres Tor in die Vorzeit geöffnet. Den Weg durch dieses Tor kann man freilich derzeit nur mit Vorbehalt anraten. Es empfiehlt sich, erst ein Bündel guter Ausgrabungsbefunde zu schnüren und als Begleiter mitzunehmen.

Es wurde schon gesagt, daß die keltischen Viereckschanzen eng mit den jüngeren gallorömischen Tempelbezirken verwandt sind. Der bislang am besten bekannte römische Tempelbezirk lag am Stadtrand von Cambodunum und enthielt, eingefaßt von einem doppelten Säulenumgang, etwa ein Dutzend kleiner und kleinster Tempelhäuschen. Derartige Tempelansammlungen besaßen sicherlich alle größeren Orte des römischen Bayern, und auch auf den Luftbildern römischer Landgüter kann man hie und da kleine Tempelchen ausmachen. Das größte Heiligtum des römischen Bayern war zweifelsohne der Tempel des Apollo Grannus im Ort Phoebianis–Faimingen (DLG). Während bei allen bisher erwähnten Heiligtümern die Menge der Andächtigen im Freien, allenfalls in einer offenen Umgangshalle, ihrem frommen Tun nachging, brachten später die orientalischen Erlösungsreligionen den Typus des Heiligtums mit sich, in dem sich die Anhänger des Gottes in einem geschlossenen Raum versammelten.

Abb. 67 Die Verbreitung der spätkeltischen Viereckschanzen Bayerns und die Vermehrung ihrer Kenntnis nach Einsetzen der Luftbildbeobachtung. Die nicht ganz gesicherten Anlagen sind in beiden Fällen nicht nochmals differenziert.

Abb. 68 Kempten im Allgäu. Keltischer Tempelbezirk aus römischer Zeit am Rande von Cambodunum. Luftbild nach der Freilegung in den Jahren 1937/38. 1./2. Jahrhundert.

Der Ruch des Verborgenen und der Anschein des Geheimnisvollen mag im 3. Jahrhundert den Anhängern des Gottes Mithras ebenso eigen gewesen sein wie denen des Jesus Christus. Die Versammlungsplätze der ersten Christen werden in Privathäusern und an Gräbern verehrter Toter gewesen sein und sind für uns vorerst nicht nachweisbar. Regelrechte Kirchen kennen wir erst aus dem 5. Jahrhundert. Sie befinden sich – wie in Boiotro (Passau-Innstadt) – auf dem Friedhofsgelände oder – wie in Batavis (Passau-Niedernburg) – im Stadtinneren. Wir wissen, daß es an allen spätantiken Orten Bayerns Kirchenbauten gegeben haben dürfte, daß jedoch nur dort, wo die spätantike, christliche Bevölkerung überdauerte, auch die Voraussetzungen für eine ungebrochene Kultkontinuität vorhanden waren. So sind Kirchenbauten der Spätantike in Augsburg, Regensburg, Passau, Epfach und vielleicht auch noch Kempten und Kellmünz bis heute in geistlichem Gebrauch, an den vielen anderen spätrömischen Orten jedoch abgegangen. Die neuen Herren des Landes – Bajuwaren, Alamannen, Franken – legten nur anfangs keinen Wert auf den Gebrauch des Evangeliums und den Rat der Priester. Doch als es hierzulande vom Ende des 6. Jahrhunderts an immer mehr üblich wurde, die Gebräuche des fränkischen Hochadels zu imitieren, bedienten sich die Vornehmen des Landes ebenfalls Gottesmännern als Ratgeber, folgten den Empfehlungen erfahrener Wanderprediger und erbauten wohl auch schon hie und da eine kleine, der Sitte der Zeit entsprechend hölzerne Kirche. Wenn solche Kirchen der romanischen Überlieferung entsprechend auf den Reihengräberfeldern in der Feldflur vor den Orten errichtet worden waren – wie in Staubing (KEH) –, so konnte es schon geschehen, daß sie mit den Friedhöfen um 700 aufgegeben wurden. Andere Kirchen wurden von vornherein im Ort und möglicherweise sogar im Hof des Orts-

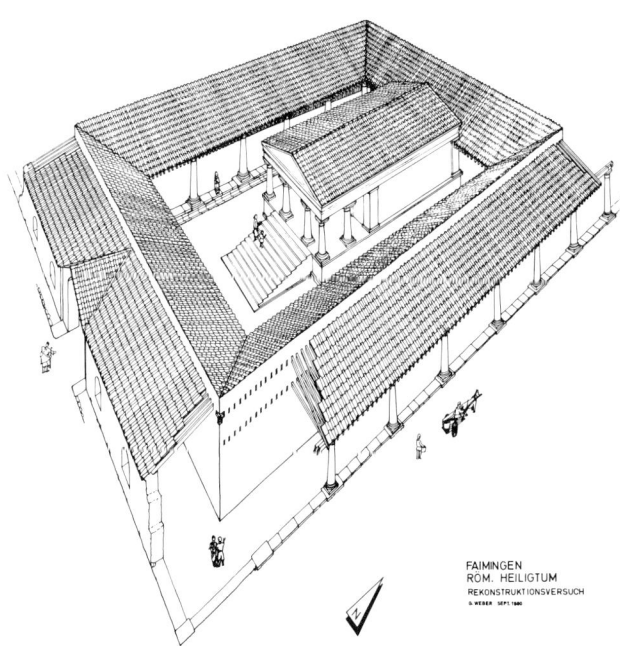

Abb. 69 Rekonstruktionsvorschlag des Apollo-Grannus-Tempels von Phoebianis-Faimingen (DLG). Nach G. Weber.

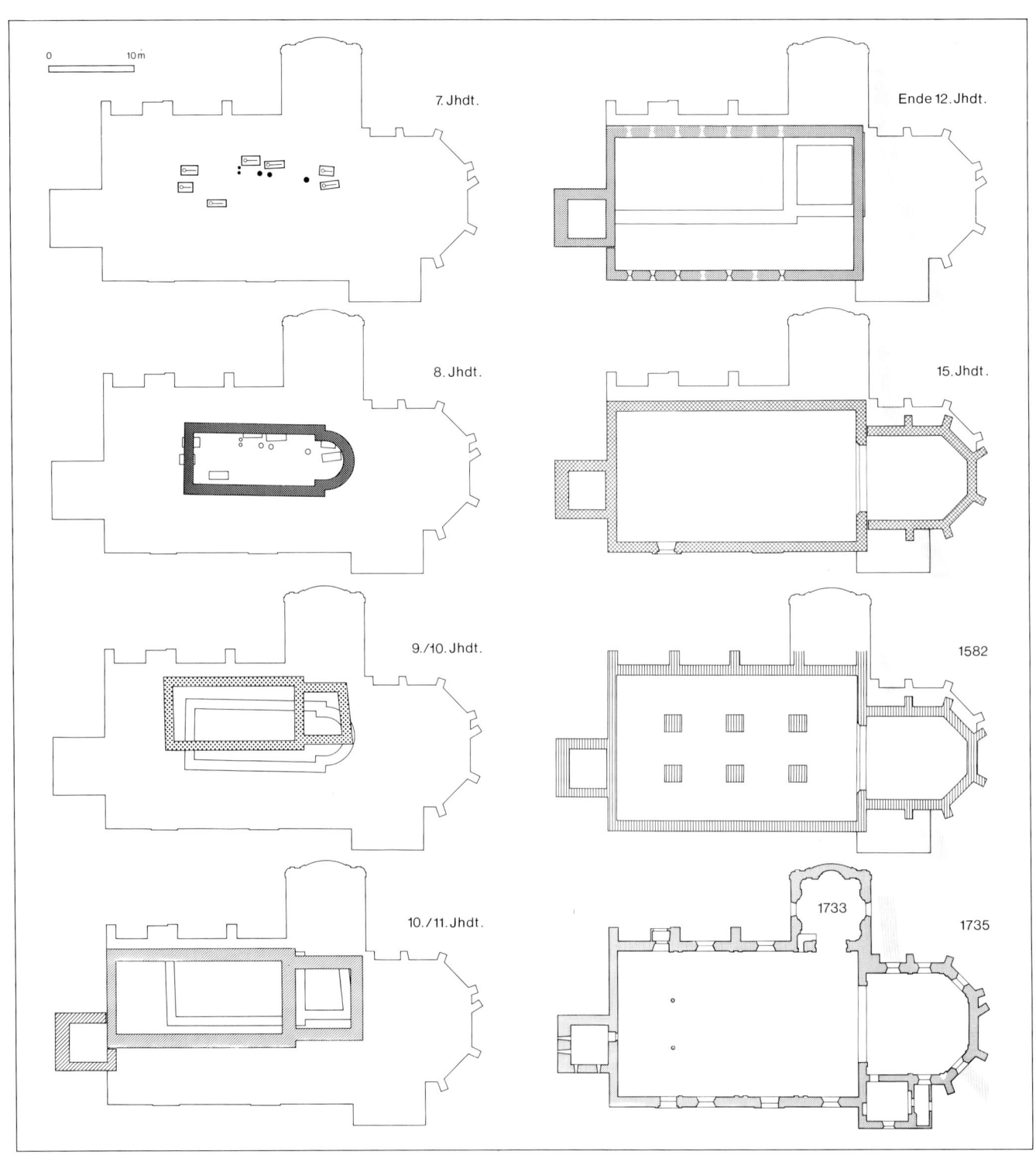

Abb. 70 Die Grundrißentwicklung der Pfarrkirche St. Martin zu Gundelfingen (DLG) von der Holzkirche mit Adelsgrablege des 7. Jahrhunderts über den Neubau einer staufischen Stadtpfarrkirche des 12. Jahrhunderts bis zum barocken Endzustand von 1735.

adeligen angelegt, wie jüngst die Ausgrabung von St. Martin zu Gundelfingen (DLG) gezeigt hat. Hier überdauerten sie dann, immer wieder um- und ausgebaut, bis auf den heutigen Tag.

Die allgemeine Hinwendung zum Christentum im 7. Jahrhundert und die organisatorischen Maßnahmen des Bonifatius im 8. Jahrhundert verhalfen der Kirche zu fortwährender Steigerung ihres Ansehens, ihrer wirtschaftlichen Macht und überhaupt ihres Zulaufs. Attribute, die vordem aufs Ganze gesehen eher nebensächlich schienen und ein hohes Maß an Entsagung verlangten wie das Klosterwesen, erlebten im 8. Jahrhundert rasch ihre Hochblüte. Es kam, wie auf der Insel Frauenchiemsee (RO), zur Bildung kultureller Zentren von überörtlicher Ausstrahlungskraft und von erlesener baulicher Gestaltung, die nun nichts mehr mit den Holzkirchen der ländlichen Umgebung gemein hatte. Manche dieser Zentralklöster haben seit dieser frühen Blütezeit bezeichnenderweise keine wesentlichen baulichen Ausweitungen, sondern viel eher Reduzierungen erfahren, wie gerade Frauenchiemsee. Bei den ältesten Klöstern des Landes mit ihrer hochentwickelten Schriftlichkeit wird aber auch beispielhaft sichtbar und rekonstruierbar, welchen schwerwiegenden Einschnitt in den Bestand die Ungarneinfälle des 10. Jahrhunderts verursachten. Aus dieser Zeit der Gefährdung ging ein Teil der Klöster gar nicht mehr, ein anderer Teil, wie beispielsweise Münchsmünster (PAF), nur stark reduziert hervor. Danach freilich konnte der Bestand weitgehend gewahrt werden. Daß ein Kloster wie Weihestetten bei Aholming

Abb. 71 Gundelfingen (DLG). Silbertauschierte Gürtelbeschläge aus einem der Gräber des 7. Jahrhunderts unter St. Martin. Natürliche Größe.

(DEG) im 18. Jahrhundert abgehen konnte, gehört zu den großen Ausnahmen. Anders als beim mittelalterlich-neuzeitlichen Adel schuf die besitzrechtliche Stabilität der Kirche das Fundament dafür, daß ihre sichtbaren Stätten der Andacht und Wirksamkeit bis heute überdauerten. Von allen Denkmälern bayerischer Geschichte haben sich die Kirchenbauten am vollständigsten überliefert.

Die Stätten der Toten

Für die meisten Völker bedeutet der Tod nicht unwiderrufliches Ende, sondern stellt den Eingang in ein zweites Leben dar. Der Verstorbene lebt fort, sein Leichnam muß auf das Leben nach dem Tode vorbereitet werden. Die Phantasie der Hinterbliebenen reichte zumeist nicht aus, um sich dann dort den Toten in anderer Gestalt vorzustellen, als sie ihn bisher vor sich gehabt hatten. Wenn wir die Anschauungen über die jenseitige Welt genauer kennen, und dies gilt für die Völker der Antike ebenso wie für die Germanen oder die Gemeinschaft der Christen, so stellt sich das Jenseits als eine Welt dar, die aus den Bausteinen des Diesseits zusammengesetzt ist, und in der gelebt, geherrscht, gewohnt, gelitten und gestraft wird. Dementsprechend sorgfältig präparierte man den Verstorbenen und suchte ihm einen guten Einstand im Totenreiche zu ermöglichen. Er sollte schon durch seine äußere Erscheinung seine Stellung in der Gesellschaft widerspiegeln, seine Machtfülle sollte an den Insignien seiner Würde ablesbar sein. Daher gab es kaum eine Zeit, in der die Toten nackt dem Boden übergeben wurden. Vielmehr bestattete man sie in der Tracht ihres vergangenen Lebens, in der aussagefähigsten vermutlich, aus der Stand und Funktion hervorgingen. Bei Frauen und Männern trug Schmuck ganz wesentlich zur Selbstdarstellung bei. Männer erhielten, wenn dem nicht andere religiöse oder besitzrechtliche Vorstellungen entgegenstanden, auch ihre Waffen mit ins Grab. Hinzu kam häufig noch Wegzehrung in Form von Fleischbeigaben sowie Trink- oder Eßgeschirr. Zu den meisten Zeiten gehörte es zum Erstrebenswertesten, elitäre Fortbewegungsmittel ins Jenseits mitzunehmen. So finden sich häufig in besonders gut ausgestatteten Gräbern Wagen und Reitpferde beziehungsweise – als pars pro toto – Wagenteile und Pferdegeschirr. Auch Haustiere und Sklaven konnten zu Grabbeigaben werden. Merkwürdigerweise reichte die geistige Vorstellungswelt zumeist aus, um sich ein körperliches Leben im Jenseits auch dann noch denken zu können, wenn der Leichnam vor dem Begräbnis verbrannt worden war. Bezeichnenderweise kommen gelegentlich beide Arten der Totenbehandlung gleichzeitig nebeneinander vor, und in die gleiche Richtung weist die Beobachtung, daß am zeitlichen Übergang von der Körper- zur Brandbestattung, beispielsweise in der späten Bronzezeit und frühen Urnenfelderzeit, dem verbrannten Toten mannslange Grabkammern errichtet wurden, in denen oftmals der Leichenbrand so verstreut wurde, als ob damit der größenmäßige Eindruck eines unverbrannten Leichnams bewirkt werden sollte. Die Beigaben für den Toten und die Ausstattung des Grabgebäudes wurden häufig von der Art der Totenbestattung nicht berührt.

Der Platz des Grabes scheint meistens markiert gewesen zu sein, um einen Anhaltspunkt für die Verehrung des Verstorbenen zu besitzen, vielleicht aber auch, um dem Toten das Wiederfinden seiner Ruhestätte zu ermöglichen. Gedächtnismale in Form von Erdhügeln über den Gräbern bedeutender Menschen konnten je nach Wertschätzung und nach Vermögen der Nachfahren ganz ungewöhnliche Ausmaße erhalten. Erst in letzter Zeit wird man sich auch des Umstandes verstärkt bewußt, daß eine Einfriedung um ein Grab, wie sie in Form von rechteckigen oder kreisförmigen Mauern, Palisaden oder Gräbchen erfolgen konnte, gang und gäbe war und offenbar häufig Bannwirkung besitzen sollte: hier beginnt der Raum des Toten. Schließlich dienten gewiß auch regelrechte Häuser auf Begräbnisplätzen der Totenverehrung. Die Reihe reicht hier von dem frühbronzezeitlichen Raisting (WM) über das spätbronzezeitliche Polsingen (WUG) bis hin zu den Coemeterialkirchen der Spätantike.

75
84

Bei aller liebevollen Verbundenheit mit dem Verstorbenen bewahrte man aber auch Distanz. Der Platz der Toten wurde nur ganz selten im Tätigkeitsbereich der Lebenden geduldet; solche Fälle kennen wir vom Beginn der Jungsteinzeit, wo – freilich nur vereinzelt – Hockergräber inmitten linienbandkeramischer Siedlungen auftreten. Ansonsten war der Platz der Toten draußen in der Feldflur. Hier entstanden dann regelrechte Friedhöfe, in denen sich nach und nach die Bevölkerung der zugehörigen Siedlung einfand, vielleicht nach Familien, vielleicht nach gesellschaftlichem Stand getrennt bestattet, vielleicht aber auch nach anderen, uns fremden Kriterien geordnet. Die Friedhöfe sind Spiegel menschlicher Gemeinschaften und stellen Geschichtsquellen ersten Ranges dar. Sie geben in den meisten Fällen exakt Beginn und Ende der zugehörigen Siedlung an. Darüber hinaus lassen sie Einblicke in die soziale Struktur der bestattenden Bevölkerung, in deren Veränderungen und in das allgemeine Beziehungsfeld zu, in welcher die zugehörige Siedlung eingegliedert war. All dies Grund genug, den Bestattungsplätzen mindestens die gleiche Aufmerksamkeit zu schenken wie den Siedlungen selbst.

Mit herkömmlichen archäologischen Methoden lassen sich die ältesten Dorffriedhöfe der beginnenden Jungsteinzeit ob ihrer Lage im Löß besser feststellen als durch das Luftbild. Freilich erschwert auch hier die Unauffälligkeit der Bestattungen eine Auffindung, und so kommt es, daß mehreren hundert linienbandkeramischen Siedlungen in Bayern nur ein Dutzend gleichzeitige Bestattungsplätze gegenüberstehen. Erst der große Friedhof von Aiterhofen-Ödmühle (SR) mit seinen über 200 Bestattungen hat uns das Bild einer Totengemeinschaft vom Beginn der Jungsteinzeit vermittelt. Die Toten waren teils verbrannt, teils unverbrannt beigesetzt worden, in

72

Abb. 72 Aiterhofen (SR). Das Grab 60 des linienbandkeramischen Friedhofs bei Ödmühle von Süden.

letzterem Fall in Hockerstellung, der in der ganzen Jungsteinzeit bevorzugten, offenbar den bloß schlafenden Zustand des Toten darstellen wollenden Bestattungshaltung. Alle Verstorbenen waren nach bestem Vermögen mit Tracht, Schmuck und Waffen versehen worden und bezeugen in ihren Beigaben wiederum die weiträumigen Verbindungen jener Zeit. In den folgenden Phasen der Jungsteinzeit erhalten wir nur spärliche Nachrichten über Totenbrauchtum und Friedhöfe; Gräberfelder scheinen zu fehlen, und die wenigen aufgefundenen Einzelbestattungen lassen einen Wandel in den Anschauungen über das Verbleiben der Verstorbenen nach dem Tode erkennen. Zwar gab man ihnen noch Beigaben mit, doch ähnelte der Bestattungsvorgang eher einem Verscharren. Überhaupt »fehlen« ganz einfach weite Teile der Bevölkerung. Ihre Gräber sind schlechterdings unauffindbar. Dies gilt insbesondere dann für die mit den Namen Altheim und Michelsberg verbundenen Kulturgruppen, deren Gräberlosigkeit die Forschung zu den seltsamsten Überlegungen zwang. Eine dieser Erörterungen, wonach etwa das Grabenwerk von Altheim (LA) mit seinen Dutzenden von Toten in den Grabeinfüllungen ein Bestattungsplatz sei, wird man nach den jüngsten Entdeckungen der Luftbildarchäologie nicht weiter verfolgen wollen. Vielleicht stößt die Forschung schon in Bälde auf Kollektivgräber in hölzer-

73

17

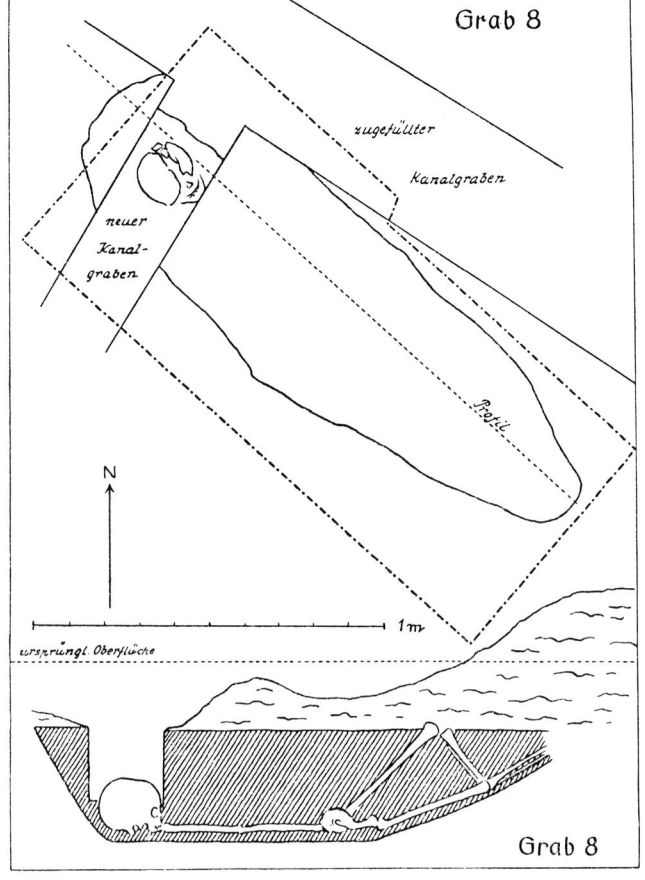

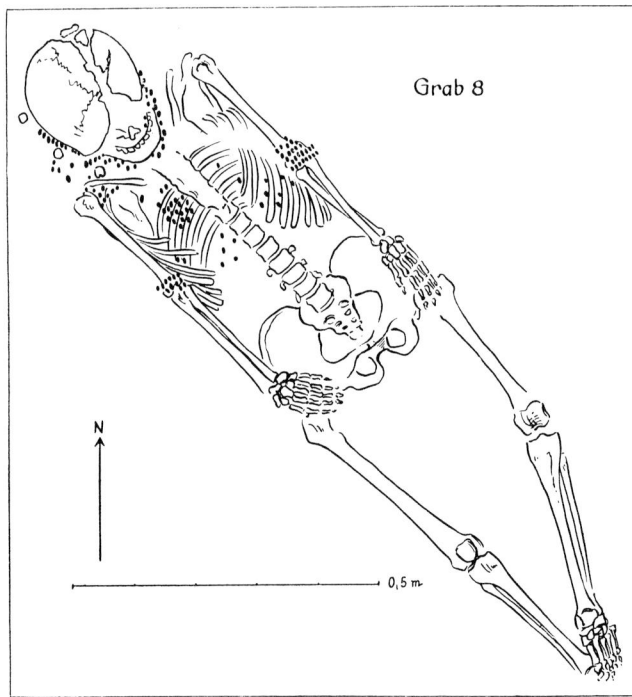

◀ *Abb. 73 (nebenstehend) Regensburg. Das Grab 8 aus der mittelneolithischen Siedlung (Oberlauterbacher Gruppe) bei Pürkelgut. Deutlich ist zu erkennen, daß die Tote trotz ihres reichen Schmucks an Muschelbesatz quasi irregulär in eine bereits vorhandene Abfallgrube gelegt wurde. Nach R. Eckes.*

nen Grabkammern, wie sie in Analogie zu den gleichnamigen Steinkisten des Nordens und Westens durchaus denkbar sind, infolge der heimischen leichteren Bauweise in Lößböden jedoch kaum Überlieferungschancen hatten.

Ein Rudiment jener Traditionskette scheint noch in manchen schnurkeramischen und verwandten Bestattungsplätzen Nordbayerns zu spüren zu sein. Mit dieser Epoche, mit dem 3. vorchristlichen Jahrtausend, beginnt wieder eine Phase, in der wir eine breite Palette bevölkerungsgeschichtlicher Befunde aus Gräbern kennen. Schnurkeramikern, Glockenbecherleuten und der Bevölkerung der frühen Bronzezeit war die Bestattung in Hockerlage und in einer in den Boden eingetieften Grabgrube eigen, wobei sich in Details des Bestattungsvorgangs deutliche Unterschiede zwischen den einzelnen Bevölkerungsgruppen abzeichnen. Die Gräber der Schnurkeramiker bilden dabei eine Einheit für sich. Ihre Toten wurden in Ost-West-Richtung mit Blick nach Süden bestattet, wobei der Kopf der Männer im Westen,

Abb. 74 Tückelhausen (WÜ). Dreifachbestattung der Schnurkeramik. Maßstab 1:20. Nach L. Wamser.

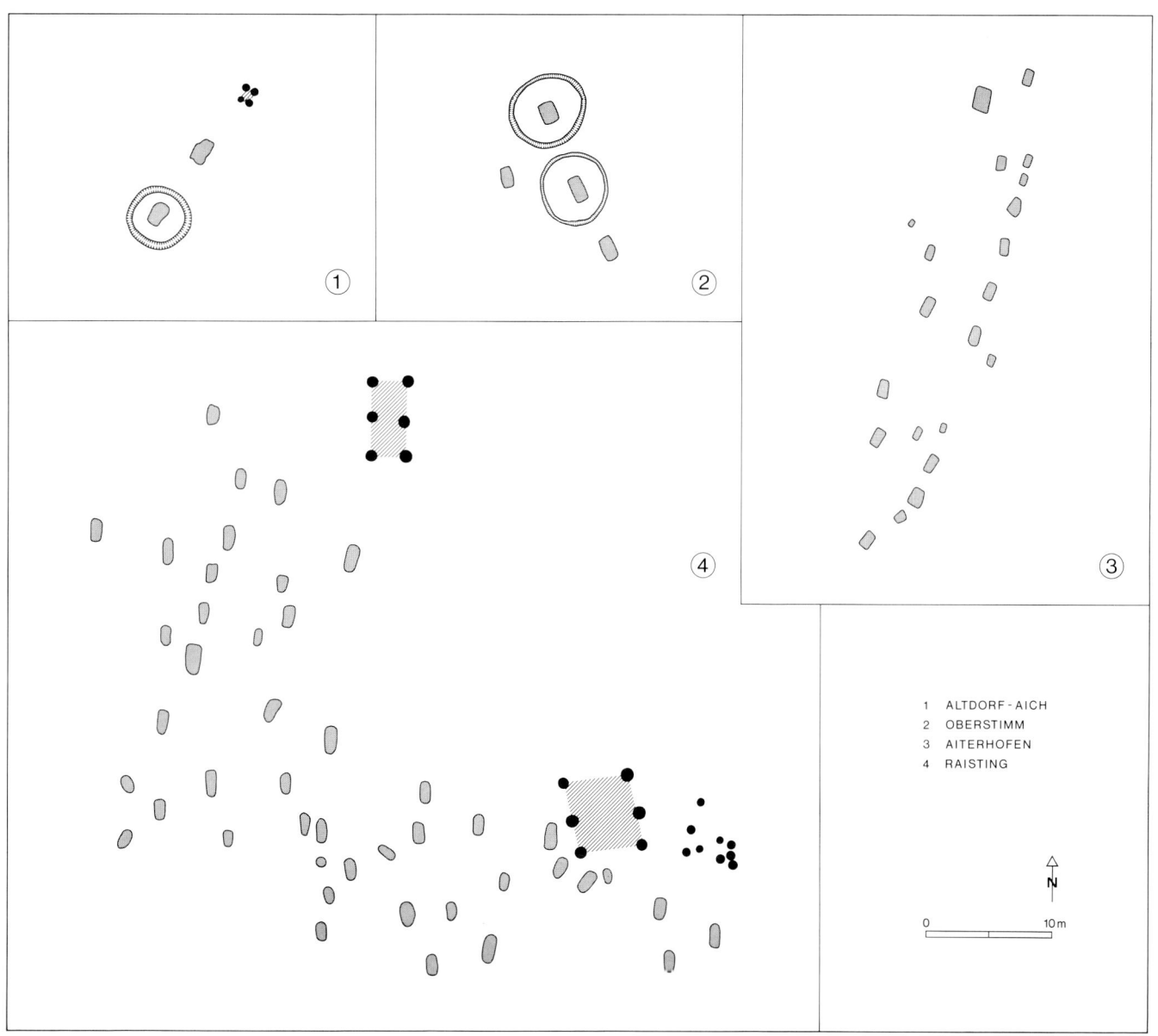

Abb. 75 Die Grundpläne vollständig untersuchter Friedhöfe der Glockenbecherkultur (1–3) und der frühen Bronzezeit (4). Man beachte die Ausrichtung der Gräber in Nord-Süd-Richtung und die offensichtliche Reihung der Glockenbechergräber Schmalseite an Schmalseite. In Altdorf-Aich und Raisting begleiteten Holzbauten die Friedhöfe. Maßstab 1:500.

derjenige der Frauen im Osten lag. Glockenbecherleute und Frühbronzezeitler dagegen legten ihre Toten in Nord-Süd-Richtung mit Blick nach Osten, die Männer mit dem Kopf im Norden, die Frauen mit dem Kopf im Süden. In allen drei ethnischen Gruppierungen herrschte uneingeschränkte Beigabensitte: den Männern wurden Tracht und Bewaffnung, den Frauen Tracht und Schmuck mitgegeben. Ein jüngst entdeckter glockenbecherzeitlicher Friedhof von Oberstimm (PAF) kann bei-

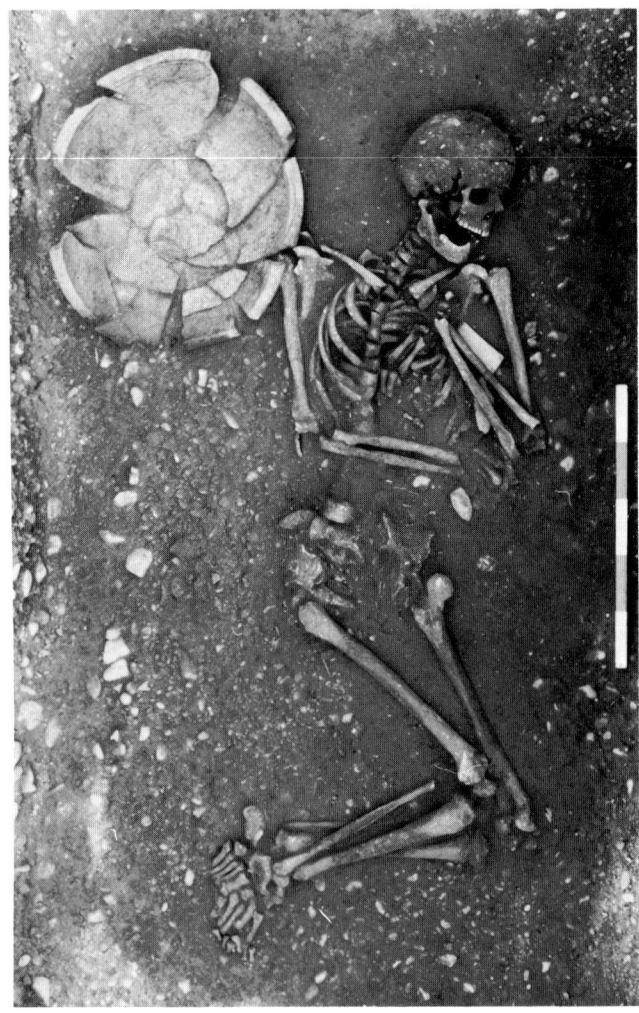

Abb. 76 Oberstimm (PAF). Das Männergrab 2 des glockenbecherzeitlichen Friedhofs mit seinen Beigaben: einer großen Tonschüssel, einer Armschutzplatte und einem Kupferdolch unter dem linken Unterarm (siehe Abb. 78), einem Silexschaber beim rechten Unterarm und Silexpfeilspitzen bei den Knien und hinter dem Toten (siehe Abb. 79). Die reiche Beigabenausstattung und die Einfassung des Grabes durch einen Grabenring (siehe Abb. 75,2) sichern, daß hier ein Vornehmer bestattet wurde.

Abb. 77 Altdorf-Aich (LA). Ein reich mit Kammstempeleindrücken verzierter Glockenbecher aus der kleinen Gräbergruppe. Siehe Abb. 75,1. Etwa ²/₃ natürliche Größe.

Abb. 78 Silexschaber, geschliffene Armschutzplatte und Kupferdolch aus dem glockenbecherzeitlichen Grab 2 von Oberstimm (PAF). Siehe Abb. 76.

spielhaft für die Beobachtung sein, daß besonders reich ausgestattete Tote einen ringförmigen Graben um ihren Bestattungsplatz erhielten, vielleicht die erste Andeutung der späteren Grabhügelsitte. Da seit der Schnurkeramik nicht nur die fruchtbaren Lößböden, sondern zunehmend auch unfruchtbare Landstriche bis hin zu den Schottern des Voralpenlandes aufgesucht wurden, sind

Abb. 79 Sechs Silexpfeilspitzen aus dem glockenbecherzeitlichen Grab 2 von Oberstimm (PAF). Siehe Abb. 76.

die Begräbnisplätze im Luftbild gut auszumachen und bestätigen wiederum die zeitweise beträchtliche Bevölkerungsdichte gegen Ende des 3. vorchristlichen Jahrtausends.

Mit dem 17. oder 16. Jahrhundert v. Chr. wird dann bei uns eine Bestattungsweise heimisch, die für viele Jahrzehnte das Bild der Bronzezeit prägte. Die Toten wurden in Särgen beigesetzt und von Grabhügeln überdeckt. Grabhügel der Bronzezeit haben sich in beträchtlicher Zahl in den Wäldern Bayerns erhalten, wo sie freilich schon im vorigen Jahrhundert beliebtes Ziel archäologischer Ausgrabungen waren und beim ungenügenden Stand der damaligen Grabungstechnik mehr zerstört als erforscht wurden. Dennoch verdanken wir diesen Schürfungen eine große Menge an Funden und dadurch eine gründliche Kenntnis vom Ablauf der bronzezeitlichen Tracht- und Waffenentwicklung. Fast schien es, als ob die Bevölkerung dieser Zeit sozialgeschichtlich im paradiesischen Zustand der Gleichheit gewesen sei, bis vor wenigen Jahren durch das »Häuptlingsgrab« von Hagenau (R) dieses Bild erschüttert wurde. Wir müssen nunmehr damit rechnen, daß auch in Bayern deutliche soziale Unterschiede im Grabbrauch erkennbar werden. Gegen Ende dieses Abschnitts und mit dem Einsetzen der großen Urnenfelder im 13. Jahrhundert v. Chr. bestätigt sich dieser Befund von einer großen Menge durchschnittlich wohlhabender Bevölkerung und einer vergleichsweise kleinen Schicht überdurchschnittlich Besitzender. Wagenteile, Pferdegeschirre und Bronzegefäße sind Anzei-

chen elitärer Grabausstattungen. Die großen Urnenfriedhöfe mit ihren oftmals Hunderten von Gräbern werden dabei zum Spiegelbild der großen Dorfsiedlungen, die in der Zeit um 1000 v. Chr. faßbar werden. Die Sitte der Leichenverbrennung, die in jener Zeit zur allgemeinen Kulturerscheinung zählte, wurde auch zunächst in der Hallstattzeit beibehalten. Schon im 8. Jahrhundert v. Chr. hatte sich in einzelnen Landschaften eine Hin-

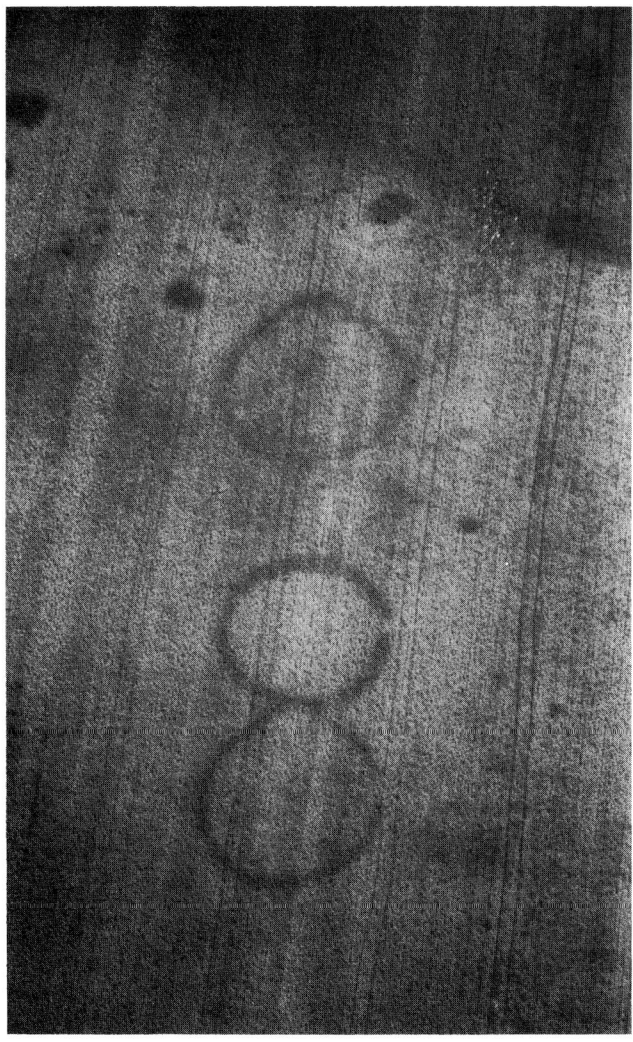

Abb. 80 Drei ringförmige Grabenanlagen im Bereich eines Brandgräberfeldes bei Niederlern (ED). Zwei der Kreisgräben weisen eine Unterbrechung nach Süden auf; sie waren also wohl keine Umgrenzung von Grabhügeln, sondern Einfriedungen von Einzelgräbern gewesen.

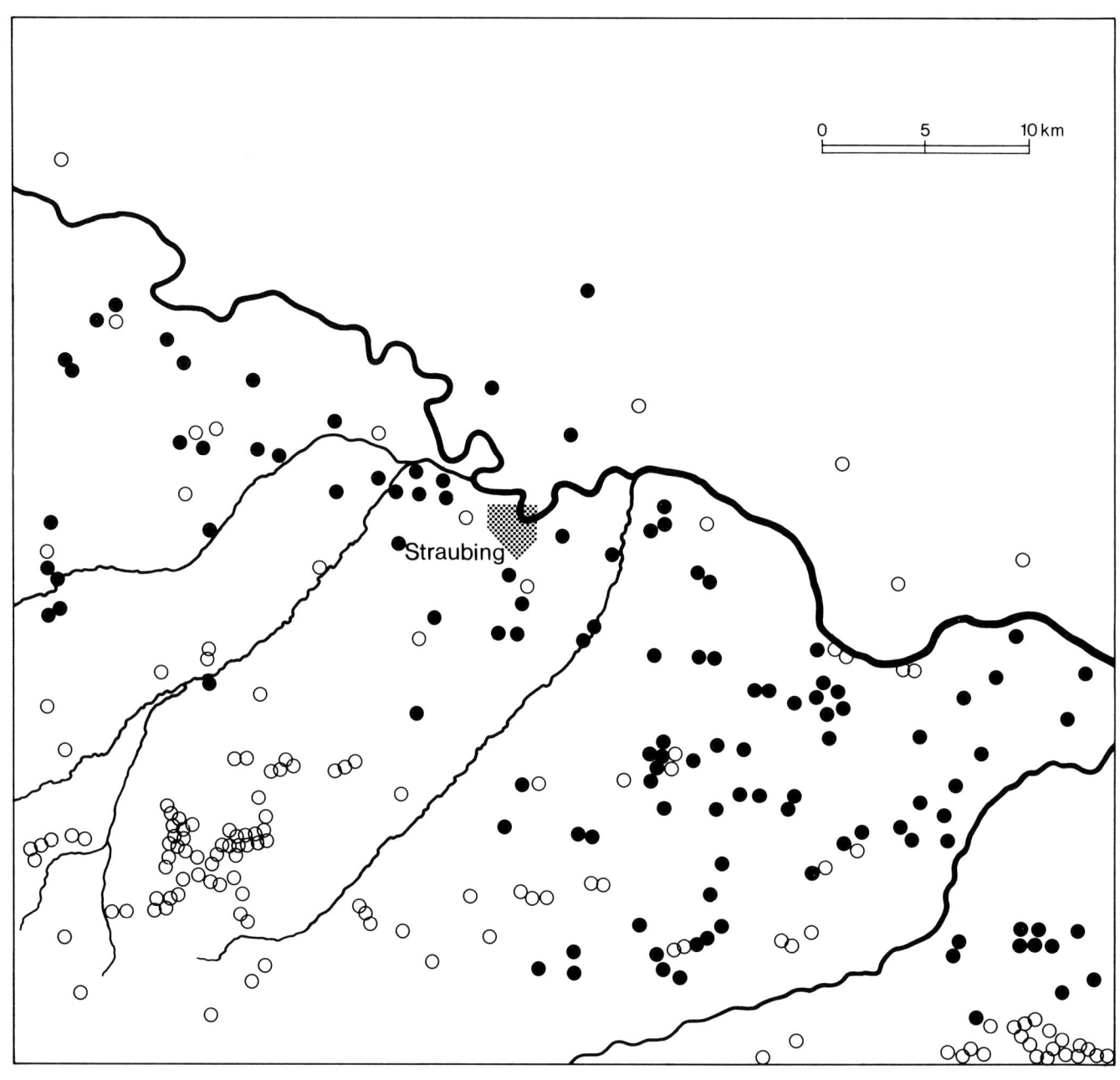

Abb. 81   Die Verbreitung der bisher bekannten Grabhügelfelder (helle Signatur = ein Grabhügelfeld) und der durch die Befliegung der Jahre 1978–1982 neu hinzugekommenen Grabhügelfelder (dunkle Signatur) im Donauraum um Straubing. Als Grabhügelvorkommen wurden auch Kreisgräben, oftmals die letzten Spuren flachgepflügter Hügel, kartiert, obwohl sie gelegentlich auch nur Einfriedungen von Flachgräbern darstellen können. Im Kartenbild drückt sich deutlich der Unterschied zwischen dem guten Erhaltungszustand der Hügel im waldbedeckten Tertiärhügelland und den schlechten Erhaltungsbedingungen im Löß des Gäubodens aus; in letzterem Landschaftsteil bedarf es zum Erkennen der Grabhügelfelder und damit zur Rekonstruktion der bronze- und hallstattzeitlichen Siedlungsbilder unbedingt des Luftbildes.

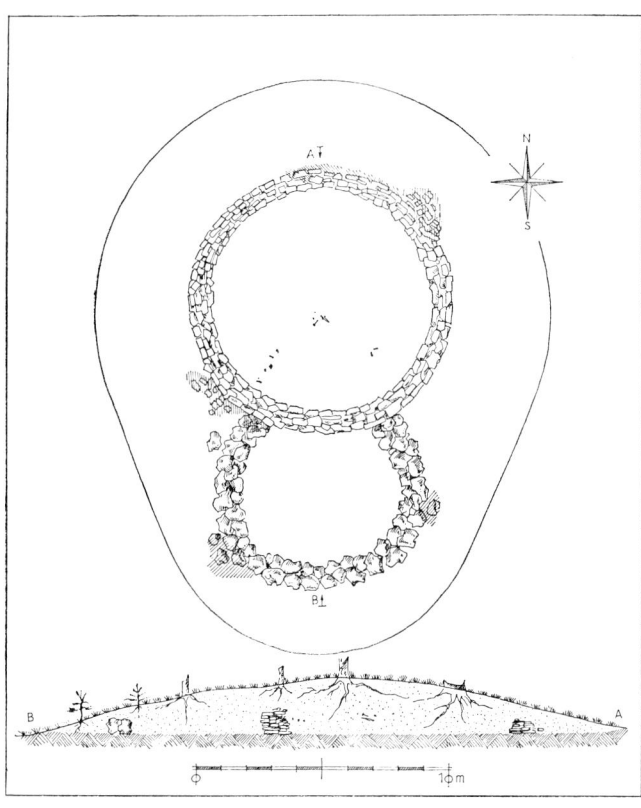

Abb. 82 *Bronzezeitlicher Grabhügel mit steinerner Randeinfassung und Erweiterung von Sandharlanden (KEH). Die Lage der Beigaben (Nadel und Dolch, Abb. 83) in Hügelmitte zeigt, daß der Tote nicht auf ebener Erde, sondern auf einem Podium bestattet worden war.*

schriebenen umwehrten Herrenhöfe für die Siedlungsweise dieser Zeit typisch sind. Daneben gab es aber noch genügend Flachgräber herkömmlicher Art, in denen man den weitaus überwiegenden Teil der damaligen Bevölkerung bestattet sehen darf.

Hallstattzeitliche Grabhügelfelder teilen das forschungsgeschichtliche Schicksal ihrer bronzezeitlichen Vorläufer. Sofort ob ihrer Stattlichkeit als fundträchtig aufgefallen, wurden viele von ihnen zu früh geöffnet, als daß sie optimale Forschungsergebnisse hätten erbringen können. Auch für sie gilt die Feststellung, daß Grabhügel nur dann dem nivellierenden Pflug entgingen, wenn sie bald nach ihrer Errichtung von Wald bedeckt wurden und es auch blieben.

Der heute bekannte Bestand an erhaltenen Grabhügelnekropolen täuschte lange Zeit ein falsches, ungleichmäßiges Besiedlungsbild von Bronze- und Hallstattzeit vor. Heute wissen wir, und erhalten es durch die Luftbildar-

wendung zu immer umfangreicheren Grabausstattungen und zur Ausformung der Gräber wieder als Hügel abgezeichnet. Das Endergebnis dieses Vorgangs waren jene großen Grabkammern, die, mitunter leicht in die Erde eingetieft, kaum anders als Modelle hallstattzeitlicher Häuser angesehen werden können. In ihrem Inneren enthielten sie, hier am Beispiel eines reichen Grabes von Wehringen (A) beschrieben, einen kompletten Satz tönernen Prunkgeschirrs, die Waffen und vor allem den vierrädrigen Prunkwagen mit bronzeblechbeschlagenen Radnaben, darauf den Leichenbrand des Toten. Waffen, Wagen und vor allem eine goldene Trinkschale lassen den hier im 7. Jahrhundert v. Chr. Bestatteten dem hallstattzeitlichen Landadel zurechnen. Derartige Gräber gehobenen Bauerntums gehören ebenso regelmäßig zum Bild hallstattzeitlicher Nekropolen, wie die oben be-

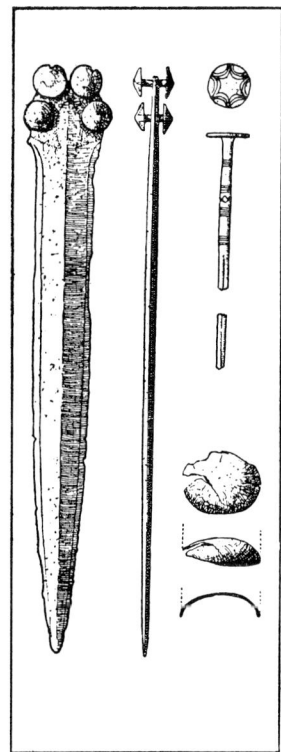

Abb. 83 *Sandharlanden (KEH). Beigaben des in Abb. 82 dargestellten Grabhügels. Nadel und Dolch gehören der Bronzezeitstufe B an. Mitte des 2. Jahrtausends v. Chr. Halbe natürliche Größe.*

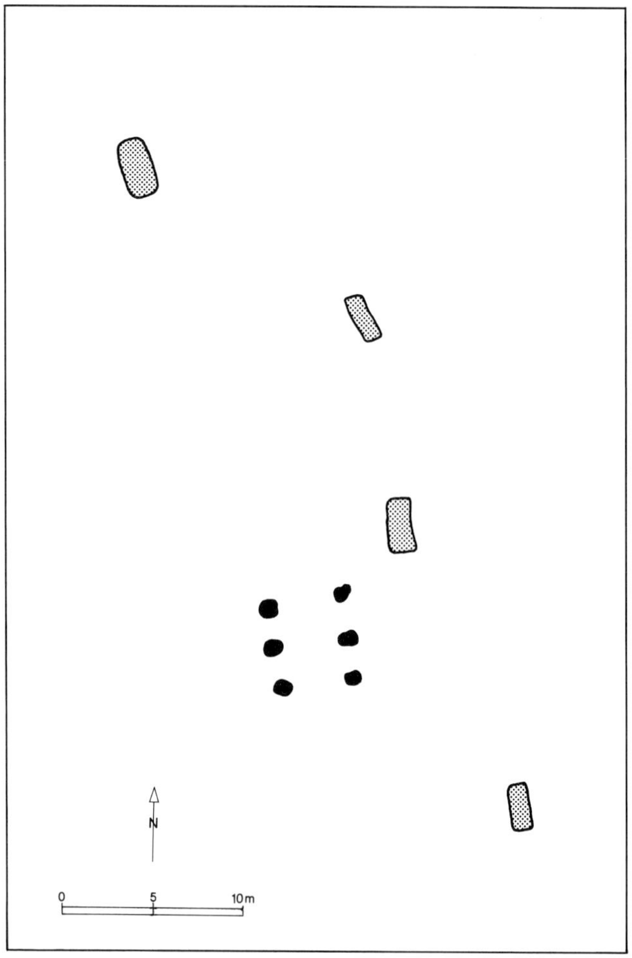

abwechseln wie Gräber unter Hügeln und solche in Schächten unter dem Erdboden. An zwei zeitlichen Extremen, dem frühlatènezeitlichen Grabhügel von Heroldsberg (ER) und den spätlatènezeitlichen Brandgräbern von Hörgertshausen (FS) seien zwei Bemühungen um die Anlage eindrucksvoller Grabmonumente dargestellt. Dazwischen gibt es eine große Variationsbreite von Grabbauten, die im Luftbild rätselvolle Gebilde darstellen (wie Zuchering, IN, Dornach, M, oder Rockolding, PAF), deren Sinn sich erst nach einer archäologischen Untersuchung erschließen wird. Wie sehr wir auf solche Untersuchungen angewiesen sind, zeigt das nahezu völlige Ausbleiben einheimisch-keltischer Bestattungen der jüngsten Latènestufe D. Erst in der zweiten Hälfte des letzten vorchristlichen Jahrhunderts treten nördlich und südlich der Donau Brandbestattungen auf, in ersterem Fall den germanischen Neuankömm-

Abb. 84 Polsingen (WUG). Spätbronzezeitlicher Brandgräberfriedhof mit Totenhaus. 13. Jahrhundert v. Chr. Nach H. Koschik.

chäologie regelmäßig bestätigt, daß auch in den fruchtbaren Lößebenen Unterfrankens, Schwabens und Niederbayerns sich ein Grabhügelfeld an das andere reihte und lediglich durch die jahrhundertelange Beackerung unkenntlich gemacht wurde. Nur die Großgrabhügel Unterfrankens, die letzten Ausläufer der südwestdeutschen Fürstengräbergruppe, trotzten weitgehend der Nivellierung und legen Zeugnis ab vom sichtbaren Bemühen um die Erhaltung historischer Größe und um das Andenken bedeutsamer Toter.

Dergleichen Bestreben kennzeichnet auch noch die vielen ethnischen Gruppen und Grüppchen der Latènezeit, in der Brand- und Körperbestattungen ebenso einander

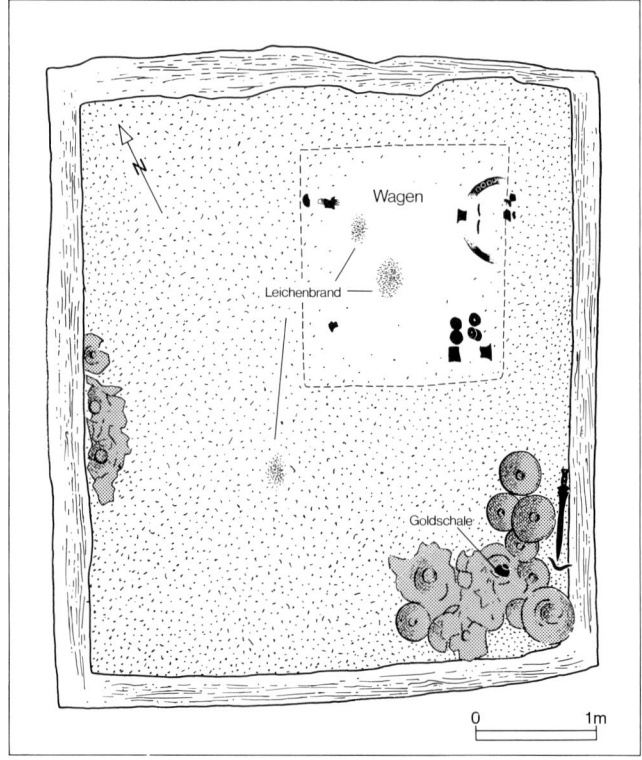

Abb. 85 Wehringen (A). Holzkammer unter dem Hügel 8 der hallstattzeitlichen Nekropole. Beigaben Abb. 86–88, Rekonstruktion des ursprünglichen Zustandes bei Tafel 66.

Abb. 86 Wehringen (A). Geschirrsatz aus Hügel 8 der hallstattzeitlichen Nekropole. Bis auf die Goldschale (im Vordergrund; siehe auch Abb. 88) aus Ton.

Abb. 87 Wehringen (A). Trinkschale aus Goldblech. Hügel 8 der hallstattzeitlichen Nekropole. Durchmesser 9,1 cm, Gewicht 3,88 g. 7. Jahrhundert v. Chr.

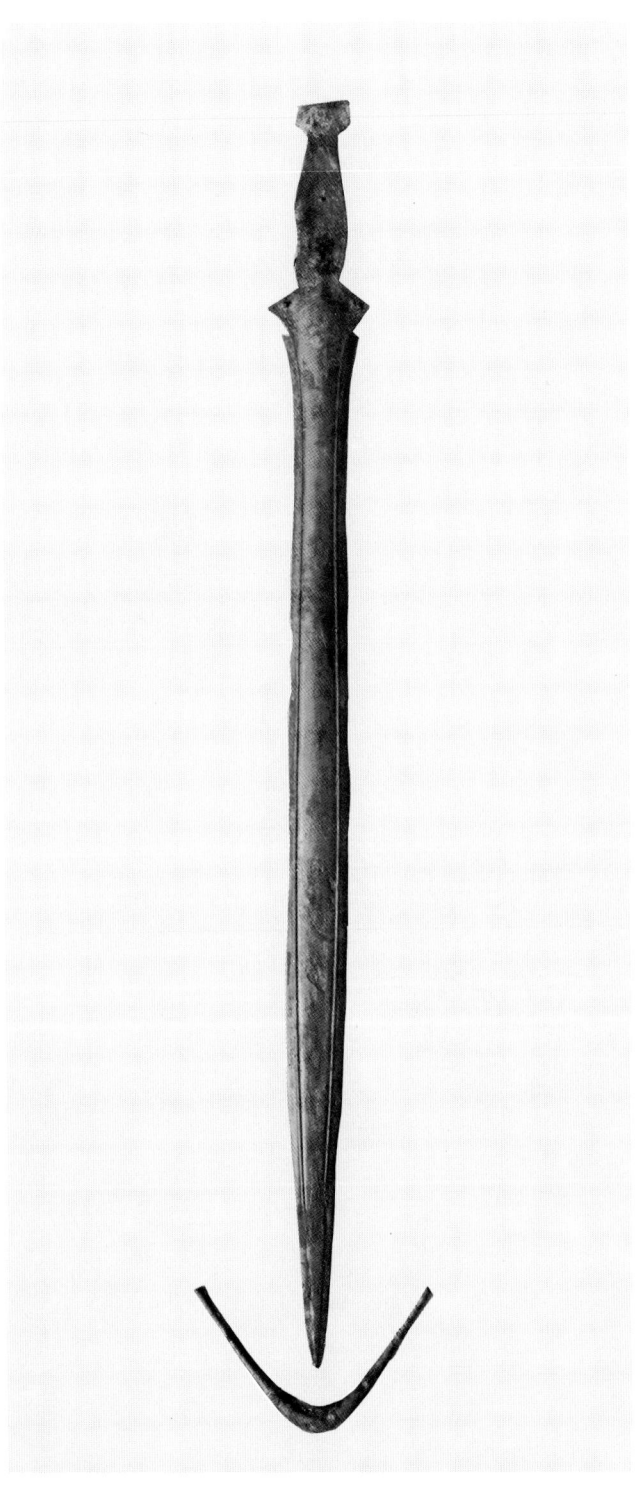

Abb. 88 Wehringen (A). Schwert und Ortband der (vergangenen) Schwertschneide aus Bronze. Hügel 8 der hallstattzeitlichen Nekropole.

lingen, südlich der Donau den letzten Kelten zuweisbar. Während sich von da an in Nordbayern das Bestattungswesen wie in anderen germanischen Gebieten ausnimmt und an Friedhöfen wie Kleinlangheim (KT) gut abzulesen ist, kommt im Süden mit den römischen Gräberfeldern von Kempten und Günzburg die ganze Vielfalt mediterranen Totenbrauchtums ins Land. Auch hier herrscht Brandbestattung in allen ihren Variationsmöglichkeiten vor. Auch hier werden wieder die Gräber besonders geachteter oder vermögender Toter durch besonders aufwendige Steinmonumente, zumindest aber durch eine Distanz haltende Grabeinfassung in Form eines rechteckigen oder runden Gräbchens hervorgehoben. Zuweilen muß es zu regelrechten Grabtürmen gekommen sein, wie ein zum Friedhof des römischen Kastells Celeusum–Pförring (EI) gehörendes Fundament zeigt. In bescheidenerer Weise drückt sich der Wunsch eines römischen Gutsbesitzers von Niedererlbach (LA) aus, seiner Familie ein Mausoleum zu errichten. Es stand unweit seines Hofes an der römischen Fernstraße von Augsburg zur Isarmündung, und nur wenige der erhaltenen Grabbeigaben, beispielsweise ein im Brand zerschmolzener Wagenaufsatz aus Bronze, lassen etwas von der Bedeutung der hier beigesetzten Familie erahnen.

In spätrömischer Zeit zeichnet sich vorerst in den Beigaben der nunmehr wieder vorherrschenden Körpergräber nur die Verarmung der ländlichen Bevölkerung nach den Germaneneinfällen des 3. Jahrhunderts ab. Kleine Friedhöfe wie der von Kirchheim bei München mit ihren wenigen, karg ausgestatteten Gräbern sprechen die deutliche Sprache kurzlebiger, von den leisesten politischen Unbilden um ihre Existenz gebrachter Familien und Landwirtschaftsbetriebe. Nur in den großen Städten wie Augsburg und Regensburg lebte noch vermögendes Bürgertum und zeigte seine soziale Stellung in der besonders prunkvollen, häufig Steinsarkophage benutzenden Anlage von Familiengrabstätten.

Die großen Stadtfriedhöfe von Augsburg und Regensburg vermitteln uns allerdings nur ein unvollständiges Bild von der spätrömischen Bevölkerung, da um die Mitte des 4. Jahrhunderts die Beigabensitte auffällig abebbt. Dies ist in den großen Städten wohl mit dem Eingriff des immer allgemeiner werdenden Christentums in die Bereiche des Bestattungswesens zu erklären. Bezeichnenderweise fehlen in diesen Stadtfriedhöfen spätrömische Brandgräber, eine Bestattungsweise, die mit

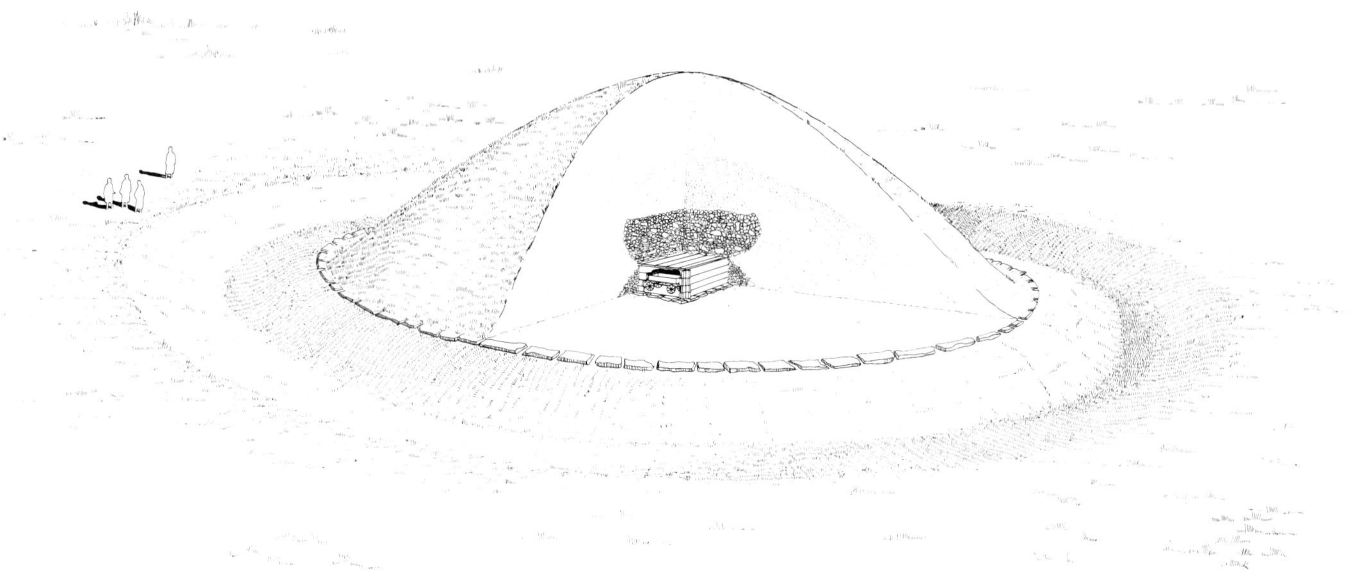

Abb. 89 Riedenheim (WÜ). Zeichnerische Rekonstruktion des hallstattzeitlichen Großgrabhügels Fuchsenbühl mit seiner hölzernen, von einer Steinpackung umschlossenen Grabkammer. Nach L. Wamser.

◀ *Abb. 90 Heroldsberg (ER). Frühlatènezeitliches Männergrab unter pyramidenförmigem Grabhügel in zwei Aufdeckungsstadien und im Schnitt. Um 400 v. Chr. Nach L. Wamser.*

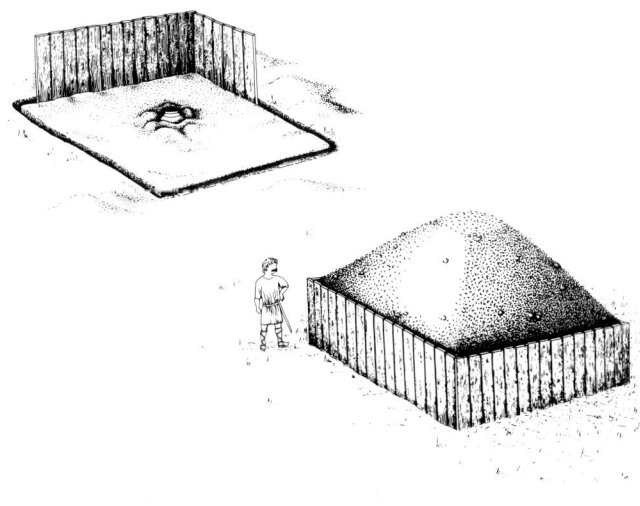

Abb. 91 Hörgertshausen (FS). Spätlatènezeitliche Brandgräber unter pyramidenförmigen Hügeln. Rekonstruktionsvorschlag des Hügelaufbaus. Um 40 v. Chr.

Abb. 92 Niedererlbach (LA). Das römische Mausoleum während der Ausgrabung 1980. In der Mitte der Grabungsfläche das Fundament des Grabturms, umgeben vom Ziegelschutt des herabgebrochenen Daches. Darum herum die Einfriedungsmauer. Zum Luftbild Tafel 71.

◄ *Abb. 93 Niedererlbach (LA). Rekonstruktionsvorschlag des auf Tafel 71 und Abb. 92 dargestellten römischen Mausoleums. Um 200 n. Chr.*

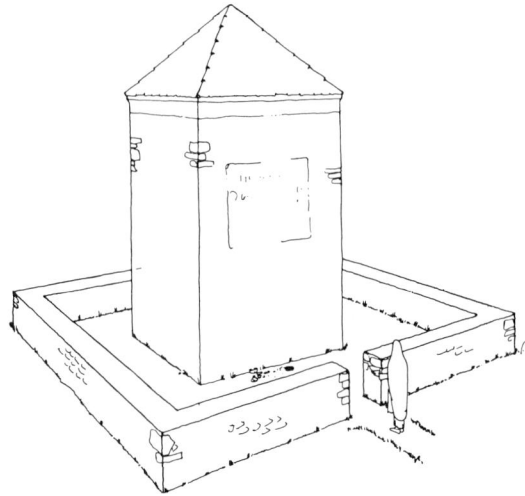

den christlichen Vorstellungen von einem unversehrten Körper bei der leiblichen Auferstehung am Jüngsten Gericht nicht in Einklang zu bringen war. Auch setzte sich die West-Ost-Lage der Toten im Grabe in dieser Zeit endgültig durch. In ländlichen oder kleinstädtischen Orten hing man dagegen noch länger am Althergebrachten. Man pflegte den Toten noch bis ins 5. Jahrhundert hinein

Abb. 94 Niedererlbach (LA). Wagenbeschlag aus Bronze, verbrannt. Aus dem römischen Mausoleum Tafel 71. Natürliche Größe.

Beigaben mitzugeben und gestattete sogar hie und da die Verbrennung des Leichnams.
Der Friedhof vor der Südwestecke von Regensburg wurde kontinuierlich weiterbelegt, zunächst im späten 4. und frühen 5. Jahrhundert mit zahllosen beigabenlosen Körpergräbern, dann aber wieder vereinzelt mit beigabenführenden Bestattungen des späten 5. und des 6. Jahrhunderts. Diese erneute Hinwendung zu ganz konkreten Jenseitsvorstellungen geschah sicher nicht zufällig von jenem Zeitpunkt an, da sich in unmittelbarer Nachbarschaft von Regensburg germanische Stammesteile alamannischer Volkszugehörigkeit niedergelassen hatten und ihre Toten alter Sitte gemäß mit allen Attributen ihres Standes bestatteten. Von da an müssen wir auch auf romanischen, ja selbst auf zweifelsfrei christlichen Friedhöfen wieder mit uneingeschränkter Beigabensitte rechnen. Selbst die Angehörigen des christlichen Adels bestatteten ihre Verstorbenen, sogar in Kirchengebäuden, mit allen Insignien ihrer Macht und Würde.

Die wohl umfangreichste Gruppe antiker Grabstätten Bayerns sind die Reihengräber des frühen Mittelalters, in denen seit der Mitte des 5. Jahrhunderts die neuen Herren des Landes beigesetzt wurden. Deren große Zahl spiegelt sich in den Hunderten von Bestattungen, welche derartige Friedhöfe, beispielsweise die Reihengräberfelder von Emmering (FFB) und Bergheim (ND), im Laufe **78, 79** der zwei oder zweieinhalb Jahrhunderte ihres Bestehens aufnahmen. Gebräuchlich war die Beisetzung des unverbrannten Leichnams in einem Ost-West ausgerichteten 95 Erdgrab, versehen mit Tracht, Schmuck, Waffen, weite- 96, 97 ren Abzeichen von Reichtum und Würde sowie gelegentlich mit Gefäßen zur Aufnahme von Speise und Trank. Die Toten bettete man in Särge. Sperrige Gegenstände wie Lanzen und Schilde blieben außerhalb in der Grabgrube. Alles war auf unverminderten Gebrauch im Jenseits ausgerichtet. An vielerlei Gebrauchsspuren ist zu erkennen, daß man keineswegs eine besondere Totenausstattung, sondern vielmehr die Alltagstracht mit dem persönlichen fahrenden Besitz des Toten mit ins Grab gab. Dementsprechend exakt spiegelt sich in den frühmittelalterlichen Friedhöfen die Gesellschaftsstruktur der zugehörigen Siedlung wider. Man hat daher versucht, durch statistische Kombination der unterschiedlich kostbaren Grabausstattungsteile eine innere Gliederung der damaligen Bevölkerung zu erstellen und daraus wiederum Besitzabstufungen abzuleiten. Dies führte zur Erkenntnis einer besonders wohlhabenden Bevölkerungsschicht, welche, obzwar noch auf bäuerlicher Grundlage, doch eine der Wurzeln des frühmittelalterlichen Adels bildete. Wiederum, wie schon mehrmals in den vergangenen 1500 Jahren, waren Reitzeug und Bronzegeschirr die archäologischen Kriterien dieser Oberschicht.
Die Friedhöfe des frühen Mittelalters haben freilich manche innere und äußere Beeinträchtigungen erfahren, so daß sie nur in Ausnahmefällen in der gewünschten Unversehrtheit der Auswertung zur Verfügung stehen. Da ist zunächst einmal der Umstand, daß sie zwar einstmals draußen vor den Siedlungen angelegt worden waren, inzwischen jedoch in den Baubereich der sich immer mehr ausweitenden Orte gerieten und zumeist von Bauarbeiten dezimiert wurden, bevor ihre Entdeckung – wenn überhaupt – bekannt werden konnte. Eine weitere, innere Einschränkung betrifft die Konstante der Grabausstattungen selbst. So wurde in der Frühzeit nicht allen Männern auch ihre vollständige Bewaffnung mit ins

Abb. 95 Bajuwarischer Adelsgräberfriedhof mit runden und rechteckigen Grabeinfriedungen von Kirchheim bei München (M). Östlich des Weges, der das Friedhofsgelände durchzieht, sind die Pfosten eines vorgeschichtlichen Hauses zu sehen.

Abb. 96 Altdorf-Aich (LA). Männergrab mit einschneidigem Schwert (rechts) und Frauengrab aus einer Hofgrablege der zweiten Hälfte des 7. Jahrhunderts.

Abb. 97 Pocking-Schlupfing ▶ (PA). Fibeln aus Frauengräbern des 6. Jahrhunderts. Silber, vergoldet. Nicht ganz natürliche Größe.

Grab gegeben, ein geistesgeschichtliches Relikt aus der vorausgehenden Römerzeit. Auch gegen Ende der Reihengräbersitte gab es den gleichen Vorbehalt, diesmal jedoch aus anderen, auf die wachsende Besitzwilligkeit der christlichen Organisationen zurückgehenden Gründen. Die Frauengräber wurden jedoch gleichmäßig mit Schmuck versehen und bilden chronologische und sozialgeschichtliche Marken ersten Ranges. Allerdings war die reiche und regelmäßige Ausstattung mit Edelmetallschmuck schon bald Anreiz zu Grabplünderungen, die vielfach gar nicht lange nach der Beisetzungsfeier stattfanden. Wie notwendig es war, gegen diese Eingriffe in den Besitz und die Ruhe der Toten vorzugehen, belegen die drakonischen Strafen, mit denen die frühmittelalterlichen Volksrechte den Grabraub ahndeten. Manche Reihengräberfelder, gerade in Altbayern, belegen aber auch mit ihren zu über 90 % ausgeraubten Bestattungen die Wirkungslosigkeit dieser Strafandrohungen.

Schließlich ist noch die Sitte der Brandbestattung zu nennen, welche seit dem Ende des 6. Jahrhunderts in vielen bayerischen Gräberfeldern wieder auflebte, nachdem sie mehr als einehalb Jahrhunderte lang eingestellt gewesen war. Nur vermutungsweise kann man dies mit den zur gleichen Zeit in der östlichen Nachbarschaft erscheinenden Slawen und ihrer Brandbestattungssitte erklären. Doch scheinen sich tatsächlich Brandgräber in mittel- und nordbayerischen Gräberfeldern zu häufen. Sie bezeugen auf jeden Fall heidnische Gebräuche und Glaubensvorstellungen und heben sich dadurch auch geographisch ab von jenen Landstrichen zwischen Donau und

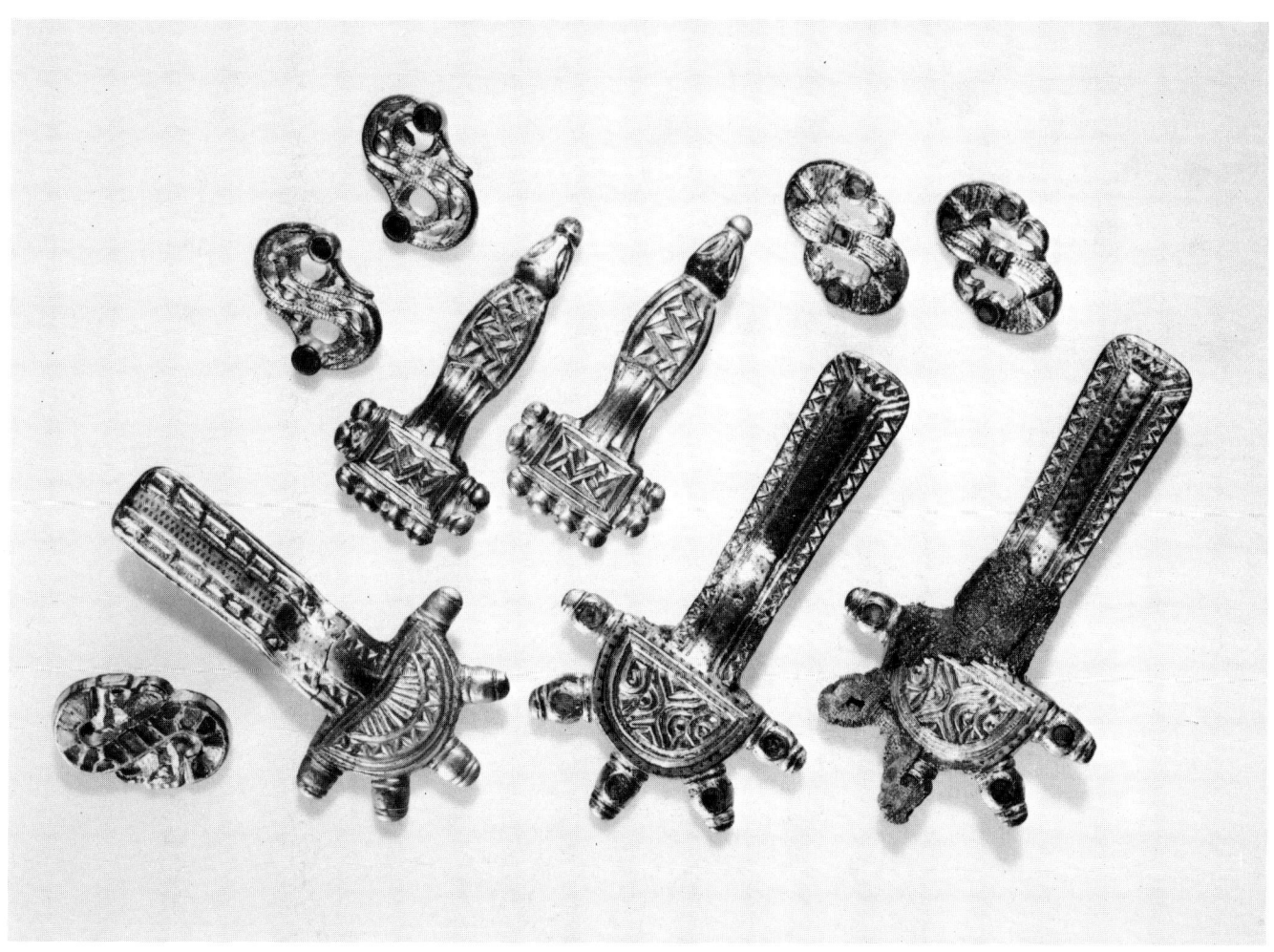

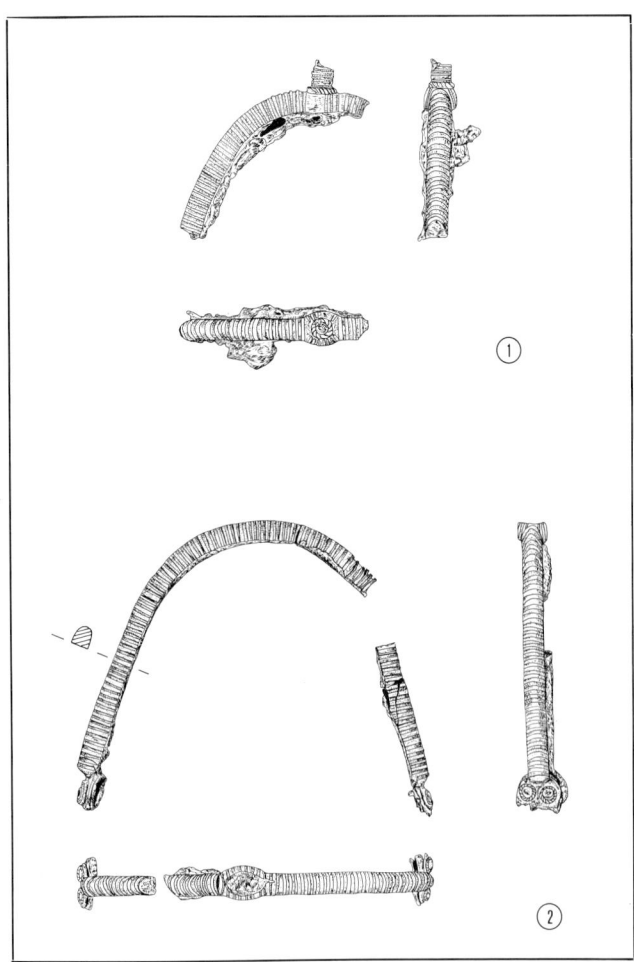

Alpen, wo sich im 7. Jahrhundert die konkreten Hinweise auf den christlichen Glauben des größten Teils von Alamannen und Baiern häufen.

Trotz der geschilderten Einschränkungen bilden die Reihengräberfelder des frühen Mittelalters eine erstrangige Quelle zur Geschichte dieses Staates und seiner Anfänge. Sind sie, was derzeit nicht einmal bei einem Dutzend von ihnen der Fall ist, vollständig untersucht, so umschreiben sie genau die Gründungszeit der zugehörigen Siedlung und bilden dadurch einen Baustein zur bayerischen Siedlungsgeschichte. Ihre innere Gliederung entspricht dabei derjenigen der zugehörigen Siedlung, sei diese nun Hof, Weiler oder Dorf gewesen. Selbst die langsame Herausbildung des bajuwarischen Landadels, der seine Toten wie in Harting (R) vom späten 7. Jahrhundert an demonstrativ unter mächtigen Grabhügeln bestattete, ist ebenso ablesbar wie die im 6. Jahrhundert grundsätzlich andere Bevölkerungsstruktur bei den Alamannen. Für den größten Teil Bayerns versiegen kurz nach 700 die Friedhöfe als Quelle geschichtlicher Erkenntnis. Damals wurden die Reihengräberfelder vor den Orten aufgelassen und

Abb. 98 Sporenpaar aus goldtauschiertem Eisen, gefunden im Zentralgrab des auf Tafel 72 sichtbaren Grabhügels 1 von Harting (R). Um 700. Halbe natürliche Größe.

Abb. 99 Staubing (KEH). Reihengräberfriedhof, Adelsgräber (schwarz) und Holzkirche (schraffiert) des 7. Jahrhunderts. Maßstab 1:750.

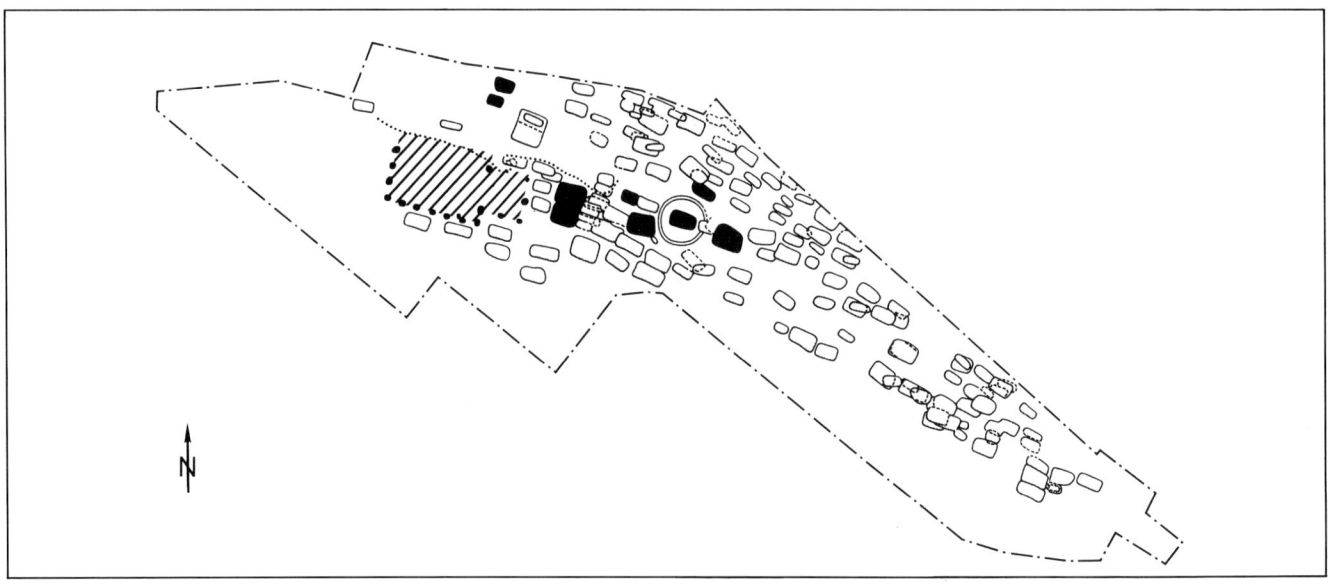

die Sepulturen zu den bereits vorhandenen oder neu errichteten Kirchen in den Ortskernen verlegt. Zwar bestattete man auch weiterhin noch einige Zeit die Toten mit einem reduzierten Grundbestand an Beigaben; vor allem Adel und Geistlichkeit bedienten sich gerne und häufig dieser letzten Möglichkeit der Selbstdarstellung. Doch ist das Gros der mittelalterlichen Gräber, da zumeist in heute noch benutzten Friedhöfen gelegen, der Forschung unzugänglich. Lediglich in den Randgebieten Nord- und Nordostbayerns, wo man noch bis ins 9. Jahrhundert in ortsfernen Friedhöfen bestattete und erst später zu kirchlichen Sepulturen fand, berichten uns beigabenführende Friedhöfe von den geschichtlichen Verhältnissen in jenen entlegenen Teilen Altbayerns und Frankens. Die Nähe zum Großmährischen Reich mit seinen beigabenführenden Friedhöfen mag diese Ausnahmesituation begünstigt haben.

Die Friedhöfe des Mittelalters um die Gotteshäuser des Landes sind sichtbarer Ausdruck der Durchdringung von Leben und Tod mit den Vorstellungen des Christentums. Dies gilt gleichermaßen für alle jene Bestattungsplätze, bei denen – wie am Beispiel des Judenfriedhofs Rödelsee – den Verstorbenen eine Beisetzung in geweihter Erde, nahe den Altären der Heiligen, verwehrt wurde. Jene Toten reihen sich ein in das gewaltige Heer von Millionen Bewohnern des heutigen Bayern, die vor ihnen und vor uns gestorben sind, und deren Gebeine heute noch in den Feldfluren des Landes ruhen.

Tafelteil

1 Die Weinberghöhlen bei Mauern
Gemeinde Rennertshofen, Landkreis Neuburg an der Donau-Schrobenhausen

Obzwar außerhalb des zeitlichen Rahmens dieses Buches, werden doch die Weinberghöhlen bei Mauern, am Beginn des Wellheimer Trockentales gelegen, vorangestellt: als ein Platz, der mit seinem weitverzweigten Höhlensystem dem Menschen immer wieder in Notzeiten Zuflucht bot, und dies seit 50 000 Jahren. Freilich müssen wir uns von der Vorstellung trennen, daß unter diesen Felsdächern jahrhundertelang kontinuierlich gesiedelt wurde. Auf kurze Aufenthalte des Menschen folgten Jahrtausende, in denen nur Hyänen und Höhlenbären die Weinberghöhlen bevölkerten. Zu diesem langatmigen Besiedlungsrhythmus zählen gleichermaßen die Funde aus der obersten Schicht A des Grabungsprofils von 1974. Sie gehören hier der Zeit um 4000 v. Chr. an, an anderen Grabungsplätzen des Höhlensystems gesellten sich zu ihnen Funde aus allen Metallzeiten bis hin zum 15. Jahrhundert. Diese fast 6000 Jahre umfassende Zeitspanne der obersten Schicht ist geologisch eine Einheit und steht ähnlichen fundführenden Schichten, beispielsweise der Schicht K, gleichberechtigt gegenüber. Wenn wir aber bedenken, welche geschichtlichen Phasen, welche großen Zäsuren die letzten 6000 Jahre enthielten, dann mag man abschätzen, welch gewaltige Menschheitsabschnitte sich in nichts anderem als in einer Abfolge von Höhlensedimenten niedergeschlagen haben. Dann mag man aber auch ein Gefühl dafür bekommen, wie kostbar jener vergleichsweise dichte Bestand an archäologischen Quellen ist, den die Menschen der letzten sechs, sieben Jahrtausende hinterließen.

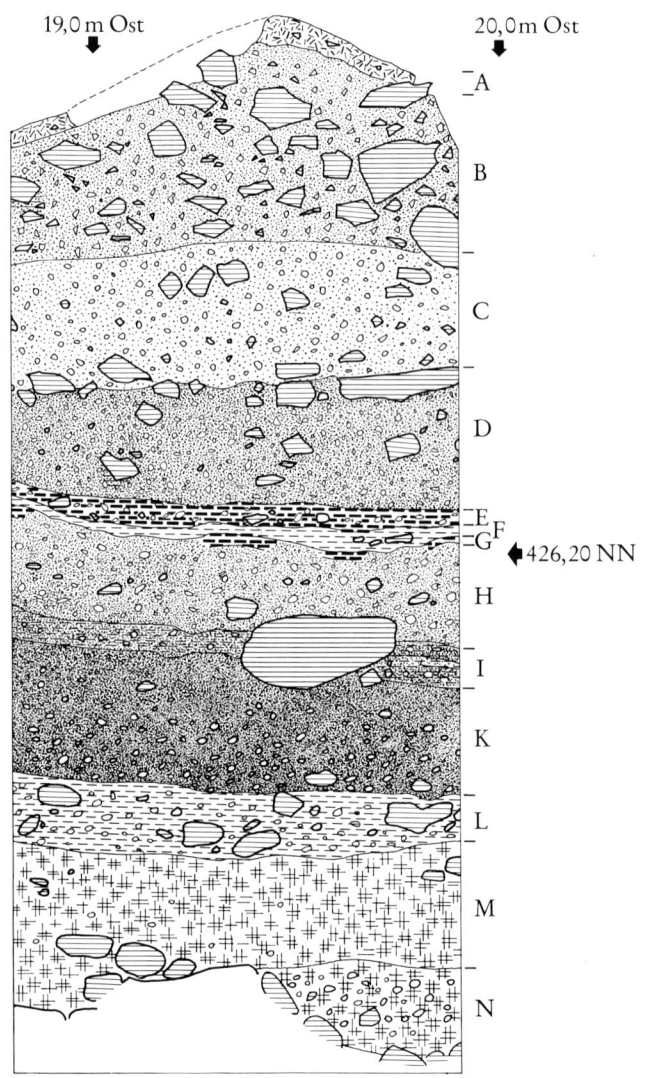

Schichtprofil von 2,5 m Höhe durch einen Schuttkegel. Grabung 1974

Literatur: Hansjürgen Müller-Beck und Peter Schröter, Archäologisches Korrespondenzblatt 5, 1975, 175 ff.

2 Das Gipfelplateau des keltischen Oppidums auf dem Staffelberg
Stadt Staffelstein, Landkreis Lichtenfels

Als ein Urbild der großen Bergfestungen des Landes springt der Staffelberg weit ins Maintal vor. Seine Erhabenheit und seine steilen, bisweilen sogar senkrechten Bergflanken reizten den Menschen stets dann zur Ansiedlung, wenn man politische Macht weithin sichtbar zur Schau stellen wollte, oder wenn man sich durch Befestigungswerke zu schützen gezwungen war. Zu solchen Zwecken war das Gipfelplateau – es ist immerhin 300 m lang und über 100 m breit – schon seit der Jungsteinzeit aufgesucht worden. Einzelne linienbandkeramische Scherben sind vorerst nicht präziser zu werten. Gegen Ende des Neolithikums ist zum ersten Male eine Befestigung nachweisbar. Die Urnenfelderzeit kennt dann wieder eine dichte Besiedlung; ein Befestigungsring fehlt vorerst noch. In der späten Hallstattzeit wird dann die am meisten verwundbare Flanke nach Nordosten zu mit einer doppelten Mauer stark befestigt. Sie besteht aus einer steinernen Vorderfront mit Holzdurchzügen und einer Erdrampe. Eine solche Konstruktion konnte nicht lange halten und wurde noch im 5. vorchristlichen Jahrhundert, nunmehr leicht abgewandelt, erneuert. Damals gehörte der Staffelberg zu den frühkeltischen Burgstädten, deren gesellschaftlicher Hintergrund der Hochadel der späten Hallstattzeit war. Danach verödete der Platz für eine kurze Zeit, bis er im 3. oder 2. Jahrhundert vor Christus eine letzte Hochblüte erlebte. Damals war nicht nur der eigentliche Berggipfel, sondern auch ein weiter Teil der umgebenden Berghochfläche von Stadtmauern umzogen, die ein 49 ha großes spätkeltisches Oppidum umschlossen: vermutlich das beim griechischen Geographen Claudios Ptolemaios genannte Menosgada. Die ältere dieser Wehrmauern besaß eine hölzerne Vorderfront, die jüngere eine solche aus Stein. Viele Funde sichern eine dichte Innenbesiedlung und machen ein Ende des Oppidums um die Mitte des letzten vorchristlichen Jahrhunderts wahrscheinlich, um die gleiche Zeit, als viele keltische Großsiedlungen, darunter auch das Oppidum von Manching, verlassen werden. In der Nachbarschaft

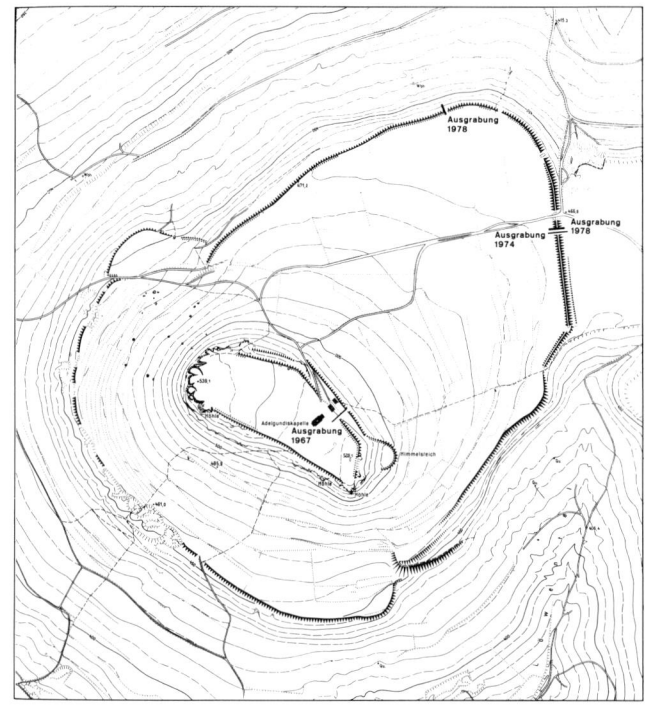

siedelten wenig später die ersten Germanen. Die Berghochfläche wurde erst wieder im 3. oder 4. Jahrhundert aufgesucht. Vorerst wissen wir nicht, ob damals der Staffelberg zu den alamannischen Gauburgen dieser Zeit zu zählen ist, oder ob die Entwicklung in diese Richtung in den Anfängen stecken blieb. Eine strategische Bedeutung besaß die Hochfläche für kurze Zeit noch im 8. oder 9. Jahrhundert, bevor sie dann im Mittelalter nur mehr zeitweise von Wallfahrern aufgesucht wurde. Dabei ist es bis heute geblieben.

Literatur: Klaus Schwarz, Die vor- und frühgeschichtlichen Geländedenkmäler Oberfrankens (1955) 162 ff. – Björn-Uwe Abels, Jahresbericht der bayerischen Bodendenkmalpflege 21, 1980, 62 ff.

3 Die Gelbe Bürg bei Dittenheim
Landkreis Weißenburg-Gunzenhausen

Die schräge Nachmittagssonne des 1. Dezembers 1980 offenbart den geschundenen Zustand eines bedeutenden Geschichtsdenkmals, der Gelben Bürg am mittelfränkischen Juraabfall, dem Hahnenkamm. Eine erste Planaufnahme durch den General K. Popp hatte noch 1877 die tropfenförmige Hochfläche nahezu unversehrt vorgefunden. Lediglich ganz am Rande zeigten sich damals schon die ersten Versuche, den Kalkstein oberflächlich abzubauen. In den fünfzig Jahren darauf griff dieser Raubbau auf die Hälfte des Gipfelplateaus über. Die Tiefe der Abbaumulden erreichte selten mehr als zwei Meter. In den obersten 30, 40 Zentimetern wurden dabei die Hinterlassenschaften städtischer Ansiedlungen aus drei Jahrtausenden beiseite geräumt. Gelegentlich wurden dabei Funde aufgelesen, die zusammen mit Ausgrabungen von H. Eidam und F.-R. Herrmann, welche den Befestigungssystemen des Berges galten, zumindest in Umrissen eine Rekonstruktion dessen erlauben, was sich hier einstmals befand.

Der eigentliche, 250 x 200 m große Berggipfel hat erstmals am Ende der Jungsteinzeit nennenswerte Besiedlung erfahren, später dann wieder in der mittleren Bronzezeit und vielleicht auch in der Urnenfelderzeit. Zur späten Hallstattzeit scheint die Gelbe Bürg zu den frühkeltischen Adelssitzen gehört zu haben. Ein spätkeltisches Oppidum, wie gelegentlich vermutet wurde, war der Platz jedoch nie. Seine Hochblüte kam vielmehr im 4. Jahrhundert n. Chr., als hier ein germanischer Gaufürst seine Residenz aufschlug. Bis zur Mitte des 5. Jahrhunderts sind von ihr zahlreiche Fundstücke erhalten, die einen gehobenen Lebensstandard bezeugen. Überraschenderweise gehört in diese Zeitspanne die Errichtung eines äußeren Mauerberings, der eine nun wirklich urbane Siedlung umschloß, und der durch eine fränkisch-römische Glasschale des 5. Jahrhunderts datiert ist. Nicht viel später ging der Ort in innergermanischen Auseinandersetzungen unter. Zwar trug der Berg im 8. oder 9. Jahrhundert nochmals für kurze Zeit eine Besatzung (ähnlich wie Hesselberg und Staffelberg), doch war seine hohe Zeit vorüber. Im Mittelalter wurde die Hochfläche, wie das Luftbild deutlich ausweist, nur mehr als Ackerland genutzt.

Literatur: Hermann Müller-Karpe, Funde von bayerischen Höhensiedlungen (1959) 12 ff. – Klaus Schwarz, Führer zu bayerischen Vorgeschichtsexkursionen Band 1 (1962) 53 ff. – Hermann Dannheimer, Die germanischen Funde der späten Kaiserzeit und des frühen Mittelalters in Mittelfranken (1962) 170 ff. – Fritz-Rudolf Herrmann, Jahresbericht des Historischen Vereins für Mittelfranken 1969/70, 221 ff.

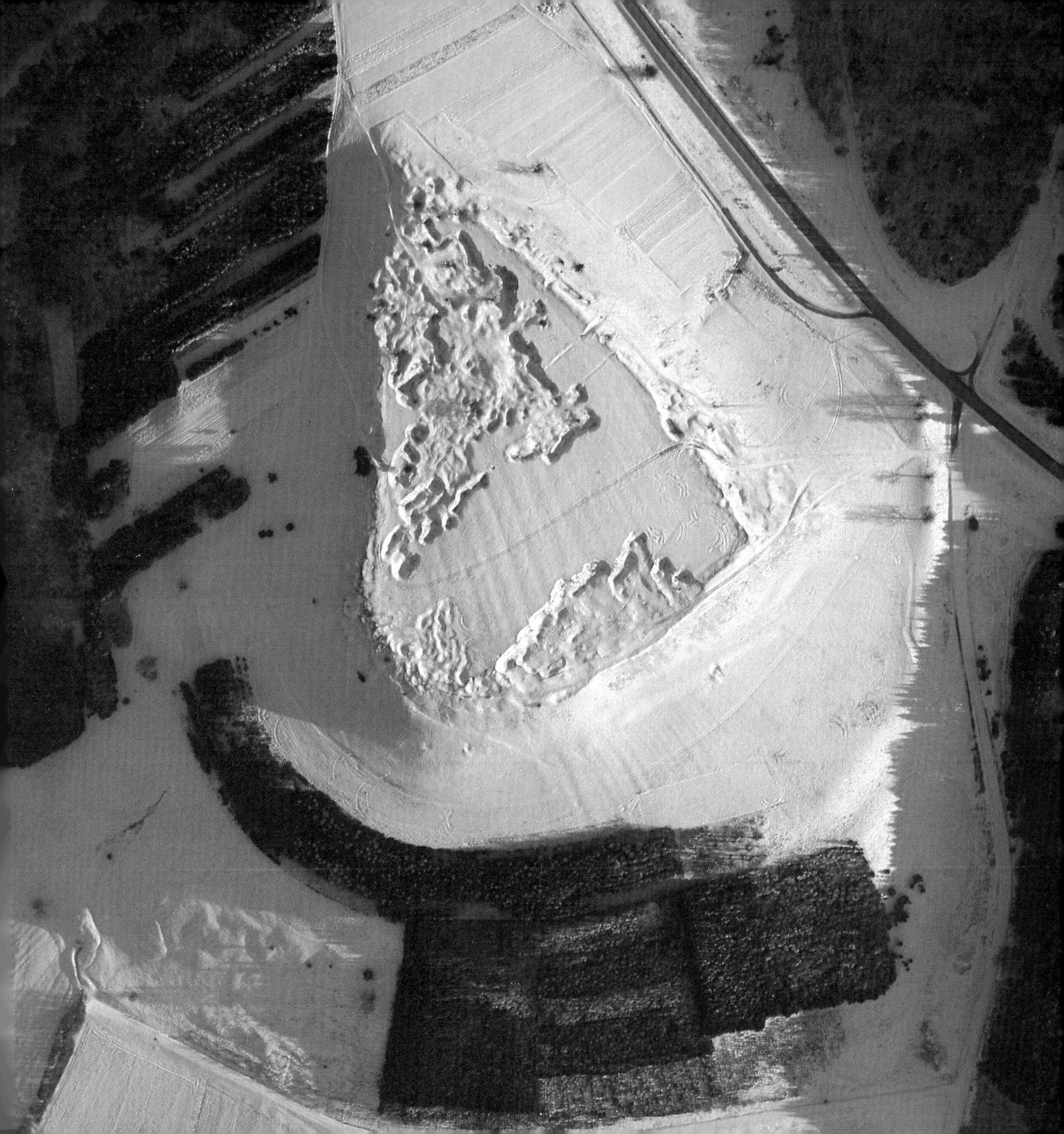

4 Der Hahnenberg bei Appetshofen
Gemeinde Möttingen, Landkreis Donau-Ries

Den Rand des Rieskessels säumen zahlreiche Bergkuppen, von denen die meisten in vorgeschichtlicher Zeit befestigt oder doch zumindest zu Wohnzwecken aufgesucht worden waren. Als beispielhaft kann der in den zwanziger Jahren durch G. Bersu gründlich untersuchte Goldberg bei Goldburghausen am westlichen Riesrand gelten. Die Berühmtheit, die dieser Platz dadurch erlangte, darf nicht überdecken, daß es sich beim Goldberg keineswegs um ein überdurchschnittlich bedeutendes Denkmal handelt. Ähnliche Befunde, die hier von Mittelneolithikum bis ins ältere Mittelalter reichen, sind wohl an allen anderen Burgplätzen zu erwarten, die sich in ähnlich günstiger topografischer Lage befinden. Einem Teil dieser Berge hatte sich der Nördlinger Apotheker Ernst Frickhinger gewidmet und durch Aufsammlungen und kleinere Schürfungen dazu beigetragen, daß zumindest ein kursorischer Überblick möglich ist. Andere Plätze sind noch völlig unberührt. Zu diesen gehört auch der Hahnenberg bei Appetshofen, den unser Luftbild vom Frühjahr 1981, aus nordöstlicher Richtung aufgenommen, zeigt. Der Höhenrücken springt nach Westen und Süden ins Tal der Eger vor. Seinen Gipfel umzog in einem Oval von 150 m größter Ausdehnung ein Randwall, in dem wir entsprechend den an anderen Riesburgen gewonnenen Befunden eine verstürzte Stein-Holz-Mauer vermuten dürfen. Der vorgelegte Graben ist zum Teil nur noch als Geländestufe erhalten. Lesefunde aus dem Inneren des Ring-»Walls« deuten vielleicht schon eine Besiedlung in der Jungsteinzeit an. Mit Sicherheit befand sich dann hier eine Siedlung der Hallstatt- und Latènezeit.

Unser Wissensstand ist vergleichsweise spärlich. Dieser Mangel wird freilich mehr als wettgemacht durch den unberührten Zustand des Hahnenberges. Wollen wir dafür Sorge tragen, daß dieses Denkmal vorgeschichtlicher Herrschaftsbildung noch lange unversehrt bleibt. Der hölzerne Hochstand am Rande der Bergkuppe möge denn auch auf die Geschichte in seinem Gesichtskreis ein wachsames Auge haben.

Literatur: Wolfgang Dehn, Vorgeschichtliche Ringwälle im Ries. In: Hans Frei und Günther Krahe, Archäologische Wanderungen im Ries. Führer zu archäologischen Denkmälern in Bayern, Schwaben 2 (1979) 61 ff.

5   Die Ehrenbürg
Gemeinde Wiesenthau, Landkreis Forchheim

Der mächtige Bergstock der Ehrenbürg überragt die umliegenden Täler von Ehrenbach und Wiesent um 250 m. Sein über eineinhalb Kilometer langes und bis zu 350 m breites Plateau besteht aus mehreren Teilen: Den Norden nimmt die Erhebung des »Walberla« ein, benannt nach der im späten Mittelalter erstmals erwähnten Walburgiskapelle (1). Südlich schließt sich ein weiter Sattel (2) an. Den höchsten Teil des Berges bildet sodann der Rodenstein (3). Den Rand des Plateaus umzieht dort, wo die natürliche Steilheit der Felshänge zum Schutz nicht ausreichte, ein Ringwall, dessen Versturz sicher eine Befestigungsmauer in sich birgt. Zusätzlich durch Querwälle sind der Rodenstein und das Walberla, jeweils mit der Front nach Norden, abgeschirmt. In den mittleren Teil der Bergstadt führte von Westen her der auch heute noch benutzte Zugang vom Tal.

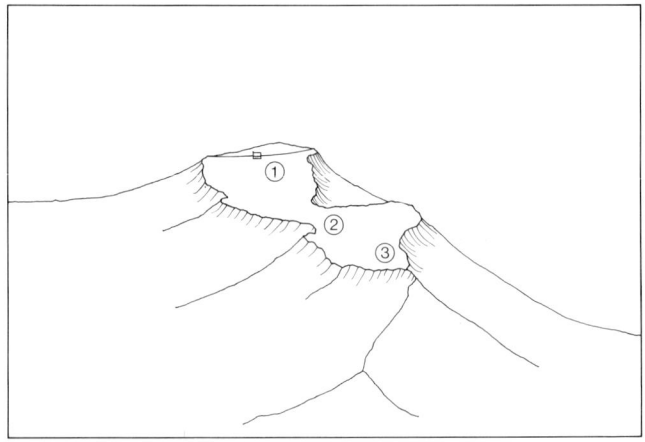

Die Hochfläche war zu den verschiedensten Zeiten aufgesucht, gewiß nicht immer mit der Absicht, die natürlichen Vorgegebenheiten zur Befestigung zu nutzen. Erste Siedlungshinweise gibt es aus dem Mesolithikum. Auch spätneolithische und mittelbronzezeitliche Funde brauchen nicht unbedingt auf eine wehrhafte Anlage hinzudeuten. Ein erster Höhepunkt scheint in der ausgehenden Urnenfelderzeit zu liegen. Man wird die Ehrenbürg wohl in die großen Bergstädte dieser Epoche einreihen dürfen, nachdem die entsprechenden Kleinfunde über einen weiten Bereich der Hochfläche streuen. Eines der Befestigungssysteme dürfte in dieser Zeit entstanden sein. Eine zweite und letzte Hochblüte erlebte der Berg im 5. und frühen 4. Jahrhundert vor Christus, wie zahlreiche frühlatènezeitliche Kleinfunde bezeugen. Danach wurde es um die Ehrenbürg still. Insbesondere ist das Fehlen spätlatènezeitlicher Funde bemerkenswert. Ein spätkeltisches Oppidum hat der Berg nie getragen. Erst wieder im 4. Jahrhundert mehren sich Hinweise auf eine kurzfristige, nunmehr germanische Besiedlung vor allem im Bereich des Rodensteins. Danach scheint es keine Ansiedlung von Dauer mehr gegeben zu haben. Die im Mittelalter entstandene Walburgiskirche steht nur einmal im Jahr, am 1. Mai, im Mittelpunkt einer großen Menge Volks. An diesem Tage ist die Ehrenbürg für wenige Stunden das Zentrum des unteren Regnitzlandes. Hierin mag noch einmal die Erinnerung an die beiden Epochen vor 2400 beziehungsweise 2800 Jahren aufleben, in denen hier blühendes städtisches Leben geherrscht hatte.

Literatur: Klaus Schwarz, Die vor- und frühgeschichtlichen Geländedenkmäler Unterfrankens (1955) 93 ff. – Norbert Graf und Werner Sörgel, Die Ehrenbürg. Naturhistorische Gesellschaft Nürnberg e.V., Berichte der Abteilung für Vor- und Frühgeschichte 1, 1975, 14 ff.

6 Die Roseninsel im Starnberger See
Gemeinde Feldafing, Landkreis Starnberg

Vor dem Westufer des Starnberger Sees liegt die kleine Roseninsel. Als sie noch »Wörth« hieß, trug sie eine gotische Kapelle und wohl auch eine Fischersiedlung, bis der Platz in den Besitz der Wittelsbachischen Krone gelangte, zu einem parkartigen Villengelände umgestaltet wurde und seinen romantischen Namen erhielt. Um 1870 wurden hier zum ersten und letzten Male umfangreiche archäologische Beobachtungen und Schürfungen angestellt. Am reichen Fundbestand, der damals gewonnen (aber auch teilweise unterschoben) wurde, ist die wechselvolle Geschichte der Insel wenigstens in Umrissen abzulesen. Danach ließen sich hier im 3. vorchristlichen Jahrtausend erstmals Menschen nieder; vielleicht gehörten sie der durch die Schnurkeramik umschriebenen Kulturgruppe an. Eine zweite Hochblüte lag am Übergang von der frühen zur mittleren Bronzezeit. Eine dritte größere Besiedlungsphase umfaßte die ausgehende Urnenfelderzeit, eine vierte das 5. vorchristliche Jahrhundert. In allen diesen Epochen war die Insel dicht besiedelt. Ihre Bewohner nährten sich allenfalls vom Fischfang, waren aber sonst wohl überwiegend auf die Versorgung durch Dritte angewiesen. In mancher der Besiedlungsphasen trug der Platz zentralörtlichen Charakter und besaß aufgrund seiner abgeschlossenen Lage eine politische Bedeutung, die derjenigen einer befestigten Höhensiedlung entsprochen haben wird. In diesen Zeiten entstanden dann wohl auch jene beiden Brücken zum Festland, deren Joche bei günstigem Wetter im Wasser zu sehen sind.

Spuren von Befestigungswerken wurden nicht gefunden, will man nicht die vielen Pfahlreihen, die 1870 wie heute rings um die Insel zu beobachten sind, für Palisaden oder Annäherungshindernisse im Wasser halten. Auch

Plan der Roseninsel (1877) mit den damals beobachteten Fundstellen

Grundrisse von Häusern scheinen auszumachen zu sein und vom einstmals größeren Umfang der Roseninsel zu zeugen.

Literatur: S. v. Schab, Beiträge zur Anthropologie und Urgeschichte Bayerns 1, 1877, 1 ff. – Hermann Müller-Karpe, Beiträge zur Chronologie der Urnenfelderzeit nördlich und südlich der Alpen (1959) 303 f. – Ders., Die spätneolithische Siedlung von Polling (1961) Taf. 33 A.

7 Grabenwerk der Jungsteinzeit von Kothingeichendorf
Stadt Landau an der Isar, Landkreis Dingolfing-Landau

Zu den »klassischen« Stätten bayerischer Vorgeschichte zählt jenes Grabenwerk, das erstmals 1919 am Isarufer im niederbayerischen Gäuboden erkannt und in den folgenden Jahren teilweise ausgegraben worden war. In den Feldern hatten sich dunkle Streifen gezeigt, die sich später als Grabeneinfüllungen herausstellten, und die zahlreiche Keramik des älteren und mittleren Neolithikums enthielten, dazu Teile menschlicher Skelette. Die Anlage war sichtlich vielgliedrig und mehrperiodig. Da sie in der Folgezeit ohne stichhaltige Parallelen blieb, war man sich lange über Datierung und Funktion uneins.

Luftbilder der Jahre 1977 bis 1981 erbrachten dann, daß man die Diskussion geführt hatte, ohne Größe und Gestalt des Grabenwerks in vollem Umfang zu kennen. Auch heute darf man nicht sicher sein, hierüber letzte Klarheit zu besitzen. Doch steht fest, daß alle Gräben (und die dahinter vorauszusetzenden Erdmauern) eine langlebige Siedlung von urbaner Größe und Bedeutung umschlossen. Die Umwehrung dieser festungsartigen Siedlung wurde mehrfach erneuert, zuletzt in der Zeit der Münchshöfener Kultur. Es ist beinahe unwahrscheinlich, daß beispielsweise die drei parallelen Gräben im Mittelgrund des Luftbildes gleichzeitig in Benutzung waren. Der im Vordergrund sichtbare Graben gehört zur südlichsten Erweiterung der Anlage aus der Mitte des 4. Jahrtausends. Der umwehrte Innenraum reicht bis zum baumbestandenen Steilhang im Hintergrund. Dort fand sich auch jenes Grabenrondell, auf das bei Tafel 57 eingegangen wird.

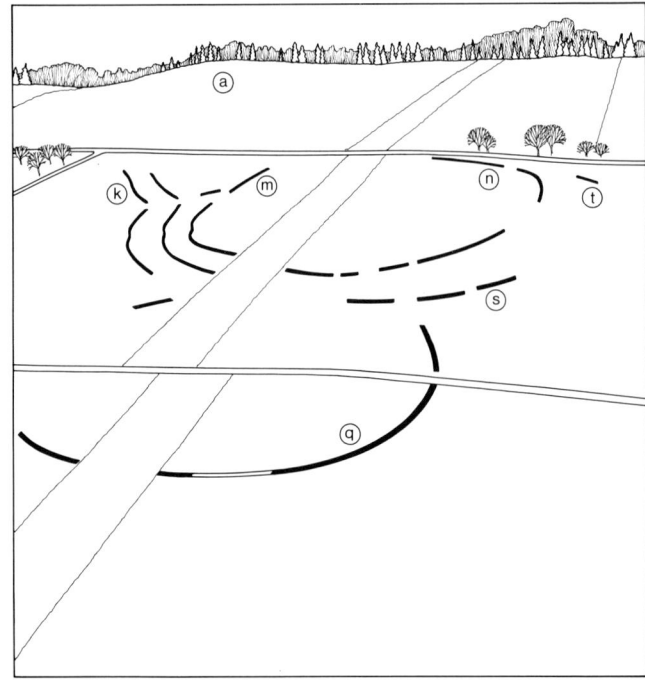

Zur Erläuterung siehe Abb. 27

Literatur: Rudolf Albert Maier, Jahresbericht der bayerischen Bodendenkmalpflege 1962, 5 ff. – Rainer Christlein und Karl Schmotz, Jahresbericht des Historischen Vereins für Straubing und Umgebung 80, 1977/78, 43 ff.

8 Jungsteinzeitliches Grabenwerk von Moos
Landkreis Deggendorf

Am nördlichsten Punkt der Lößfläche zwischen Donau und Isar, unweit von deren Mündung, kam am 22. Oktober 1978 ein bis dahin unbekanntes Befestigungswerk zum Vorschein. Es besitzt einen tropfenförmigen Umriß mit einer größten Ausdehnung von etwa 300 m und besteht noch aus zwei parallelen Gräben, die oberflächlich nicht mehr zu sehen sind. Im Inneren der Anlage fanden sich Hinweise auf eine Siedlung des Mittelneolithikums (1), die das Grabenwerk ins 4. vorchristliche Jahrtausend datieren lassen. Der Spärlichkeit der Siedlungsniederschläge entspricht der Zustand der Umwehrung, die einperiodig war und nie erweitert wurde. Der Befund zeigt wieder einmal mit großer Deutlichkeit, daß wir mit zentralen Plätzen auch dort zu rechnen haben, wo die Gunst von Lage und Natur nicht für einen ungeschmälerten Bestand der Befestigungsringe sorgte. Nicht nur auf den Randhöhen von Jura, Ries und Alpenland gab es Ringwälle, sondern auch inmitten der Lößebenen von Main, Lech und Donau. Die Kenntnis ihrer Existenz und ihrer Gestalt verdanken wir weitgehend dem Luftbild. Aber auch noch etwas wird aus dem nebenstehenden Bild deutlich: Daß nämlich die Gefahr für derartige Denkmäler nicht bloß von moderner Überbauung ausgeht – ein Viertel des Siedlungsareals ist schon vom Lager einer großen Brauerei (2) eingenommen –, sondern mehr noch von Pflug und Erosion. Während die Umwehrung im Vordergrund noch vom schützenden Oberflächenhumus

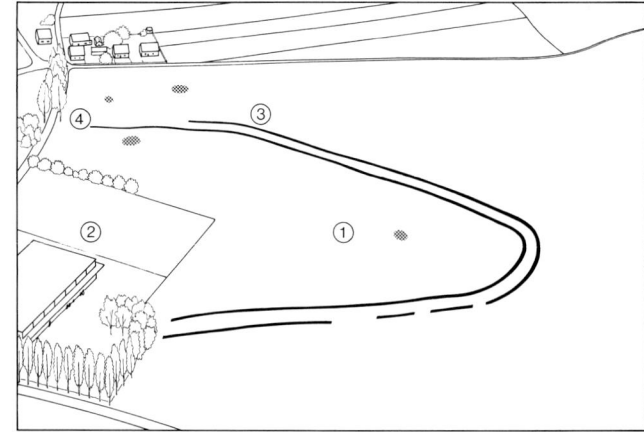

bedeckt ist, greift der Pflug im Hintergrund (3) tief in die Grabenfüllungen ein. Die Hangkante ist in der Folge schließlich schon regelrecht abgehoben und mit ihr bereits der gesamte Verlauf der Gräben (4). Noch kann man am immer dünner werdenden Verlauf der Gräben erkennen, wo wenigstens noch die Grabensohlen intakt sind. In wenigen Jahren werden auch sie spurlos verschwunden sein. Dann ist das 1978 aufgenommene Luftbild der einzige Anhaltspunkt für die Rekonstruktion dieses bedeutenden Platzes aus dem 4. Jahrtausend vor Christus.

9 Die Vogelsburg in der Mainschleife bei Volkach
Landkreis Kitzingen

Die große Mainschleife bei Volkach bot sich an ihrer engsten, nur 150 m breiten Stelle zur Anlage eines Befestigungswerkes geradezu an. Tatsächlich finden sich hier zwei Wälle im Abstand von 450 m, die noch bis zu 3 m hoch und an der Basis bis zu 30 m breit sind. Weinberge bedecken heute ihre Flanken. In ihrem Inneren stecken sicher mehrere Bauperioden. Ihren jüngsten Ausbau erhielten die beiden Abschnittswälle am Beginn des hohen Mittelalters. Im Jahre 906 wird die »Fugalespurc« erstmals urkundlich erwähnt. Sie war kurz zuvor aus Königsgut herausgelöst und dem Kloster Fulda überlassen worden. Im Jahre 1282 wurde im Ostteil der Burganlage ein Karmeliterkloster gegründet, dessen Nachfolger heute noch existiert.

Eingehendere Forschungen gab es auf der Vogelsburg noch nicht. Was bei Straßen- und Weinbergbauten aufgelesen wurde, belegt eine fast ununterbrochene Besiedlung seit dem jüngeren Neolithikum. Schwerpunkte waren anscheinend die späte Urnenfelderzeit und das 5. vorchristliche Jahrhundert. Doch könnte man sich ebensogut an diesem Platz eine germanische Gaufürstenburg der Völkerwanderungszeit vorstellen.

Unser Luftbild zeigt die Vogelsburg von Westen. Von den beiden Wällen ist der westliche gut zu erkennen, der östliche verbirgt sich halb hinter der Klosteranlage. Zu erkennen sind auch die Zerstörungen, welche die Verbreiterung der Bundesstraße in jüngster Zeit angerichtet

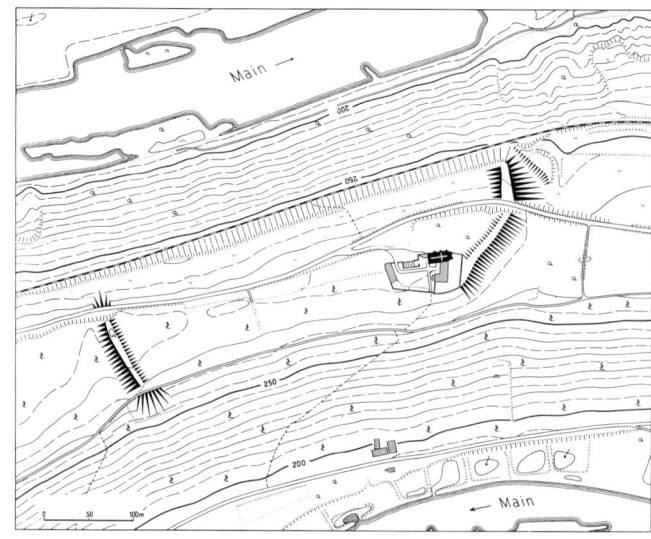

Die Vogelsburg nach der Planaufnahme von 1957

hat; sie waren nicht zu verhindern und haben die Vogelsburg nach den Einbußen durch den Eisenbahnbau und durch die Weinbergterrassierungen nochmals um ein gutes Stück kleiner gemacht.

Literatur: Björn-Uwe Abels, Die vor- und frühgeschichtlichen Geländedenkmäler Unterfrankens (1979) 104 f.

10 Hausgrundrisse des 5. Jahrtausends vor Christus von Harting
Stadt Regensburg

Die ersten bäuerlichen Dorfschaften findet man fast ausschließlich in den Gebieten Bayerns, die durch Lößbedeckung als besonders fruchtbar auffallen mußten. Sie sind daher als reine Bewuchsmerkmale nur selten zu erfassen. Eine der wenigen Ausnahmen stellt das Gelände nördlich des Dörfchens Harting im Donaubogen bei Regensburg dar, wo die Donauschotter zuweilen nur von einer sehr dünnen Lößschicht bedeckt sind. Hier entstand noch im 5. Jahrtausend vor Christus eine große Siedlung mit mehreren Dutzend Häusern, errichtet nach linienbandkeramischem Grundmuster als langrechteckige Einheitsbauten in Nord-Süd-Richtung. Im Bildausschnitt liegen etwa sechs Häuser. Manche der Bauten scheinen bis zu 50 m lang gewesen zu sein. Gelegentliche Überschneidungen der Häuser deuten eine längere Lebensdauer der Siedlung an. Das Luftbild vom Sommer 1981 gibt jeden der Grundrisse und jeden einzelnen der tragenden Hauspfosten wieder, eine Folge des kiesigen, rasch entwässernden Untergrundes und der dadurch bedingten unterschiedlichen Verhaltensweisen des Getreides über diesem Kies und über den sehr viel stärker Wasser bindenden, weil mit Humus tiefgründig gefüllten Pfosten. Anscheinend hatte der Untergrund noch eine weitere Folge für das archäologische Befundbild: Es fehlen die länglichen Gruben, welche sonst fast regelmäßig die Längsseiten der Häuser begleiten, und denen der Lehm für die Abdichtung der Außenwände entnommen worden war. Dies war in Harting offenbar nicht möglich. Die über das ganze Gelände verstreuten kreisrunden Gruben gehören zu einer jüngeren Siedlungsphase.

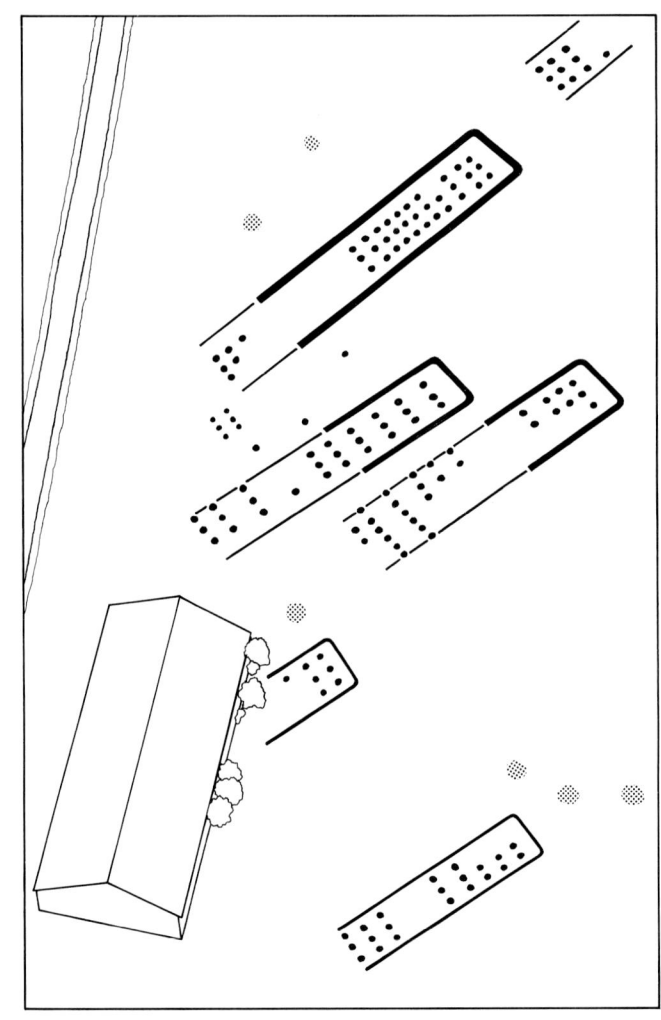

11 Vorgeschichtliches Gehöft bei Oberpeiching
Stadt Rain am Lech, Landkreis Donau-Ries

Sind archäologische Forschungen in vorgeschichtlichen Dorfanlagen schon selten genug, so ist der Nachweis von Einzelhöfen dieser Zeit bislang überhaupt noch nicht gelungen beziehungsweise unternommen worden. Das nebenstehende Luftbild vom 27. Juni 1980 zeigt nun einen solchen Einzelhof, eine außergewöhnlich seltene Spezies archäologischer Erscheinungsformen und allein schon deshalb mitteilenswert. Der kiesige Untergrund der Lechterrasse hat zwei Gebäude überliefert. Haus 1 ist sichtlich stattlicher und besitzt außer zwei Reihen enggestellter Pfostenreihen der Seitenwände eine lockere Mittelpfostenreihe, die in diesem Falle wohl den Dachfirst getragen haben dürfte. Das Haus 2 ist schmaler und kürzer und besitzt diese Mittelpfostenreihe nicht. Noch ist nicht endgültig geklärt, welches der Häuser zu Wohnzwecken diente. Doch ist schon so viel sicher, daß zu diesem Hof außer dem unbedingt vorauszusetzenden Wohnbau nur noch ein einziges Nebengebäude gehörte. Es fehlte also entweder Stall oder Scheune. Beide Alternativen eröffnen interessante wirtschaftsgeschichtliche Aspekte. Bleibt noch die Datierungsfrage. Haustypus und strenge Nord-Süd-Ausrichtung sprechen für eine Einordnung in die vorgeschichtlichen Metallzeiten, am ehesten in die Hallstattzeit oder in die ältere Latènezeit. Aus diesen Zeiten kennen wir neuerdings größere Ausschnitte aus umfangreichen dörflichen Siedlungen. Man

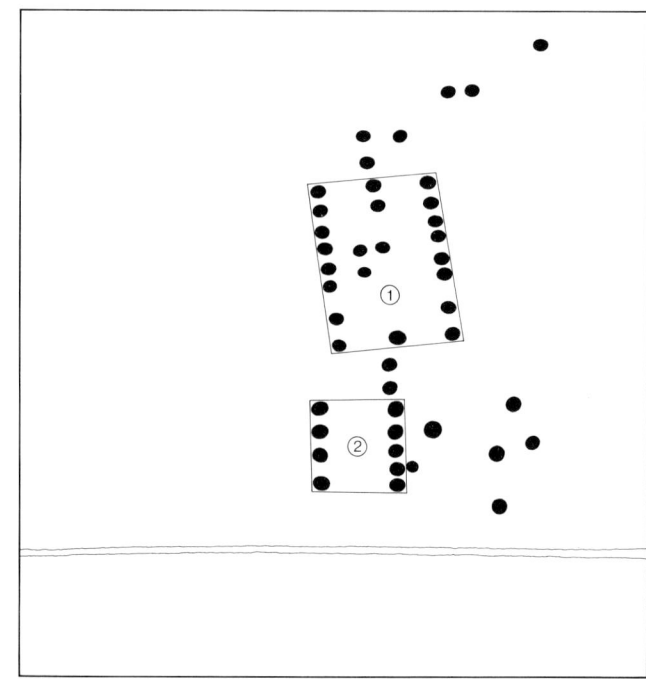

darf gespannt sein, ob das in Oberpeiching gewonnene Ergebnis als Schablone taugt, um in diesen Dorfgrundrissen Hofgruppen herauszuschälen.

12 Ein vorgeschichtliches Dorf bei Irsching
Stadt Vohburg an der Donau, Landkreis Pfaffenhofen an der Ilm

Die Kiesbänke, welche den Lauf der Donau zwischen Neuburg an der Donau und Neustadt an der Donau gelegentlich auf beiden, zumeist aber nur auf der südlichen Seite begleiten, schienen lange Zeit vorgeschichtlicher Besiedlung abhold. Das spätkeltische Oppidum von Manching, das sich hier befand, bedurfte einer verkehrsgeographischen Sondererklärung, um seine Existenz in dieser an sich unwirtlichen Landschaft begründen zu können. Doch haben schon die Ausgrabungen an diesem berühmten Platz Spuren so zahlreicher vor- und frühgeschichtlicher Perioden erbracht, daß man bald anders über die Anziehungskraft der Donaukiesterrassen als vorgeschichtliches Siedlungsland dachte. Die Entdeckungen der Luftbildarchäologie erwiesen bald diesen Raum als eine archäologische Kernlandschaft, und die daran anschließenden Ausgrabungen haben dies bestätigt. Die Entstehung des Oppidums von Manching im 3. Jahrhundert vor Christus braucht jetzt nicht ausschließlich das Produkt von Donauübergang und Eisenerzgewinnung zu sein; sie kann ebensogut als das Ergebnis jahrhundertelanger Siedlungsintensität angesehen werden.

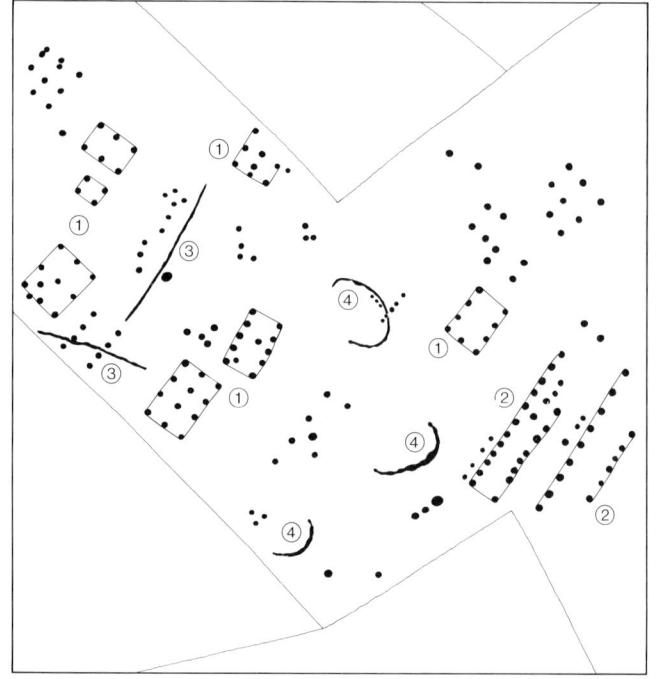

Einen Ausschnitt aus einem der vorgeschichtlichen Dörfer zeigt unser Luftbild. Fast alle Häuser (1) sind Nord-Süd orientiert, was für Metallzeit im allgemeinen spricht. Die Gräbchen (3) und vor allem die Langhäuser (2) erinnern an Befunde im nahen Manchinger Oppidum. Verschiedene andere Merkmale, vor allem die unregelmäßigen Gräbchen (4), bedürfen noch der Klärung. Wollen wir hoffen, daß diese zu erlangen ist, bevor unsere Siedlung in einem der nahen Kiesabbaugebiete verschwindet.

13 Die frühmittelalterliche Siedlung von Kirchheim bei München
Landkreis München

Was auf den letzten drei Luftbildern nur Theorie war, erlaubte ein 1980 bei Kirchheim aufgedeckter Befund zu überprüfen. Damals wurde im Verlauf eines Bauvorhabens der den Kies der Münchener Schotterebene deckende Oberflächenhumus maschinell entfernt (das letzte Stadium dieses Vorgangs ist am unteren, nördlichen Bildrand zu sehen). Darunter erblickte man in willkommener Klarheit alle Eintiefungen in den Kies: Pfosten, Gruben, Keller, Brunnen, Zaungräbchen und Gräber, also all das, was sich andernorts erst mühsam durch Humus und Bewuchs »hocharbeiten« muß. Anlaß für diese Beobachtungen und für das sorgfältige Abschälen der Deckschicht waren frühmittelalterliche Siedlungsbefunde, die schon vor zehn Jahren in der Nachbarschaft aufgetreten waren. Es war ein ganzes Dorf gewesen, wie jetzt sichtbar wurde, mit einem Platz (1), mit einer nach Süden führenden, auf der Ostseite von einem Straßengraben (2) begleiteten Dorfstraße, an der beiderseits die Höfe standen. Zu diesen Höfen gehörten etwa 30 Pfostenbauten (3), sodann 10 Brunnen, kenntlich an den runden Schächten (4), und ca. 40 rechteckige Kellerhäuser (5). Inmitten der Siedlung dann zwei kleine Friedhöfe (6) des späten 7. Jahrhunderts, in denen die in den angrenzenden Höfen wohnenden Bauernfamilien ihre Toten bestatteten. Doch damit noch nicht genug der Befunde. An der Stelle des frühmittelalterlichen Dorfes war schon mehr als 1000 Jahre früher ein umzäuntes Gehöft (7) gestanden. Obzwar wir kaum datierende Kleinfunde besitzen, lassen doch die Formen der Häuser (8) und vor allem (9) keinen Zweifel an der Datierung in die Hallstatt- oder Frühlatènezeit. An jüngeren Spuren sind die Begrenzungsfurchen mittelalterlicher Ackerbeete (10) zu beobachten. Das allerjüngste Merkmal hätten die Ausgräber beinahe selbst noch erlebt: ein Kanalschacht (11) quer über das Gelände.

Mit dem unerwarteten Aufschluß, den ein umfangreiches Bauvorhaben der Archäologie bot, ist zunächst einmal Einblick in die größte zusammenhängende Fläche einer frühmittelalterlichen Siedlung gewonnen worden, die bis dahin in Bayern bekannt geworden war. Darüber hinaus hat dieser Vorfall – anders kann man die Umstände von Entdeckung und Ausgrabung nicht bezeichnen – wieder einmal aufgezeigt, in welch hohem Maße selbst ungünstige Siedlungsböden reiches archäologisches Quellengut beherbergen.

Literatur: Rainer Christlein, Das archäologische Jahr in Bayern 1980, 162 ff.

14 Ein frühkeltischer Herrenhof von Kirchheim bei München
Landkreis München

Vom Gemeindegebiet Kirchheim bei München war vor 1958 noch kein Bodendenkmal bekannt. In den nächsten zwei Jahrzehnten wurden, verursacht durch die beginnende Bautätigkeit, nach und nach 20 Fundstellen bekannt, die zum Zeitpunkt ihrer Entdeckung zumeist schon tiefgründig gestört waren. Wegen dieser steten Gefährdung drang man seit 1980 auf eine möglichst frühzeitige Erkundung von Lage und Umfang der archäologischen Denkmäler und lernte so durch das Luftbild weitere 30 Fundplätze kennen: verebnete Grabhügelfelder, zwei keltische Viereckschanzen, Befestigungen profanen Charakters, ein Reihengräberfeld und immer wieder Häuser und Siedlungen. Eine dieser Siedlungen war nicht weniger als 13 Hektar groß. Zwei Hektar mußten 1981 dem Bau einer Schule weichen, wurden vorher untersucht und erbrachten den Nachweis, daß zumindest dieser Siedlungsteil aus dem 5. vorchristlichen Jahrhundert stammte. Alle 50 Häuser waren genordet.

Von der gleichen Siedlung war bereits ein Jahr zuvor 150 m weiter östlich ein Teil beobachtet worden: der hier abgebildete Palisadenhof (1). Auch er ist wie die ausgegrabenen Frühlatènehäuser orientiert. Er mißt etwa 50 m im Geviert und ist etwa in der Mitte durch eine Binnenpalisade unterteilt. In der Nordhälfte stand ein großer Pfostenbau (3), auch er quadratisch mit etwa 10 m Seitenlänge. Vor der Südpalisade sind die Pfosten eines kleineren, zweischiffigen Gebäudes (4) zu sehen. Über das ganze Gelände verstreute Gruben (5) deuten an, daß hier auch noch weitere Bauperioden der Siedlung im Boden stecken. Der Palisadenhof hebt sich durch eine Umwehrung deutlich von den übrigen Wirtschaftseinheiten des frühkeltischen Dorfes ab und hat wohl einer sozial höherrangigen Familie gehört. Ob er die Keimzelle des Dorfes gebildet hatte und vielleicht noch hallstattzeitlich ist, werden künftige Ausgrabungen zu erweisen haben.

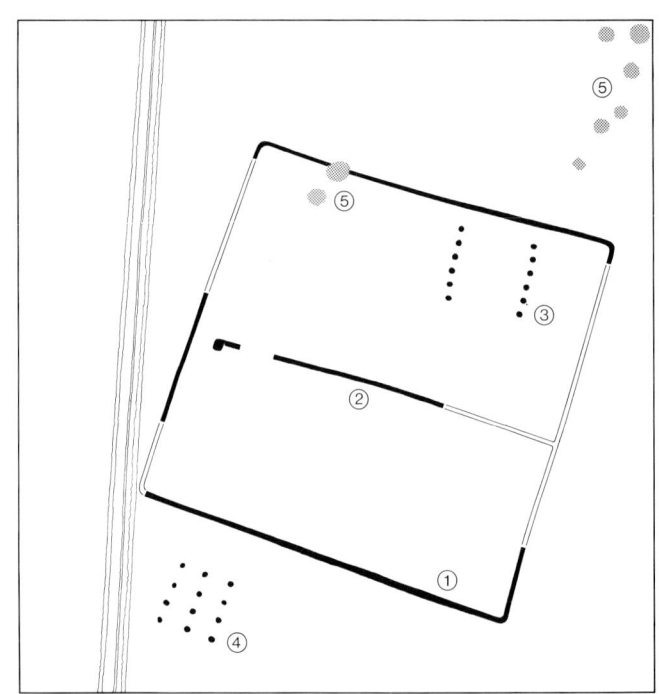

Die Luftbildentdeckung vom 22. Juli 1980 war noch keine drei Monate alt, als die Anlage auch schon in den Bereich der bauwirtschaftlichen Entwicklung Kirchheims geriet und seiner Südwestecke beraubt wurde. Sie wird, wenn es nach dem im gleichen Jahr in Kraft getretenen Flächennutzungsplan der Gemeinde geht, zusammen mit der frühkeltischen Siedlung, in die sie eingebettet ist, dieses Jahrzehnt nicht überleben.

Literatur: Rainer Christlein, Das archäologische Jahr in Bayern 1980, 86 f.

15 Hallstattzeitlicher Herrenhof von Schwaig
Stadt Neustadt an der Donau, Landkreis Kelheim

Ein leichter, von einem Rinnsal umflossener Kiesrücken in der Donauniederung nördlich von Schwaig fiel im Jahre 1979 dem Luftbildarchäologen auf. Die Stelle, die er ins Visier nahm, war in der Vergangenheit mehrfach das Ziel menschlicher Erdbewegung gewesen, zuletzt vor wenigen Jahren, als hart am oberen linken Bildrand eine Kiesgrube ausgebeutet wurde. Inzwischen ist sie wieder mit Abfall verfüllt, den der Wind auch auf das benachbarte Getreidefeld weht. Hier finden sich wiederum, nunmehr wesentlich ältere, Spuren menschlicher Tatkraft. Deutlich ist ein schwacher Graben (1) zu erkennen, annähernd quadratisch mit Seitenlängen von ungefähr 40 m. Seine rechte Seite verbirgt sich im humusverschwemmten Hang zum Bach (5) und ist dort hoffentlich besser erhalten als auf der Geländekuppe, wo anscheinend Erosion den archäologischen Bestand deutlich dezimierte. Um so erstaunlicher erscheint es, daß hier ein den Graben (1) innen begleitendes Palisadengräbchen (2) noch auf weite Strecken hin erhalten ist; es muß tief fundiert gewesen sein.

Noch vor wenigen Jahren hätte man einen solchen Befund einer palisaden- und grabenbewehrten, rechteckigen Hofstelle nicht recht einzuordnen gewußt. Heute wird man ihn den hallstattzeitlichen Herrenhöfen des Landes zur Seite stellen wollen. Allenfalls eine Deutung als Tempelbezirk käme noch in Betracht. Wie viele derartiger Anlagen lag der Hof von Schwaig innerhalb eines

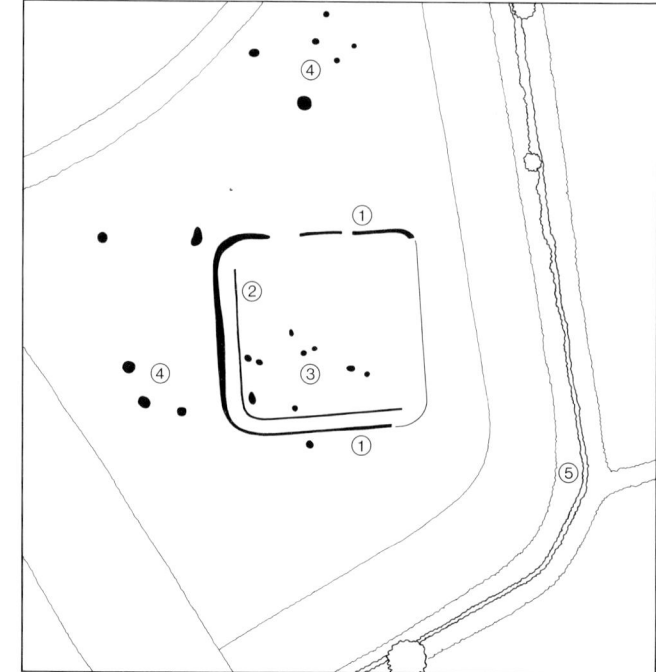

größeren Siedlungsareals, von dem die zahlreichen Gruben (4) künden, und das zumindest teilweise älter oder jünger als der Herrenhof sein kann, wie die Objekte zwischen Palisade und Graben anzudeuten scheinen.

16 Die hallstattzeitliche Burganlage von Niedererlbach
Gemeinde Buch am Erlbach, Landkreis Landshut

Im Februar 1980 traten am östlichen Steilrand des Isartales südlich von Niedererlbach im frisch umgepflügten Acker zum ersten Mal Spuren eines Grabenwerkes zutage. Die Anlage gab dann im Juli des gleichen Jahres im Getreidewuchs, hier auf Infrarot-Fehlfarbenfilm festgehalten, weitere Details ihrer Form preis. Begehungen hatten inzwischen eine Entstehung in der Hallstattzeit, aber auch eine starke Gefährdung durch den Pflug erwiesen. Noch im gleichen Jahre erfolgte eine erste, 1981 dann eine zweite Ausgrabung. Damals war klar, daß es sich um eine Befestigung handelte, die in der jüngeren Hallstattzeit errichtet worden war und bis in die ältere Latènezeit reichte. Der etwa 60 x 60 m große Innenraum wies in seinem Südwestteil (bei 5) eine dichte, mehrperiodige Bebauung auf. Nördlich und östlich davon befanden sich anscheinend keine Bauten, sondern größere Gruben (4). All dies war von einem trapezförmigen System von zwei (2) beziehungsweise drei (3) Gräben eingefaßt, deren Untersuchung eine Tiefe von etwa eineinhalb Metern und eine muldige Sohle ergab. Sie waren nicht alle gleichzeitig. Das Luftbild wies entlang des Steilhanges keinen Graben auf, was zunächst nicht weiter verwunderte. Doch ergaben die Ausgrabungen auch hier das Vorhandensein eines solchen Wehrelements, wodurch im übrigen gesichert ist, daß sich der Hang trotz seiner großen Steilheit – die auf dem Bild sichtbaren Häuser liegen in halber Höhe bereits 20 m unterhalb der Hangkante – seit der Hallstattzeit überhaupt nicht veränderte.

Unmittelbar zu Füßen der Burganlage entdeckte das Luftbild außerdem das zugehörige Gräberfeld. Etwa

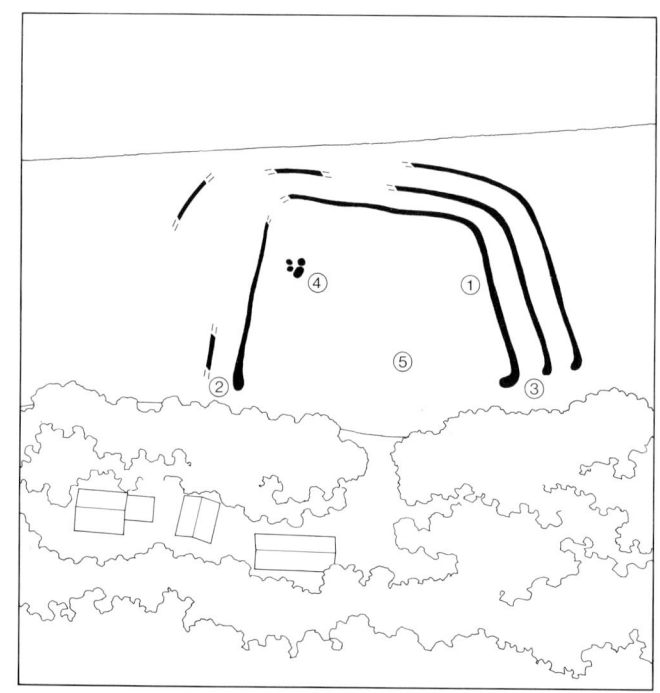

50 Grabhügel waren fast bis zur Unkenntlichkeit verpflügt, und aus einer völlig verebneten Grabstätte konnten 1980 noch die Beigaben einer um 500 v. Chr. verstorbenen Frau geborgen werden. Zwei oder drei Generationen später ging die Burg in einer Brandkatastrophe unter und wurde nicht wieder aufgebaut.

Literatur: Rainer Christlein, Das archäologische Jahr in Bayern 1980, 92 f.

17 Das Grabenwerk der Jungsteinzeit von Altheim
Gemeinde Essenbach, Landkreis Landshut

Das Luftbild vom Frühjahr 1980 gibt einen der berühmtesten Plätze bayerischer Geschichte wieder: die neolithische Befestigung von Altheim. Die dunklen Grabeneinfüllungen wurden im Jahre 1911 durch den Landshuter Oberlehrer Pollinger von einem vorüberfahrenden Zug aus entdeckt und 1914 bzw. 1938 zum Teil erforscht. Die zahlreichen und prägnanten Funde gaben schließlich einer ganzen jungsteinzeitlichen Kulturgruppe, eben der Altheimer Kultur, den Namen. Dies änderte nichts daran, daß die eigentliche Bedeutung des Grabenwerks stets umstritten blieb. Zum einen war die Anlage trotz zweimaliger Anläufe nicht vollständig untersucht worden. Es fehlte der gesamte Nordteil. Und schließlich fand sich in den teilweise über 2 m tiefen Gräben Ungewöhnliches: mehrere Dutzend menschliche Skelette, nur zum Teil im Verband, dazu reichlich Keramik und Waffen. Dies ließ schon früh neben der zunächst erwogenen Deutung, es habe sich um eine befestigte, im Kampf untergegangene Siedlung gehandelt, auch den Gedanken an einen Kultplatz, eventuell sogar an einen Bestattungsplatz aufkommen.

Seit 1979 ist nun erstmals die gesamte Grabenanlage bekannt, nachdem 1914 der Bereich 1 und 1938 nur ein Streifen entlang des Feldweges auf Höhe von Punkt 2 untersucht worden waren. Neu ist insbesondere der rechteckige Nordabschluß 3 mit seiner ein Tor anzeigenden Erdbrücke über den inneren Graben. Die beiden äußeren Gräben waren hier ebenso wie am Südtor miteinander verbunden und hatten eine breite Torlücke (4) freigegeben, die jedoch wie beim Südtor später geschlossen wurde. Vielleicht hat man unter dem Eindruck der nahenden Gefahr noch rasch einen optimalen Verteidigungszustand herbeiführen wollen. Denn daß es sich

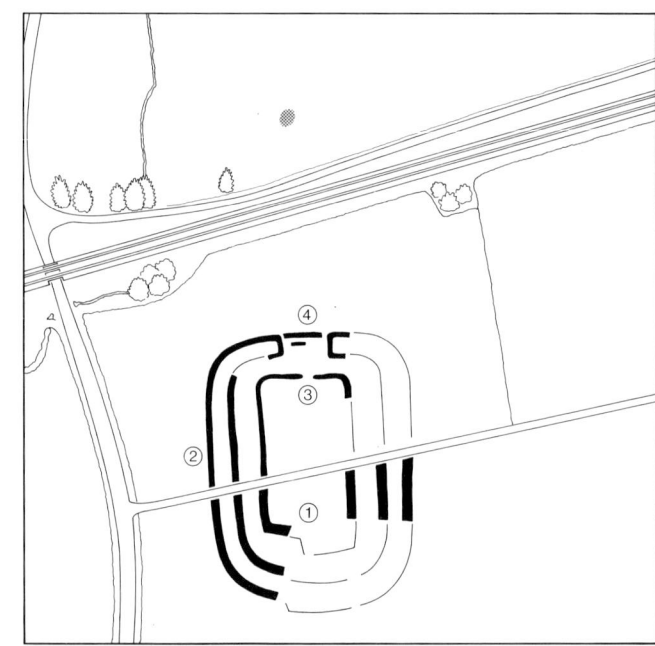

beim Grabenwerk von Altheim um eine profane Befestigung, um eine Herrenburg des 4. vorchristlichen Jahrtausends handelte, die im Kampf ihr Ende fand, dürfte nach den zahlreichen Parallelen, die in den letzten Jahren zutage traten, außer Zweifel stehen.

Literatur: Jürgen Driehaus, Die Altheimer Gruppe und das Jungneolithikum in Mitteleuropa (1960). – Rudolf Albert Maier, Jahresbericht der bayerischen Bodendenkmalpflege 1962, 5 ff. – Rainer Christlein, Das archäologische Jahr in Bayern 1980, 64 f.

18   Siedlung der Altheimer Kultur von Ottmaring-Nindorf
Gemeinde Buchhofen, Landkreis Deggendorf

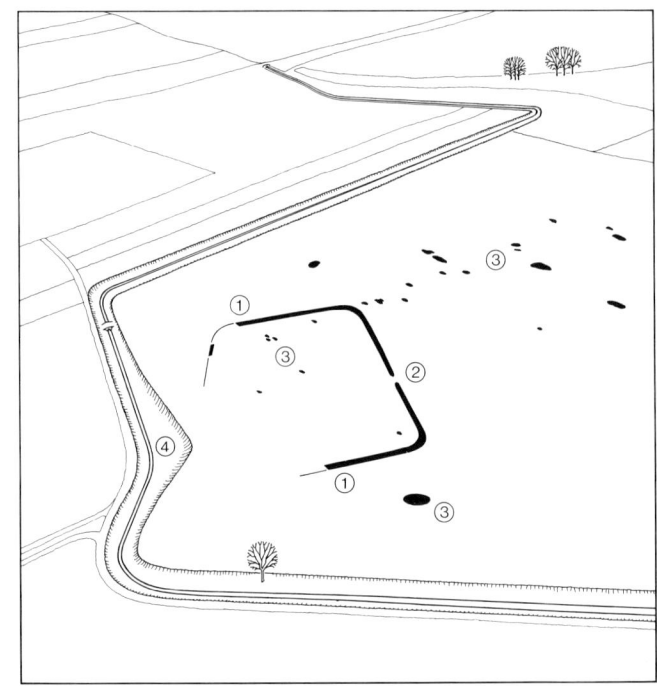

Nur etwa sechs, sieben Meter erhebt sich die Lößzunge über die Sohle des Baches, der sie auf drei Seiten umfließt. Dies stellt für die heutige Landwirtschaft kein Hindernis dar. Im Zusammenhang mit einer Bereinigung der Fluren wurde ein großes Feld geschaffen und durch Verflachung der Hangkanten auch maschinell bewirtschaftbar gemacht. Das Ergebnis ist zu sehen. Nur an wenigen Stellen der Hügelkuppe ist die dunkelbraune Humuszone noch intakt und etwa 30–40 cm mächtig. An den Hügelrändern, großflächig vor allem im vorderen Hügelbereich in Bildmitte, fehlt diese schützende Humusdecke bereits vollständig; sie ist am Hügelfuß angeschwemmt und angepflügt, wo sie zu einer Versteilung der Bachufer führte. Im blankgehobelten Löß liegen archäologische Befunde bloß: Gruben (3), die sich auf mehr als 200 m Länge verteilen, und die, wie Lesefunde andeuten, alle zu einer Siedlung der Altheimer Kultur aus dem 4. Jahrtausend v. Chr. gehören. Im vom Oberflächenhumus bedeckten Siedlungsbereich schimmern diese Spuren nur leicht durch; hier sind sie noch eine Weile vor dem Pflug geschützt. Auf der vordersten Spitze ist ein Grabengeviert (1) zu sehen. Die Ecken sind abgerundet. Auf der Seite, die der Siedlung zugewandt ist, erkennt man ein Tor (2). Die nur noch geringe Breite des Grabens zeigt an, wie viel von der Grabeneinfüllung schon abgepflügt ist. Aus den Sohlenbereichen, in die der Pflug bereits an vielen Stellen eingreift, stammen ebenfalls Funde der Altheimer Kultur. Grabenwerk und Siedlung sind also gleichzeitig. Wir haben vorerst keinen Grund, an einer profanen Bestimmung des Grabengevierts zu zweifeln, und rechnen es zu den frühen Ausdrucksformen adeligen Lebens in diesem Lande.

19 Vorgeschichtliche Befestigung und römische Gebäudespuren von Pförring
Landkreis Eichstätt

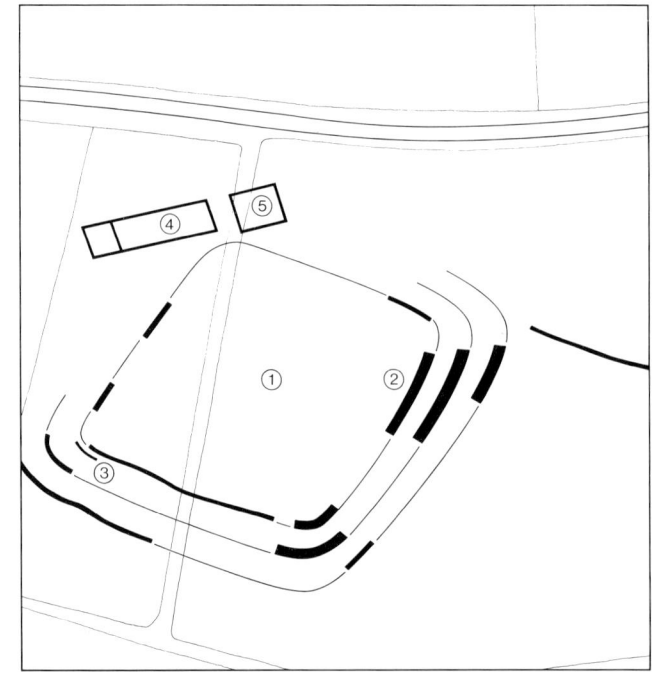

Nördlich des Marktes Pförring liegt wohlerhalten und ungefährdet das römische Kastell Celeusum, umgeben von den steinernen Bauten des Lagerdorfes und den Gräberfeldern an den Ausfallstraßen. Celeusum hatte in vorgeschichtlicher Zeit gewissermaßen einen Vorgänger, ein annähernd quadratisches Befestigungswerk (1) von ungefähr 60 mal 60 m Innenfläche, umgeben von drei parallelen Gräben. Das Ganze liegt etwa 400 m nordwestlich des Kastells an einem leichten, nach Westen zu abfallenden Lößhang.

Das Luftbild vom Sommer 1979 gibt den unterschiedlichen Erhaltungszustand von Erdoberfläche und Befestigungswerk deutlich wieder. Während auf der einen Seite (2) die Gräben noch in ihrer ganzen Breite vorhanden sind, sind sie es an den meisten anderen Stellen nicht einmal zur Hälfte. Hier haben Erosion und Pflug so viel der ursprünglichen Bodenoberfläche abgetragen, daß nur noch die äußersten Spitzen der Gräben vorhanden sind. Manchmal, beispielsweise beim mittleren Graben in der unteren Bildhälfte, fehlen auch sie bereits. Der innere Graben weist bei Punkt 3 eine doppelte Führung der Grabensohle auf, war also zumindest hier einmal erneuert worden. Die geringe Breite der Grabensohlen spricht für eine Anlage als Spitzgräben. Nach den aufgezählten Merkmalen kommt am ehesten eine Datierung in die Hallstattzeit in Frage. Wir dürften es hier mit einem der zahlreichen befestigten Herrenhöfe des 7. bis 5. Jahrhunderts v. Chr. zu tun haben.

In römischer Zeit entstanden über dem Osteck der mittlerweile völlig verebneten Befestigung zwei Steingebäude (4 und 5) die wohl noch zum Lagerdorf von Celeusum gehörten. Damals scheint auch der nahe Hang von zahlreichen Materialgruben zerfurcht worden zu sein, deren Spuren wir an der dunkelgrünen Färbung des Getreides zwischen den Befestigungsgräben erkennen, und die wohl den Lehm für eine nahe Ziegelei oder Töpferei lieferten.

20 Befestigung der jungsteinzeitlichen Altheimer Kultur von Wisselsing
Stadt Osterhofen, Landkreis Deggendorf

Auf einem der zahlreichen langgezogenen Lößrücken, die den Lauf der Donau im Gäuboden begleiten, befindet sich, seit langem bekannt, eine umfangreiche Siedlung des 4. vorchristlichen Jahrtausends mit Funden der Münchshöfener und Altheimer Kultur. Erst durch das Luftbild erhielt dieser Platz einen Akzent: Eine annähernd rechteckige Befestigungsanlage befand sich auf dem höchsten Punkt der Siedlung. Ihr Erhaltungszustand war nicht mehr gut. Nicht nur daß ihre Ostseite unter den Häusern von Neu-Wisselsing begraben lag, auch die Südseite rechts der Straße wird von Erosion und Landwirtschaft arg in Mitleidenschaft gezogen, und der Pflug verfährt dort mit den Befestigungsgräben schon beinahe nach Gutdünken. Hier wurde denn auch 1978 bald nach der Entdeckung der Anlage ein Grabungsschnitt angelegt, der das Alter der Befestigung erwies. Die beiden Gräben besaßen eine breite Sohle nach Art der anderen Altheimer Befestigungen und waren nur mehr 1 m tief. Beide enthielten die gleiche Keramik. Bereits auf dem Luftbild ist zu erkennen, daß die Gräben kaum gleichzeitig in Benutzung gewesen sein können. Der innere Graben (1) scheint der ältere gewesen zu sein. Er wurde verfüllt und durch den äußeren Graben (2) ersetzt. Die Torlücke (3) lag wie beim Vorgänger in der Südfront, und zwar auf Mitte, wenn wir den wieder sanft einziehenden Schwung des Grabens bei Punkt (2) als beginnendes Eck richtig deuten. War das gleiche Symmetrieprinzip auch schon zur Zeit des Grabens (1) maßgebend, so könnte

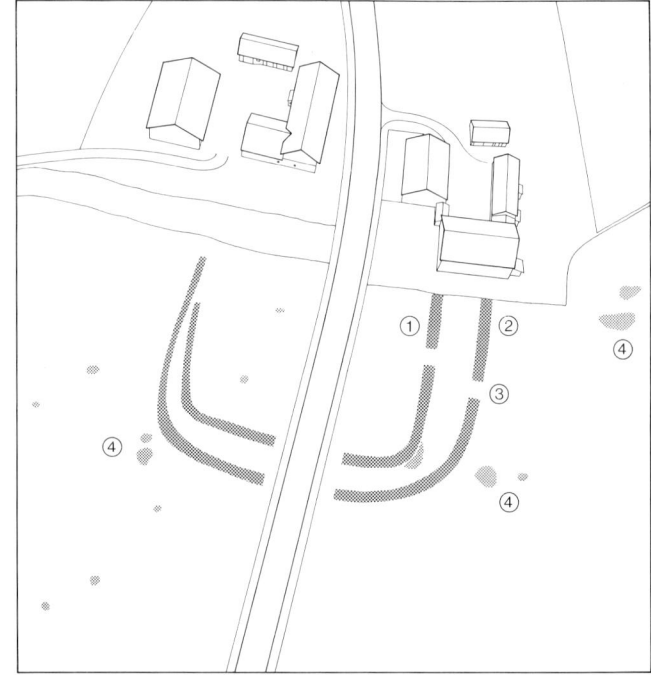

der heute nicht mehr zugängliche Ostgraben beiden Befestigungsperioden gedient haben. Der Befund ist ganz ähnlich dem von Ottmaring-Nindorf zu interpretieren: als eine burgartige Hofbildung innerhalb einer dorfartigen Siedlung der Altheimer Kultur.

21 Vorgeschichtliches Befestigungswerk von Weltenburg
Stadt Kelheim, Landkreis Kelheim

Die tief gestaffelten Befestigungsringe um den Frauenberg oberhalb von Dorf und Kloster Weltenburg zählen zu den klassischen antiken Stätten Bayerns. Ihre Geschichte ist durch jahrzehntelange Begehungen und archäologische Forschungen der jüngsten Zeit hinreichend geklärt. Danach befanden sich hier urbane Siedlungen am Ende der Jungsteinzeit, zur frühen und mittleren Bronzezeit, in der späten Urnenfelderzeit und frühen Latènezeit, in der frühen und späten römischen Kaiserzeit und schließlich im 10. Jahrhundert, als der Berg seine letzte Befestigung durch das mächtige Monument des Wolfgangswalles erhielt. Die historische Attraktion des Frauenberges hat die übrigen Denkmäler in der Umgebung Weltenburgs etwas verblassen lassen.

Eine völlig verebnete Befestigungsanlage wurde 1979 durch das Luftbild am Südrand des Dorfes Weltenburg ausfindig gemacht. Hier sprang eine Juraklippe spornartig gegen das Donautal beziehungsweise gegen ein kurzes, heute vom Dorf eingenommenes Seitentälchen vor. Auf zwei Seiten erhoben sich fast 30 m hohe Steilhänge. Hier war ein nur mäßig großer Innenraum von etwa 40 x 50 m Seitenlänge durch drei parallele Gräben vom rasch ansteigenden Hinterland abgeschnitten worden. Datierende Kleinfunde konnten im kargen Oberflächenhumus nicht aufgelesen werden. Die Geradlinigkeit der Grabenführungen, verbunden mit nur mäßigen Grabenbreiten, spricht am ehesten für hallstattzeitliche Entstehung. Vielleicht ist es für die sozialen Verhältnisse dieser Zeit im bayerischen Voralpenland und im Donauraum bezeichnend, daß damals nicht der einer großen Burgstadt Raum bietende Frauenberg aufgesucht und befestigt wurde, sondern der kleine, gerade noch eine Hofbefestigung tragende Bergsporn auf dem gegenüberliegenden Höhenzug.

22 Befestigung der vorrömischen Eisenzeit von Neuburg an der Donau
Landkreis Neuburg an der Donau-Schrobenhausen

Die Luftbildarchäologie hat durch kaum ein Bild ihre Berechtigung so gründlich bestätigt erhalten wie durch die nebenstehend wiedergegebene Aufnahme einer Befestigungsanlage in Neuburg an der Donau. Das Stadtgebiet von Neuburg gehört zu den am besten bekannten und erforschten Regionen Bayerns. Einer der tatkräftigsten Mitarbeiter der Bodendenkmalpflege betreut seit nahezu 40 Jahren ununterbrochen dieses forschungsgeschichtliche Paradies. Und trotzdem konnte es passieren, daß in dieser Zeit die Hälfte einer vorgeschichtlichen Befestigungsanlage beim Bau von Wohnblocks unerkannt verloren ging, und es ist fast nur Zufall, daß uns wenigstens der Rest erhalten blieb. Dies liegt einfach an dem Umstand, daß vorgeschichtliche Siedlungsbefunde während zügig voranschreitender Bauarbeiten in ihrem Charakter praktisch nie richtig eingeordnet werden können, wenn sie überhaupt bemerkt und gemeldet werden. Aus der Umgebung des abgebildeten Grabenwerks liegen hallstattzeitliche und latènezeitliche Funde vor, und in diesen zeitlichen Rahmen mag unsere Anlage gehören. Die beiden Gräben (1) verraten nur durch leichte Unregelmäßigkeiten in ihrem Verlauf, daß sie vorrömischen Ursprungs sind. Ein Tor (2) lag in der Ostseite; die Gräben sind hier unterbrochen. Weitere Gruben (3) dürften, da sie teilweise von den Gräben geschnitten werden, zu einer anderen Besiedlungsphase des Platzes gehören.

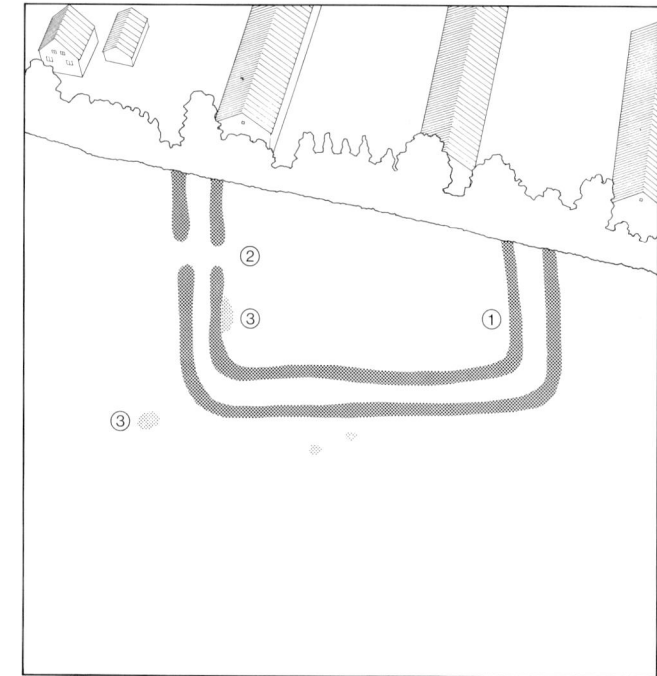

23 Vorgeschichtliches Befestigungswerk bei Ettling
Gemeinde Pförring, Landkreis Eichstätt

Im Talgrund des Kelsbaches unweit der am oberen rechten Bildrand sichtbaren Würz-Mühle befindet sich ein ausgedehnter vorgeschichtlicher Siedlungsplatz, der gleich der gegenüber liegenden hallstattzeitlichen Anlage (Tafel 19) die gut bewässerten Lößflächen zwischen Alb und Donau nutzte. Ein Teil des Hanges war durch drei breite Befestigungsgräben (1–3) vom Hinterland abgeriegelt. An mindestens zwei Stellen (4 und 5) führen Erdbrücken über die Gräben ins Innere der Anlage, wo ein Graben (6) vermutlich einen Palisadenverlauf markiert. Obwohl wir noch keine Funde von diesem Platz kennen, sprechen die Form der Anlage, die Breite der Gräben und die Anlage der Tore am ehesten für eine Zugehörigkeit zur Altheimer Kultur des 4. vorchristlichen Jahrtausends.

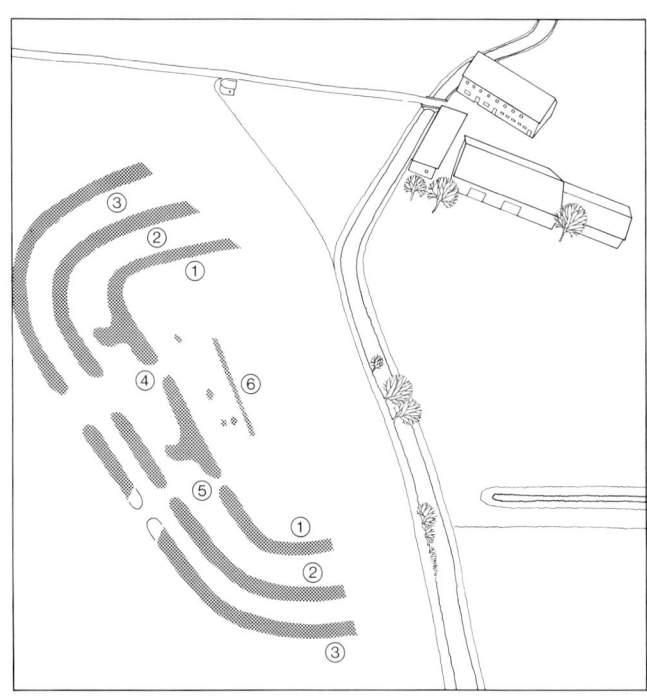

24 Befestigter Herrenhof von Irl
Stadt Regensburg

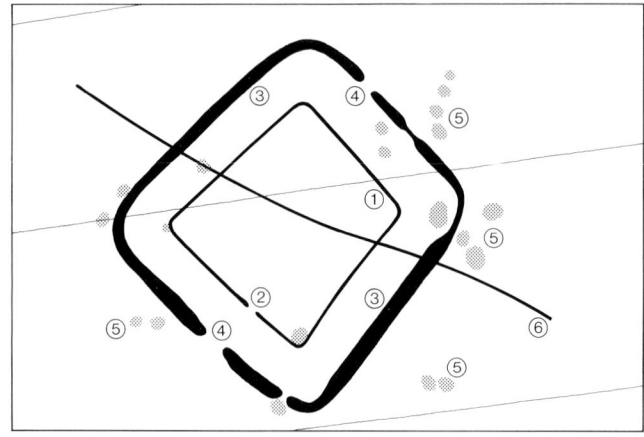

Einen der klarsten Luftbildbefunde liefert jene leicht trapezförmige Anlage, die (noch) auf freiem Feld im Donaubogen südöstlich von Regensburg liegt. Der Untergrund ist hier, ganz ähnlich wie bei der linienbandkeramischen Siedlung Harting in unmittelbarer Nachbarschaft, Kies mit einer allenfalls ganz dünnen Lößauflage. Dadurch treten selbst in nassen Sommern auch die kleinsten Bodeneingriffe noch im Bewuchs hervor, wie in diesem Fall die Palisade (1). Bei ihr kann man ob der geringen Größe der von ihr eingeschlossenen Innenfläche sicher sein, daß sie keine Hinterfüllung durch eine Erdrampe besaß. Sie wird wohl ähnlich wie der hallstattzeitliche Tempelbezirk von Aiterhofen rekonstruiert werden dürfen, und damit ist auch schon ein Wort zur Datierung gesagt. Nur an einer Stelle (2) ist ein Tordurchlaß sicher nachgewiesen. Der in großem Abstand von der Palisade liegende Graben (3) ist hier durch eine Erdbrücke (4) unterbrochen. Eine weitere derartige Unterbrechung in der gegenüberliegenden Ecke könnte auf ein weiteres Tor hindeuten. Hier scheinen Pfostenreihen ein größeres Gebäude anzuzeigen. Der Befund von Irl ist trotz seiner vorerst noch ungewissen Datierung in mehrfacher Hinsicht von Bedeutung. Er vermittelt uns Befestigungsdetails, die in Lößböden zumeist schon weggepflügt sind. Und er weist mit letzter Sicherheit nochmals darauf hin, daß derartige Befestigungen nur einen einzigen Hof umschlossen haben können und mithin in die Ahnenreihe der Burgen gehören.

Die zahlreichen Gruben (5) und das Gräbchen (6) sind Bestandteile einer anderen Besiedlungsperiode des Platzes.

25 Vorgeschichtliche Befestigung und römische Straße bei Kleinmehring
Gemeinde Großmehring, Landkreis Eichstätt

Ein ganz und gar rätselhaftes Grabenwerk gab der tiefgründig zerfurchte Löß östlich von Ingolstadt preis: eine von einem Graben (1) umschlossene kleine Innenfläche, in deren Südwestteil ein Tor führt. Die hier vorauszusetzende Palisade ist bereits bis auf den letzten Rest weggepflügt. Das kleine Grabenwerk ist sodann von einem weiteren Grabenzug (2) umgeben, der nunmehr wesentlich regelmäßiger gestaltet ist und wegen seiner beinahe quadratischen Form mit abgerundeten Ecken fast einen hallstattzeitlichen Eindruck macht. Von diesem Außengraben zweigt ein Gräbchen (3) ab. Die Datierung muß ohne Untersuchung der Gräben offen bleiben. Die zahlreichen Siedlungszeugnisse (4) zwischen ihnen und in der Umgebung sind hierfür nicht maßgebend.

Die kleine Anlage ist schon im Altertum nicht unberührt geblieben. Ein Teil von ihr kam unter einer Römerstraße zu liegen, die vom Kastell Kösching (Germanicum) aus nach Süden zur Donau zog, bei Kleinmehring über die Donau setzte und Vallatum (Manching) erreichte. Von diesem Straßenzug haben sich die beiden Straßengräben 5 und 6 erhalten, während die dazwischen liegende Kiesschüttung durch den Pflug vollständig beseitigt ist. In ihrem Bereich war jedoch zur Römerzeit die Humusdecke belassen worden, welche folglich durch den Römerstraßendamm etwas länger Schutz erhielt als die Humusschicht in ihrer Umgebung. Sie ist dadurch noch heute

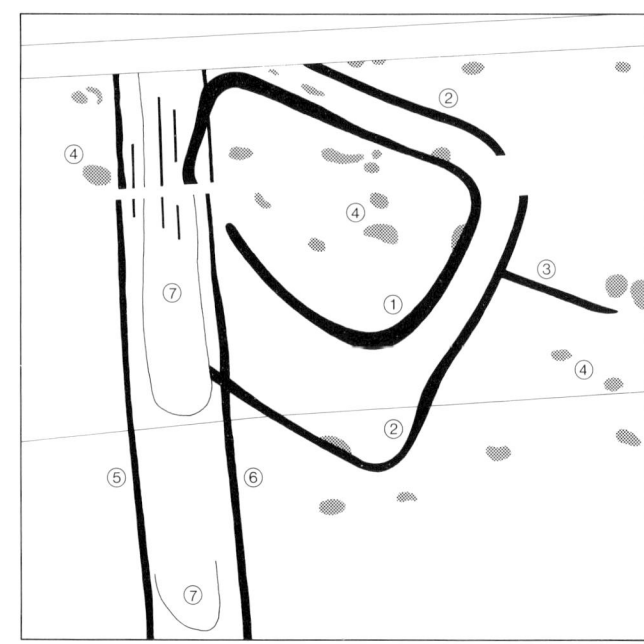

vorhanden (7) und schützt sogar noch diejenigen Teile des Befestigungswerkes, das sich hier Jahrhunderte früher befunden hatte.

26 Befestigungsanlage ungewissen Alters von Galgweis
Stadt Osterhofen, Landkreis Deggendorf

Im anmoorigen Grund des unteren Vilstales tauchte im Jahr 1978 vor dem Auge des Luftbildarchäologen eine ungewöhnliche Befundgruppe auf. Ungewöhnlich einmal ob der topographischen Lage im fast jährlich von Überschwemmungen heimgesuchten Talgrund. Und ungewöhnlich wegen der Gestalt der hier versammelten archäologischen Objekte. Sofort fällt ein von drei Gräben eingefaßtes unregelmäßiges Befestigungswerk von etwa 100 x 70 m Innenfläche ins Auge. Der tonige Grabenaushub ist durch den Pflug verschliffen. Einen Wall gab es anscheinend nicht. In der Ostseite lag der einzige Zugang (2), der leider durch einen Entwässerungsgraben gestört und nur durch die unterschiedlichen Grabenverläufe beiderseits des Wassergrabens zu rekonstruieren ist. All dies macht eigentlich einen durchaus prähistorischen Eindruck. Man würde jedoch auch eine frühgeschichtliche Fluchtburg nicht ausschließen dürfen, in Zeiten der Not im unwirtlichen Moor angelegt, wenn dem nicht ein weiterer Befund entgegenstände. Unweit des Grabenwerks fanden sich nämlich, noch näher an die mäandrierende Vils gerückt, die durch den Pflug sichtbar gemachten Fundamente von drei oder vier Häusern (3). Von ihnen führt ein Wegedamm (4) direkt zum Tor der Anlage (1). Ein weiterer Weg (5) wurde erst angelegt, als die Anlage (1) mit ihren Gräben bereits nicht mehr existierte.

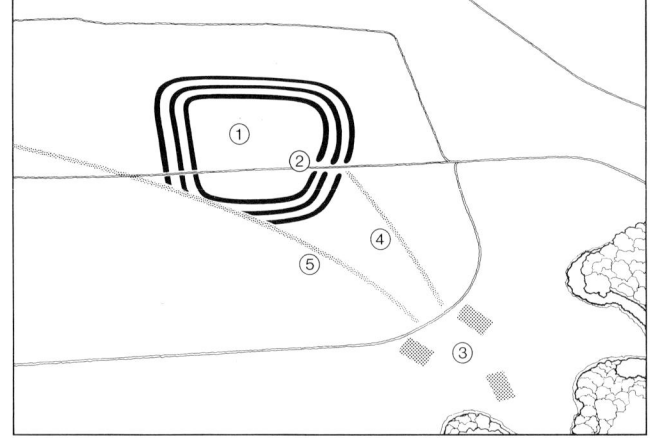

Zur Datierung von Hof und Befestigung fehlt vorerst jeder Hinweis. Lediglich im Weg (5) fanden sich mittelalterlich/neuzeitliche Ziegel. Als im 19. Jahrhundert die bayerischen Katastertopographen die Gegend vermaßten, waren Hof und Befestigung bereits so spurlos verschwunden, daß weder ein Grenzverlauf, noch ein Flurname an sie erinnerte.

27 Archäologische Denkmäler am Lechufer bei Rederzhausen
Stadt Friedberg, Landkreis Aichach-Friedberg

Der Intercity, der in wenigen Minuten im Bahnhof Augsburg einfahren wird, durchrast nordwestlich von Kissing am Niederterrassenrand zum Lech hin eine archäologische Fundlandschaft von großer Dichte und Aussagekraft. Hier befinden sich Siedlung an Siedlung, Flachgräberfelder, ein römisches Kastell und immer wieder Grabhügel. Ein solcher Grabhügel ist auch das älteste Denkmal auf unserem Bild (1). Er ist völlig verflacht, war jedoch von einem heute noch sichtbaren Kreisgraben umgeben. Vielleicht stand er schon zur Römerzeit nicht mehr, als über ihm der westliche Graben der Fernstraße Augsburg–Gauting (2) hinweggeführt wurde. Vom Kieskörper dieser Straße hat sich ebenfalls nichts mehr erhalten, doch fallen die Materialgruben immer noch durch das satte Rot des Getreides (Infrarot-Fehlfarbenfilm) auf. Im Vordergrund schließlich zwei parallele Gräben (3) eines rätselhaften Befestigungswerkes von ungewöhnlicher Gestalt. Zwei Toröffnungen (4, 5) führen ins Innere. Die Westseite verliert sich in den Flußschlingen alter Lechläufe (7). Die Anlage war sicher einperiodig. Sie besitzt im bekannten Fundbestand Bayerns

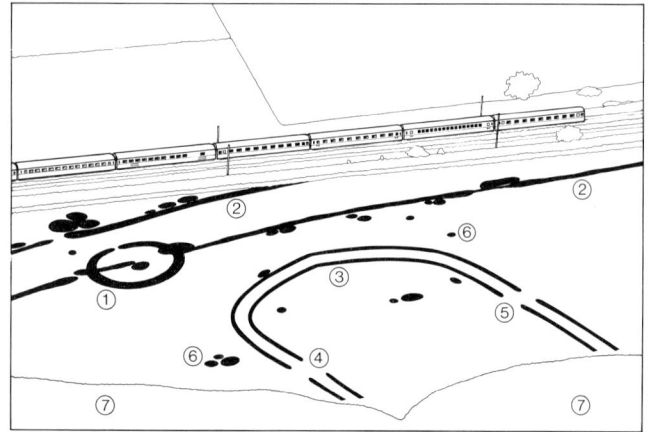

keine Entsprechung. Wer dächte da nicht an ein Feldlager im Zusammenhang mit der Ungarnschlacht von 955, deren bedeutendster Teil sich in der nächsten Umgebung unseres Fundplatzes abgespielt haben soll?

28 Befestigungsanlagen auf dem Sebastiansberg bei Aislingen
Landkreis Dillingen

Zwischen Ulm und Donauwörth wird das breite Bett des Donautales auf seiner Südseite von den tertiären Höhen des mittelschwäbischen Hügellandes begleitet. Ihr Steilabfall zum Donautal wird immer wieder unterbrochen und gegliedert durch die zahlreichen von Süden kommenden Nebentäler. Zwei dieser Tälchen haben auf halber Wegstrecke zwischen Iller- und Lechmündung bei Aislingen einen regelrechten Bergsporn entstehen lassen, der trotz seiner Breite zur Fortifizierung geradezu einladen mußte. Hier finden sich denn auch die unterschiedlichsten Befestigungssysteme.

Der jüngste Wehrbau ist ein Turmhügel des hohen Mittelalters. Die auf ihm errichtete Burg muß schon früh abgegangen sein; an ihrer Stelle steht heute die Sebastianskapelle aus dem frühen 17. Jahrhundert. Der Turmhügel hatte auf seiner Süd- und Ostseite Teile eines älteren, sehr viel umfangreicheren Befestigungswerkes benutzt. Diese Anlage nimmt den ganzen unteren Teil auf unserer Abbildung ein. Sie besteht aus zwei verschieden großen, annähernd rechteckigen Befestigungswerken, von denen die sogenannte Große Schanze (im Vordergrund) eine Fläche von 200 x 250 m, die Kleine Schanze dahinter mit der Sebastianskapelle eine Fläche von etwa 250 x 180 m einnimmt. Die gesamte, gewaltige Befestigung gehört zu den großen Landesburgen des älteren Mittelalters, ohne daß wir vorerst genaueres über Anfang und Ende wüßten. Die Ausgrabungen, die hier zu Beginn dieses Jahrhunderts stattfanden, galten nämlich einer noch viel älteren Befestigung, einem römischen Kastell, das bis dahin schon viele Kleinfunde geliefert hatte. Es gehörte zur ersten römischen Verteidigungslinie an der Donau, wurde noch vor 40 n. Chr. errichtet und 30 Jahre später wieder aufgelassen. In dieser kurzen Zeitspanne muß es aber, den Funden und der Ausdehnung seines Lagerdorfes nach zu schließen, eine beträchtliche Bedeutung besessen haben. Von ihm ist freilich über Tage nichts mehr zu sehen.

Gleiches gilt für eine dritte Blütezeit des Sebastiansberges, das 6. oder 5. vorchristliche Jahrhundert. Wenn wir von wenigen zufälligen Kleinfunden einmal absehen, so berechtigt uns eigentlich nur jener riesige, ausgeraubte Grabhügel 2500 m nordwestlich von Aislingen, in der Nähe einen zugehörigen Fürstensitz zu suchen, und dieser kann nur auf dem Sebastiansberg gelegen haben.

Literatur: Günter Ulbert, Die römischen Donau-Kastelle Aislingen und Burghöfe (1959) 11 ff.

29 Der Platz der mittelalterlichen Burg Kipfenberg
Gemeinde Unterthingau, Landkreis Ostallgäu

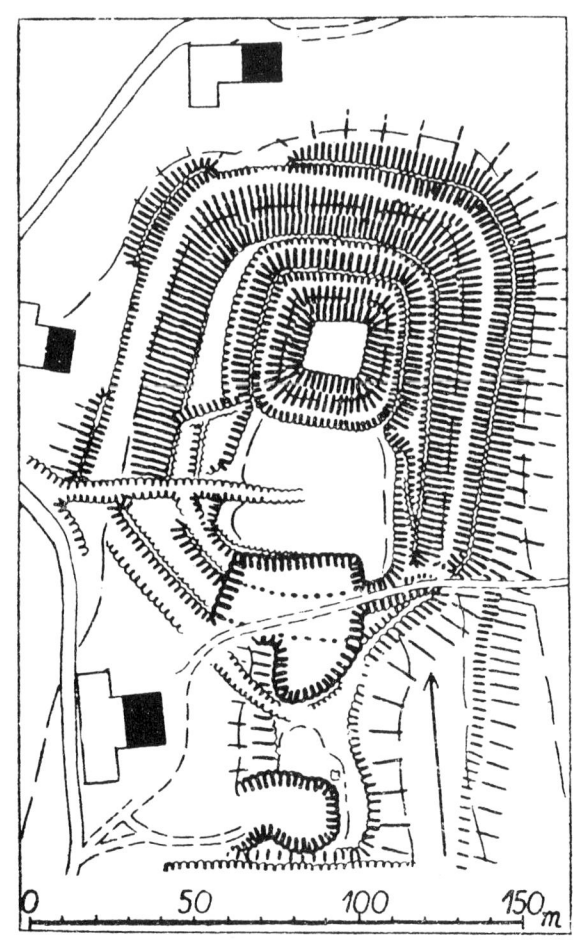

Burgstall nennt man einen solchen Platz, von dessen einstiger Bedeutung nur mehr die Geländeverformungen künden, wie sie zur Aufnahme einer herrschaftlichen Wohnung präpariert worden waren. Der Burgstall Kipfenberg zeigt alle Merkmale eines solchen Adelssitzes, und dies, seiner Lage im konservierenden Moränengebiet des Allgäus entsprechend, in bester Erhaltung. Im Luftbild vom 31. Januar 1981 hat die Mittagssonne den Schnee vom Südhang der Hauptburg weggetaut. Hier stand auf künstlich überhöhtem Hügel das sicher turmartige Schloß der vom 13. bis ins 15. Jahrhundert nachweisbaren stiftkemptischen Dienstmannen von Kipfenberg. Südlich davorliegend dann die Vorburg. Vor- und Hauptburg waren von einem gemeinsamen Grabensystem umschlossen. Noch im 15. Jahrhundert verfiel die Burg Kipfenberg und wurde nicht wieder aufgebaut. An ihren Platz legte man erst zu Beginn unseres Jahrhunderts Hand an, indem man im Vorburggelände Kies abbaute. Doch ist diesem Frevel bald Einhalt geboten worden. Den Zustand, wie ihn Barthel Eberl in den zwanziger Jahren vorfand und in nebenstehender Skizze aufzeichnete, zeigt unser Luftbild noch heute.

Literatur: Barthel Eberl, Heimatkundliche Mitteilungen aus dem obersten Günztal 58, 1932.

30 Zwei verschwundene Wasserburgen bei Stolzenroth
Gemeinde Pommersfelden, Landkreis Bamberg

Im überschwemmten Talgrund der Reichen Ebrach traten im Frühjahr 1980 die Stellen der beiden Wasserburgen Liebenau und Stolzenroth zutage. Sie wurden, von Nordosten her, auf Infrarot-Fehlfarbenfilm gebannt. Liebenau, im Vordergrund, war schon im 16. Jahrhundert Ruine gewesen. Das Luftbild zeigt nur mehr den Platz der Hauptburg (1) auf rechteckigem Erdhügel von 40 x 46 m Seitenlänge, umgeben von einem doppelten Grabengeviert. Zu sehen ist auch, daß der äußere Graben auf seiner nordwestlichen (auf unserem Bild rechten) Seite (2) einmal eingefüllt wurde, um einer Vorburg Platz zu machen. Diese lag auf der dem Dorf Stolzenroth zugewandten Seite und war ebenfalls von einem Wassergraben umschlossen, der dorfseitig halbrund verlief.

Nur 80 m südwestlich der Burg Liebenau stand Burg Stolzenroth (3), in Anlage und Größe ihrer Nachbarin völlig gleich. Auch scheint sie das Schicksal von Liebenau geteilt zu haben, denn auch sie bestand im 16. Jahrhundert schon nicht mehr. Stolzenroth hatte ebenfalls eine dem Dorf zugewandte, von einem gebogenen Wassergraben umschlossene Vorburg (4), die in diesem Falle jedoch bereits zur ursprünglichen Burganlage gehört haben dürfte; vielleicht war Stolzenroth um ein weniges jünger als Liebenau. Archivalisch wissen wir über Umstände und Zeit des ersten Burgenbaus an beiden Plätzen nichts, wiewohl es gewiß reizvoll wäre, die Geschichte dieser Burgenfamilie, zu der wenig weiter westlich eine dritte Wasserburg gehörte, bis zu ihren Anfängen zurückzuverfolgen.

Die letzten baulichen Überreste der Burgen wurden 1790 abgetragen. Danach begann die Verfüllung der Gräben, bis nunmehr heute nichts mehr einer ungehinderten landwirtschaftlichen Nutzung entgegensteht. Die Unbekümmertheit, mit der sich die jüngste Feldeintei-

lung über die Stellen der Wasserburgen hinweggesetzt, läßt kaum darauf schließen, daß beide Erscheinungen der gleichen geschichtlichen Epoche angehören. In einer nur mit dem Begriff Kulturrevolution angemessen bezeichneten Bereinigungstat werden hier die letzten Zeugnisse einer Vergangenheit ausradiert, welche den glänzendsten Abschnitt in der Geschichte des heutigen Ortes Stolzenroth bildete, und die in Bälde kaum noch erforschbar sein wird.

Literatur: Klaus Schwarz, Die vor- und frühgeschichtlichen Geländedenkmäler Oberfrankens (1955) 104.

31 Der Burgstall von Emmereis
Gemeinde Rettenberg, Landkreis Oberallgäu

Einen inselartigen Moränenhügel inmitten der vom Kranzegger Bach durchflossenen Talweitung nutzte im hohen Mittelalter ein Adelsmann zur Anlage einer bescheidenen Burg. Auf der abgeflachten, durch den Grabenaushub noch künstlich erweiterten und abgesteilten Kuppe stand ein Gebäude von 11 x 8,5 m Größe. Es genügte wohl nur kurze Zeit ritterlichen Ansprüchen. Das Fehlen von Umbau- und Erweiterungsspuren an Haus und Burg lassen die baldige Wüstwerdung des Burgplatzes erkennen. Die einzige jüngere Veränderung blieb die Herrichtung der heute noch vorhandenen Zufahrt von Osten her auf das Burgplateau. Der Burgstall von Emmereis vermag in seinem seit dem späten Mittelalter nahezu gleich gebliebenen Zustand überaus plastisch vor Augen zu führen, welche Opfer an Bequemlichkeit und Geselligkeit ein Angehöriger des niederen Landadels damals auf sich nahm, um auch nur halbwegs standesgemäß zu wohnen. In ihm – und in vielen gleichzeitigen Allgäuer Burgställen – kommt aber auch der rasche Niedergang dieser kleinen Adelsherrschaften, die der Anziehungskraft der großen Städte und Stifte nicht widerstehen konnten, am Ende des Mittelalters sichtbar zum Ausdruck.

Literatur: Michael Petzet, Die Kunstdenkmäler von Schwaben 8: Landkreis Sonthofen (1964) 247.

32 Mittelalterliche Burgställe in Wilzhofen
Gemeinde Wielenbach, Landkreis Weilheim-Schongau

Die Moränenhügel und Schotterflächen des Alpenvorlandes haben eine Eigenschaft, welche sie einmal zu einer bedeutenden vorgeschichtlichen Fundlandschaft machen wird: sie sind von der Intensivierung der Landwirtschaft, von Erosion und Denudation praktisch verschont und konservieren alle archäologischen Befunde in ihrem Bereich weit besser als die so viel fruchtbareren Lößböden. So sind hier auch solche Befestigungswerke oberirdisch erhalten, die anderswo längst eingeebnet wurden. Dennoch ist unsere Kenntnis von diesem noch sichtbaren Denkmälerbestand lückenhaft. Auf unserem Bild sind gleich zwei Bodendenkmäler zu sehen, die bis zum Zeitpunkt der Aufnahme nicht oder nur aus literarischen Quellen bekannt waren. Dies ist einmal ein zum heutigen Ort gehörender Burgstall, von dem man zwar wußte, daß er bei der Kirche gesucht werden mußte, dessen genauere Lage aber verschlossen blieb. Das Luftbild vom 29. Dezember 1981 ergab diesen Burgplatz (1) mit der überdeutlichen Klarheit der Spätnachmittagssonne. Eine rechteckige Fläche war mittels Graben und Wall (2) aus dem Hang herausgeschnitten worden. Das Fehlen einer Vorburg und die Beschränkung der Innenbebauung auf ein Steinhaus (3) könnten für eine frühe Datierung dieses Ministerialensitzes sprechen. Im 16. Jahrhundert existierte die Burg Wilzhofen schon nicht mehr.

Als große Überraschung ist auf dem nebenstehenden Bild ein weiteres Bodendenkmal zu sehen (4): ein kreisrunder Hügel von etwa 10 m Durchmesser, umgeben von einem Graben. Wenn es sich nicht um einen spätmerowingischen Adelsgrabhügel handelt, so bleibt als Deutung nur übrig, in der Anlage einen jener frühen Turmhügel zu sehen, die an den Anfängen unserer heimischen Burgenentwicklung stehen.

33 Der Burgstall Waldburg bei Niederstaufen
Gemeinde Sigmarszell, Landkreis Lindau

Ein den Ort Niederstaufen beherrschender Höhenrücken war im Mittelalter zu einer Burg hergerichtet worden, indem man die Kuppe planierte, die Böschungen künstlich steilte und dadurch schließlich einen Burgplatz von etwa 25 x 30 m Grundfläche schuf. Die Burg, die darauf zu stehen kam, und deren Ruine noch im 17. Jahrhundert sichtbar war, hat sich in keiner schriftlichen Aufzeichnung überliefert. Sie wird wohl der Ansitz des Ortsadels gewesen sein. Wenn wir nun das Luftbild betrachten und dabei die dominierende Rolle der Burg über dem Ort Niederstaufen und seiner Kirche würdigen, dann will es wohl nur wenigen unwahrscheinlich dünken, daß sich geschichtliche Vorgänge dieser Bedeutung nicht schriftlich niederschlugen. Um so mehr wird man darauf bedacht sein müssen, daß dann wenigstens die Grundfesten jener überlieferungslosen Ortsadelssitze als Geschichtsquellen wie als Denkmäler überdauern.

Literatur: Adam Horn und Werner Mayer, Die Kunstdenkmäler von Schwaben 4: Stadt und Landkreis Lindau (1954) 394 f.

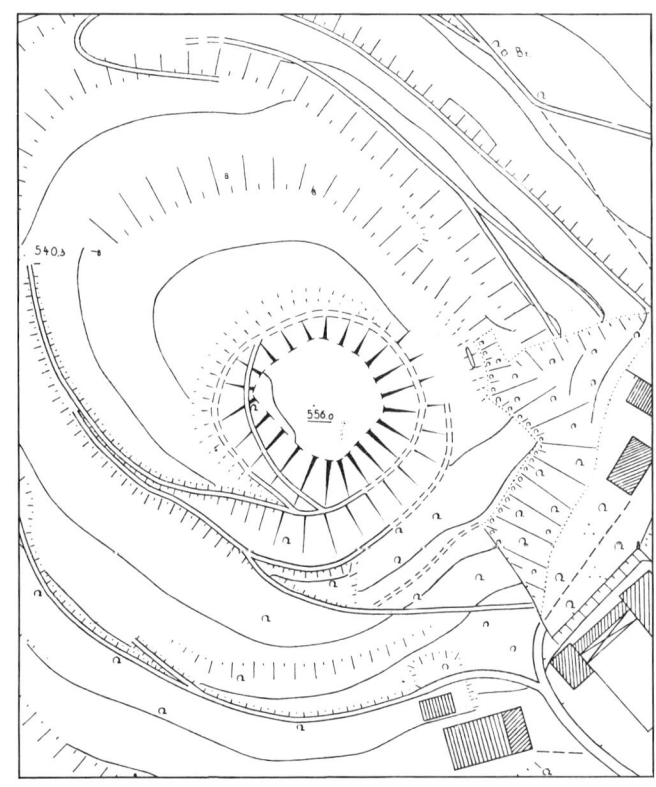

34 Die Stelle der Wasserburg Gitting
Gemeinde Langquaid, Landkreis Kelheim

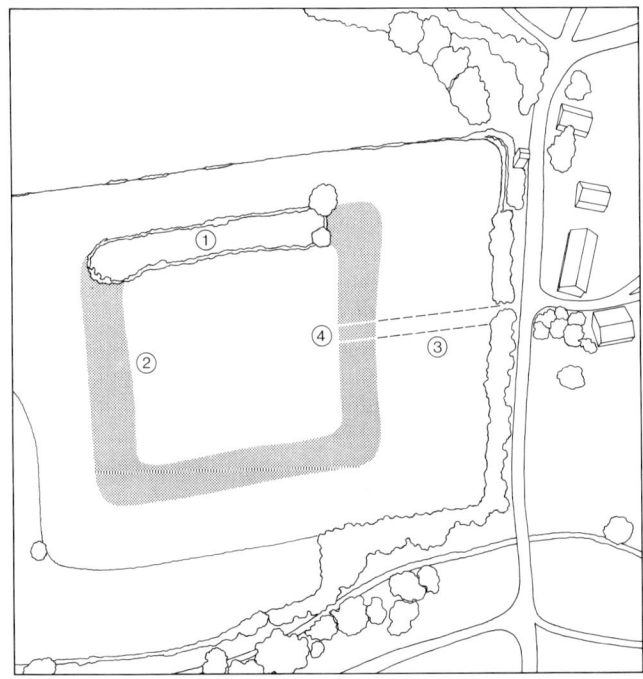

Im weiten Talgrund der Großen Laaber liegt das heute in dem Ortsteil Niederleierndorf aufgegangene Dörfchen Gitting. Der vom 12. bis 14. Jahrhundert nachweisbare Ortsadel hatte sich in der Flußniederung eine Wasserburg von beachtlicher Größe errichtet. Ein Grabengeviert umschloß eine Burgfläche von etwa 60 x 60 m. Die Gebäude gingen 1490 zugrunde und waren noch 100 Jahre später Ruine, bis sie von neuem errichtet wurden. Michael Wenings Ansicht von 1726 zeigt einen langgestreckten, mehrgliedrigen und sicher gotische Bauteile beinhaltenden Schloßflügel auf der Nordseite der Wasserburg. Einzelheiten wie die übereck gestellten, zwiebelbekrönten Türmchen verweisen aufs späte 16. oder aufs 17. Jahrhundert. In diesem Zustand verblieb die Wasserburg bis zum Abbruch im frühen 19. Jahrhundert. Das älteste Katasterblatt zeigt den Burgstall nur noch als wasserführendes Grabengeviert; es war noch 1930 vorhanden. Dann aber begann der eigentliche Untergang der Burg Gitting. Als erstes wurde in der Mitte der Ostseite (bei 4) in der Verlängerung der sicher alten Zufahrt 3 eine Erdbrücke über den Wassergraben gelegt. Damit war das Innere des Burgstalls frei zugänglich, was den Wunsch nach einer landwirtschaftlichen Nutzung und nach einem Zusammenlegen dieser Fläche mit der umgebenden Wiese weckte. Dies wurde mit dem allmählichen Verfüllen des Grabens (2) bewerkstelligt. Heute ist nur noch der Nordteil (1) des Grabens intakt, ein längliches, dem Uneingeweihten sinnloses, den Landwirt störendes Weiherstück. Seine Tage dürften gezählt sein, ein Antrag auf Verfüllung könnte Erfolg haben, denn auch Gutwillige vermögen in ihm kein geschichtliches Denkmal mehr zu erblicken. Mit ihm verschwindet nicht nur der letzte Hinweis auf die hohe Zeit des Ortes Gitting, sondern auf den einstmals ältesten Ort in diesem Abschnitt des Laabertales überhaupt.

Literatur: Anton Eckardt, Die Kunstdenkmäler von Niederbayern 22: Bezirksamt Rottenburg (1930) 46 ff.

35 Die Wasserburg Nassenfels
Landkreis Eichstätt

In der Römerzeit erhielt die Stelle, an der die Schutter in das Kalkgebirge des Jura eintritt, durch die Anlage einer Siedlung mit zentralörtlichen Funktionen erstmals erhöhte Bedeutung. Der Vicus Scuttarensium ging zum ersten Male in den Alamannenstürmen des 3. Jahrhunderts und zum zweiten und unwiderruflich letzten Male im 20. Jahrhundert in den Neubaugebieten des Marktes Nassenfels zugrunde. Die verkehrsgünstige Lage war es wiederum, welche im späten Mittelalter die Entstehung einer bedeutenden Ansiedlung förderte: des Marktes Nassenfels. Der Sitz des gleichnamigen Ministerialengeschlechtes lag südlich des Ortes in der Schutterniederung. Kanalisationsarbeiten im Burginneren förderten im Sommer 1982 zutage, wie es zur Namengebung »Nassenfels« kam: die Burg steht auf einer niedrigen Felsrippe inmitten des feuchten, ursprünglich von einem See ausgefüllten Schuttertales. Gegen Ende des 12. Jahrhunderts wurde sie zum ersten Male urkundlich erwähnt. Aus dieser Zeit dürften auch die ältesten erhaltenen Bauteile stammen.

Die zweigliedrige Wasserburg veränderte rasch ihr Aussehen, als sie Sitz der fürstbischöflich-eichstättischen Pfleger wurde, und erhielt in spätgotischer Zeit ihre vieltürmige Gestalt. Selbst in ihrem heutigen, halbruinösen Zustand bietet sie das eindrucksvolle Bild einer Burg, welche das damals schon nicht mehr zeitgemäße Wehrbedürfnis des Mittelalters mit den Repräsentationswünschen der Neuzeit zu vereinen versuchte. Daß wir dies in noch vergleichsweise reiner Form studieren können, ist zuvörderst der Tatsache zu verdanken, daß die Burg bis ins 19. Jahrhundert hinein Amtssitz war und durch diese Zweckbestimmung sowohl vor Modernisierung, als auch vor Abriß weitgehend bewahrt blieb. Ihre Überreste erhält das Bayerische Denkmalschutzgesetz am Leben. Bei den erwähnten Erdarbeiten des Jahres 1982 stellte sich überraschenderweise heraus, daß die Felseninsel bereits vor 6000 Jahren besiedelt war. Hausböden, reichlich Funde an Silexwerkzeugen und bandkeramische Scherben fanden sich im ganzen Burgbereich.

36 Der römische Limes bei Hirnstetten
Gemeinde Kipfenberg, Landkreis Eichstätt

Mit über 100 km Länge ist der römische Limes das größte Baudenkmal, das jemals auf bayerischen Boden errichtet wurde. Seine Größe machte es nahezu unverwüstlich. Selbst wenn einmal einige hundert Meter aus seinem Bestand herausgerissen und beispielsweise im Mittelalter von einem Dorf überbaut wurden, so blieb es als Gesamtbauwerk nahezu unberührt. Was 17 Jahrhunderte einem solchen Denkmal antun konnten, ist auf unserem Luftbild deutlich zu sehen: nichts. Die verfallene Steinmauer zieht als Feldrain, mit Sträuchern bewachsen, schlimmstenfalls als Straßentrasse genutzt, vom Altmühltal aus nach Nordwesten, das römische Reich (links) vom freien Germanien (rechts) scheidend.

Der Limes war kein Kunstprodukt aus der Planmappe der römischen Verwaltung. Es dauerte über ein Jahrhundert, von der römischen Okkupation des Alpenvorlandes im Jahr 15 v. Chr. an gerechnet, bis er seine Position eingenommen, und wiederum ein Jahrhundert, bis er seinen endgültigen Ausbauzustand erreicht hatte. Die Etappen dorthin führten, am nebenstehenden Plänchen (nach D. Baatz) verdeutlicht, über einen anfänglichen Postenweg zwischen hölzernen Wachtürmen (1), über eine Palisade vor diesem Weg (2), über den Ausbau der Wachtürme in Stein (3) bis hin zur Errichtung der Steinmauer, in welche die etwas älteren Wachtürme nunmehr eingebunden wurden (4). Natürlich gab es gelegentlich Abweichungen von diesem Schema, das im übrigen in dieser Form des Endausbaus nur für den Limesanteil der Provinz Raetien gilt.

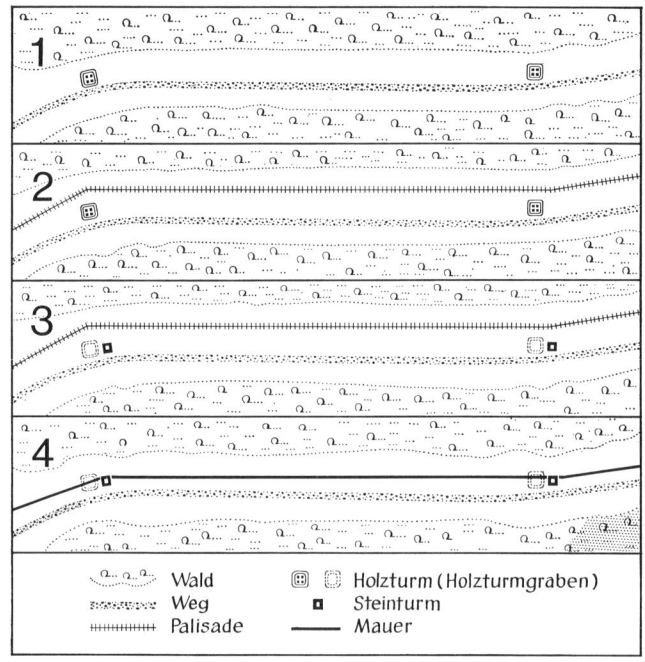

Der Limes war zunächst nicht als Bollwerk gegen die Germanen gedacht, sondern eher als hoheitliche Abmarkung, welche auch verändert, etwas weiter ins Innere des freien Germanien vorgeschoben werden konnte. Am fortschreitenden Ausbau erkennen wir jedoch, daß nicht nur weitere Expansionspläne nicht mehr verfolgt wurden, sondern daß der Limes auch zunehmend defensive Aufgaben erhielt. Dafür erwies er sich spätestens seit den ersten Alamanneneinfällen von 213 als zu schwach. Er mußte im Jahre 260 samt seinem Hinterland mit allen Kastellen und Gutshöfen aufgegeben werden. Bezeichnenderweise verzichtete dann sein Nachfolger, der spätrömische Limes an Iller und Donau, auf jegliche Mauerwehr, auch auf der Landstrecke zwischen Memmingen und dem Bodensee.

Der Limes – oder besser: die Limesmauer – zerfiel. Seine Überreste waren immer noch so gigantisch, daß sie den Menschen des Mittelalters nur Teufelswerk sein konnten. Auch wenn sie zu jener Zeit ihren Zweck völlig eingebüßt hatten, so bestimmten sie immer noch und bis heute die Linie, bis zu welcher das römische Reich seinen Fuß vorgesetzt hatte. Und zuweilen blieb der Limes auch im Mittelalter noch Grenze, wenn auch nur zwischen zwei benachbarten Ortsfluren.

Literatur: Dietwulf Baatz, Der römische Limes. Archäologische Ausflüge zwischen Rhein und Donau. 2. Aufl. 1975.

37 Die römische Stadt Damasia auf dem Auerberg
Gemeinde Bernbeuren, Landkreis Weilheim-Schongau

Mehr als 300 m über sein Umland erhebt sich der Auerberg 20 km vor dem Fuß der Allgäuer Alpen. Sein isoliertes Massiv ist von einer dem heiligen Georg geweihten Kirche bekrönt. An einen solchen exponierten Platz ranken sich manche Sagen und Überlieferungen, hier genährt von einem großen Ringwallsystem, das auf 2 km Länge den Berggipfel umzieht. Die Wallanlagen sah man seit 1882 beinahe ein Jahrhundert lang als Überreste eines keltischen Oppidums an, auch als in den Jahren 1901 bis 1905 erste größere Ausgrabungen nur römische Funde zutage förderten. Diese Forschungen wurden später im Zusammenhang mit den Grabungsbefunden der benachbarten Orte Cambodunum (Kempten) und Abodiacum (Epfach) gesehen und ergaben das Bild einer Kette von Militärstationen augusteisch-tiberischer Zeitstellung, auch wenn an allen diesen Plätzen nur militärische Kleinfunde, aber keine militärischen Baulichkeiten beobachtet worden waren.

So wurde dann der Auerberg seit 1968 nochmals zum Schauplatz alljährlicher archäologischer Ausgrabungen. Zunächst bestätigte sich der bis dahin schon vermutete Beginn der Siedlung im zweiten nachchristlichen Jahrzehnt. Nicht einmal eine Generation später wurde der Platz wieder – auf friedlichem Wege – verlassen. Dazwischen aber waren die Hänge und Terrassen um den Berggipfel überaus dicht mit einer römischen Siedlung belegt, an deren zentralörtlichem Charakter kein Zweifel bestehen kann. Umschlossen war die Stadt mit einer Mauer aus Erde und Grassoden, eben jenem vordem für keltisch gehaltenen Ringwall. Im Inneren fanden sich bislang nur Bauspuren zivilen Charakters und Hinweise auf all das, was zum Funktionieren eines urbanen Gemeinwesens gehörte. Töpfereien, Schmiede, Glasbläser, Bronzegießer waren ebenso ansässig wie Händler, die für die Bürger des Ortes Tafelgeschirr, Wein und Öl importierten und auch mit den Germanen nördlich der Donau Handel trieben. Den Namen des Platzes überlieferte der 19 n. Chr. verstorbene Geograph Strabo in seiner Aufzählung frührömischer Orte des Alpenvorlandes. In einer Reihe mit Brigantium (Bregenz) und Cambodunum (Kempten) erwähnt er auch den Ort Damasia und fügt eine kennzeichnende Lagebeschreibung hinzu: wie eine Akropolis. Im Gegensatz zu den beiden erstgenannten Städten, die immer wieder in schriftlichen Quellen auftauchen und ihre römischen Namen heute noch tragen, ist Damasia bei Strabo zum ersten und letzten Male erwähnt. In der Tat wurde der Ort schon um 40 n. Chr. wieder geräumt und nie wieder aufgesucht. In der Geschichte des Auerberges waren jene zweieinhalb Jahrzehnte des 1. Jahrhunderts die hohe Zeit.

Literatur: Günter Ulbert, Der Auerberg. In: Ausgrabungen in Deutschland, gefördert von der Deutschen Forschungsgemeinschaft 1950–1975, 1 (1975) 409 ff.

38 Eine römische Straße bei Schwabmünchen
Landkreis Augsburg

Ein wesentlicher Faktor römischer Organisationsentfaltung war der rasche Transport von Menschen, Waren und Nachrichten über große Räume hinweg, und eine wesentliche Voraussetzung hierfür war das römische Straßennetz. Es folgte dem Vorrücken römischer Truppen auf dem Fuße. Für seine Instandsetzung wurde stets Sorge getragen, und größere Erneuerungsarbeiten wurden in Inschriften auf Meilensteinen festgehalten. Die Routen der Straßen waren nach Möglichkeit so angelegt, daß die Pflege des Straßenkörpers erleichtert wurde. Man nahm sogar Umwege und Überschwemmungsgefahr in Kauf, wenn man nur den tiefgründigen Löß meiden und die Nähe kiesiger Talsohlen nutzen konnte. Heute kann man im günstigsten Falle in der Natur die kleinen Materialgruben beobachten, die sich in ununterbrochener Reihe beiderseits des Straßenkörpers finden, und denen immer wieder der Kies für die Erneuerung der Straßendecke entnommen wurde.

Das römische Fernstraßennetz Raetiens ist uns im Verzeichnis des Itinerarium Antonini aus dem 3. Jahrhundert und aus der Straßenkarte der Tabula Peutingeriana aus dem 2. bzw. 4. Jahrhundert erhalten. Beide Quellen nennen nur die großen Orte und Kastelle und dadurch natürlich auch nur die Hauptverbindungsstraßen. Daneben gab es natürlich kleinere Orte (die die Forschung in der Regel gefunden hat) und kleinere Straßenverbindungen (die die Forschung nur selten zu Gesicht bekam). Solche Nebenstraßen wurden in den letzten Jahren durch das Luftbild in größerer Zahl aufgefunden. Sie bestehen in vielen Fällen, wie etwa dem hier gezeigten, aus zwei parallelen Straßengräben, zwischen denen gar keine besondere Kiesschüttung gewesen zu sein scheint. Das hier abgebildete Straßenstück zweigte vom vermuteten Wertachübergang der Straße Cambodunum (Kempten) – Augusta Vindelicum (Augsburg) bei Schwabmünchen nach Nordwesten ab und verband die Sigillatatöpfereien von Schwabegg mit dem römischen Vicus von Schwabmünchen beziehungsweise mit dem Fernstraßennetz. Von ihr zweigten weitere kleine, kurze Wege gleicher Bauart ab. Solche Nebenstraßen konnten sich natürlich nur dort erhalten, wo in späterer Zeit keine intensive Akkerwirtschaft den Boden zerfurcht und alle Erdzeichen verwischt hat. Derartig günstige Voraussetzungen bieten fast nur die wasserreichen Stromtäler der Alpenflüsse.

39 Römische Straße bei Preith
Gemeinde Pollenfeld, Landkreis Eichstätt

Der römische Wanderer, von Biricianis (Weißenburg) kommend und nordwestlich von Preith den Raitenbucher Forst verlassend, hätte noch vor wenigen Jahren nur dreieinhalb römische Meilen (= etwas mehr als 5 km) vor sich gehabt, um dann beim Kastell Vetonianis (Pfünz) anzulangen. Er hätte immer noch jene um 90 n. Chr. im Zuge der Neuorganisation der raetischen Reichsgrenze angelegte Fernstraße benutzen können, die den Limes begleitete und die Kastelle auf kürzesten Wegen miteinander verband. Heute muß unser Römer sich nach dem Waldrand erst einmal links halten, sich über Seuversholz und Weigersdorf nach Preith begeben, von da an ins Altmühltal bei Eichstätt hinabsteigen, bevor er über Landershofen sein Ziel erreicht, nach fast fünf römischen Meilen. Schon im Vordergrund sind römische Straße und heutiges Wegenetz nicht mehr so deckungsgleich wie noch im Mittelalter. Es lohnt sich, einmal mit dem Finger die Fortschritte abzufahren, welche mittelalterlich-neuzeitliche Besitzgrenzen und -verschiebungen in die Wegeführung einbrachten. Von der Bildmitte an ist es überhaupt vorbei. Hier hat die Bereinigung der Flur Preith mit dem alten Straßenzug und seiner 1850jährigen Daseinsberechtigung nichts anzufangen gewußt. Für eine Weile noch wird ein breiter Kiesstreifen im Acker den Landwirten zu schaffen machen, bis auch hier nichts mehr an die römische Vergangenheit der Ortsflur erinnert, und bis auch die Geschichte von Preith bereinigt ist.

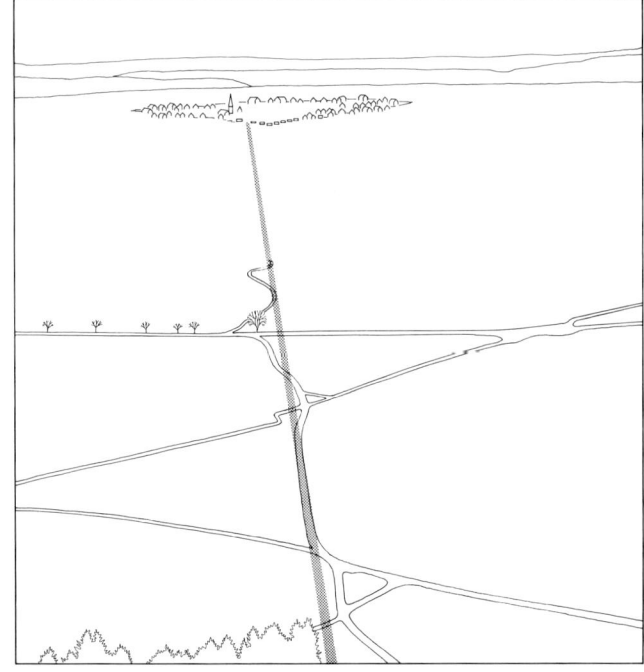

40 Römischer Hallenbau in den Isarauen bei Aholming
Landkreis Deggendorf

Zwischen dem neuentdeckten Kastell Moos und dem Markt Plattling durchquert die römische Donaustraße auf ihrem Weg nach Sorviodurum (Straubing) in geradem, 5 km langen Verlauf das hochwassergefährdete Isartal. Auf halber Strecke stand, 100 m von der Straße entfernt, auf einer leichten Kiesrippe ein römischer Holzbau. Sowohl Lage, als auch Form und Ausdehnung des Bauwerks sind höchst ungewöhnlich. Das einzige sichtbare Gebäude war eine riesige, dreischiffige Halle von acht Jochen (1). Die Schiffe waren gleich breit. Die meisten der 36 mächtigen Pfosten waren so tief in den Flußschotter eingetieft, daß sie als Bewuchsmerkmale deutlich auffielen. Der Bau war von einer rechteckigen Palisadenwand (2) umgeben, die wohl Verteidigungszwecken gedient haben mußte, denn der einzige erkennbare Zugang (3) war durch einen schlichten Torbau geschützt. Lesefunde sichern zweifelsfrei das römische Alter der Anlage (2. Jahrhundert) und machen auch gewiß, daß das Militär an ihrer Nutzung beteiligt war. Einzelne Pfostenspuren (4) können andeuten, daß die Stelle auch zu anderen Zeiten aufgesucht war.

So klar das ganze Bauwerk vor uns steht, so schwer fällt vorerst eine vernünftige Deutung. Vielleicht erhalten wir diese aus einem Grabungsbefund des Jahres 1982, wo bei Oberstimm (PAF) gleich zwei derartige hölzerne Hallenbauten von je 51 x 27 m Größe ausgegraben wurden, wie in Aholming in Flußnähe (der Donau) gelegen, einperiodig und ins 2. Jahrhundert gehörend. Wir werden es

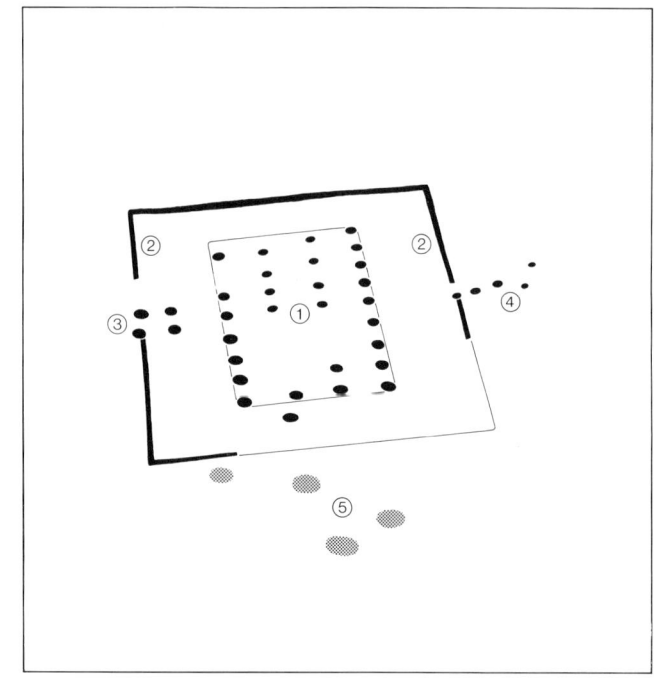

wohl mit einer Gattung von Magazinen zu tun haben, die, in einer begrenzten Zeit für einen bestimmten Zweck errichtet, dem Warenumschlag von der Straße auf den Fluß dienten. Aber welche Ware und welche Zeit?

41 Das römische Kastell Burghöfe
Gemeinde Mertingen, Landkreis Donau-Ries

Das mittelschwäbische Hügelland bildet an seinem nordöstlichen Eckpfeiler eine Geländeformation von seltener Eindringlichkeit. Hier hat die Schmutter aus den sie im Westen begleitenden Steilhängen einen hakenförmigen Bergsporn herausgewaschen, der sich auf drei Seiten unvermittelt aus den Ebenen von Donau, Lech und Schmutter erhebt. Es ist fast natürlich, daß er im Mittelalter eine Burg trug, und es ist fast zwingend, daß er in nahezu allen Perioden eine große Anziehungskraft auf alle diejenigen Personengruppen ausüben mußte, denen es um Sichtbarmachung von Macht und Herrschaft ging. Die Erforschung dieses so markanten Platzes war jedoch seiner Bedeutung nicht angemessen. Als Quellen stehen heute eine kursorische Ausgrabung von 1925 und zahllose Lesefunde auf den Äckern oberhalb des Weilers Burghöfe zur Verfügung. Und das Luftbild. Es bestätigt zunächst die Grabungsergebnisse von 1925, indem es die Umrisse des damals gefundenen Auxiliarkastells (1) des 1. Jahrhunderts mit seinen Wehrgräben (3) wiedergibt. Zum Kastell gehören vermutlich auch einige besonders mächtige Holzpfosten der Principia (2). Von Süden her führte die Via Claudia (4) auf das Kastell zu. Es sind dies die letzten hundert Meter dieses berühmten Straßenzuges. Von der nach Westen führenden Donausüdstraße ist noch ein kleines Stück (5) zu erkennen. Zu Anfang der Anlage des Lagers und seines Lagerdorfes gegen 40 n. Chr. bestanden alle Bauten, auch die Umwehrung und die Innenbauten, aus Holz und Fachwerk. Was dann später in Stein errichtet wurde, vor allem der große Bau 6, stammt aus der nachmilitärischen Zeit des Platzes, also aus dem 2. oder 3. Jahrhundert. Diese Zivilsiedlung erreichte freilich nie die Bedeutung ihres militärischen Vorgängers. Sie wurde in den Alamanneneinfällen des 3. Jahrhunderts zerstört und nicht wieder aufgebaut.
Es konnte nicht ausbleiben, daß der Bergsporn bei der Neuorganisation der römischen Reichsgrenze gegen Ende des 3. Jahrhunderts wiederum eine Befestigung erhielt, die nunmehr die außerhalb unseres Bildes liegende

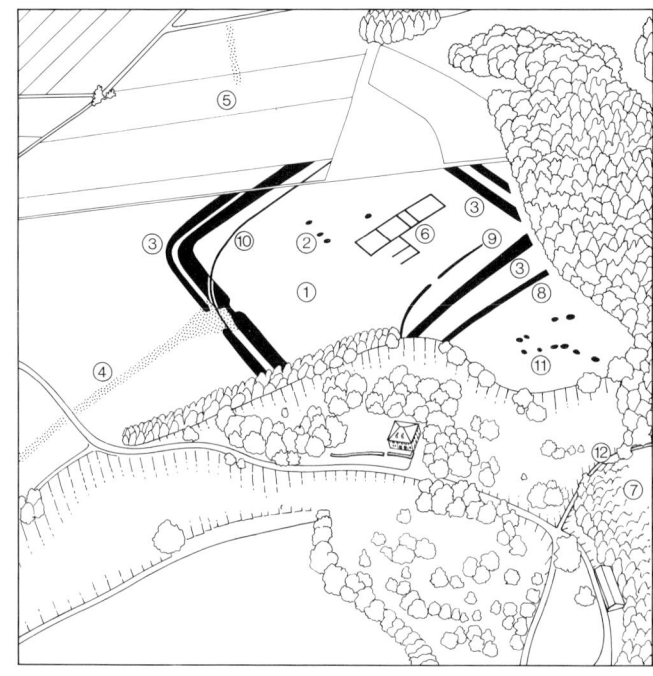

Spornspitze (7) konsequent nutzte. Freilich deuten viele Kleinfunde des 4. und 5. Jahrhunderts im alten Kastellbereich an, daß auch noch eine Art von Lagerdorf vorhanden war. Vielleicht gehört der Graben (8) in diese Zeit. Neu sind die beiden gebogenen Palisaden (9 und 10), von denen mindestens die letzte nachrömisch sein dürfte, da sie über die Via Claudia hinwegzieht. Die zahlreichen Siedlungsspuren (11) verteilen sich wohl auf die verschiedensten Besiedlungsperioden. Das jüngste Geländedenkmal ist auch das mächtigste: Der Halsgraben der Vorburg (12) schneidet fast 20 m tief das Burggelände vom Hinterland ab.

Literatur: Günter Ulbert, Die römischen Donau-Kastelle Aislingen und Burghöfe (1959) 15 ff.

42 Der Lorenzberg bei Epfach
Gemeinde Denklingen, Landkreis Landsberg am Lech

Die idyllisch gelegene Lorenzkapelle am Lechufer bei Epfach läßt nur den Kundigen ahnen, daß ihr Platz eine reiche geschichtliche Vergangenheit besitzt, die derjenigen selbst bedeutender Städte in nichts nachsteht. Die Kapelle selbst, heute ein schlichter Bau des 18. Jahrhunderts, besaß einen wesentlich größeren Vorgänger aus dem älteren Mittelalter. Der wiederum hatte eine noch ältere Steinkirche ersetzt. Dieser Urbau war im 8. Jahrhundert Teil einer kleinen Gebäudegruppe und von einem Friedhof umgeben, der ihn seit dem 6. Jahrhundert begleitet hatte. Im frühen 8. Jahrhundert wird auch zum letzten Male die Bedeutung des Platzes und seine Traditionsfracht sichtbar und schriftlich bezeugt, als nämlich hier der Augsburger Bischof Wikterp zumindest zeitweise residierte. Die Baulichkeiten, die ihn damals umgaben, waren noch in der Spätantike entstanden und besaßen auch noch ihren römischen Namen: Eptatico = Abodiaco. Diesen römischen Ort hat man zweimal aufgedeckt. Einmal 1830, als man die spätantike Umfassungsmauer so wohlerhalten vorfand, daß man sie abkupfern (siehe nebenstehende Lithographie von 1831) und sogar zur Deckung der Ausgrabungskosten auf Abbruch verkaufen konnte. Die Spuren dieser Ausbruchsarbeiten sind auf unserem Bild im Südhang des Lorenzberges noch deutlich zu sehen. Die zweite Ausgrabungskampagne legte von 1953 bis 1957 flächig den Innenraum frei und gewann nunmehr endgültig die Geschichte des Platzes wieder. Danach waren die beiden im frühen Mittelalter noch vorhandenen Steinbauten, eine Kirche und ein großes Magazingebäude, erst gegen 400 entstan-

den. Sie hatten jedoch Vorläufer in einer Holzbebauung besessen, die den wesentlichen Inhalt des spätrömischen, gegen 300 entstandenen Kastells gebildet hatte, und die in der Nachfolge des den Alamannen zum Opfer gefallenen offenen Vicus Abodiacum stand. Damit war aber keineswegs bereits der Anfang der Geschichte des Lorenzberges erfaßt. Unter der spätrömischen Besiedlung trat eine solche der augusteisch-tiberischen Zeit zutage, erklärbar nur aus der strategischen Lage des kleinen Inselberges an den Fernverbindungen von Italien nach Augsburg und von Bregenz nach Salzburg. Im Jahre 15 v. Chr. begann die Geschichte des Lorenzberges; sie ist bis heute noch nicht unterbrochen.

Literatur: Günter Ulbert, Der Lorenzberg bei Epfach. Die frühromische Militärstation (1965). – Joachim Werner, Der Lorenzberg bei Epfach. Die spätrömischen und frühmittelalterlichen Anlagen (1969).

43 Das Hohe Schloß und das Kloster St. Mang zu Füssen
Landkreis Ostallgäu

Das Schloß zu Füssen, auf steiler Felsrippe oberhalb der Stadt am Austritt des Lech aus dem Gebirge gelegen, gehört zu den besterhaltenen Burgenbauten der Spätgotik. Der gute Erhaltungszustand lag weitgehend in der Besitzgeschichte der Burg und in ihrer Bestimmung als Amtssitz des Hochstifts Augsburg begründet. Die Baugeschichte scheint klar zu sein und mit einer ersten Anlage durch Herzog Ludwig von Bayern im Jahre 1269 zu beginnen. Sollte der Schloßberg vorher kahl gewesen sein? Mit Sicherheit war er dies nicht. Denn andererseits wissen wir, daß in Füssen in spätantiker Zeit eine Abteilung der 3. Italischen Legion lag, welche für den Nachschub zu sorgen hatte. Ausgrabungen des Jahres 1955 lokalisierten das Kastell dieser Truppe auf dem Schloßberg, und die westliche Abschlußmauer der Römerzeit fand sich zwischen Westfront und Zwingmauer des Schlosses auf Höhe des halbrunden Bergfrieds. Es kann also keine Rede davon sein, daß das Schloß im 13. Jahrhundert auf wilder Wurzel errichtet worden war. Aber wieviel des antiken Gemäuers war noch vorhanden, wieviel gar noch intakt? Die Grabungsflächen von 1955 waren zu klein, um hierüber Auskunft zu geben. Doch warnt uns der so überaus ähnliche, benachbarte Befund des Epfacher Lorenzberges (Tafel 42) vor voreiligen negativen Schlüssen. Schließlich befindet sich zwischen Schloß und Lechfluß auf halber Hanghöhe das Kloster St. Mang. Sein romanischer Satteldachturm ragt bis auf die Höhe der Schloßdächer empor. Hier und an keinem anderen Punkt seiner langen Wanderschaft hatte sich der heilige Magnus im frühen 8. Jahrhundert niedergelassen: außerhalb des spätrömischen Kastells Foetes, an der Via Claudia, und zwar am Beginn desjenigen Abschnitts des Straßenzuges, zu dessen Seiten die Bewohner in spätrömischer Zeit ihre Toten bestatteten. Die Lage der Zelle des Heiligen war der klassische Ort monastischer Niederlas-

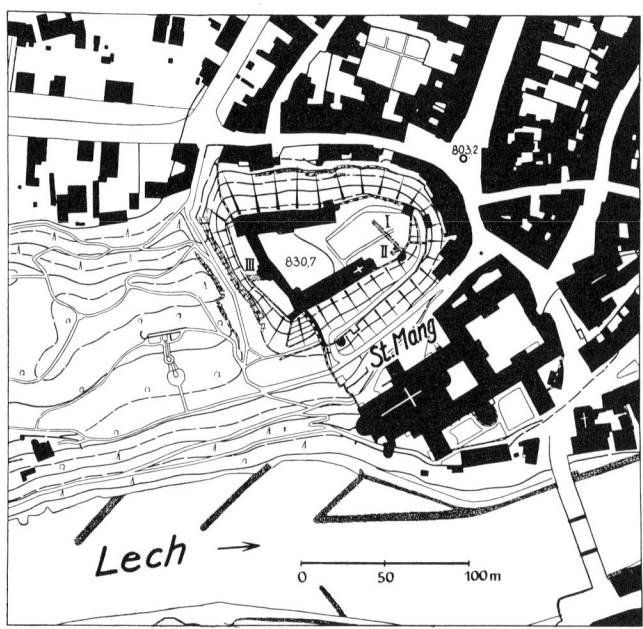

Die Lage des spätrömischen Ortes Foetes unter dem Hohen Schloß und des Klosters St. Mang. I–III Grabungsschnitte 1955. Nach J. Werner.

sungen der Spätantike. Das Kloster, das sich hieraus im 8. Jahrhundert entwickelte, hat die engen Bindungen von Magnus an seine geistige Heimat St. Gallen nie verleugnet, wie das beispielsweise im Grundriß der romanischen Abteikirche zum Ausdruck kommt. Um so wünschenswerter wäre es, auch mit archäologischen Mitteln in Erfahrung zu bringen, ob, was hier vermutet wurde, Magnus im frühen 8. Jahrhundert noch an Spuren kirchlicher Tradition der Spätantike anknüpfen konnte.

Literatur: Joachim Werner, Germania 34, 1956, 243 ff.

44 Das Zentrum des Lagers der 3. Italischen Legion bei Eining
Stadt Neustadt an der Donau, Landkreis Kelheim

Das Unterfeld nahe beim Dörfchen Eining weist Spuren einer rechteckigen Verschanzung von über 10 ha Größe auf. Reichlich zu findende römische Ziegel mit Stempeln der 3. Italischen Legion ließen die Forschung schon früh an ein Lager denken, das von dieser Einheit zu Beginn ihrer Stationierung in Raetien angelegt worden war, bevor sie 179 in Regensburg ihren endgültigen Standort bezog. Ausgrabungen der Jahre 1900 und 1968 bestätigten zwar die Zeitstellung, hinterließen jedoch noch Zweifel über die genaue Zweckbestimmung des Lagers. An keiner Stelle nämlich war es gelungen, signifikante Innenbauten oder Tore aufzufinden. Man begnügte sich schließlich mit der Feststellung eines großen, weitgehend gebäudefreien Gevierts von 328 x 320 m Grundfläche, umgeben von einer Holz-Erde-Mauer und drei Spitzgräben und wohl Versorgungszwecken dienend.

Seit 1977 tauchten jedoch in Luftbildern des Lagergeländes immer wieder Grundmauern größerer Innenbauten auf, welche auf einmal der Anlage ein Gesicht gaben. An betonter Stelle befand sich auf erhöhtem Terrain ein annähernd quadratischer Bau (1) mit zentralem Innenhof. In seinen Ostflügel war eine nach Westen zu offene Apsis einbeschrieben (2) und läßt somit keinen Zweifel an der Zweckbestimmung als Principia, als zentrales Mittelgebäude. Mit einem Schlage war auch die Orientierung des Lagers klar: die Praetorialfront richtete sich nach Westen. Immer mehr näherte sich damit das Lager im Unterfeld von Eining einem regulären Truppenstandort. Hierfür spricht auch der zweite Gebäudegrundriß (3). Er lag etwas erhöht über dem Bau 1 und bestand aus zwei kubischen Baukörpern, die durch einen langen Gang miteinander verbunden waren. Die Rekonstruk-

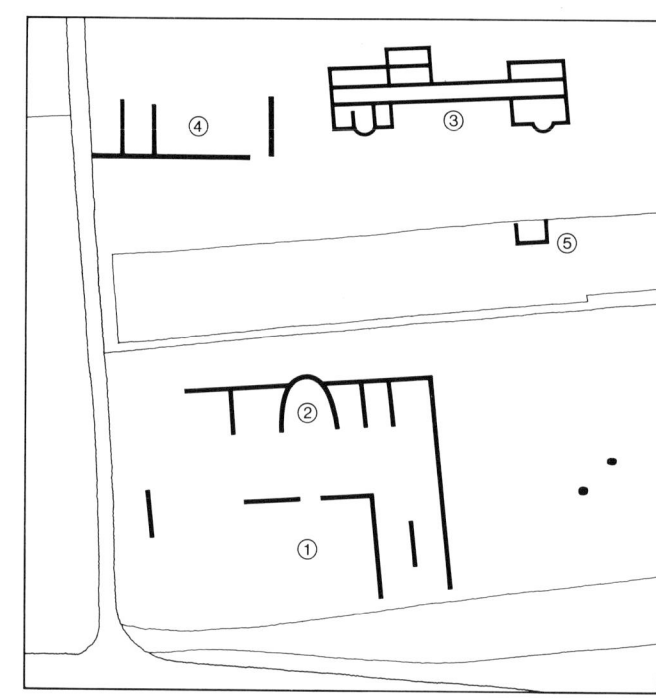

tionsskizze will den repräsentativen Charakter des ganz auf Fassade zugeschnittenen Gebäudes verdeutlichen. Es kann sich nur um das Haus des Lagerkommandanten handeln.

Literatur: Hans Schönberger, Germania 48, 1970, 66 ff. – Rainer Christlein und H. Thomas Fischer, Archäologisches Korrespondenzblatt 9, 1979, 423 ff.

45 Das Lagerdorf des Kastells Abusina bei Eining
Stadt Neustadt an der Donau, Landkreis Kelheim

Das Kastell Abusina, um 80 im Zuge der Grenzverstärkung errichtet, ist am oberen Bildrand noch zu sehen. Seine steinernen Umfasssungsmauern (1), die porta praetoria (2) und die Principia (3) sind seit langem ausgegraben und konserviert. Auch wissen wir um den Untergang des Kastells in den Alamannenstürmen des 3. Jahrhunderts und um seine Neuerrichtung auf stark reduzierter Fläche in den Jahren vor 300 (4). Auch die Gräben um das mittelkaiserzeitliche Kastell (5) wurden jüngst nochmals untersucht und bestätigten das bisher Bekannte. Sie ergänzten es insbesondere dahingehend, daß das spätrömische Kastellchen ein Lagerdorf besaß, das im wesentlichen den Bereich des mittelkaiserzeitlichen Vorgängerkastells eingenommen hatte, und das ebenso wie das Kastell selbst noch weit im 5. Jahrhundert Bestand hatte.

Im Lagerdorf der mittleren Kaiserzeit hatte man nur an vergleichsweise wenigen Stellen den Spaten angesetzt, so am Kastellbad und an einem weiteren Repräsentationsbau. Die Bauten 8 und 9 waren ebenfalls schon früher einmal angeschürft worden. Ansonsten aber ist das Luftbild die wichtigste Quelle zur Erforschung des Eininger Kastellvicus. Die aus der via praetoria nach Westen führende Straße (6) wird bald von der Straße 7 gekreuzt. Diese ist gewissermaßen die Umgehungsstraße von Abusina. Nach ihr richten sich die meisten Vicusbauten aus. Auch der repräsentativste Bau im Bildausschnitt, Haus 8, ist entsprechend orientiert. Der Raum zwischen ihm und der Straße (6) ist weitgehend frei von Gebäuden und scheint zu diesem villenähnlichen Gebäude zu gehören. Das zweitgrößte Haus (9) sucht dagegen regelrecht die Nähe der Straßenkreuzung. Sein Grundriß entspricht am ehesten dem einer Taverne oder eines Kaufhauses. Die übrigen Steinbauten des Vicus (10) sind wesentlich kleiner und zum Teil so winzig, daß sie kaum selbständige Bauwerke gebildet haben können. Man wird sie für Bestandteile von ansonsten hölzernen Wohnhäusern ansehen wollen. Überhaupt ist mit dem Vorhandensein zahlreicher Holzbauten zu rechnen, die in ihrem Grundriß, wenn sie auf Schwellbalken errichtet worden waren, nur schwer nachweisbar sind. Doch lassen die zahlreichen Keller, Gruben und Brunnen (11) auf eine sehr dichte Bebauung in Holz schließen, vor allem in Gegenden, die dem Kastell entfernter lagen. Die Bauweise in Stein war, obwohl sie gegen Ende des 2. Jahrhunderts allgemeiner wurde, nicht jedermanns Sache. Auch der reichste Fund vom Boden Einings, jener Hort von Paraderüstungen, kam vermutlich zwischen den Steinbauten 8 und 9 zutage. Er wurde versteckt, als in einem Alamanneneinfall des 3. Jahrhunderts das gesamte, hier in den Grundmauern seiner Bauten zu sehende Lagerdorf von Eining zugrunde ging.

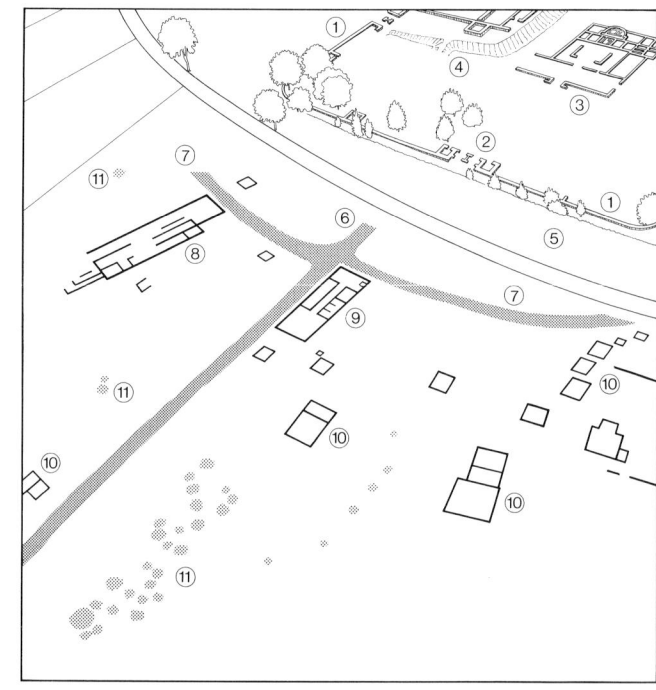

46 Römische Thermen in Weißenburg i. B.
Landkreis Weißenburg-Gunzenhausen

Zu jeder noch so kleinen Siedlung gehörte ein Gebäude, in dem man sich badenderweise erfrischen konnte. Je größer die Siedlung, desto größer die Einwohnerzahl und desto größer das Badegebäude. Ganz ähnliche Beziehungen gelten für die römischen Theater und die mittelalterlichen Kirchen. Weißenburg in Bayern, das römische Biricianis, war ein bedeutender Kastellort am raetischen Limes. Seine Besatzung betrug zeitweise 1000 Mann. So nimmt es nicht wunder, daß das zu Kastell und Zivilsiedlung gehörende öffentliche Badegebäude von besonderer Größe war. Bauarbeiten führten im Jahre 1977 zu seiner Entdeckung, zur anschließenden Ausgrabung und zur Erhaltung der Anlage unter einem großen Zeltdach. Aus der Luft war die Anlage nur für kurze Zeit im Sommer 1977 zu überblicken. Unser Bild gibt die beiden hauptsächlichsten Bauperioden wieder. Anhand des nebenstehenden Plänchens seien (nach L. Wamser) die Zweckbestimmungen der einzelnen Räume am Beispiel des älteren Bauzustands erläutert. Den Thermenkomplex betrat man von Norden (= rechts) durch die Umkleide- und Gymnastikhalle (A/B). Darauf folgte das Kaltbad (F) mit seiner steinverkleideten Wanne. In der jüngeren Periode war dieser Bauteil dem Eingangstrakt zugeschlagen. Auf das bereits hypokaustbeheizte Laubad (T) folgte das Schwitzbad (S). Der große Rundbau, der in der jüngeren Bauperiode abgebrochen und durch Heizräume ersetzt worden war, war das Laconicum (L), eine Art von Sauna. Das Warmbad (C) war mit seinen seitlichen, die Wannen aufnehmenden Apsiden vermutlich der prächtigste Raum der Thermenanlage. Er wurde durch eine große Feuerungsanlage (H) von Süden her beheizt. Bei genauerem Hinsehen erkennt man die jüngeren Veränderungen, die vor allem den Ostteil der Thermen betrafen. Hier fallen sofort die Raum- und Bodenverkleidungen mit Solnhofer Platten ins Auge.

Die Aufnahme hat mit Absicht die Thermenanlage nicht in den Mittelpunkt des Bildes gesetzt, damit nämlich ein im westlich anschließenden Getreidefeld befindliches Mauerwerk sichtbar wird. Es gehört in irgendeiner Weise zur Thermenanlage und diente entweder als Unterkunftshaus für Badegäste oder als Wohngebäude für die

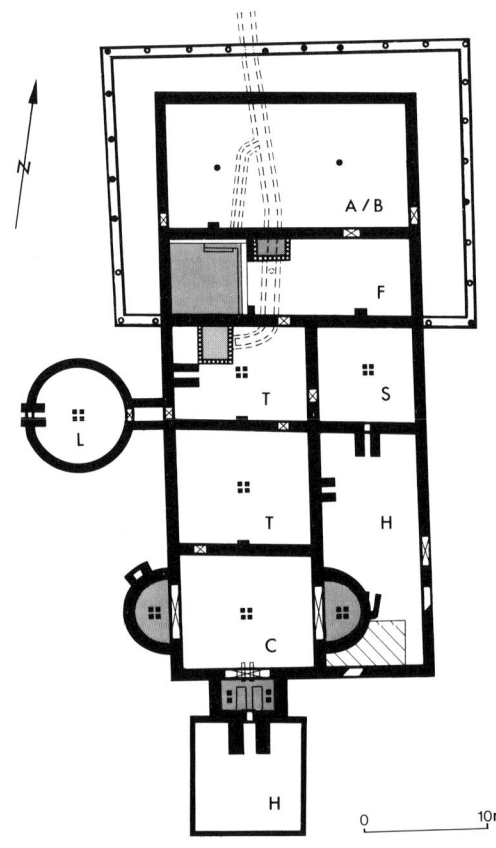

vielen Bediensteten, die zum Unterhalt und Betrieb einer großen Therme notwendig waren.

Die Weißenburger Thermen, das ergaben die Ausgrabungen, wurden bald nach der Gründung des Kastells Biricianis um 90 n. Chr. errichtet. Die Umbaumaßnahmen des zweiten Bauzustands gehen wohl auf Beschädigungen durch Brand im Verlauf der Markomannenkriege zurück. Zwei Generationen später wurde auch die jüngere Thermenanlage ein Raub der Flammen; die Ausgräber bringen dieses Ereignis mit den Alamanneneinfällen von 233 zusammen. Danach wurde das Kastellbad nicht wieder instand gesetzt. Man barg noch alles an wertvollen Rohmaterialien, beispielsweise die Bleirohre der Wasserleitungen, und überließ die Ruine dem Verfall.

47 Römisches Landgut bei Holzharlanden-Buchhof
Stadt Abensberg, Landkreis Kelheim

Die Villa rustica, der ländliche Gutshof, war das Rückgrat der römischen Landwirtschaft. Eine derartige Betriebseinheit bestand aus dem Wohngebäude des Pächters oder Besitzers, aus mehreren Nebengebäuden (Ställen, Scheunen, Gesindewohnung, Werkstätten) und aus einer Umfassungsmauer. Um den Hof lagen, optimal arrondiert, die Felder, Wiesen und Weiden. Römische Gutshöfe sind nach Größe, Nutzeffekt und auch topographischer Verteilung mit unseren heutigen Aussiedlerhöfen gut zu vergleichen. In Ballungsgebieten drängen sie sich manchmal auf 500 m Entfernung. Ein solcher dicht mit landwirtschaftlichen Gutshöfen überzogener Landstrich ist die Umgebung des Kastells Abusina (Eining). Zu dieser Region gehört auch eine Villa rustica in einem kleinen Seitental der Donau südlich von Weltenburg. Sichtbar ist auf unserem Bild das Hauptgebäude, bestehend aus einem offenen, von Seitenräumen und einem Umgang gesäumten Hauptraum (1), dem nach Südosten zu eine Fassade vorgeblendet war. Diese wollte nun sichtlich den Eindruck einer größeren Villa hervorrufen. Die beiden, durch einen Säulengang (4) miteinander verbundenen turmartigen Eckrisalite (2, 3) stehen seitlich nur wenig über den Hauptraum 1 vor. Der ganze Bau war auf diese Fassade zugeschnitten. Die Eckrisalite erfüllten über ihre Schauwirkung hinaus auch noch praktische Funktionen, indem sie wichtige Räumlichkeiten aufnahmen. So scheint sich im Bauteil (2) ein Keller befunden zu haben. Beide Risalite wurden später umgebaut und erweitert, der Risalit (2) seitlich, der Risalit (3) offenbar nach vorne.

Der Typus des Hauptgebäudes verrät auf den ersten Blick nur bescheidenen Wohlstand des dort ansässigen Landwirts. Dem entspricht es, wenn wir im ganzen Bild-

ausschnitt weder Nebengebäude noch Umfassungsmauer ausmachen können. Beide Baudetails müssen bei der Villa rustica vom Buchhof aus Holz bestanden haben. Sie gingen zusammen mit dem Hauptgebäude in den Alamannenstürmen des 3. Jahrhunderts zugrunde und wurden nicht mehr aufgebaut. Erst die Mönche des nahen Klosters Weltenburg begannen im Mittelalter wieder, die inzwischen zugewachsene Flur des römischen Hofes erneut zu roden und zu nutzen.

48   Römisches Landgut bei Oberhaunstadt
Stadt Ingolstadt

Das Bild vermittelt auf den ersten Blick Armut, Kargheit, Untergang. Der römische Gutshof, dessen Hauptgebäude es wiedergibt, zählte gewiß zu den ärmsten seiner Art. Er steht noch eine Stufe unter der auf Tafel 47 dargestellten Villa rustica von Holzharlanden-Buchhof. Das Wohngebäude ist auch hier der einzige Bau aus Stein, jedoch einer von noch größerer Schlichtheit. Der Hauptraum ist völlig ungegliedert. Die Kammern und Schuppen, die sich an die Außenmauer angelehnt haben müssen, waren aus Holz gewesen. Eine Porticus – ein Säulengang – gab es nicht; er war durch eine einfache Mauer ersetzt worden. Freilich mochte auch der Oberhaunstadter Landmann nicht auf eine Fassade verzichten und hat seinem Haus zwei Eckrisalite hinzugefügt. In dem einen war vermutlich, wie die zahlreich herumliegenden Stein- und Estrichtrümmer andeuten, ein beheizter Raum als eine Andeutung von bescheidenem Luxus. Ansonsten aber steht die Villa rustica von Oberhaunstadt an der untersten Grenze landwirtschaftlicher Gutsbetriebe, und ihr Pächter oder Besitzer wohl gleichfalls an der untersten Grenze der bäuerlichen sozialen Rangskala; er war möglicherweise der Unfreiheit näher als der Freiheit.

Unser Hausgrundriß bietet das Bild fortschreitender Zerstörung. Seine Kenntnis verdanken wir dem Pflug, der das noch verbliebene Mauerwerk herausreißt. Jahr für Jahr wird es eine Steinlage mehr sein, die so über die Ackerfurchen verteilt wird, bis eines nicht mehr fernen Tages die letzten Spuren vom Leben eines armen Landmannes im 3. Jahrhundert im wahrsten Sinne des Wortes verwischt sein werden.

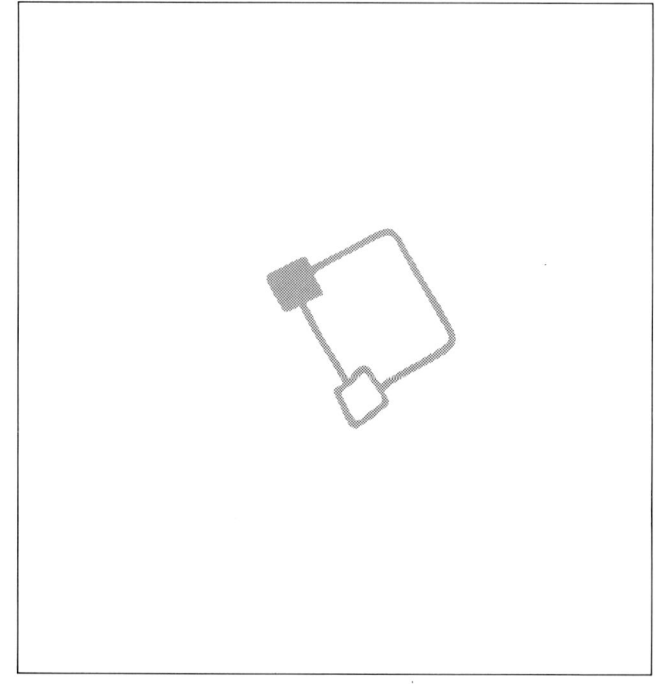

49 Villa rustica bei Weißenburg in Bayern
Landkreis Weißenburg-Gunzenhausen

In jedem Jahr zeigen sich in den Feldern nördlich des Markhofes die Überreste einer römischen Villa rustica. Sie gehört zu einem dichten Netz von Gutshöfen, die im Abstand von 500 bis 1000 m das Umland des großen römischen Zentralortes Biricianis landwirtschaftlich erschlossen und die Versorgung von Truppe und Stadtbevölkerung sicherten. Die Villa, 3 km südlich des Kastells an einem leichten, zur Rezat geneigten Hang gelegen, gehört nicht zu den großen Gutsbetrieben. Sie weist nur wenige Nebengebäude und keine steinerne Umfassungsmauer auf. Das Hauptgebäude (1) ist jedoch sichtlich größer als bei den bisher gezeigten Beispielen. Auch scheint es – wie auch das Nebengebäude 4 – Umbauspuren aufzuweisen. Die Hauptfront bemüht sich um eine repräsentative Fassadenwirkung und scheint Eckrisalite (2, 3) zumindest angedeutet zu haben. Im Bauteil (2) ist ein Keller zu vermuten, im Bauteil (3) waren besser ausgestattete, wohl beheizte und mit Estrich versehene Räume. Das Bad (7) lag etwas entfernt vom Hauptgebäude. Es gehört zur einfachsten Form des Reihentypus, wie ihn in vollendeter Ausbildung das neue Weißenburger Kastellbad zeigt. Man vermeint, im Südwesteck die Wasserzuleitung zu erkennen. Die Zweckbestimmung der übrigen Nebengebäude (4–6) ist unbekannt. Auch die Villa rustica vom Markhof bei Weißenburg hat die Verheerungen des 3. Jahrhunderts nicht überstanden und ist seither wüst.

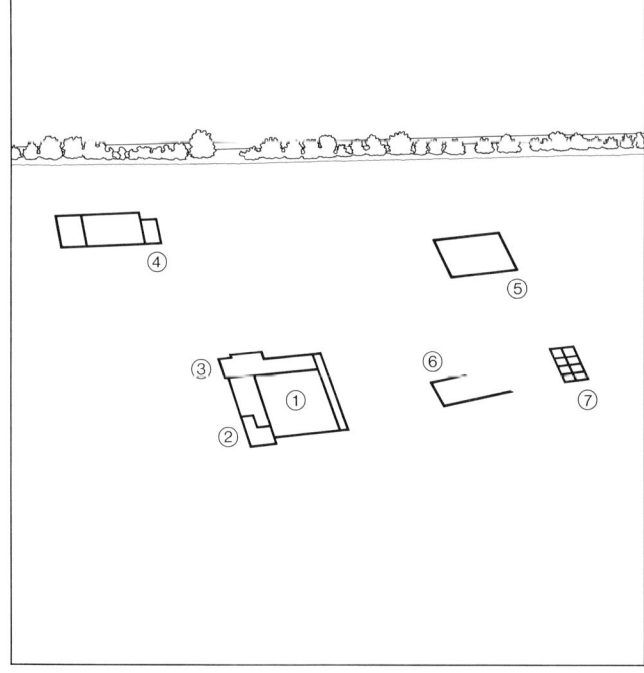

50 Villa rustica von Kösching
Landkreis Eichstätt

Eineinhalb römische Meilen östlich des Kastells Germanicum (Kösching) liegt einer der zahlreichen Gutshöfe, welche die Versorgung der Garnison und der Bürgerschaft des großen Lagerdorfes zu sichern hatten. Das Luftbild läßt sofort erkennen, daß wir es mit einem nur mäßig großen Betrieb zu tun haben. Eine steinerne Umfassungsmauer fehlte mit Sicherheit. Das Hauptgebäude besteht aus einem großen, wohl weitgehend offenen Raum (1), an dessen einer Seite eine Raumflucht (2) sichtbar wird. Die Räume gehen in einen der beiden auch hier vorhandenen Eckrisalite über, wo eine Apsis auf den Einbau eines kleinen Bades hindeutet. Durch die Errichtung der Nebengebäude (3 und 4) war der Gebäudefront sicher einiges von ihrer repräsentativen Wirkung genommen. Ein weiteres Nebengebäude (5) und vielleicht noch eines, das sich im Rübenfeld im Vordergrund versteckt halten könnte, runden das Bild des kleinen bäuerlichen Anwesens ab. Auch die Köschinger Villa rustica hat das 3. Jahrhundert nicht überlebt.

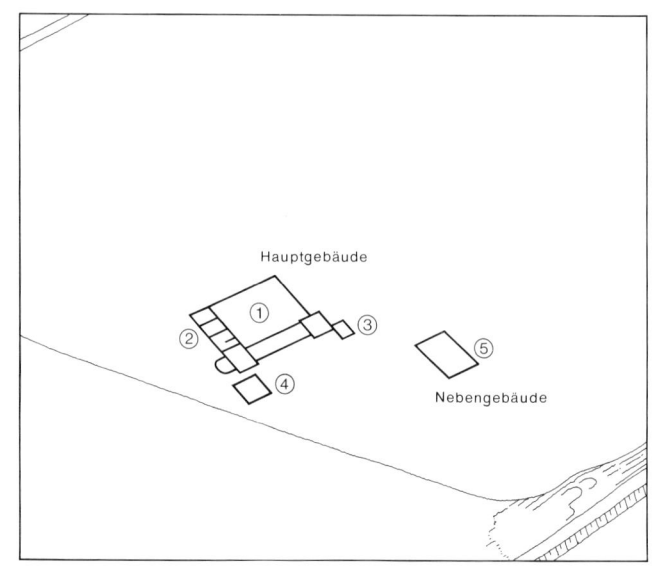

51 Die Villa rustica von Holheim
Stadt Nördlingen, Landkreis Donau-Ries

Das Ries mit seinen Randhöhen und Seitentälern war in römischer Zeit eine der Kornkammern der Provinz Raetien. An die 70 römische Gutshöfe sind allein aus dieser Kleinlandschaft bekannt, nicht wenige davon erforscht. In einem, dem hier gezeigten Falle, hat sich die Stadt Nördlingen dazu entschlossen, die Ergebnisse der Archäologie breiteren Bevölkerungskreisen durch eine Restaurierung der aufgedeckten Mauerzüge zu vermitteln. Die seit einigen Jahren laufenden Ausgrabungen erbrachten eine kleine Villa rustica mit einem bescheidenen Hauptgebäude (1), das diesmal keine Eckrisalite aufwies. Bisher sind fünf Nebengebäude (3) bekannt geworden, von denen eines (2) das Bad des Gutshofes war. Eine steinerne Umfassungsmauer (4) ist an drei Seiten des Hofes nachgewiesen. Durch die gründliche Erforschung wissen wir um die Entstehung der Villa im 2. und ihren Untergang in der ersten Hälfte des 3. Jahrhunderts. Danach blieb der Platz der kleinen Ansiedlung bis auf unsere Tage wüst.

In vorrömischer Zeit war das Maienbachtal jedoch mehrfach besiedelt. Die Bergkuppe über der Villa rustica trug eine vorgeschichtliche Befestigungsanlage (6), die allerdings bis auf geringe Reste den Steinbrucharbeiten zum Opfer fiel. Dabei aufgelesene Funde sichern eine Besiedlung der Höhe in der ausgehenden Jungsteinzeit, während der Hallstattzeit und zur älteren Latènezeit. Die ältesten Siedlungsspuren des Tales bergen jedoch die beiden Ofnethöhlen (5), in denen sich seit über 50 000 Jahren Menschen aufhielten. Sie bilden zusammen mit Ringwall und römischem Landgut ein archäologisches

Ensemble von dichter Aussagekraft, in die man durchaus auch die beiden Steinbrüche am oberen Bildrand mit einbeziehen könnte.

Literatur: Günther Krahe, Archäologische Wanderungen im Ries. Führer zu archäologischen Denkmälern in Bayern. Schwaben 2 (1979) 131 ff. – Ders., Das archäologische Jahr in Bayern 1981, 138 f.

52   Das Hauptgebäude eines römischen Landgutes bei Wengen
Gemeinde Burgheim, Landkreis Neuburg an der Donau-Schrobenhausen

Auf den ersten Blick ist zu erkennen, daß es sich bei dem hier abgebildeten römischen Bau um das Hauptgebäude einer Villa rustica handeln muß, die vermutlich im 2. Jahrhundert in einem südlichen Seitental der Donau entstand. Freilich wird auch sofort, und erst recht nach einem Vergleich mit den bisher gezeigten Gebäuden gleichen Verwendungszwecks (Tafel 48–51), deutlich, daß die Villa von Wengen sehr viel stärker gegliedert und wohl auch repräsentativer als das durchschnittliche Hauptgebäude war. Der Hauptbau (1) weist so viele Zimmer und Korridore auf, daß man ihn sich nur vollständig überdacht vorstellen kann. Die Gebäudefront besteht aus zwei Eckrisaliten (2, 3) mit dazwischenliegender Porticus (4). Im Winkel zwischen den Eckrisaliten und dem Haupttrakt (1) waren weitere Räume angebaut. Die unterschiedliche Dürre des Getreides läßt erkennen, daß wir in vielen Zimmern des Hauses mit festen Fußböden zu rechnen haben. Vor allem die Porticus besaß einen durchgehenden Estrich. Andere Räume im Bereich des Haupttraktes dürften mit Hypokaustheizungen versehen gewesen sein, die zum Teil einstürzten und dadurch für den nur partiellen Luftbildbefund sorgten; vor allem der Eckraum im Haupttrakt zeigt ein Nebeneinander von seicht liegendem Stein- und Ziegelpflaster und tiefgründiger Humusverfüllung (im eingestürzten Teil des Hypocaustums). Die Villa rustica von Wengen hebt

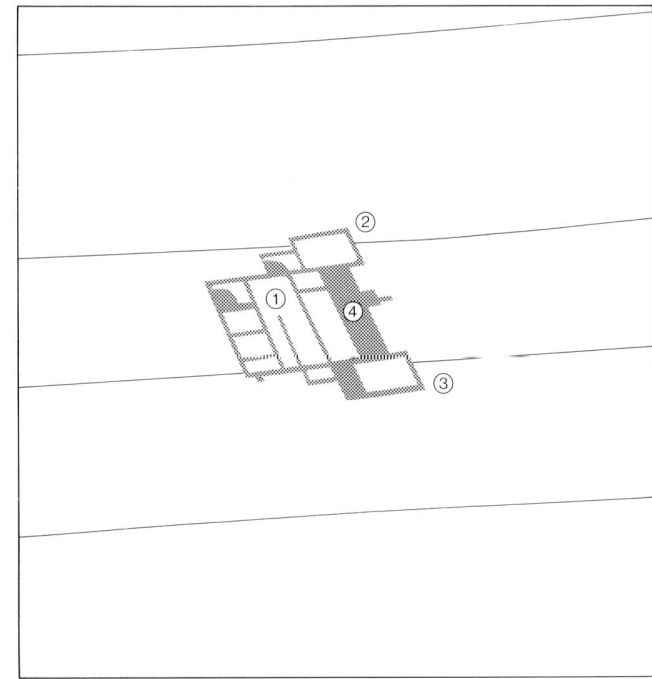

sich zwar durch ihre Gliederung und bessere Ausstattung deutlich von der Masse ländlicher Gutshöfe ab, ist aber noch weit davon entfernt, den gehobenen Ansprüchen reicher römischer Familien genügt zu haben.

53 Das Hauptgebäude eines römischen Gutshofes von Ehingen am Ries
Landkreis Donau-Ries

Am Nordrand des Rieses liegt unweit der römischen Fernstraße zwischen den Kastellen Munningen und Ruffenhofen ein römischer Gutshof. Von ihm zeigt unser Bild das Hauptgebäude (1), ein Nebengebäude (7) und einen Teil der Umfassungsmauer (8). Das kleine Nebengebäude (7) könnte ein Tempelchen gewesen sein. Das Hauptgebäude war nach dem nun schon bekannten Schema errichtet und besaß eine von zwei wohl turmartigen Eckrisaliten (2, 3) flankierte Front, welche sicher als Porticus ausgebildet war (4). Hinter dieser Säulenhalle dann das eigentliche Wohnhaus, bestehend aus einem offenen Hof (1), der beiderseits von Räumen (5, 6) flankiert war. Der Trakt (6) war sichtlich als Bad ausgebildet. Die Villa rustica von Ehingen am Ries war von nur durchschnittlicher Größe, wenn wir sie nach der Architektur ihres Wohnhauses bewerten. Ihre Baulichkeiten überlebten die Zerstörungen der Alamanneneinfälle nicht. Ihre Feldflur wurde jedoch schon bald wieder von den einrückenden Alamannen unter den Pflug genommen und blieb bis heute ununterbrochen landwirtschaftlich genutzt.

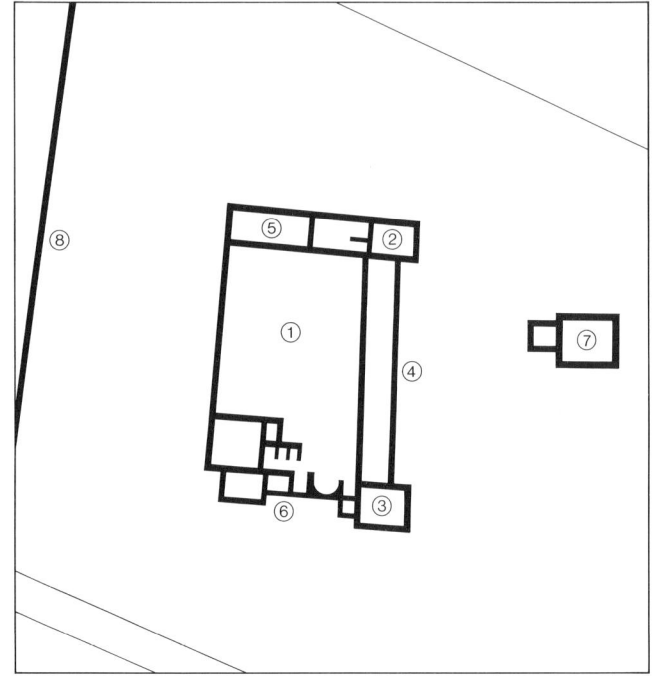

54 Das römische Landgut von Gaimersheim
Landkreis Eichstätt

Aus dem Lößgebiet nördlich der Donau haben wir schon mit Oberhaunstadt (Tafel 48) eine Villa rustica kennengelernt, wenn auch nur eine von äußerst bescheidener Gestalt. Das hier vorgestellte Landgut hat zwar auch nur recht kleine Ausmaße. Immerhin besitzt es aber steinerne Nebengebäude (3) und eine steinerne Umfassungsmauer (2) und vermag uns so ein Bild vom Aussehen eines solchen Hofes zu vermitteln. Schade, daß im Jahr der Luftaufnahme gerade das bei (1) liegende Hauptgebäude vom üblichen Risalit-Typus verborgen blieb. Der Gutshof wurde samt seinen Nachbarn spätestens im Jahre 260 aufgegeben und blieb bis heute wüst.

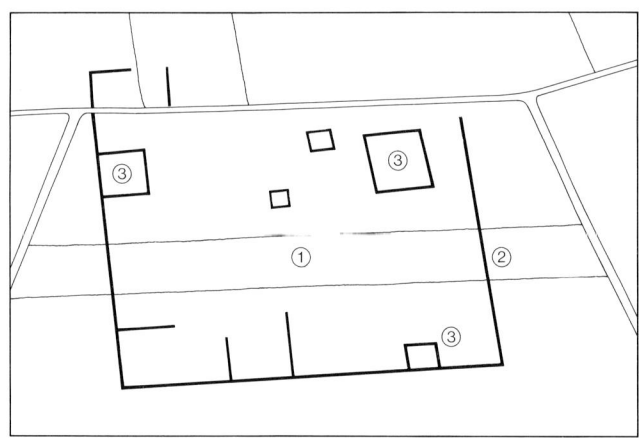

55 Der »Stein« bei Grünenbach
Landkreis Lindau im Bodensee

Im Quellgebiet des Grünenbaches unweit des gleichnamigen Dorfes findet sich ein seltsames Bodendenkmal. Eine fast quadratische Fläche von 19 x 20 m Größe ist durch einen bis zu 7 m breiten Graben vom umliegenden Gelände abgetrennt. Eine schmale Erdbrücke führt auf der Südseite ins Innere. Bis hierher spricht nichts gegen die Annahme einer mittelalterlichen Burg. Bauliche Anlagen können sich jedoch nicht im Innern des Grabengeviertes befunden haben, denn das Zentrum wird von einem 7 m langen, 3,5 m breiten und noch 1,8 m hohen, sperrigen Nagelfluhblock gebildet. Seinetwegen offenbar wurde der Platz planiert und von einem breiten Graben eingefaßt.

Der Befund hat schon im 19. Jahrhundert Rätsel aufgegeben, und so nahm man 1891 Ausgrabungen vor, die tatsächlich das Fehlen von Gebäuden erwiesen. Sie vermehrten noch die offenen Fragen, indem sie eine ältere Benutzungsphase um den Stein erbrachten. An der Basis fanden sich damals auf dem gewachsenen Boden Brandspuren, Tongefäßreste und Tierknochen. Erst in späterer Zeit war dann das Gelände planiert und der Graben angelegt worden.

Es verwundert nicht, daß bald eine sakrale Bedeutung der Stätte, und zwar im weitesten Sinne, erwogen wurde. Auch der Gedanke an eine Gerichtsstätte kam gelegentlich auf. Alle diese Deutungsversuche treffen wohl irgendwie den Kern: die Verehrung einer durch den Stein markierten Stelle in einer besonderen Umgebung, nämlich dem Quellgebiet des Grünenbaches. An diesem Platz war einmal nachzuweisen, daß die Grabengeviertе im Lande auch einen Mittelpunkt haben und mit einem Mal versehen sein konnten, das durchaus nicht immer ein erratischer Block gewesen zu sein braucht, sondern auch aus vergänglichem Material sein konnte. Die Frage nach

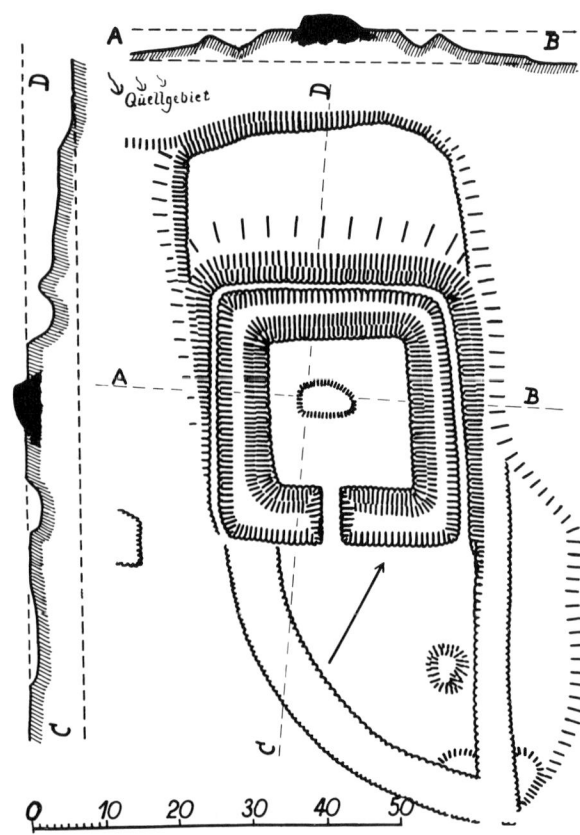

Der »Stein« bei Grünenbach (nach B. Eberl)

solchen Mittelpunkten der Verehrung wird sich vor allem da stellen, wo schon die Form der umgebenden Anlage nach einem solchen Zentrum geradezu verlangte.

Literatur: Barthel Eberl, Schwabenland 3, 1936, 96 ff.

56 Ein jungsteinzeitlicher Kultplatz von Hopferstadt
Stadt Ochsenfurt, Landkreis Würzburg

Die unterfränkische Lößplatte stellt – nicht nur im Ochsenfurter Raum – eine der dichtesten Fundlandschaften Bayerns dar. Zu den am besten erforschten Gemarkungen gehört seit langem die von Hopferstadt. Und doch blieb es dem Luftbild vorbehalten, hier eines der interessantesten Grabenwerke des Maintals zu entdecken. Unter der erfreulich großflächig erhaltenen Humusdecke schimmert randlich ein ringförmiger Graben (1) von 150 m Durchmesser durch, dem im Abstand von etwa 15 m ein zweiter Ring (2) konzentrisch vorgelagert ist. Beide Ringe sind von zahlreichen Öffnungen durchbrochen. Nähere Untersuchungen ergaben den Charakter des inneren Ringes (1) als Spitzgraben, des äußeren Ringes (2) als Palisade. Dies ließ zusammen mit der ebenmäßigen Kreisform bald den Verdacht aufkommen, daß es sich bei dem Hopfenstadter Rondell nicht um eine profane Anlage zu Verteidigungszwecken, sondern um eine Kultanlage handelt. Auf ähnliche Rondelle in Mitteldeutschland und im Donauraum konnte hingewiesen werden, und schließlich bestätigten Ausgrabungen, was schon das Luftbild erkannt hatte (3, 4): das Grabenwerk lag in einer Siedlung. Die Kleinfunde aus dem Bereich von Siedlung und Rondell gehören in die Großgartacher und Rössener Gruppen der mittleren Jungsteinzeit und somit in die gleiche Epoche (erste Hälfte des 4. vorchristlichen Jahrtausends), in die man auch die verwandten Denkmale zu setzen gewohnt ist. Bei den mittelneolithischen Grabenrondellen handelt es sich um eine überregionale Kulturerscheinung, und auch dies läßt sich mit der Annahme kultischer Vorstellungen und Handlungen um solche eingefriedeten Kreise gut in Einklang bringen.

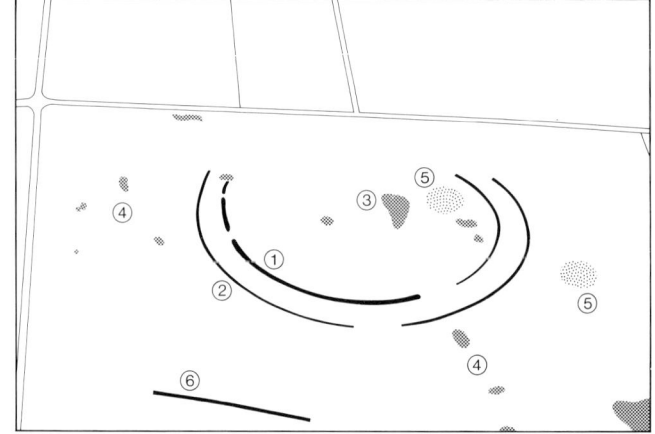

Schließlich ist allen diesen Kultbezirken die Lage innerhalb einer Siedlung gemeinsam, deren Mittelpunkt sie zu bilden scheint. Viele der aufgezählten Regelhaftigkeiten haben sie mit anderen, jüngeren Kultplätzen ähnlich kanonischer Formgestaltung gemeinsam: beispielsweise den christlichen Kirchen.

Der Vollständigkeit halber sei noch auf andere Denkmäler im Bereich des Bildausschnitts hingewiesen. Dies ist einmal ein schon stark zerpflügter Graben (6), und schließlich ist das ganze Gelände von einem wohl bronzezeitlichen Grabhügelfeld bedeckt, von dem zwei Hügel (5) besonders deutlich hervortreten.

Literatur: Ludwig Wamser, Frankenland N. F. 32, 1980, 90 ff.

57 Der Kultplatz in der jungsteinzeitlichen Befestigung von Kothingeichendorf
Stadt Landau an der Isar, Landkreis Dingolfing-Landau

Seit mehr als hundert Jahren fördert der Pflug auf einem Feld bei Kothingeichendorf alljährlich ein Gebilde aus zwei konzentrischen Ringen zutage. Der Boden im Bereich dieser Zeichen ist dunkler als der umgebende, mit hellem Löß vermischte Humus. Im Jahre 1919 war dies erstmals von Fachleuten bemerkt und einer näheren Untersuchung unterzogen worden. Dabei wurden der Charakter der Verfärbungen als Eintüllungen von Gräben und die Zeitstellung in einem älteren Abschnitt der Jungsteinzeit offenbar. Das Rondell von Kothingeichendorf (1) lag in einer gleichzeitigen Siedlung größeren Umfangs (Tafel 7). Man konnte sich von Anfang an keine profane Zweckbestimmung des Grabenrings vorstellen, und diese Ansicht wurde von den seitherigen Forschungen stets bestätigt. Inzwischen ist man es schon beinahe gewohnt, derartige Anlagen in größeren Siedlungen der ersten Hälfte des 4. vorchristlichen Jahrtausends vorzufinden. Diese Ortslage verbindet die Rondelle ebenso wie ihre stets gleichbleibende Form, wobei der Innendurchmesser variiert; in Kothingeichendorf ist er mit 50 m an der inneren Grenze.

Zur Deutung des Kothingeichendorfer Grabenrondells haben nicht wenig die vier Erdbrücken 2–5 beigetragen. Insbesondere ihre exakte Ausrichtung nach den Himmelsrichtungen konnte oder mochte man nicht rational erklären. Diese letztere Eigenschaft scheint hier tatsächlich rein zufällig zu sein, und es gibt auch inzwischen Grabenrondelle, die überhaupt keine Erdbrücken aufweisen. Von Bedeutung ist jedoch, daß durch die vier radialen Zugänge die zwei Hauptachsen des Rondells

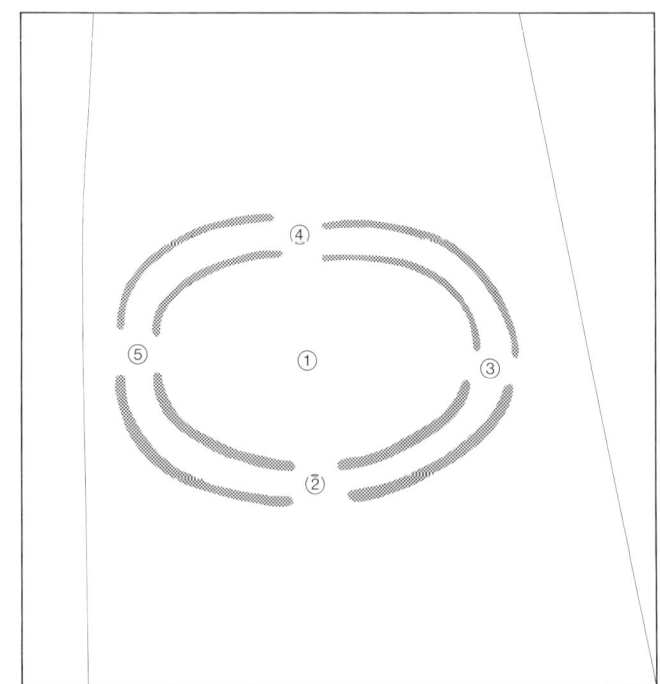

ungewöhnlich betont werden. Dies hat nur dann Sinn, wenn tatsächlich alles auf einen Mittelpunkt hin ausgerichtet war. Spuren eines solchen Mals zu finden, ist im tiefgründig zerfurchten Löß heute aussichtsloser denn je.

Literatur: P. J. R. Modderman, in: Festschrift Stuart Piggott (1976) 103.

58 Jungsteinzeitliches Grabenrondell von Gneiding
Gemeinde Oberpöring, Landkreis Deggendorf

Einträchtig liegen sie nebeneinander, die beiden Kultstätten des 4. vorchristlichen und des 2. nachchristlichen Jahrtausends, voneinander durch nichts getrennt als durch 50 m räumliche und 45 Jahrhunderte zeitliche Distanz. Das Gneidinger Kirchlein St. Simon und Judas (3) stammt aus dem späten Mittelalter und wird seine Gestalt wohl noch einige Zeit erhalten können, auch wenn seine Zweckbestimmung als Versammlungsstätte einer Christengemeinde immer weniger in Anspruch genommen wird. Seit langem ist bekannt, daß das Gotteshaus inmitten eines vorgeschichtlichen Siedlungsareals liegt, und daß sich insbesondere mittelneolithische Funde südlich der Kirche und bei Punkt (2) häufen. Erst das Luftbild von 1977 brachte in dieses Agglomerat erste Strukturen, indem es auf dem leichten, nach dem Gneidinger Bach (im Vordergrund) zu auslaufenden Höhensporn ein kreisrundes Grabenwerk von etwa 50 m Innendurchmesser (1) wiedergab. Zwei Gräben waren zu sehen, von denen der innere etwas besser als der äußere erhalten war. Insbesondere der Kamm des Hügelrückens ist durch Planierungen, an denen auch der Bau der nahen Straße beteiligt gewesen zu sein scheint, derart abgesenkt, daß die deckende und schützende Humusschicht nicht mehr vorhanden ist; auch die Ostseite des Grabenwerks fehlt bereits. Dennoch sind Details zu erkennen, von denen das wichtigste wohl das Fehlen von Tordurchlässen im Grabenrondell ist. Der Zugang kann nur über Brücken erfolgt sein. Dadurch unterscheidet sich das Gneidinger Rondell von seinen Nachbarn, insbesondere von dem aus

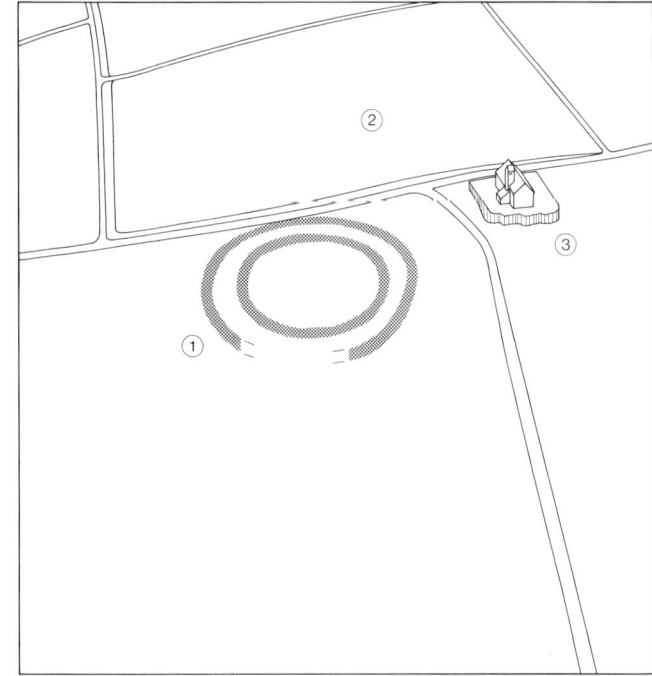

Kothingeichendorf (Tafel 57). Ansonsten herrschen so viele Gemeinsamkeiten vor, angefangen von der Datierung bis hin zur Lage innerhalb einer großen gleichzeitigen Siedlung, daß man das Grabenrondell von Gneiding in die mittelneolithischen Kultanlagen einreihen darf.

59 Der große Kreis von Neufahrn
Landkreis Freising

Der Nordrand der Münchner Schotterebene weist eine nicht weniger dichte vorgeschichtliche Besiedlung auf als ihr Zentrum. Nach den stichprobenhaften Untersuchungen der Jahre 1980 und 1981 mag es sogar scheinen, als ob diese Region ähnlich intensiv von archäologischen Befunden überzogen ist wie die Lößflächen nördlich und östlich dieses Raumes, obwohl sie erst zweieinhalb Jahrtausende später von bäuerlicher Bevölkerung in Besitz genommen wurde.

Im benachbarten Gemeindegebiet von Eching wurden 1980/81 Teile einer hallstattzeitlichen Siedlung und ein ringförmiger Graben von 72 m Durchmesser untersucht. Dieser Graben war etwa eineinhalb Meter breit und ursprünglich ähnlich tief gewesen. Zu fortifikatorischen Zwecken konnte er ebenso wenig getaugt haben wie als Einfriedung eines Hügels, von dem sich bei der Größe des Denkmals sicher Reste erhalten hätten. Blieb nur noch die Erklärung als Einfriedung eines großen, kreisrunden Platzes, zu dem in der Tat eine schmale Erdbrücke von Norden her über den Graben hinweg ins Innere führte. Im Innenraum fanden sich keine Gebäudespuren. Der eingefriedete Platz konnte kaum anders denn als Kultbezirk erklärt werden. Verwandte, freilich nicht ganz so große Kreise waren im Zusammenhang mit hallstattzeitlichen Friedhöfen zum Vorschein gekommen und dienten vielleicht dem Totenkult. Der Echinger Kreis gehört zu den größten und ebenmäßigsten Bauwerken des antiken Bayern. Einmalig war er freilich nicht. Denn nur 600 m weiter östlich entdeckte der Luftbildarchäologe zwischen den Fabrikhallen des Gewerbegebietes Neufahrn die Überreste eines zweiten Ringgrabens von gleicher Größe. Etwas mehr als seine (westliche) Hälfte zeigt unser Bild inmitten eines noch nicht überbauten Getreidefeldes. Der östliche Grabenteil war schon zerstört. Es lohnt sich, die Schicksale des Grundstücks in den letzten 20 Jahren aufzuzeichnen, um die Kurzatmigkeit vieler heutiger Vorgänge ins Bewußtsein zu rücken. Erst in unserer Generation war hier die landwirtschaftliche Nutzung aufgegeben worden. Man legte

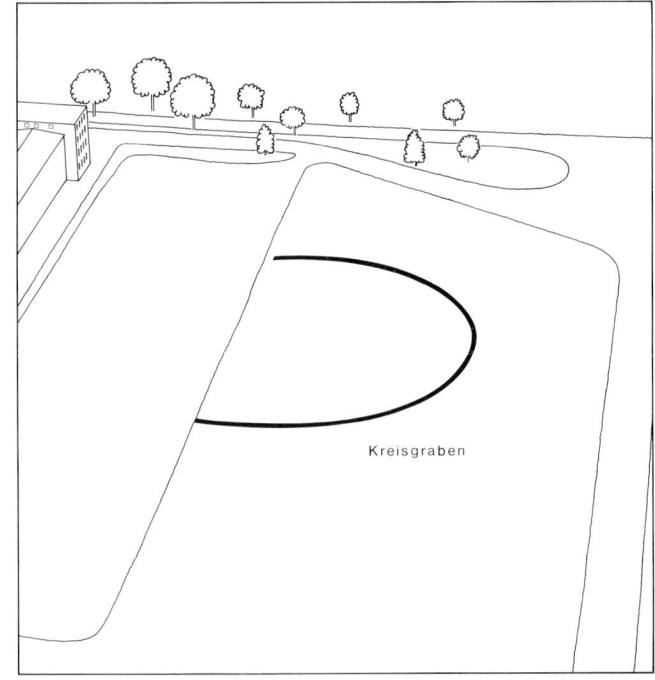

eine Kiesgrube an, welcher der Teilkreis unerkannt zum Opfer fiel. Dann füllte man die Kiesgrube wieder mit Schutt auf. Auf das Gelände kam eine Fabrikhalle zu stehen, deren Betrieb dann nicht den erhofften wirtschaftlichen Gewinn abwarf, und die daher wieder abgebrochen wurde. Schon war man dabei, wie unser Bild von 1979 deutlich zeigt, die verlassene Kiesfläche durch Humusauftrag wieder zu Ackerland zu machen, als erneut Bauwünsche wach wurden. Diese erstrecken sich nunmehr auch auf das Nachbargrundstück. Beide benachbarten Kultanlagen der Hallstattzeit, sowohl der Kreis von Eching, als auch der von Neufahrn, werden dieses Jahrzehnt nicht überleben.

Literatur: Erwin Keller, Das archäologische Jahr in Bayern 1981, 102 f.

60 Tempelbezirk der Hallstattzeit bei Aiterhofen
Landkreis Straubing-Bogen

Der Bau der Ostumgehung von Straubing der Bundesstraße 20 führte zur Entfernung der Humusdecke in einem breiten Geländestreifen und legte dabei nördlich des Dorfes Aiterhofen die unter der Humusdecke verborgenen Gräben und Palisaden einer Umfriedung aus der Hallstattzeit bloß. Die anschließende Ausgrabung klärte dann in den Jahren 1977 und 1978 das Aussehen, die baulichen Details und die Geschichte der Anlage. An Sichtbarem hatte der Pflug nur wenig übriggelassen: schmale, nur noch wenige Zentimeter tiefe Humusstreifen als die untersten Fundamentreste von Palisadenwänden (1, 2) und muldige, früher kaum mehr als eineinhalb Meter tiefe Grabenzüge (3). Die Gräben waren mit humosem Kulturschutt gefüllt und enthielten unter anderem hallstattzeitliche Keramik, freilich in ganz einseitiger Auswahl. Es fanden sich fast ausschließlich Trinkbecher, es fehlte so gut wie alles, was man an Hausratsgeschirr jener Zeit von anderen Siedlungsplätzen her ausreichend kennt. Dies bewog den Ausgräber, in der Anlage von Aiterhofen eben nicht einen profanen Herrenhof, sondern vielmehr eine heilige Stätte zu sehen, an der man sich zu gemeinsamem Mahl und zum Gebet versammelte. Die Überreste der frommen Gelage wanderten dann in Form von Tierknochen und der erwähnten Keramik in Gräben und andere Geländevertiefungen. Im Inneren des 55 x 45 Meter großen umfriedeten Bezirks lagen drei Gebäude, von denen zumindest eines, eine zweischiffige Halle von 12 Meter Länge, als Tempel angesprochen werden darf. Der Tempelplatz war zunächst nur von Palisaden (1,2) umgeben, erst in einer jüngeren Bauphase kamen die beiden Gräben (3) hinzu, wobei die äußere der beiden Palisadenwände (2) aufgelassen wurde. Plan und

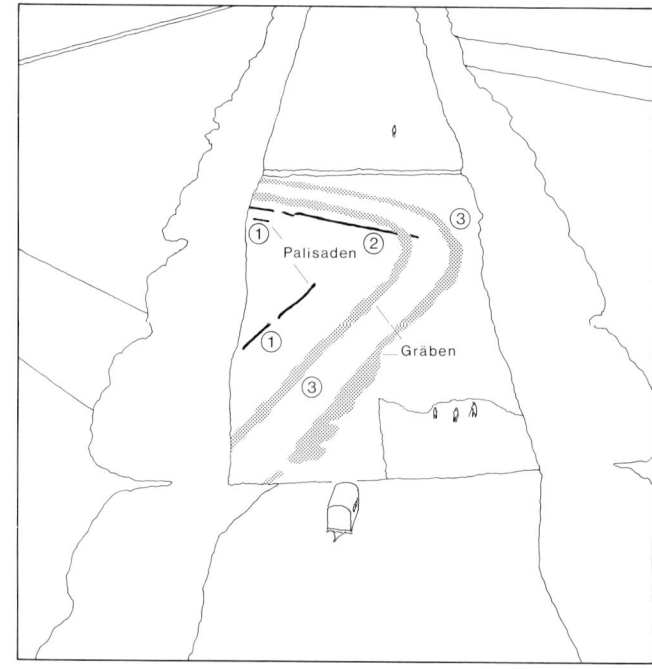

Rekonstruktion (Abb. 36 und 65) zeigen das Aussehen des Tempelbezirks im 7. Jahrhundert v. Chr. Wenig später wurde der Platz aufgegeben. Seine Ähnlichkeit mit den viele Jahrhunderte jüngeren keltischen Viereckschanzen ist frappierend, wenn auch keine direkte Traditionsbrücke in jene Spätzeit vorgeschichtlicher Religionsausübung geführt haben wird.

Literatur: Rainer Christlein und Simone Stork, Jahresbericht der bayerischen Bodendenkmalpflege 21, 1980, 43 ff.

61 Bodendenkmäler bei Oberframmering
Stadt Landau an der Isar, Landkreis Dingolfing-Landau

Das südliche, lößbedeckte Steilufer der Isar bot zwischen Landau und der Mündung in die Donau mit seinen zahlreichen Seitentälern seit alters dem Menschen einen idealen Siedlungsraum und Gelegenheit genug, die natürliche Steilheit manchen Geländesporns zur Befestigung zu nutzen. So findet sich hier Burgstall an Burgstall, vom 3. vorchristlichen Jahrtausend an bis ins hohe Mittelalter. Doch brachte es die Fruchtbarkeit des Bodens mit sich, daß man stets jeden Quadratmeter des Ackerlandes nutzen wollte und die Wälle und Gräben von Befestigungen, die nicht mehr gebraucht wurden, in der Regel bald wieder einebnete. So ist denn die Zahl derjenigen Befestigungen, die nur noch im Luftbild sichtbar werden, weit größer als diejenige der vom Boden aus sichtbaren Anlagen.

Ein Grabengeviert bei Oberframmering fällt dabei aus dem Rahmen des zu erwartenden und vorhandenen Denkmälerbestandes. Obwohl unweit des am unteren Bildrand sichtbaren Steilhanges zur Isar angelegt, nützt es die natürliche Gunst der Lage nicht aus, sondern plaziert sich mitten in die ebene Lößfläche: Dort war das Grabenwerk freilich am intensivsten der späteren Überackerung ausgesetzt. Vom Graben (1) fehlt bereits die Nordostecke, die Nordseite ist bereits derart abgepflügt, daß die Grabensohle erreicht zu sein scheint; sie wird sich noch für eine kurze Weile als dünner Strich zeigen. Ein zweites, vor allem an der Südostecke deutlich auszumachendes Grabengeviert (2) scheint nicht mit der Anlage (1) gleichzeitig zu sein, sondern einen älteren Vorläufer darzustellen; man vermeint nämlich, an der östlichen Innenflanke (1) einen schwachen Grabenschimmer zu erkennen. Datierende Funde fehlen, doch wird man die irrationale Anlage am ehesten den keltischen Viereckschanzen zuweisen dürfen, die in den Lößböden fast alle nur noch als Pflug- oder Bewuchsmerkmale überdauerten.

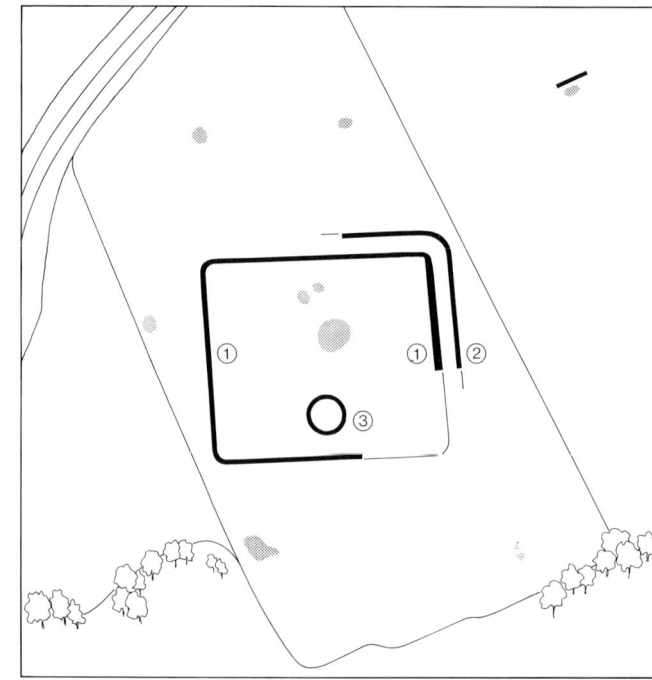

An der Nordseite der Anlage (1) ist ein ringförmiger Graben (3) von etwa 10 m Durchmesser zu erkennen. Wir hielten ihn zunächst für einen Bestandteil des Grabengevierts, bis spätere Luftbilder ergaben, daß er zu einem viel jüngeren Geschichtsdenkmal gehört: zu einem bajuwarischen Reihengräberfriedhof, der sich von hier aus nach Norden bis an die Hangkante erstreckt und vielleicht 150 Gräber enthält. Auf diesem frühmittelalterlichen Friedhof bestattete demnach auch eine Familie, die mindestens eine ihrer Grabstätten durch einen Grabhügel und einen umgebenden Graben besonders betonte, und die wir nach den bisherigen Erfahrungen, beispielsweise von Harting (Tafel 72), zum bajuwarischen Landadel zählen können.

62   Die keltische Viereckschanze von Roith
Gemeinde Mintraching, Landkreis Regensburg

Bis zum Jahre 1978 wurden aus Bayern etwa 150 keltische Viereckschanzen bekannt. Es waren dies, wie der Name sagt, stets viereckige Wallanlagen, denen ein Graben vorgelegt war, und die auch sonst viele Gemeinsamkeiten aufweisen. So führte immer nur ein einziges Tor ins Innere, und dieses Tor war nie nach Norden gerichtet. Auch waren die Gräben im Torbereich nie von einer Erdbrücke unterbrochen. Ausführliche Untersuchungen in der Viereckschanze von Holzhausen rechts der Isar erbrachten die wechselvolle Geschichte und die unterschiedlichen Ausbaustadien eines solchen Platzes. Dort stand am Beginn ein viereckiger Palisadenhof, der dreimal umgebaut wurde, bevor seine hölzerne Umzäunung durch Wall und Graben ersetzt wurde. Das Ende der insgesamt sechs Bauphasen bildete ein schlichter Wall; der Graben war bereits eingefüllt. Die verschiedensten Befunde, beispielsweise drei bis zu 35 m tiefe Schächte ohne praktischen Verwendungszweck, deuteten auf einen sakralen Bezirk hin. Dazu paßt, daß die Wälle solcher Viereckschanzen im Gegensatz zu fast allen antiken Grabenwerken tatsächlich Wälle und keine Erdmauern mit versteifter Vorderfront waren. Natürlich muß man sich fragen, ob alle keltischen Viereckschanzen diese Entwicklung durchgemacht haben, oder ob, was eigentlich zu erwarten wäre, der eine oder andere Kultbezirk in einem frühen Ausbaustadium steckengeblieben ist. Dann fiele es freilich dem Archäologen sehr schwer, im Luftbildbefund profane und sakrale Palisadengevierte zu unterscheiden. Beide bieten ja mit ihren wenigen Häuschen und Brunnenschächten das gleiche Bild. Erst die Ausbaustadien als Wall-Grabenanlage heben sich unter der Masse vorrömischer Grabenwerke deutlich hervor. Das rechtsstehende Beispiel aus dem Regensburger Donaubogen verdeutlicht nochmals die Exaktheit der Anlagen, die Geradlinigkeit der Grabenverläufe und die extreme Winkligkeit der Ecken.

Allein 70 bislang unbekannte Viereckschanzen hat das Luftbild seit 1978 ans Licht gebracht, eine beträchtliche Vermehrung des Bestandes. Dadurch hat sich vor allem das Verbreitungsbild entschieden gewandelt. Insbesondere kann man nicht mehr uneingeschränkt von der abgeschiedenen Lage vieler Viereckschanzen sprechen. Sie finden sich vielmehr auch in ausgesprochen günstigen Siedlungslagen und streuen gleichmäßig über das Land, das in spätkeltischer Zeit in gleicher Flächenhaftigkeit mit Siedlungen überzogen war.

Literatur: Klaus Schwarz, in: Ausgrabungen in Deutschland, gefördert von der Deutschen Forschungsgemeinschaft 1950–1975, 1 (1975) 324 ff.

63 Keltische Viereckschanzen bei Teufstetten
Gemeinde Wörth, Landkreis Erding

Im Raum östlich und südlich von Erding häufen sich die keltischen Viereckschanzen. Hier hatten umfangreiche Waldflächen für gute Erhaltungsbedingungen gesorgt. Die später einsetzende Rodung verwischte freilich auch hier manches Bodendenkmal bis zur Unkenntlichkeit. So war der Forschung bislang nur die Schanze (1) östlich von Teufstetten als zweifelsfreie Viereckschanze bekannt. Die Flurnamen Biberg und Schanzwiesen hatten auf sie aufmerksam gemacht, und eine Vermessung 1954 ergab, daß die Anlage sich am höchsten Punkt, den beiden Ecken der Südfront (= im Bild unten), noch 50 cm über das umliegende Gelände erhob. Noch schlechter war der Erhaltungszustand der ebenfalls bemerkten Schanze (3). Unser Luftbild bestätigt zweifelsfrei, daß beide Anlagen zur Gruppe der Viereckschanzen zu zählen sind. Es erbrachte darüber hinaus, daß sie in einer ganzen Reihe von derartigen Anlagen liegen. Zu den Schanzen (1) und (3) kamen nunmehr die Schanze (2) und die besonders gut erhaltene Schanze (4) hinzu. Letztere läßt selbst auf die Entfernung von 2 km den aus hellem Lößlehm bestehenden Wallkörper deutlich hervortreten. Unsicher ist allein die Schanze (5), deren Form und Anlage freilich nicht ungewöhnlich wäre.

Die Reihung der Viereckschanzen von Wörth mit ihren regelmäßigen Abständen von 500 m wird zur Zeit ihres Entstehens ein eindrucksvolles Bild geboten haben. Heute vermag diesen Eindruck fremdartiger religiöser Vorstellungen und Gebräuche nur noch das Luftbild zu vermitteln.

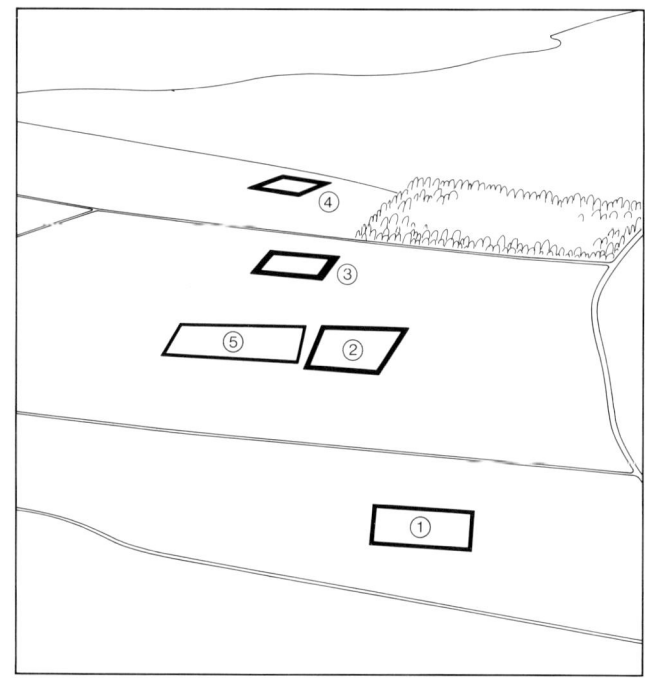

Literatur: Klaus Schwarz, Atlas der spätkeltischen Viereckschanzen Bayerns (1959) Blatt 10.

64 Das Inselkloster Frauenchiemsee
Gemeinde Chiemsee, Landkreis Rosenheim

Am 1. Februar 1981 war der Chiemsee zugefroren. Die beiden Inseln Frauenchiemsee (unten) und Krautinsel (oben) waren für kurze Zeit zu Festland geworden und für die Bevölkerung der umliegenden Seeufer zu Fuß zu erreichen. Ansonsten aber blieb die weite Wasserfläche um die Eilande stets das topographisch-geschichtliche »Grundkapital« der Inseln und war für die Bevölkerung stets Anreiz zu Besiedlung; auf der Krautinsel reicht sie bis ins 4. vorchristliche Jahrtausend zurück.

Für Frauenchiemsee fehlen vorerst noch entsprechende Nachweise. Ins helle Licht der Geschichte tritt dieser Platz erst im Mittelalter, als hier König Ludwig der Deutsche um die Mitte des 9. Jahrhunderts eine Benediktinerinnenabtei errichten ließ, vielleicht an eine ältere Gründung des 8. Jahrhunderts anknüpfend. Er setzte seine Tante Irmingard als Äbtissin ein und verhalf durch seine Protektion dem Kloster zu so hohem Wohlstand und Ansehen, daß es alle Stürme der folgenden Zeit, insbesondere den Ungarneinfall um 907, wirtschaftlich überstand und im Mittelalter zu hoher Blüte gelangte. Hierzu trug nicht wenig der Fischreichtum des Chiemsees bei, und so bildete die Fischersiedlung, die sich an das Kloster anschloß, damals wie heute eine zweite bauliche Komponente der Insel. Die Klostergebäude drängen sich im Südteil. Die langgestreckte Kirche neben dem freistehenden, erst aus gotischer Zeit stammenden achteckigen Glockenturm ist in ihrem Kern noch der Bau des 9. Jahrhunderts. Das bei Ausgrabungen der Jahre 1961–1964 wieder aufgefundene Grab der 866 verstorbenen Äbtissin Irmingard setzt diesen Bau bereits voraus. Die Klausur lag damals auf der Nordseite der Kirche. Sie wurde später abgebrochen. Stehen blieb jedoch die aus der gleichen Frühzeit stammende Torhalle, die heute ein seltenes Beispiel karolingischer Architektur in Altbayern darstellt. Erst zu Beginn des 19. Jahrhunderts wurde die Pfarrkirche der Insel, dem heiligen Martin geweiht, abgebrochen. Sie stand in der Inselmitte im Bereich der Baumgruppe. Trotz dieser Veränderungen ist in Frauenchiemsee immer noch die dichte Ausstrahlungskraft und geistliche Würde eines monastischen Zentrums des Mittelalters mit all seinen geistigen Ansprüchen und weltlichen Verzichten beinahe mit Händen greifbar.

Literatur: Vladimir Milojčić, Bericht über die Ausgrabungen und Bauuntersuchungen in der Abtei Frauenwörth auf der Fraueninsel im Chiemsee 1961–1964 (1966). – Hermann Dannheimer, Torhalle auf Frauenchiemsee (2. Aufl. 1981).

65 Kirche und Kloster Weihestetten
Gemeinde Aholming, Landkreis Deggendorf

Der schriftlichen Überlieferung nach soll es eine Kapelle gewesen sein, die südlich des Dorfes Aholming auf freiem Feld stand und 1753 durch Blitzschlag zerstört wurde. Die Erinnerung an ihren Standort hielt eine Zeitlang der Flurname »Weihestetten« wach, bis er zu »Weiherstätte« verballhornt, heute keine Tradition mehr weiterzugeben vermag. Der Standort der Kapelle blieb unbekannt, bis im Jahre 1979 im Luftbild ein kompliziertes Mauerwerk auftauchte, das man in der Folgezeit entzerrte. Den Ostteil der Anlage bildete eine Kirche (1), eben jenes für eine Kapelle gehaltene Gotteshaus Weihestetten. Deutlich sind ein polygonaler gotischer Chor (2), der nördlich daran angebaute Turm (3), die Sakristei (4) und weitere Kapellenanbauten auf der Südseite zu erkennen. Die Kirche besaß mindestens einen Vorgängerbau in Stein, wie mehrere parallele Mauerzüge in Schiff und Chor andeuten. Auch der nicht in der Achse der jüngsten Kirche liegende Mauerblock eines Altars (2) muß zu einem älteren Bau gehört haben. Westlich an die Kirche schloß sich ein Gebäude (5) an, in dem wir das im 15. Jahrhundert erwähnte Kloster erblicken dürfen. Es war nicht vom klassischen Bautyp mit zentralem Kreuzgang und umlaufender Klausur, sondern wird eher aus dem Benefiziatenbau hervorgegangen sein, der seit 1381 erwähnt ist. Um Kirche und Kloster befand sich ein überraschend geräumiger Friedhof, der von einer steinernen Mauer (6) umgeben war. An deren Nordseite zeigen sich weitere Gebäudespuren (7). Ein Weg (8), der noch bis zur jüngsten Flurbereinigung existierte, führte nahe der Ostseite der Kirche vorbei.

Der Erhaltungszustand der Gebäude scheint nicht mehr optimal zu sein. Insbesondere dürfte der Fußboden der jüngsten Kirche bereits vom Pflug beseitigt sein, da die darunter liegenden älteren Baubefunde sichtbar sind. Die größte Gefahr für das Bauwerk stellte jedoch die Unkenntnis seiner Lage dar. Eine 1978 verlegte Fernwasserleitung (9) führte noch haarscharf an der nördlichen Friedhofsmauer vorbei, und den Archäologen, wel-

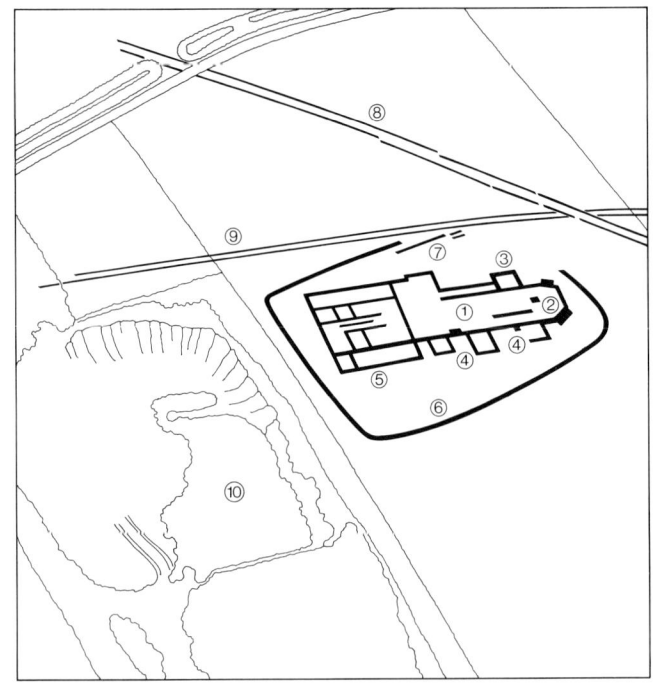

che die Bauarbeiten beobachteten, fiel damals schon der spätmittelalterliche Bauschutt an dieser Stelle auf, ohne daß sie dies richtig hätten deuten können. Die Lehmgrube (10) an der Westseite von Kirche und Friedhof schließlich hat die uralte Weihestätte in der Feldflur von Aholming nur um wenige Meter verfehlt. Es ist kaum mehr als ein Zufall, daß sich der Nachbar, dem das Grundstück mit den Baulichkeiten gehört, den Lehmabbauwünschen gegenüber taub zeigte und dadurch das seltene Denkmal abgestorbener mittelalterlicher Frömmigkeit vor der endgültigen Vernichtung bewahrte.

Literatur: Felix Mader und Joseph Maria Ritz, Die Kunstdenkmäler von Niederbayern 14: Bezirksamt Vilshofen (1926) 13 f.

66 Grabhügel der Hallstattzeit bei Dittenheim
Landkreis Weißenburg-Gunzenhausen

Aus dem Hochwasser des Altmühltales südöstlich von Gunzenhausen schaut eine Gruppe von 18 Grabhügeln heraus: die Begräbnisstätte einer vornehmen Familie der Hallstattzeit. Die Hügel sind, wie durch den Wasserspiegel besonders deutlich wird, von sehr unterschiedlicher Größe und entsprechen damit wohl in irgendeiner Weise dem unterschiedlichen Rang der im jeweiligen Grab liegenden Person. Die kleineren der Hügel waren zuletzt dem Landmann kaum mehr als Besonderheit kenntlich, und er hat den einen oder anderen mittels Drainagegräben durchschnitten. Frühere Nachgrabungen förderten Funde der Hallstattzeit zutage. Darunter waren auch Wagenbestandteile als Hinweise auf qualitätvolle Grabausstattungen. Nähere Erkundigungen über die Anlage und den vollständigen Inhalt der Gräber zog man, dem Stand der damaligen Grabungstechnik entsprechend, nicht ein.

Inzwischen hat uns eine große Zahl von Grabhügeluntersuchungen der jüngsten Zeit gerade im Altmühltal darüber belehrt, daß auch hier, ähnlich wie im ganzen süddeutschen und angrenzenden Raum, die Bestattung eines Toten nicht formlos oder allenfalls in einem Sarg vorgenommen wurde, wie dies bei den meisten der bronzezeitlichen Grabhügel anzunehmen ist. Man legte vielmehr auf ebener Erde zunächst eine hölzerne Grabkammer zumeist rechteckigen Grundrisses an. Die Maße entsprachen beinahe denen kleiner Häuser, und in der Tat enthielten diese Miniaturhäuser eine beträchtliche Menge an Hausrat, vor allem Geschirr, dann aber auch Fleischbeigaben, Bratspieße, Waffen und Schmuck der Toten, schließlich oft einen Prunkwagen und das Geschirr der zugehörigen Pferde. Der Tote wurde verbrannt oder unverbrannt inmitten seines fahrenden Besitzes aufgebahrt. Einen sprechenderen Ausdruck des Glaubens an ein Leben im Jenseits, als es diese Totenhäuser waren, kann es schlechterdings nicht geben. Hier lebten die Toten inmitten dessen fort, was sie auch zu Lebzeiten umgeben hatte. Der Rekonstruktionsvorschlag einer hallstattzeitlichen Grabkammer aus dem Hügel 8 von Wehringen, Landkreis Augsburg (Ausführung E. Högg) könnte auch für jeden der 18 Grabhügel aus dem Altmühltal bei Dittenheim gelten.

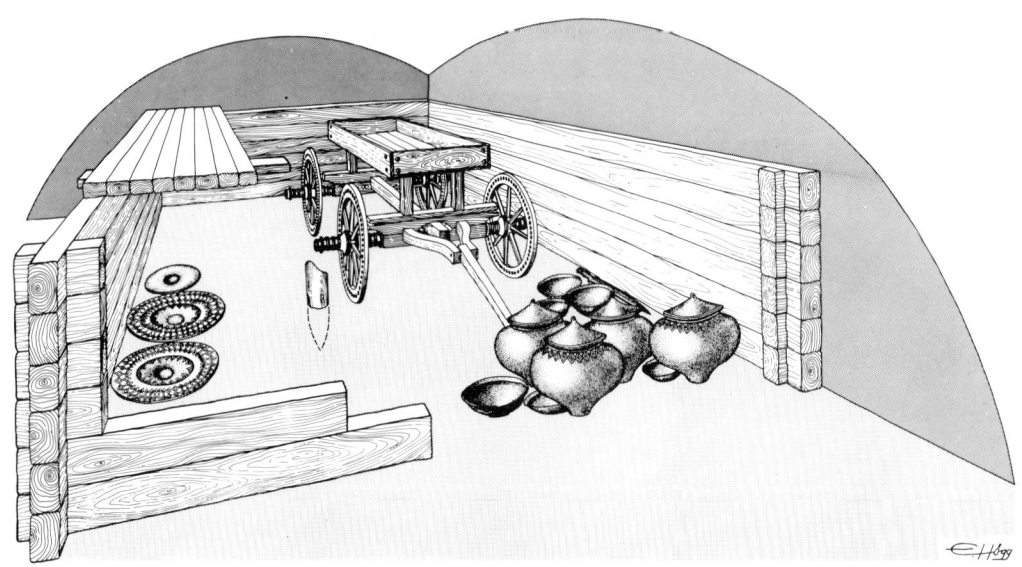

67 Grabhügelfeld der Hallstattzeit bei Geiselhöring
Landkreis Straubing-Bogen

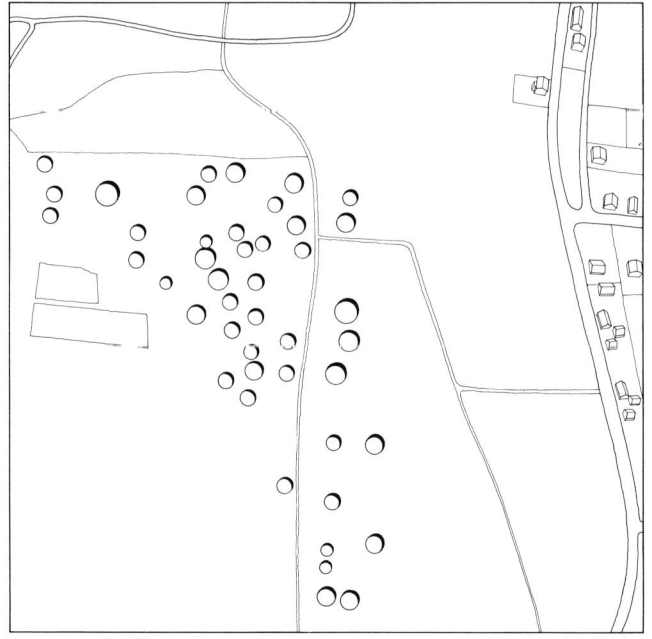

Die genarbten Äcker im Talgrund der Kleinen Laaber bei Geiselhöring enthalten ein großes Grabhügelfeld, das aufgrund seiner topographischen Lage wohl der Hallstattzeit angehören wird. Ganz genau wissen wir dies freilich nicht, denn noch besitzen wir aus keinem Grab einen Fund, weil der Friedhof bis zum Zeitpunkt der Aufnahme, dem September 1979, der Forschung völlig unbekannt geblieben war. Auch macht erst die Infrarot-Fehlfarbenaufnahme mit ihrer die Schatten verstärkenden Wirkung den Hügelcharakter der oftmals nur 20 oder 30 cm hohen Buckel in Wiesen und Äckern so recht deutlich. Die zugehörige Siedlung wird wohl eine jener kleinen burgartigen Befestigungen gewesen sein, die kennzeichnend für das 7. bis 5. vorchristliche Jahrhundert zu sein scheinen. Sie lag irgendwo am Rande der Lößterrasse, die auch die heutige Besiedlung im Bild rechts trägt.

Der hallstattzeitliche Friedhof von Geiselhöring gehört zu den am besten erhaltenen Nekropolen seiner Zeit. Er ist weder durch Raubgräber, noch durch Überbauung dezimiert und wird künftiger Forschung genauer als an den meisten ähnlichen Plätzen über die innere Struktur eines frühkeltischen Familienverbandes Auskunft geben können. Gleichwohl ist Vorsorge am Platz, daß die Unversehrtheit des Geschichtsdenkmals anhält. Zu nahe liegt der Friedhof bei der aufstrebenden Marktgemeinde Geiselhöring, und zu großflächig sind die Hügel über zu viele Äcker verteilt. Wollen wir hoffen, daß die durch Bauplanung und Flachpflügen drohenden Gefahren abgewendet werden können.

68 Grabhügelfeld der Hallstattzeit von Rieden
Landkreis Ostallgäu

Im Wertachtal reiht sich zwischen Kaufbeuren und Augsburg eine Nekropole der Hallstattzeit an die andere. Ihre Lage in den Talauen sorgte lange Jahrhunderte für eine sehr gute Erhaltung der Grabhügel, bis in diesem Jahrhundert die Intensivierung der Landwirtschaft auch hier in den Bestand eingriff. Das Gräberfeld von Rieden kann für diese Entwicklung beispielhaft sein. Der amtlichen Denkmalpflege sind von hier »35 zum Teil verschleifte vorgeschichtliche Grabhügel« bekannt; so der Eintrag in der Denkmalliste. Bei genauem Hinsehen gibt das Luftbild mindestens die doppelte Anzahl an Hügeln wieder. Alle Stadien der Abtragung sind sichtbar. Gut erhalten ist eine kleine Gruppe von etwa einem Dutzend Hügel am nördlichen Friedhofsrand (1). Sie enthält noch unversehrte Grabkammern. An einem besonders großen Hügel weiter südlich (2) sind deutlich die Bemühungen zu sehen, ihn zu verkleinern. Von Erfolg waren diese Versuche bei dem Großteil der Grabhügel (3). Etwa 50 Tumuli sind bis fast auf die alte Bodenoberfläche gekappt, auf der seinerzeit die Totenhäuser angelegt worden waren. Das nächste Überackern dieser Hügel wird,

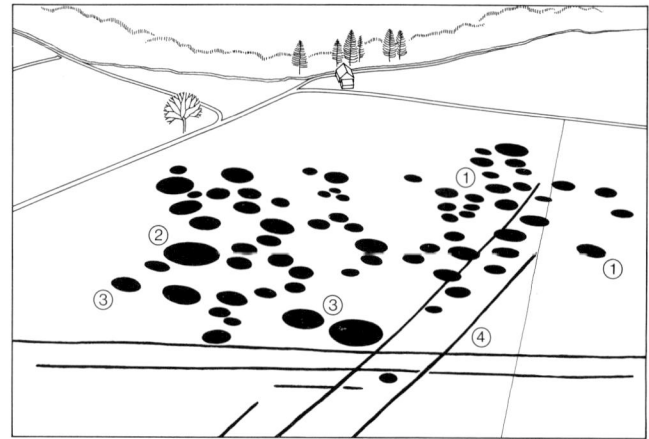

falls nicht schon längst geschehen, für die Grabkammern und deren Inhalt das endgültige »Aus« bedeuten. Vergleichsweise gering sind dagegen die bisherigen Beeinträchtigungen, die ältere Gräben (4) dem Bestand des Denkmals zugefügt haben.

69 Brandgräberfriedhof bei Hochzoll
Stadt Augsburg

Die in der Hallstattzeit zu beobachtende Sitte, um den Fuß der Grabhügel zuweilen noch einen ringförmigen Graben zu ziehen, hat ihre typologischen Vorläufer in der jüngeren Urnenfelderzeit. Die Urnenbestattungen dieser Epoche waren manchmal von einem Kreisgraben umgeben, der hier jedoch lediglich der Hervorhebung des Bestattungsplatzes galt; allenfalls hatte er einen abwehrenden Sinngehalt. Besonders bei gut ausgestatteten Gräbern sind derartige Abmarkungen zu beobachten. Das Grabgehäuse des Toten war in jener Zeit noch die schlichte Urne. Entsprechend simpel ist der Luftbildbefund eines solchen Urnengräberfeldes: es gibt sich nur durch eine Ansammlung von Punkten zu erkennen. Erst das Vorhandensein von ringförmigen Merkmalen läßt eine einwandfreie Identifzierung und zumeist auch schon einen ersten Datierungsvorschlag zu.

Die Lechniederung südöstlich von Augsburg ist mit ihrem kiesigen Untergrund und der intensiven agrarischen Nutzung (die ja nicht in den Kies eingreift und daher die archäologischen Befunde schont) für das Luftbild eine ideale Landschaft. Wir sahen dies bereits anhand der Befunde auf Tafel 27. Nur wenige hundert Meter weiter nördlich begegnen wir einer weiteren Gruppe von Be-

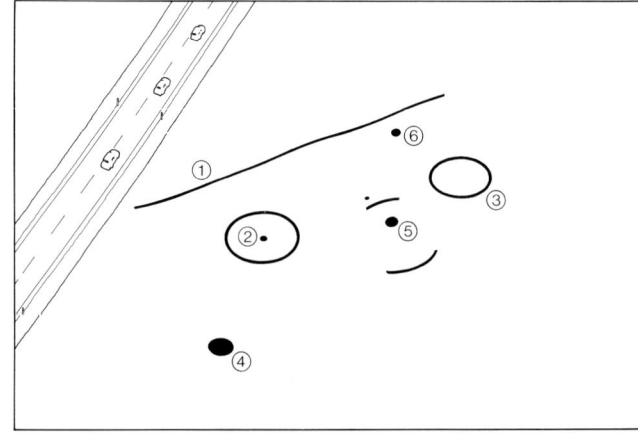

funden: einem Graben (1), der vielleicht die Begrenzung des Friedhofsgeländes nach Südosten zu darstellt, einem Kreisgraben (2) von etwa 10 m Durchmesser mit zentraler Brandbestattung, einem weiteren Graben, in dem die Bestattung möglicherweise schon weggepflügt ist (3), sowie Gruben (4, 5), von denen der Kreisgrabenrest bei 5 auf ein Grab hinweist. Den Kern der Befundgruppe bildet somit ein locker belegtes Brandgräberfeld wohl der späten Urnenfelderkultur.

70 Römisches Grabmonument beim Kastell Celeusum
Gemeinde Pförring, Landkreis Eichstätt

Das römische Kohortenkastell Celeusum nördlich des Marktes Pförring wurde zu Beginn des 2. Jahrhunderts gegründet und ging in den Alamannenstürmen des 3. Jahrhunderts unter. Sein Platz blieb öde und dadurch von Zerstörung durch Überackerung weitgehend verschont. Ausgrabungen zu Beginn dieses Jahrhunderts klärten die Umfassungsmauern – sie waren 141 in Stein errichtet worden – und Teile der Innenbebauung. Das Luftbild ergänzte diese Kenntnis durch die Feststellung weiterer Innenbauten, zu denen auch eine nachrömische, romanische Kapelle gehörte. Wichtiger noch war die Entdeckung großer, repräsentativer Steinbauten im umgebenden Lagerdorf. Ihre Zahl und ihr Umfang übertreffen die entsprechenden Eininger Befunde deutlich. Die Gründe hierfür sind uns vorerst unbekannt.

Etwa 300 m östlich des Kastells, außerhalb des Lagerdorfs, befindet sich eines der zu Celeusum gehörenden Gräberfelder. Es liegt beiderseits der nach Abusina (Eining) führenden Straße. Die zahlreichen von hier bekannt gewordenen Grabfunde können trotz der Einschränkungen, die man aufgrund ihrer oft tumultuarischen Bergung machen muß, einen hohen Lebensstandard in Celeusum bezeugen.

Das Luftbild hat hierfür einen weiteren Beleg beigebracht. Im Gräberfeld, unweit der unter dem Feldweg (am oberen Bildrand) liegenden Römerstraße, zeigte sich 1979 im sommerlichen Getreide als negatives Bewuchsmerkmal ein konzentrischer Ring. Er war nicht ganz kreisrund, sondern leicht gebrochen; vor allem der innere, stärker ausgebildete Ring läßt an einen vieleckigen Aufbau denken. Unter dem Getreide müssen hier entsprechende Mauerzüge verborgen liegen, die nur als Fundamente eines Grabturmes verstanden werden kön-

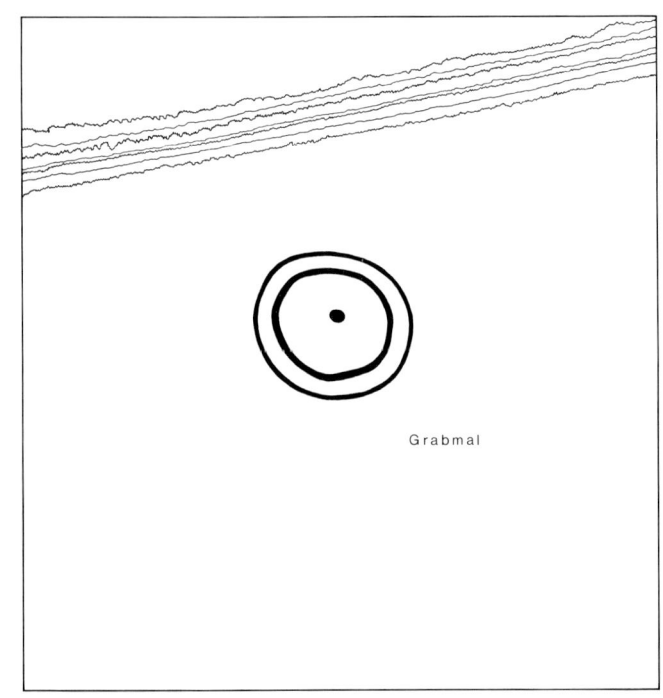

Grabmal

nen. Grabtürme sind in dieser Zeit sichtbare Zeichen von Wohlstand und gesellschaftlichem Ansehen der Familien, die dort ihre Grablege hatten. Was einstmals über einem solchen Fundament an Aufgehendem stand, können wir heute noch an der Via Appia in Rom studieren. Es ist dies die gleiche Art von Selbstdarstellung, die sich wie ein roter Faden durch alle Jahrhunderte zieht, und die in den Kreisgräben der Glockenbecherkultur ebenso zum Ausdruck kommt wie in den Grabhügeln der ausgehenden Reihengräberzeit.

71 Mausoleum und Römerstraße bei Niedererlbach
Gemeinde Buch am Erlbach, Landkreis Landshut

Fast bemerkt man sie nicht, die hellgrüne Färbung im Getreide eines Feldes bei Niedererlbach im Isartal. Erst bei näherem Hinsehen fällt die äußere viereckige Gestalt des Bewuchsmerkmals auf. Als dann an dieser Stelle 1980 römische Leistenziegel aufgelesen wurden und die Gefährdung des bis dahin unbekannten Gebäudes akut erschien, wurde noch im gleichen Jahr eine Ausgrabung unternommen. Sie erbrachte zunächst ein Mauergeviert von 9 x 10 m Größe als Ursache für die entsprechende Verfärbung im Getreide. Der unformige Fleck im Inneren dieses Vierecks wurde von einer starken Versturzschicht aus Ziegeln und Nagelfluhbrocken verursacht. Unter ihr kamen die Grundmauern eines Turms von 4 x 4 m Grundfläche zum Vorschein. Er war mit den Dachziegeln gedeckt gewesen, die man in so großer Zahl noch gefunden hatte. Anfangs war noch erwogen worden, die beiden Mauergevierte könnten zu einem gallo-römischen Umgangstempel gehören; dies änderte sich mit der Auffindung von Brandgräbern innerhalb und außerhalb des Fundaments. Man war also auf ein turmartiges Mausoleum gestoßen. Es enthielt in seinem Inneren, in den Boden eingelassen, die größtenteils gläsernen Urnen von fünf Gräbern des 2. und frühen 3. Jahrhunderts. Zwei weitere Gräber fanden sich außerhalb des Grabturms. Sie waren zwar schlichter als die im Turminneren; in einem Fall fand sich jedoch unter den Beigaben der im Brand des Scheiterhaufens angeschmorte Bronzebeschlag eines Reisewagens, also eines Attributes von hohem Rang. Aufgrund des Grabbaus und der Grabbehältnisse darf man in der Familie, die hier ihre Toten bestattete, die Besitzer eines nahen, noch nicht aufgefundenen Gutshofes sehen. Der Ort dieses elitären Bestat-

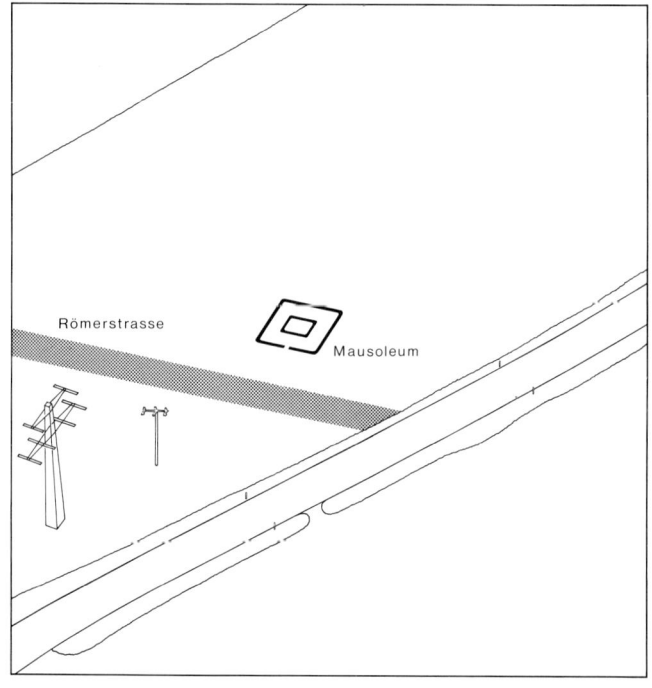

tungsplatzes war, wie in römischer Zeit üblich, der Rand einer Straße. Auch diesen Straßenzug hat das Luftbild entdeckt und eine anschließende Ausgrabung bestätigt. Es handelt sich um die Fernstraße zwischen der Provinzhauptstadt Augsburg und dem römischen Kastell an der Isarmündung bei Moos. Sie ist auf unserem Bild links der heutigen Straße zu sehen.

Literatur: Rainer Christlein und Gerhard Weber, Das archäologische Jahr in Bayern 1980, 140 f.

72 Bajuwarische Adelsgräber von Harting
Stadt Regensburg

Die kaum bemerkbaren Reifeunterschiede in einem Weizenfeld östlich von Harting hatten dem Archäologen zunächst Rätsel aufgegeben. Zwei kreisförmige Gräben (1, 2) traten als negative Bewuchsmerkmale auf, ebenso Grabgruben in ihrem Inneren. In diesen Bereichen mußte also steiniges Material unter der Humusdecke verborgen sein, so daß man trotz der Orientierung der Gräber nach Osten an einen bronzezeitlichen Bestattungsplatz denken wollte. Dagegen fielen wenig weiter nördlich einige Körpergräber (3, 4) als positive Bewuchsmerkmale auf. Auch diese waren geostet. Hier konnte man schon eher einen frühmittelalterlichen Friedhof vermuten. Ausgrabungen des Jahres 1981 bestätigten dies, mehr noch: auch die Hügel (1) und (2) gehörten zu einem Reihengräberfeld. Sie waren als negative Bewuchsmerkmale aufgefallen, weil die Eintiefungen von Gräben und Grabschachten bis in den unter einer dünnen Lößdecke anstehenden Kies hinabreichten. Die zentrale Kammer von Hügel (1) hatte die beachtlichen Ausmaße von 3 m Länge und 2 m Breite. Auf der Sohle des Grabschachtes stand über zwei Unterlagbalken ein 2,2 m langer und 1,1 m breiter Bohlensarg. Er enthielt das Skelett eines Mannes, von dessen Grabgut vor allem zwei mit Silberfäden eingelegte Sporen erwähnenswert sind. Sie datieren Bestattung und Grabhügel in die Zeit um 700. Daß es sich um das Grab eines Vornehmen handelte, geht nicht nur aus dem Beigabengut, sondern auch aus dem Tumulus hervor, der über dem Grabschacht aufgetürmt wurde. Er besaß an der Basis einen Durchmesser von 15 m und war zusätzlich von einem 3,5 m breiten und 1,4 m tiefen Spitzgraben eingefaßt. Der Pflug hatte ihn im Laufe der Jahrhunderte völlig flach geschliffen, so daß er den Archäologen und Topographen nicht auffallen konnte. Bald nach der Errichtung des Hügels war nördlich neben der Zentralbestattung, schon überwiegend im Grabenbereich liegend, eine zweite Bestattung eingebracht worden. Von ihr können wir nur sagen, daß die hier beigesetzte Person nach 700 verstorben sein muß. Denn das Grab war so umfassend beraubt

worden, daß von seinen Beigaben nichts zurückblieb. Die Grabräuber beließen es nicht bei der Plünderung der Sekundärbestattung, sondern trieben von hier aus einen breiten Schacht in Richtung Hügelmitte. Er ist in unserem Luftbild deutlich zu sehen. Das Zentralgrab haben sie denn auch gefunden und den Oberkörper des Mannes gründlich durchwühlt. An Beigaben fanden sie zumindest einen Sax, ein einschneidiges Hiebschwert. Metallteile der ledernen Saxscheide gingen beim hastigen Plünderungsvorgang verloren und wurden 1981 im Raubschacht wiedergefunden.

Schon jetzt steht fest, daß in Harting durch das Luftbild eine bajuwarische Adelsgrablege wiederaufgefunden wurde. Sie wird nach ihrer Untersuchung einen wichtigen Baustein zur Entstehung und Geschichte des frühmittelalterlichen Adels im Umland von Regensburg bilden können.

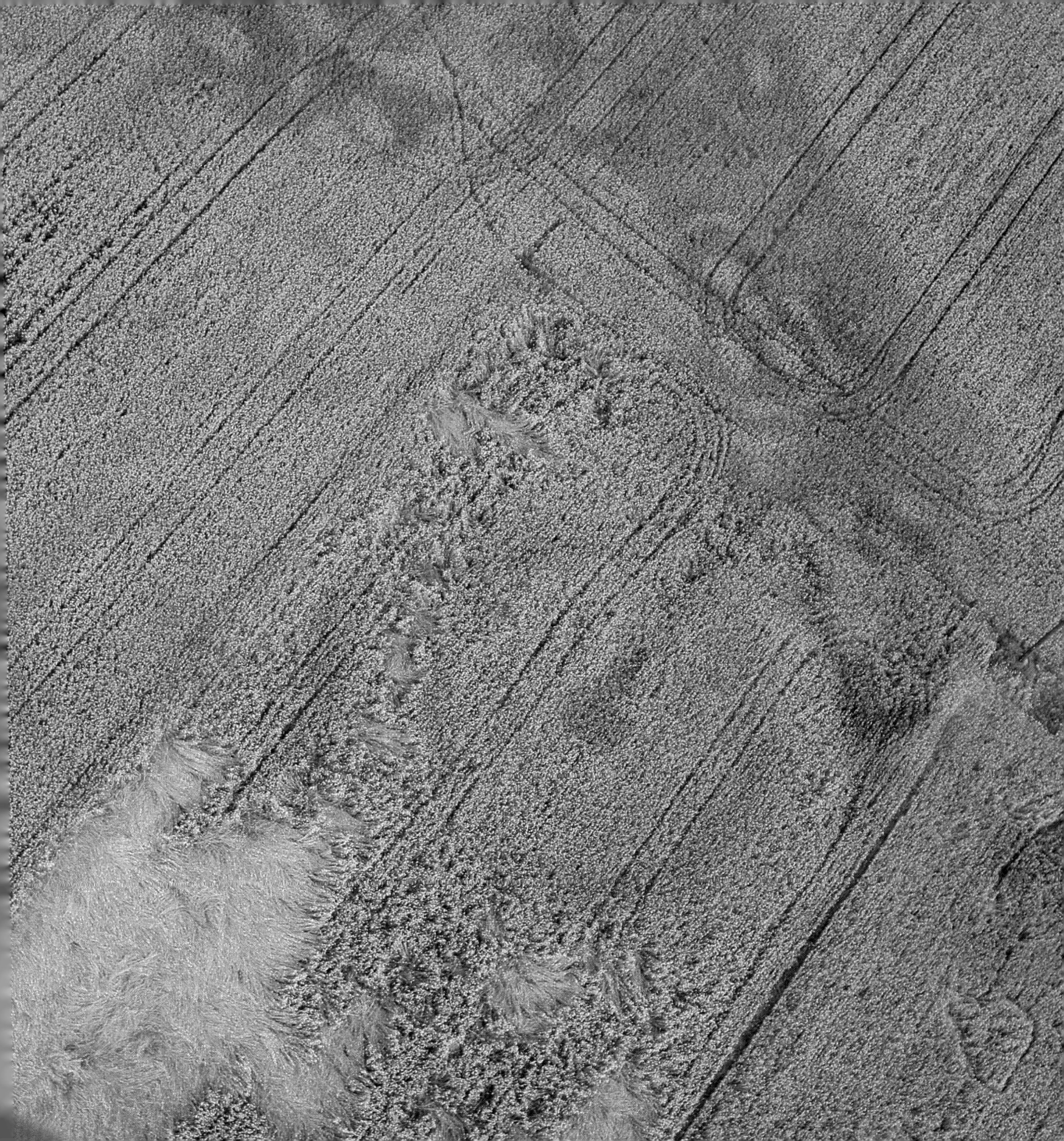

73 Vorgeschichtlicher Brandgräberfriedhof bei Marzling
Landkreis Freising

Im Kies der Isarterrassen bei Marzling wurde 1980 erstmals ein Brandgräberfeld sichtbar. Die Stellen der Gräber sind am punktuell kräftiger wachsenden Getreide sichtbar und durch die Infrarot-Fehlfarbenaufnahme verstärkt. Verstärkt sind auch zwei besonders hervorgehobene Grabstätten. Stelle 1 weist zwei nicht ganz konzentrische, ringförmige Gräben um zwei Brandgräber auf. Es ist nicht auszumachen, ob beide Grababgrenzungen gleichzeitig errichtet wurden, oder ob der äußere Ring zu einer jüngeren Grabanlage gehört. Grab 2 ist mit Sicherheit einperiodig. Der Kreisgraben und sein Zentrum liegen hier im Bereich eines heute mit tiefgründigem Humus gefüllten Wasserrisses und sind daher nur teilweise sichtbar. Hier ist es möglich, daß sich im Inneren des Grabbezirkes eine größere, rechteckige Kammer befand. Obwohl datierende Funde von diesem Platz bislang nicht bekannt wurden, darf man davon ausgehen, daß der Friedhof in die Urnenfelderzeit, vielleicht ins 9. oder 8. vorchristliche Jahrhundert, gehört.

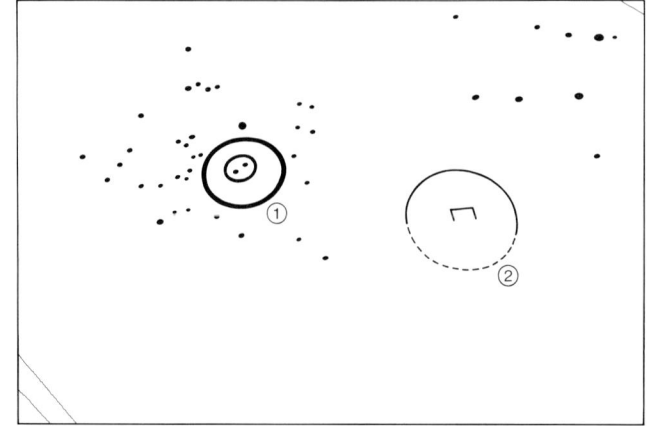

74 Vorgeschichtliche Siedlungen und Grabbezirke bei Zuchering
Stadt Ingolstadt

In der von Kiesgruben perforierten Donaulandschaft südwestlich von Ingolstadt geht langsam eine vorgeschichtliche Welt unter. Was sich in den stehengebliebenen Kieshorsten an den verschiedensten Befundeinheiten noch abzeichnet, läßt erkennen, wie viel an Siedlungen und Gräberfeldern in den vergangenen Jahrzehnten unerkannt und unbeobachtet vernichtet wurde. Als ein Beispiel kann jenes Feld östlich von Zuchering gelten, in dem sich auf Infrarot-Fehlfarbenfilm als Schatten werfende Bewuchsmerkmale alle Eintiefungen im darunter liegenden Kies abzeichnen. Das ganze Gelände ist von Kellern und Gruben einer Siedlung überzogen. Teilweise sind sogar die Pfostenstellungen einzelner Häuser zu sehen (1). Daneben treten drei rechteckige Grabeinfriedungen auf (2), in deren Geviert Brandgräber zu sehen sind, und die man wohl in die Latènezeit datieren darf. Vielleicht verbergen sich auch hinter anderen punktförmigen Gebilden des Ackers Brandgräber. Schließlich zeigt sich noch ein größeres Grabenrechteck (3) unbe-

kannter Verwendung und Zeitstellung. Die am oberen Bildrand sichtbare Bebauung hat in den vorgeschichtlichen Denkmälerbestand eingegriffen, ohne daß Funde von dort bekannt geworden wären.

75 Siedlungen und Gräber bei Dornach
Gemeinde Aschheim, Landkreis München

Die Münchner Schotterebene gehörte bis vor wenigen Jahren nur deshalb zu den bedeutenderen Fund- und Forschungslandschaften Bayerns, weil hier die Großstadt München mit ihrer ausufernden Bautätigkeit flächig in den Untergrund eingriff und eben auch hie und da Archäologisches zutage förderte. Dies summierte sich im Laufe der Zeit zu einem dichten Fundbild, welches freilich nicht gleichmäßig das Stadtgebiet abdeckt, sondern vor allem diejenigen Stadtviertel positiv hervortreten läßt, die zwischen 1900 und 1935 entstanden: in einem Zeitraum, in dem eine erste, intensive Präsenz von Fachbehörden mit der vormaschinellen Phase der Erdaushubarbeiten zusammenfiel. Danach wurde es schwieriger, und heute haben Bodendenkmäler im Bereich der großen Trabantenstädte kaum mehr eine Chance, erkannt und geborgen zu werden. In der Zeit zwischen 1955 und 1980 gingen hier, wie wir inzwischen wissen, Dutzende von Siedlungen und Gräberfeldern unter. Abhilfe wäre nur durch rechtzeitige, präventive Ausgrabung von gefährdeten Flächen zu schaffen, und Voraussetzung hierfür ist die rasche Kenntnis der Denkmäler, zu der uns beim gegenwärtigen Stand der Prospektionsmethoden nur die Luftbildarchäologie verhelfen kann.

Das nebenstehende Infrarot-Fehlfarbenbild gibt einen beinahe willkürlichen Geländeausschnitt des Raumes östlich von München wieder, einer Region, die in den nächsten Jahren verstärkt zur Überbauung anstehen wird. Aus der Nachbarschaft waren lediglich verschleifte Grabhügel bekannt gewesen. In einem an die Bebauung (am oberen Bildrand) anschließenden Feld werden Siedlungs- und Grabspuren in großer Zahl sichtbar. Wohl am auffallendsten sind die Pfostenreihen einer vorgeschichtlichen Siedlung (1), streng nach Norden ausgerichtet und

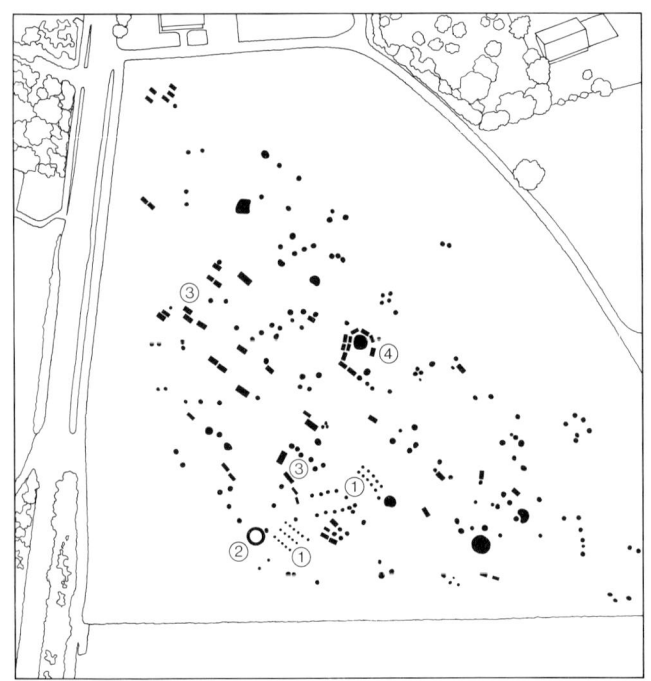

deshalb ungefähr zu datieren. Besonders ein zweischiffiger Pfostenbau fällt aus der Menge der Befunde heraus. Unmittelbar daneben liegt ein kleiner Kreisgraben (2), der anzeigen dürfte, daß sich unter manchen der punktförmigen Verfärbungen Brandgräber eines Urnenfriedhofs verbergen. Ansonsten sind über das ganze Feld Nord-Süd gerichtete Körpergräber (3) verstreut, die wegen dieser Orientierung wohl der Latènezeit angehören werden. Lediglich die Gräber bei Punkt 4 gruppieren sich um eine rundliche Geländevertiefung und geben vorerst noch Rätsel auf.

76 Vorgeschichtliche Siedlungen und Gräber bei Rockolding
Stadt Vohburg an der Donau, Landkreis Pfaffenhofen an der Ilm

Was zu den Tafeln 12 und 74 über die Kieslandschaft entlang der Donau zwischen Neuburg und Neustadt an der Donau gesagt wurde, gilt gleichermaßen für das Mündungsgebiet der Ilm in diese Donauuferlandschaft bei Ernsgaden und Rockolding. Hier reihen sich nahtlos eine Siedlung und ein Gräberfeld aneinander, und viele dieser Denkmälergruppen bieten uns, wie schon jetzt auf den Luftbildern sichtbar wird, Neues, das erst noch der Einordnung in die archäologische Begriffswelt bedarf. Brandgräber, die gelegentlich mit einem Kreisgraben umgeben sind (1), sind noch ebenso bekannt wie vereinzelte Körpergräber (2). Ungewöhnlich ist dagegen der längliche Grabenhof (3), der in dieser Form keinen Gebäudegrundriß darstellen kann. Ein Punkt in seinem östlichen Drittel wird von einem Brandgrab herrühren und läßt dadurch das Gräbchenrechteck als Umfriedung eines Grabbezirks deuten. Weitere Gräbchen in der Nachbarschaft scheinen Siedlungszeugnisse darzustellen (4). All dies wird von einem kräftigen Graben (5) eingefaßt.

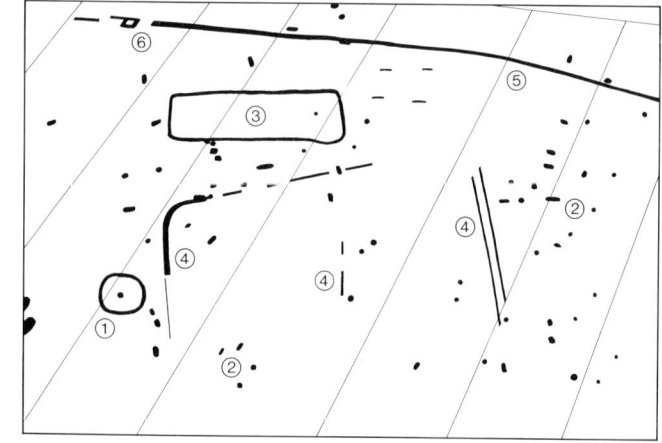

Auch er muß eine Grenze bezeichnet haben, nachdem eine Funktion als Drainagegraben wegen der Unterbrechung bei (6) ausscheidet.

77 Spätrömischer Familienfriedhof von Kirchheim bei München
Landkreis München

Das Luftbild vom 22. Juli 1980, das ein Feld nahe einem Neubaugebiet im Osten Münchens zeigt, hat eine Gruppe von Körpergräbern erfaßt, die teilweise in Ost-West-Richtung liegen, teilweise aber auch Nord-Süd orientiert sind. Damit war schon zu vermuten, daß es sich um einen Bestattungsplatz der spätrömischen Zeit handelte, in der Körperbestattung mit wechselnder Orientierung üblich war. Zur Freude der Archäologen war der kleine Friedhof noch intakt, ein selten gewordener Befund und wert, später einmal durch eine Ausgrabung vervollständigt zu werden. Früher als erwartet mußte diese Untersuchung vorgenommen werden. Denn als sechs Wochen später der Luftbildarchäologe nochmals das Gelände überflog, entdeckte er eine neue und tiefgründig ausgeschobene Straßentrasse, die in Ost-West-Richtung quer durch das auf unserem Bild noch unberührte Feld führte und unser Gräberfeld nur um einen Meter verfehlte. So wurde dann im Oktober des gleichen Jahres der Bestattungsplatz einer Familie des 4. Jahrhunderts untersucht. Er beinhaltete 17 Körpergräber, die bis auf das sehr seicht angelegte Grab 4 bereits im Luftbild zu erkennen waren. Die Beigaben der Gräber umfassen Tracht, Schmuck, Gefäße und Fleisch (Tierknochen) und lassen auf eine bäuerliche Bevölkerung von bescheidenem Wohlstand schließen. Immerhin besaßen die Siedler, deren Hof wohl in der Nähe lag und schon durch die Neubauten der letzten Jahre zerstört sein dürfte, Glasgefäße aus Ungarn oder Italien sowie Tafelgeschirr aus Töpfereien im heutigen Nordfrankreich. Die Frauen waren mit Ohrringen, die sogar in einem Fall aus Gold bestanden, sowie mit Hals- und Armschmuck aus Glasperlen, Bronze, Bein und Gagat versehen. Alle Fundstücke

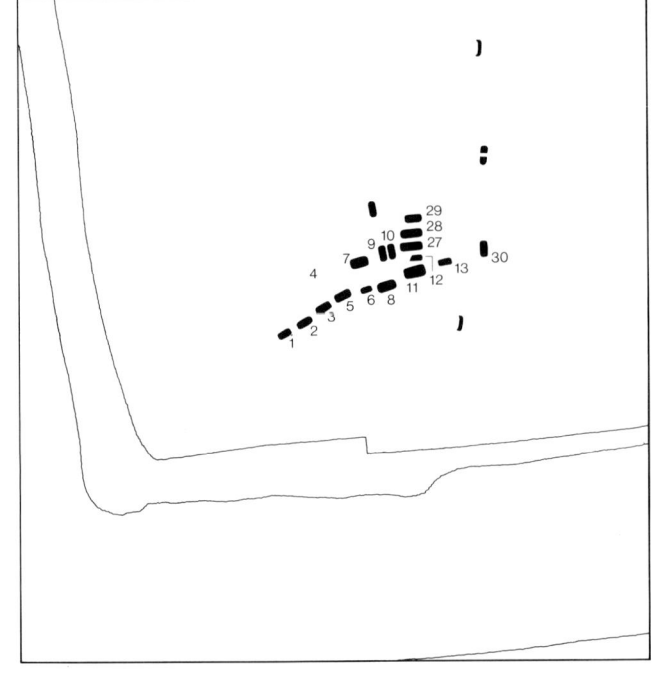

stammen aus der ersten Hälfte des 4. Jahrhunderts und bezeugen eine nur kurze Verweildauer der hier bestattenden Familie. Ihr Hof ging vermutlich in den Juthungeneinfällen des Jahres 357 zugrunde. Hätte man nicht im Herbst 1980 gerade noch rechtzeitig ihren Bestattungsplatz untersucht, so hätte sich vom Leben dieser Leute nicht die geringste Spur erhalten.

Literatur: Erwin Keller, Das archäologische Jahr in Bayern 1980, 144 f.

78   Ein bajuwarischer Dorffriedhof von Emmering
Stadt Fürstenfeldbruck, Landkreis Fürstenfeldbruck

Die Stämme des frühen Mittelalters pflegten nach ihrer Seßhaftwerdung ihre Toten in regelrechten Friedhöfen zu bestatten, die allgemeiner Sitte gemäß vor den damaligen Ortschaften lagen. So reihte sich bei jedem Ort, der durch seine Namensform als im frühen Mittelalter entstanden ausgewiesen ist, seit dem 5. oder 6. Jahrhundert Grab an Grab, bis solche Friedhöfe um 700 aufgelassen wurden und die Ortssepultur zur zugehörigen Pfarrkirche wanderte. Bis dahin hatten die Reihengräberfelder je nach Gründungszeitpunkt und Größe der zugehörigen Siedlung oft mehrere hundert oder sogar tausend Gräber aufgenommen. Sie wurden damit zu den größten Bestattungsplätzen aus dem archäologischen Bereich der bayerischen Geschichte und geben so recht die zahlenmäßige Überlegenheit der germanischen Völkerschaften gegenüber den verbliebenen Romanen wieder. Die hohe Zahl ihrer Bestattungen und die durchwegs geübte Beigabensitte machen die Friedhöfe zu bevölkerungsstatistisch auswertbaren Quellen ersten Ranges. Im zeitlichen Bereich eines Reihengräberfriedhofs ist die Geschichte des zugehörigen Dorfes in vielen Sparten exakter zu ermitteln als in den darauffolgenden fünf Jahrhunderten. Dies gilt allerdings nur für Gräberfelder mit vollständigem Erhaltungszustand. Und an solchen optimalen Quellen mangelt es, denn die großflächigen Denkmäler lagen zwar das ganze Mittelalter über draußen vor den Dörfern, gerieten aber in den letzten Jahrzehnten immer mehr in den Bebauungsbereich der sich immer weiter ausdehnenden Ortschaften und wurden zumeist überbaut. Heute dürfte nur noch ein kleiner Teil von ihnen intakt sein. Diesen Bestand gilt es als kostbaren Besitz aus den Anfängen des Staates Bayern zu bewahren, bis er eines Tages der Erforschung zugeführt werden kann. Der Luftbildarchäologie kommt bei der Ermittlung frühmittelalterlicher Gräberfelder eine wichtige Rolle zu, wie das Beispiel des frühmittelalterlichen Friedhofs bei Emmering zeigt. Der Bestattungsplatz liegt auf freier Feldflur etwa 200 m vom heutigen Ortsrand entfernt. Er ist noch vollkommen intakt und könnte allenfalls einige randliche Gräber an die nahebei vorüberführende Bundesstraße verloren haben. Obwohl wir keine Funde von hier kennen, kann an der Datierung des Gräberfeldes ins frühe Mittelalter kein Zweifel bestehen. Die Orientierung und Reihung der Gräber finden sich in dieser Form in keiner anderen Periode bayerischer Geschichte wieder. Innerhalb der Belegungszeit des Friedhofs kamen an diesem Platz etwa 400 Gräber in den Boden. Dies läßt im allgemeinen auf eine im 6. Jahrhundert entstandene Siedlung schließen. Dieses Dorf wurde ebenfalls durch das Luftbild entdeckt. Es lag etwa 300 m südöstlich des Friedhofs an der Terrassenkante zum Flüßchen Amper.

79 Ein Friedhof des frühen Mittelalters von Bergheim
Landkreis Neuburg an der Donau-Schrobenhausen

Am Nordrand des Dorfes Bergheim entstand nach dem Kriege eine Sandgrube, in der bald Grabfunde des frühen Mittelalters angeschnitten wurden. Durch die zuständige Fachstelle wurde im folgenden Jahrzehnt immer wieder das eine oder andere angeschnittene Grab geborgen, und die mit dem Sandabbau beschäftigten Arbeiter lasen gelegentlich auffallende Beigaben auf. Die Funde bezeugten einen Bestattungsplatz aus der 2. Hälfte des 7. Jahrhunderts. Da auch Hinweise auf Bestattungen überdurchschnittlicher Qualität vorlagen, mochte man an einen Separatfriedhof einer adelsähnlichen Familie der ausgehenden Reihengräberzeit denken. Erst das Luftbild von 1979 schuf Gewißheit, daß die geborgenen Grabfunde nur den jüngsten Abschnitt eines größeren Reihengräberfeldes repräsentierten. Im anschließenden Feld sind noch etwa 100 Gräber auszumachen, etwa die gleiche Anzahl wird so seicht liegen, daß sie keine Bewuchsmerkmale abgab. Die älteste Quelle zur Geschichte des heutigen Ortes Bergheim ist also trotz der Beeinträchtigungen der letzten drei Jahrzehnte noch weitgehend intakt. Man muß beim Betrachten des Bildes froh darüber sein, daß die Bemühungen zur Schließung der Sandgrube erfolgreich waren.

Literatur: Michael Eckstein, Bayerische Vorgeschichtsblätter 25, 1960, 273.

80 Der Judenfriedhof von Rödelsee
Landkreis Kitzingen

In den Friedhöfen der Juden spiegeln sich beispielhaft Geschichte und Schicksal dieses Volkes wider. Noch in der Tradition der Antike wurzeln die Vorschriften, welche die Friedhofsanlage draußen vor dem Ort, die Orientierung der Gräber nach Osten und die Reihenfolge der Belegung regeln. Die hohe Dichte an Grabstätten erinnert an die Enge jüdischer Ghettos. Und der Zustand des Verfalls kündet vom Ende der Judengemeinden, die hier mehr als dreieinhalb Jahrhunderte ihre Toten bestatteten. Im Jahre 1563 erlaubte Wilhelm Moritz von Heßberg den Juden, für ihre Toten von Rödelsee und »ungeverlich auf fünff Meil Wegs im Zirkel« am Steig nach Iphofen einen Friedhof anzulegen. Der Platz diente also einer ganzen Reihe von Judengemeinden, die sich in unterfränkischen Dörfern gebildet hatten, nachdem im 15. Jahrhundert die Reichsritterschaft das vordem königliche Judenregal erworben und Juden auf ihren Besitzungen angesiedelt hatte. Von der Wirtschaftskraft vieler dieser Familien ist auf ihren Begräbnisplätzen nichts mehr zu spüren. In stoischer Gleichheit reiht sich ein Grab an das andere; sein Platz war von nichts anderem bestimmt als von dem des unmittelbar vorher verstorbenen Glaubensgenossen. Hierin ähnelt die Anlage solcher Friedhöfe durchaus derjenigen der Reihengräberfriedhöfe in ihrem ursprünglichen, durch keine sozialen Sonderregelungen gestörten Sinn. Auch das Bild, welches der Rödelseer Friedhof heute bietet, mag dem eines frühmittelalterlichen Bestattungsplatzes kurz nach seiner Auflassung um 700 entsprechen. Im Zentrum (1) die ältesten, schon nicht mehr markierten Gräber, daran nach

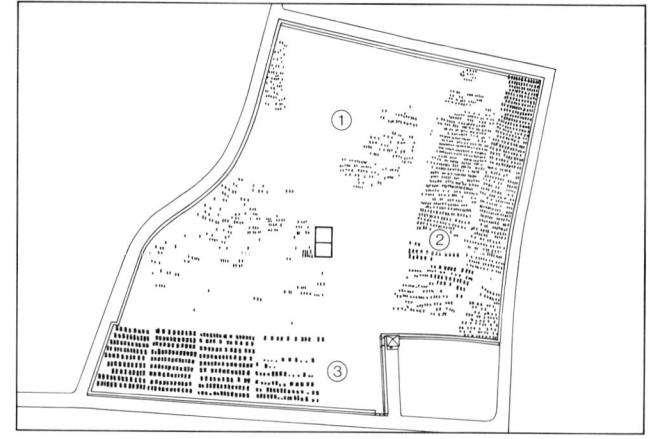

Norden (2) anschließend eine erste Erweiterung wohl des 17. Jahrhunderts, schließlich im sichtlich jüngsten Abschnitt (3) die Gräber des 19. und 20. Jahrhunderts. Mit dem schrecklichen Ende der Judengemeinden im Dritten Reich endete auch die Belegung des Judenfriedhofs von Rödelsee. Heute stellt er nicht nur ein Denkmal einer bedeutenden vergangenen Komponente bayerischer Geschichte dar. Er vermag in seiner ortsfernen Isoliertheit überaus bildhaft die gesellschaftliche Sonderstellung der Juden im mittelalterlichen und neuzeitlichen Bayern auszudrücken.

Literatur: Hans Bauer, Judenfriedhöfe im Landkreis Kitzingen. Jahrbuch des Landkreises Kitzingen 1979, 60 ff.

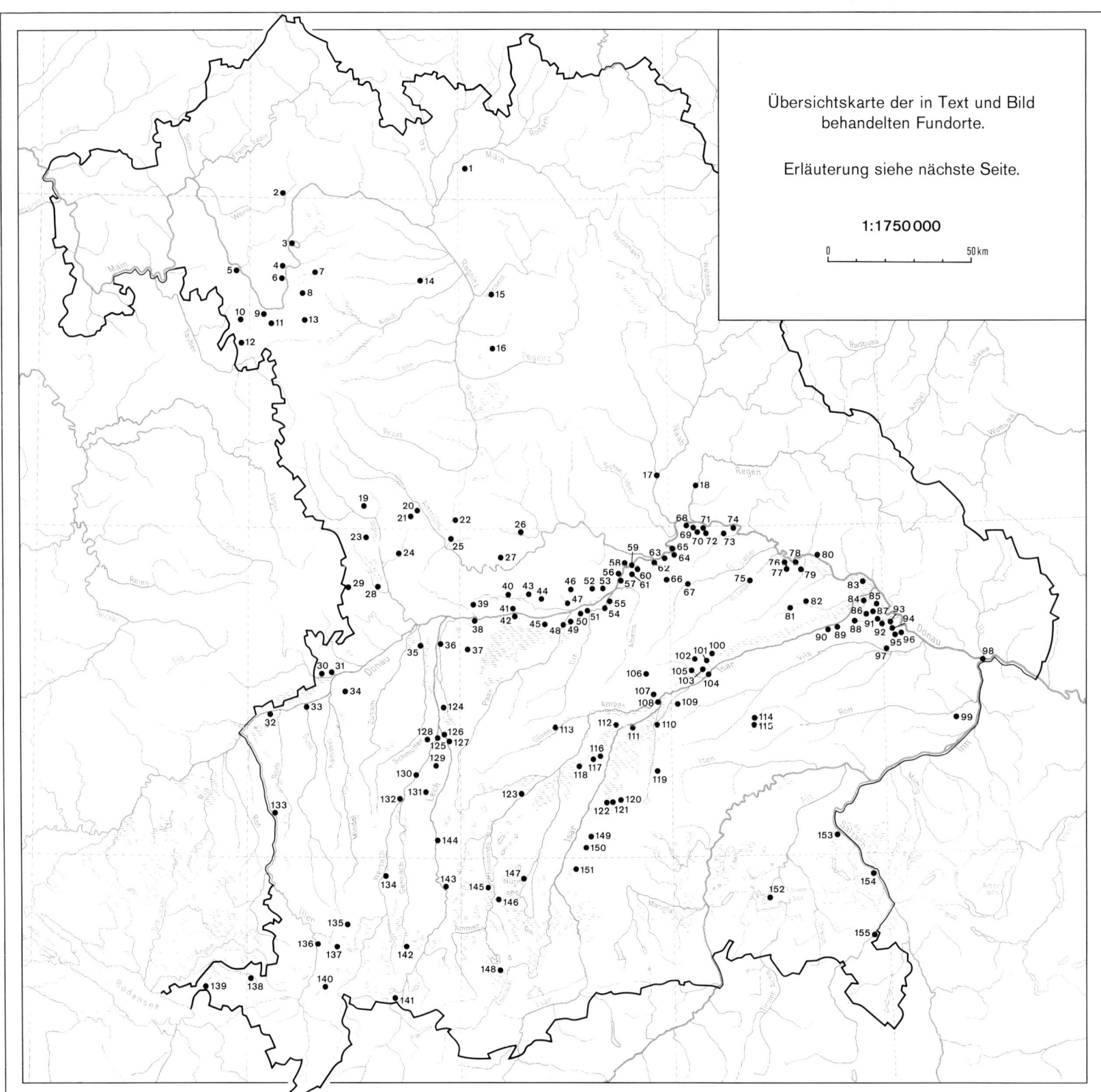

Übersichtskarte der in Text und Bild behandelten Fundorte.

Erläuterung siehe nächste Seite.

1:1750000

I. Ortsverzeichnis
zu nebenstehender Übersichtskarte. Nähere Angaben wollen dem nachfolgenden Ortsregister entnommen werden.

1 Staffelberg	53 Pförring	105 Altdorf-Aich
2 Schnackenwerth	54 Münchsmünster	106 Hörgertshausen
3 Volkach	55 Schwaig	107 Pillhofen
4 Schernau	56 Hienheim	108 Moosburg
5 Würzburg	57 Eining	109 Niedererlbach
6 Buchbrunn	58 Staubing	110 Niederlern
7 Kleinlangheim	59 Weltenburg	111 Marzling
8 Rödelsee	60 Holzharlanden-Buchhof	112 Freising
9 Tückelhausen	61 Sandharlanden	113 Wasenhof
10 Allersheim	62 Saal a. d. Donau	114 Hilling
11 Hopferstadt	63 Lengfeld-Alkofen	115 Langquart
12 Riedenheim	64 Lengfeld-Dantschermühle	116 Neufahrn
13 Bullenheimer Berg	65 Poikam	117 Eching
14 Stolzenroth	66 Herrnwahlthann	118 Unterschleißheim
15 Ehrenbürg	67 Niederleierndorf-Gitting	119 Teufstetten
16 Heroldsberg	68 Regensburg	120 Kirchheim b. München
17 Kallmünz	69 Regensburg-Pürkelgut	121 Aschheim
18 Hagenau	70 Burgweinting	122 Dornach
19 Hesselberg	71 Irl	123 Emmering
20 Dittenheim	72 Harting	124 Anwalting
21 Gelbe Bürg	73 Roith	125 Augsburg
22 Weißenburg i. B.	74 Sarching	126 Hochzoll
23 Ehingen a. Ries	75 Geiselhöring	127 Rederzhausen
24 Polsingen	76 Straubing-Lerchenhaid	128 Stadtbergen
25 Treuchtlingen-Schambach	77 Straubing-Alburg	129 Königsbrunn
26 Hirnstetten	78 Straubing	130 Wehringen
27 Preith	79 Aiterhofen	131 Graben
28 Hahnenberg	80 Bogenberg	132 Schwabmünchen
29 Holheim	81 Hailing	133 Kellmünz
30 Gundelfingen	82 Reißing	134 Rieden
31 Faimingen	83 Natternberg	135 Kipfenberg
32 Nersingen	84 Aholming	136 Kempten
33 Günzburg	85 Moos	137 Betzigau
34 Aislingen	86 Ottmaring-Nindorf	138 Grünenbach
35 Burghöfe	87 Langenisarhofen	139 Niederstaufen
36 Oberpeiching	88 Gneiding	140 Emmereis
37 Wengen	89 Kothingeichendorf	141 Füssen
38 Stätteberg	90 Oberframmering	142 Auerberg
39 Mauern	91 Wisselsing	143 Epfach
40 Nassenfels	92 Osterhofen-Linzing	144 Landsberg a. Lech
41 Bergheim	93 Osterhofen-Mooshöhe	145 Raisting
42 Neuburg a. d. Donau	94 Künzing-Unternberg	146 Wilzhofen
43 Gaimersheim	95 Künzing-Bruck	147 Roseninsel
44 Oberhaunstadt	96 Künzing	148 Moosberg bei Murnau
45 Zuchering	97 Galgweis	149 Unterhaching
46 Kösching	98 Passau	150 Oberhaching
47 Kleinmehring	99 Pocking-Schlupfing	151 Holzhausen r. d. Isar
48 Manching, Oberstimm	100 Mirskofen	152 Frauenchiemsee
49 Westenhausen	101 Altheim	153 Tittmoning
50 Irsching	102 Ergolding-Kopfham	154 Laufen
51 Rockolding	103 Ergolding	155 Marzoll
52 Ettling	104 Landshut	

II. Verzeichnis der in Text, Abbildungen und Tafeln erwähnten bayerischen Orte
kursive Zahlen sind Hinweise auf Textabbildungen,
halbfette Zahlen sind die Nummern der Farbtafeln.
Abgekürzt sind die zuständigen Kreis- und Stadtverwaltungsbehörden

Abodiacum → Epfach

Abusina → Eining

Aholming, DEG. Nr. 84 in Karte
Römischer Hallenbau
180, **40**
Lit.: unveröffentlicht
Kloster und Kirche Weihestetten
38, 81, 230, **65**
Lit.: siehe S. 230

Aislingen, DLG. Nr. 34 in Karte
Römisches Kastell, mittelalterliche
Burganlagen
72, 156, **28**
Lit.: siehe S. 156

Aiterhofen, SR. Nr. 79 in Karte
Bandkeramisches Gräberfeld bei Ödmühle
83, *72*
Lit.: U. Osterhaus, Jahresber. Hist. Ver. für
Straubing und Umgebung 78, 1975, 15 ff.
Befestigung der Altheimer Kultur bei
Ödmühle
29
Lit.: unveröffentlicht
Befestigung der Chamer Gruppe bei Ödmühle
48
Lit.: unveröffentlicht
Gräberfeld der Glockenbecherkultur
75
Lit.: unveröffentlicht
Tempelbezirk in Herrenhofform aus der
Hallstattzeit
55, 74 ff., 220, *36, 65,* **60**
Lit.: siehe S. 220

Allersheim, Gde. Giebelstadt, WÜ. Nr. 10 in
Karte
Grabhügelfeld
30, *3*
Lit.: unveröffentlicht

Altdorf-Aich, LA. Nr. 105 in Karte
Siedlung der ältesten Linienbandkeramik
24
Lit.: K. Reinecke, Bayer. Vorgeschichtsbl. 48,
1983 (im Satz).
Friedhof der Glockenbecherkultur
75, 77

Lit.: R. Christlein, Das arch. Jahr in Bayern
1980, 66 ff.
Gräbergruppen des frühen Mittelalters
96
Lit.: unveröffentlicht

Altheim, Gde. Essenbach, LA. Nr. 101 in
Karte
Befestigung der Altheimer Kultur
47, 83, 134, *29, 30,* **17**
Lit.: siehe S. 134
Befestigung der Hallstattzeit
36
Lit.: unveröffentlicht

Anwalting, Gde. Affing, AIC. Nr. 124 in
Karte
Römerstraße
33, *2*
Lit.: unveröffentlicht

Aschheim, M. Nr. 121 in Karte
Siedlung des frühen Mittelalters
58
Lit.: unveröffentlicht

Auerberg, Gde. Bernbeuren, WM. Nr. 142
in Karte
Römische Stadt Damasia
18, 58, 60, 174, **37**
Lit.: siehe S. 174

Augsburg, Nr. 125 in Karte
Römische Provinzhauptstadt Augusta
Vindelicum
60 f., 72, 79, 92
Lit.: W. Hübener, Jahrb. des Römisch-Germanischen Zentralmuseums Mainz 5, 1958,
154 ff. – H.-J. Kellner, in: Aufstieg und Niedergang der römischen Welt II.5.1 (1976) 690 ff.

Bergheim, ND. Nr. 41 in Karte
Bajuwarisches Gräberfeld
95, 258, **79**
Lit.: siehe S. 258

Betzigau, OA. Nr. 137 in Karte
Kultplatz Dengelstein im Kemptener Wald
73, *63*
Lit.: A. Ullrich, Allgäuer Geschichtsfreund
NF. 9, 1913, 23 ff.

Bogenberg, Gde. Bogen, SR. Nr. 80 in
Karte
Vorgeschichtliche Höhensiedlung
48
Lit.: H.-J. Hundt, Bayer. Vorgeschichtsbl.
21, 1955, 31 ff. – K. Schwarz, in: Führer zu
vor- und frühgeschichtlichen Denkmälern 6,
2. Aufl. (1967) 31 ff.

Buchbrunn, KT. Nr. 6 in Karte
Mittelneolithische befestigte Siedlung
28
Lit.: unveröffentlicht

Buchhof → Holzharlanden-Buchhof

Bullenheimer Berg, Gde. Ippesheim, NEA,
und Gde. Seinsheim, KT. Nr. 13 in Karte
48
Lit.: B.-U. Abels, Die vor- und frühgeschichtlichen Geländedenkmäler Unterfrankens.
Materialh. z. bayer. Vorgesch. B 6 (1979)
101 f. – G. Diemer/W. Janssen/L. Wamser, Das
arch. Jahr in Bayern 1981, 94 f.

Burghöfe, Gde. Mertingen, DON. Nr. 35 in Karte
Früh- und spätrömisches Kastell, mittelalterliche
Burg
60, 182, **41**
Lit.: siehe S. 182

Burgweinting, R. Nr. 70 in Karte
Römischer Gutshof
47, 48
Lit.: P. Reinecke, Römisch-germanisches
Korrespondenzbl. 9, 1916, 54 ff.

Cambodunum → Kempten

Celeusum → Pförring

Damasia → Auerberg

Dittenheim, WUG. Nr. 20 in Karte
Grabhügelfeld der Hallstattzeit
28, 232, **66**
Vor- und frühgeschichtliche Höhensiedlung
→ Gelbe Bürg

Dornach, Gde. Aschheim, M. Nr. 122 in Karte
Vor- und frühgeschichtliches Siedlungs- und Gräberfeldareal
90, 250, **75**
Lit.: unveröffentlicht

Eching, FS. Nr. 117 in Karte
Hallstattzeitliche Siedlung mit Herrenhof
49
Lit.: R. Christlein, Das arch. Jahr in Bayern 1980, 84 f.
Ringförmiger Kultbezirk der Hallstattzeit
74, *64*
Lit.: E. Keller, Das arch. Jahr in Bayern 1981, 102 f.

Ehingen am Ries, DON. Nr. 23 in Karte
Römischer Gutshof
38, 206, **53**
Lit.: Zeitschr. Hist. Ver. für Schwaben 74, 1980, 46 – W. Czysz, in: H. Frei/G. Krahe, Arch. Wanderungen im Ries (1979) Abb. 27, 2.

Ehrenbürg, Gde. Wiesenthau, FO. Nr. 15 in Karte
Vor- und frühgeschichtliche Höhensiedlung
110, **5**
Lit.: siehe S. 110

Eining, Stadt Neustadt an der Donau, KEH. Nr. 57 in Karte
Mittel- und spätrömisches Kastell Abusina mit Lagerdorf
63, 190, **45**
Lit.: P. Reinecke, Verhandlungen Hist. Ver. für Niederbayern 83, 1957, 7 ff.
Lager der 3. Italischen Legion im Unterfeld
60, 188, *44, 45*, **44**
Lit.: siehe S. 188

Emmereis, Gde. Rettenberg, OA. Nr. 140 in Karte
Mittelalterlicher Burgstall
70, 162, **31**
Lit.: siehe S. 162

Emmering, Stadt Fürstenfeldbruck, FFB. Nr. 123 in Karte
Bajuwarisches Gräberfeld
38, 95, 256, **78**
Lit.: unveröffentlicht

Epfach, Gde. Denklingen, LL. Nr. 143 in Karte
Mittelrömische Siedlung und spätrömisches Kastell Abodiacum. Frühchristliche Kirche und frühmittelalterliche Siedlungs- und Friedhofbefunde auf dem Lorenzberg
18, 59, 65, 79, 184, *55*, **42**
Lit.: siehe S. 184

Ergolding, LA. Nr. 103 in Karte
Befestigung der Altheimer Kultur
29
Lit.: unveröffentlicht

Ergolding-Kopfham, LA. Nr. 102 in Karte
Befestigung der Chamer Gruppe auf dem Galgenberg
48, *31*
Lit.: H. Becker, Das arch. Jahr in Bayern 1981, 72 f.

Ettling, Gde. Pförring, EI. Nr. 52 in Karte
Vorgeschichtliche Befestigung
30, 146, **23**
Lit.: unveröffentlicht

Faimingen, Stadt Lauingen, DLG. Nr. 31 in Karte
Römischer Zentralort Phoebianis mit Apollo-Grannus-Tempel
26, 63, 77, *69*
Lit.: F. Dexel, Das Kastell Faimingen. Der obergermanisch-raetische Limes des Römerreiches VI Nr. 66c (1911). – A. Rüsch, Arch. Korrespondenzbl. 2, 1972, 319 ff. – G. Weber, Germania 56, 1978, 511 ff. – Ders., Das arch. Jahr in Bayern 1980, 128 f. – W. Czysz, Das arch. Jahr in Bayern 1981, 142 f.

Frauenchiemsee, Gde. Chiemsee, RO. Nr. 152 in Karte
Mittelalterliches Inselkloster
81, 228, **64**
Lit.: siehe S. 228

Freising, FS. Nr. 112 in Karte
Vor- und frühgeschichtliche Höhensiedlung auf dem Domberg
48
Lit.: H. Müller-Karpe, Funde von bayerischen Höhensiedlungen (1959) 14. Taf. 1

Füssen, OAL. Nr. 141 in Karte
Spätrömisches Kastell Foetes und frühmittelalterliches Kloster St. Mang
65 f., 186, **43**
Lit.: siehe S. 186

Gaimersheim, EI. Nr. 43 in Karte
Römischer Gutshof
38, 208, **54**
Lit.: J. Reichart, Sammelbl. Hist. Ver. Ingolstadt 81, 1972, 26

Galgweis, Stadt Osterhofen, DEG. Nr. 97 in Karte
Vor- oder frühgeschichtliche Befestigungsanlage
152, **26**
Lit.: unveröffentlicht

Geiselhöring, SR. Nr. 75 in Karte
Grabhügelfeld wohl der Hallstattzeit
27, 234, **67**
Lit.: unveröffentlicht

Gelbe Bürg bei Dittenheim, WUG. Nr. 21 in Karte
Vor- und frühgeschichtliche Höhensiedlung
27, 48, 68, 106, **3**
Lit.: siehe S. 106

Gitting → Niederleierndorf-Gitting

Gneiding, Gde. Oberpöring, DEG. Nr. 88 in Karte
Mittelneolithische Siedlung mit Kultplatz
73, 216, *61*, **58**
Lit.: unveröffentlicht

Goldberg, Gde. Riesbürg, Ostalbkreis, Württemberg
Vor- und frühgeschichtliche Höhensiedlung
22, 49, 108, **34**
Lit.: P. Schröter, in: Ausgrabungen in Deutschland, gefördert von der Deutschen Forschungsgemeinschaft 1950–1975, 1 (1975) 98 ff. – J. Biel, in: H. Frei/G. Krahe, Arch. Wanderungen im Ries (1979) 153 ff.

Graben, A. Nr. 131 in Karte
Bewässerungssystem unbekannter Zeitstellung auf dem Lechfeld
7
Lit.: H. P. Uenze, Vor- und Frühgeschichte im Landkreis Schwabmünchen. Kat. Prähist. Staatsslg. 14 (1971) 195

Grünenbach, LI. Nr. 138 in Karte
Kultplatz »Stein«
73, 210, **55**
Lit.: siehe S. 210

Gundelfingen, DLG. Nr. 30 in Karte
Frühmittelalterliche Kirche St. Martin
81, *70, 71*
Lit.: R. Christlein und W. Czysz, Das arch. Jahr in Bayern 1981, 172 f.

Guntia → Günzburg

Günzburg, GZ. Nr. 33 in Karte
Mittel- und spätrömisches Kastell Guntia mit Lagerdorf und Friedhöfen
14, 92
Lit.: Kastelljubiläum Guntia 77 – 1977. Günzburger Hefte 10 (1977) mit älterer Lit. – W. Czysz, Das arch. Jahr in Bayern 1980, 142 f. und 1981, 146 f.

Hagenau, Gde. Regenstauf, R. Nr. 18 in Karte
Bronzezeitliches Grabhügelfeld
87
Lit.: P. F. Stary, in: K. Spindler (Hrsg.), Vorzeit zwischen Main und Donau (1980) 46 ff.

Hahnenberg bei Appetshofen, Gde. Möttingen, DON. Nr. 28 in Karte
Vorgeschichtliche Höhensiedlung
27, 108, **4**
Lit.: siehe S. 108

Hailing, Gde. Leiblfing, SR. Nr. 81 in Karte
Keltische Viereckschanze
4
Lit.: unveröffentlicht

Harting, Stadt Regensburg, Nr. 72 in Karte
Bandkeramische Siedlung
38, 39, 120, **10**
Lit.: unveröffentlicht
Bajuwarische Adelsgräber
98, 244, *98*, **72**
Lit.: unveröffentlicht

Heroldsberg, ER. Nr. 16 in Karte
Frühlatènezeitlicher Grabhügelfund
90, *90*
Lit.: L. Wamser, Geschichte am Obermain 11, 1977/78, 77 ff.

Herrnwahlthann, KEH. Nr. 66 in Karte
Vorgeschichtliche Befestigung
33, *15*
Lit.: unveröffentlicht

Hesselberg, Gde. Ehingen, AN. Nr. 19 in Karte
Vor- und frühgeschichtliche Höhensiedlung
48
Lit.: H. Müller-Karpe, Funde von bayerischen Höhensiedlungen (1959) 11 f. – K. Schwarz, Führer zu bayerischen Vorgeschichts-Exkursionen 1 (1962) 68 ff. – F.-R. Herrmann, Arch. Korrespondenzbl. 3, 1973, 423 ff. – Ders., Bayer. Vorgeschichtsbl. 39, 1974, 55 ff.

Hienheim, Stadt Neustadt an der Donau, KEH. Nr. 56 in Karte
Siedlung des älteren und mittleren Neolithikums, Befestigung der Chamer Gruppe
39, 41, 47, *24*, **31**
Lit.: P. J. R. Modderman, Die neolithische Besiedlung bei Hienheim, Ldkr. Kelheim I. Materialh. z. bayer. Vorgesch. A 33 (1977)

Hilling, Gde. Bodenkirchen, LA. Nr. 114 in Karte
Mittelalterliche Wasserburg
70, *60*
Lit.: unveröffentlicht

Hirnstetten, Gde. Kipfenberg, EI. Nr. 26 in Karte
Teilstück des römischen Limes
60, 172, **36**
Lit.: D. Baatz, Der römische Limes. 2. Aufl. (1975)

Hochzoll, Stadt Augsburg. Nr. 126 in Karte
Vorgeschichtliches Gräberfeld
38, 238, **69**
Lit.: unveröffentlicht

Holheim, Stadt Nördlingen, DON. Nr. 29 in Karte
Römischer Gutshof
29, 202, **51**
Lit.: siehe S. 202

Holzharlanden-Buchhof, Stadt Abensberg, KEH. Nr. 60 in Karte
Römischer Gutshof
25, 194, **47**
Lit.: unveröffentlicht

Holzhausen rechts der Isar, Gde. Straßlach, M. Nr. 151 in Karte
Keltische Viereckschanze
224, 66
Lit.: K. Schwarz, in: Ausgrabungen in Deutschland, gefördert von der Deutschen Forschungsgemeinschaft 1950–1975, 1 (1975) 324 ff.

Hopferstadt, Stadt Ochsenfurt, WÜ. Nr. 11 in Karte
Mittelneolithische Siedlung und Kultplatz
73, 212, **56**
Lit.: siehe S. 212

Hörgertshausen, FS. Nr. 106 in Karte
Spätlatènezeitlicher Friedhof
90, *91*
Lit.: R. Christlein, Das arch. Jahr in Bayern 1980, 108 f. – Ders., Bayer. Vorgeschichtsbl. 47, 1982, 275 ff.

Irl, Stadt Regensburg, Nr. 71 in Karte
Vorgeschichtlicher befestigter Hof
148, **24**
Lit.: unveröffentlicht

Irsching, PAF. Nr. 50 in Karte
Vorgeschichtliches Siedlungsareal
25, 124, **12**
Lit.: unveröffentlicht

Kallmünz, R. Nr. 17 in Karte
Vor- und frühgeschichtliche Höhensiedlung auf dem Schloßberg
48
Lit.: H. Müller-Karpe, Funde von bayerischen Höhensiedlungen (1959) 7 ff. – A. Stroh, Die vor- und frühgeschichtlichen Geländedenkmäler der Oberpfalz. Materialh. z. bayer. Vorgesch. B 3 (1975) 260 f.

Kellmünz, NU. Nr. 133 in Karte
Spätrömische Befestigung Caelio Monte
79
Lit.: H.-J. Kellner, Das spätrömische Kellmünz. Forsch. aus dem Oberen Schwaben 2 (1957)

Kempten, KE. Nr. 136 in Karte
Römischer Zentralort Cambodunum. Spätrömische Befestigung. Mittel- und spätrömisches Gräberfeld
14, 18, 58, 60, 77, 79, 92, **68**
Lit.: W. Schleiermacher, Cambodunum – Kempten. Eine Römerstadt im Allgäu (1972). – M. Mackensen, Das römische Gräberfeld auf der Keckwiese in Kempten. Materialh. z. bayer. Vorgesch. A 34 (1978)

Kipfenberg, Gde. Unterthingau, OAL. Nr. 135 in Karte
Mittelalterlicher Burgstall
70, 158, **29**
Lit.: siehe S. 158

Kirchheim bei München, M. Nr. 120 in Karte
Siedlung und Herrenhof der Frühlatènezeit
48, 49, 55, 128, *33, 35*, **14**
Lit.: siehe S. 128
Spätrömisches Gräberfeld
92, 254, **77**
Lit.: siehe S. 254
Frühmittelalterliche Siedlung mit Hoffriedhöfen
57, 58, 126, *40, 41, 42*, **13**
Lit.: siehe S. 126
Frühmittelalterlicher Adelsfriedhof
95
Lit.: unveröffentlicht

Kleinaitingen → Graben

Kleinlangheim, KT. Nr. 7 in Karte
Frühgeschichtliche Friedhöfe
92
Lit.: Chr. Pescheck, Die germanischen Bodenfunde der römischen Kaiserzeit in Mainfranken. Münchner Beiträge zur Vorgesch. 27 (1978) 160 ff. – Ders., in: Ausgrabungen in Deutschland, gefördert von der Deutschen Forschungsgemeinschaft 1950–1975, 2 (1975) 211 ff.

Kleinmehring, Gde. Großmehring, EI. Nr. 47 in Karte
Vorgeschichtliche Befestigung, Römerstraße
30, 150, **25**
Lit.: unveröffentlicht

Königsbrunn, A. Nr. 129 in Karte
Hallstattzeitlicher Friedhof mit Kultplatz
74
Lit.: G. Krahe, Das arch. Jahr in Bayern 1980, 96 f.

Kopfham → Ergolding-Kopfham

Kösching, EI. Nr. 46 in Karte
Kastell Germanicum und Gutshöfe mittelrömischer Zeitstellung
200, *50*
Lit.: J. Fink, Das Kastell Kösching. Der obergermanisch-raetische Limes des Römerreiches VII Nr. 74 (1913). – H. Witz, Sammelbl. Hist. Vereins Ingolstadt 52, 1933, 51 ff. – Unveröffentlichte Luftbildbefunde

Kothingeichendorf, Stadt Landau an der Isar, DGF. Nr. 89 in Karte
Jungsteinzeitliche befestigte Siedlung mit Kultplatz
43, 48, 73, 114, 214, *27, 61*, **7, 57**
Lit.: siehe S. 114 und 214

Künzing, DEG. Nr. 96 in Karte
Römisches Kastell Quintanis
60, *43*
Lit.: H. Schönberger, Kastell Künzing – Quintana. Die Grabungen von 1958–1966. Limesforsch. 13 (1975)

Künzing-Bruck, DEG. Nr. 95 in Karte
Befestigung der Altheimer Kultur
29
Lit.: unveröffentlicht

Künzing-Unternberg, DEG. Nr. 94 in Karte
Mittelneolithische Befestigung mit Kultplatz
43, 73, *61, 62*
Lit.: R. Christlein/K. Schmotz, Jahresber. Hist. Ver. für Straubing und Umgebung 80, 1977/78, 53 ff.

Landsberg am Lech, LL. Nr. 144 in Karte
Vor- und frühgeschichtliche Höhensiedlung auf dem Schloßberg
48
Lit.: H. Koschik, Landsberger Geschichtsbl. 1970/71, 7 ff. – Ders., Die Bronzezeit im südwestlichen Oberbayern. Materialh. z. bayer. Vorgesch. A 50 (1981) 166 f.

Landshut, LA. Nr. 104 in Karte
Hallstattzeitliche Befestigungen bei Hascherkeller
54, *36*
Lit.: H. Becker/R. Christlein/P. S. Wells, Arch. Korrespondenzbl. 9, 1979, 285 ff.

Landshut-Sallmannsberg, LA, Nr. 104 in Karte
Linienbandkeramische Siedlung
24
Lit.: unveröffentlicht

Langenisarhofen, Gde. Moos, DEG.
Nr. 87 in Karte
Hallstattzeitlicher Herrenhof
36
Lit.: unveröffentlicht

Langquart, Gde. Bodenkirchen, LA. Nr. 115 in Karte
Mittelalterliche Wasserburg
70, *59, 60*
Lit.: M. Wening, Historico-topographica Descriptio. Das ist: Beschreibung des Churfürsten- und Herzogthums Ober- und Nidern Bayrn. Dritter Theil. Das Rennt-Ambt Landshuet (1723) 81 f.

Laufen, BGL. Nr. 150 in Karte
Mittelalterliche Stadt
72
Lit.: Handbuch der hist. Stätten Deutschlands 7: Bayern, 2. Aufl. (1965) 394 f.

Lengfeld-Alkofen, KEH. Nr. 63 in Karte
Befestigung der Altheimer Kultur
47, *29*
Lit.: Verhandl. Hist. Ver. für Niederbayern 102, 1976, 27 f.

Lengfeld-Dantschermühle, KEH. Nr. 64 in Karte
Linienbandkeramische Siedlung
41, *24*
Lit.: unveröffentlicht

Manching, PAF. Nr. 48 in Karte
Keltisches Oppidum
25, 55 f., 124, 150
Lit.: W. Krämer, in: Ausgrabungen in Deutschland, gefördert von der Deutschen Forschungsgemeinschaft 1950–1975, 1 (1975) 287 ff. mit älterer Lit. – W. Krämer (Hrsg.), Die Ausgrabungen in Manching Bd. 1 (1970) – 8 (1979). – W. E. Stöckli, Germania 52, 1974, 368 ff.

Marzling, FS. Nr. 111 in Karte
Vorgeschichtlicher Friedhof
246, **73**
Lit.: unveröffentlicht

Marzoll, Stadt Bad Reichenhall, BGL. Nr. 155 in Karte
Keltisch-römisches Landgut
67
Lit.: R. Christlein, Bayer. Vorgeschichtsbl. 28, 1963, 30 ff. – H.-J. Kellner, Germania 41, 1963, 18 ff.

Mauern, Gde. Rennertshofen, ND. Nr. 39 in Karte
Paläolithische Höhlensiedlung
102, *1*
Lit.: siehe S. 102

Mirskofen, Gde. Essenbach, LA. Nr. 100 in Karte
Hallstattzeitliche Herrenhöfe
37
Lit.: unveröffentlicht

Moos, DEG. Nr. 85 in Karte
Neolithische Befestigung
43, 116, **8**
Lit.: unveröffentlicht

Moosberg bei Murnau, GAP. Nr. 148 in Karte
Spätrömische Befestigung
10
Lit.: J. Garbsch, Der Moosberg bei Murnau. Münchner Beiträge zur Vorgesch. 12 (1966)

Moosburg an der Isar, FS. Nr. 108 in Karte
Mittelalterliche Stadt
72
Lit.: Handbuch der hist. Stätten Deutschlands 7: Bayern, 2. Aufl. (1965) 461

Münchsmünster, PAF. Nr. 54 in Karte
Mittelalterliche Klosteranlagen
81
Lit.: unveröffentlichte Luftbildbefunde

Nassenfels, EI. Nr. 40 in Karte
Mittelalterliche Wasserburg
170, *35*
Lit.: siehe S. 170

Natternberg, Stadt Deggendorf, DEG. Nr. 83 in Karte
Vor- und frühgeschichtliche Höhensiedlung
48
Lit.: K. Schmotz, Archäologie im Landkreis Deggendorf 1979–1981 (1982) 88 f.
Hallstattzeitlicher Herrenhof
36
Lit.: K. Schmotz, Archäologie im Landkreis Deggendorf 1979–1981 (1982) 82 f.

Nersingen, NU. Nr. 32 in Karte
Römischer Wachtturm
53
Lit.: unveröffentlicht

Neuburg an der Donau, ND. Nr. 42 in Karte
Frühgeschichtliches Grabenwerk
144, *22*
Lit.: unveröffentlicht

Neufahrn, FS. Nr. 116 in Karte
Hallstattzeitlicher Kultplatz
74, 218, **59**
Lit.: unveröffentlicht

Niedererlbach, Gde. Buch am Erlbach, LA. Nr. 109 in Karte

Hallstattzeitliche Befestigung und gleichzeitiges
Gräberfeld
53–55, 132, *36, 38, 39,* **16**
Lit.: siehe S. 132
Römisches Mausoleum
38, 92, 242, *92, 93, 94,* **71**
Lit.: siehe S. 242

Niederleierndorf-Gitting, Gde. Langquaid,
KEH. Nr. 67 in Karte
Mittelalterliche Wasserburg
27, 70, 168, *57,* **34**
Lit.: siehe S. 168

Niederlern, Gde. Berglern, ED. Nr. 110 in
Karte
Vorgeschichtliches Friedhofsareal
80
Lit.: unveröffentlicht

Niederstaufen, Gde. Sigmarszell, LI.
Nr. 139 in Karte
Mittelalterlicher Burgstall
70, 166, **33**
Lit.: siehe S. 166

Oberframmering, Stadt Landau an der Isar,
DGF. Nr. 90 in Karte
Keltische Viereckschanze und bajuwarischer
Friedhof
222, **61**
Lit.: unveröffentlicht

Oberhaching, M. Nr. 150 in Karte
Hallstattzeitlicher Herrenhof
36
Lit.: J. Pätzold/K. Schwarz, Jahresber. der
bayer. Bodendenkmalpflege 1961, 5 ff.

Oberhaunstadt, IN. Nr. 44 in Karte
Römischer Gutshof
30, 196, **48**
Lit.: unveröffentlicht

Oberpeiching, Stadt Rain am Lech, DON.
Nr. 36 in Karte
Vorgeschichtliches Gehöft
48, 122, **11**
Lit.: unveröffentlicht
Hallstattzeitlicher Friedhof mit Kreisgraben
74
Lit.: G. Krahe, Das arch. Jahr in Bayern 1980,
96 f.

Oberstimm, Gde. Manching, PAF. Nr. 48 in
Karte
Friedhof der Glockenbecherkultur
85, *75, 76, 78, 79*
Lit.: unveröffentlicht

Frührömisches Kastell und mittelrömische
Magazinbauten
180, *6*
Lit.: H. Schönberger, Kastell Oberstimm.
Limesforsch. 18 (1978) – Unveröffentlichte
Luftbildbefunde

Osterhofen-Linzing, DEG. Nr. 92 in Karte
Hallstattzeitlicher Herrenhof
55, *36*
Lit.: unveröffentlicht

Osterhofen-Mooshöhe, DEG. Nr. 94 in Karte
Mittelneolithische Befestigung
43
Lit.: unveröffentlicht

Ottmaring-Nindorf, DEG. Nr. 86 in Karte
Siedlung und Herrenhof der Altheimer Kultur
30, 136, *29,* **18**

Passau, PA. Nr. 98 in Karte
Mittel- und spätrömische Kastelle Batavis und
Boiotro. Kirche St. Severin
18, 65, 72, 79, *52*
Lit.: H. Schönberger, Saalburg-Jahrbuch 15,
1956, 42 ff. – W. Sage, Ostbairische Grenz-
marken 21, 1979, 5 ff. – R. Christlein, in: Seve-
rin zwischen Römerzeit und Völkerwanderung.
Ausstellungskatalog Enns (1982) 220 ff. mit
Lit. auf S. 251 f.

Pförring, EI. Nr. 53 in Karte
Vorgeschichtliches Grabenwerk
138, **19**
Lit.: unveröffentlicht
Mittelrömisches Kastell Celeusum
92, 138, 240, **70**
Lit.: J. Fink, Das Kastell Pförring. Der ober-
germanisch-raetische Limes des Römerreiches
VII Nr. 75 (1902)

Phoebianis → Faimingen

Pillhofen, Stadt Moosburg an der Isar, FS.
Nr. 107 in Karte
Mittelalterliche Wasserburg
70, *58*
Lit.: M. Wening, Historico-topographica
Descriptio. Das ist: Beschreibung des Chur-
fürsten- und Herzogthums Ober- und Nidern
Bayrn. Dritter Theil. Das Rennt-Ambt Lands-
huet (1723) 50

Pocking-Schlupfing, PA. Nr. 99 in Karte
Bajuwarisches Gräberfeld
97
Lit.: H. Bleibrunner, Niederbayern I. 2. Auflage (1982) Abb. S. 93

Poikam, Gde. Bad Abbach, KEH. Nr. 65 in
Karte
Mittelalterliche Burg
68, *56*
Lit.: K. Schwarz, Jahresber. der bayer. Boden-
denkmalpflege 15/16, 1974/75, 263 Abb. 70

Polsingen, WUG. Nr. 24 in Karte
Gräberfeld der späten Bronzezeit
48, 83, *84*
Lit.: H. Koschik, Das arch. Jahr in Bayern
1981, 86 f.

Preith, Gde. Pollenfeld, EI. Nr. 27 in Karte
Römische Straße Weißenburg–Pfünz
178, **39**
Lit.: siehe S. 178

Raisting, WM. Nr. 145 in Karte
Friedhof der frühen Bronzezeit
48, 83, *75*
Lit.: R. A. Maier, in: Ausgrabungen in Bayern.
Bayerland – Sonderausgabe 1967, 1 ff. –
K. Schmotz, Arch. Korrespondenzbl. 7, 1977,
31 ff.

Rederzhausen, Stadt Friedberg, AIC.
Nr. 127 in Karte
Vor- und frühgeschichtliche Denkmäler
154, **27**
Lit.: unveröffentlicht

Regensburg. Nr. 68 in Karte
Legionsfestung Castra Regina mit mittel- und
spätrömischen Gräberfeldern
18, 60, 64, 67, 72, 79, 92, 95
Lit.: K. Dietz/U. Osterhaus/S. Rieckhoff-
Pauli/K. Spindler, Regensburg zur Römerzeit,
2. Aufl. (1979)

Regensburg-Irl → Irl

Regensburg-Harting → Harting

Regensburg-Pürkelgut. Nr. 69 in Karte
Mittelneolithischer Bestattungsplatz
73
Lit.: R. Eckes, Bayer. Vorgeschichtsbl. 20,
1954, 97 ff.

Reißing, Gde. Oberschneiding, SR.
Nr. 82 in Karte
Grabhügelfeld wohl bronzezeitlicher
Zeitstellung
13
Lit.: unveröffentlicht

Rieden, OAL. Nr. 134 in Karte
Grabhügelfeld der Hallstattzeit
27, 236, **68**
Lit.: G. Kossack, Südbayern während der
Hallstattzeit (1959)

Riedenheim, WÜ. Nr. 12 in Karte
Hallstattzeitlicher Großgrabhügel
»Fuchsenbühl«
89
Lit.: L. Wamser, Frankenland NF. 32, 1980, 122 ff.

Rockolding, Stadt Vohburg an der Donau, PAF. Nr. 51 in Karte
Vorgeschichtliches Friedhofsareal
25, 90, 252, **76**
Lit.: unveröffentlicht

Rödelsee, KT. Nr. 8 in Karte
Neuzeitlicher Judenfriedhof
99, 260, **80**
Lit.: siehe S. 260

Roith, Gde. Mintraching, R. Nr. 73 in Karte
Keltische Viereckschanze
38, 224, **62**
Lit.: unveröffentlicht

Roseninsel, Gde. Feldafing, STA. Nr. 147 in Karte
Vorgeschichtliche Inselsiedlung
24, 48, 112, *32*, **6**
Lit.: siehe S. 112

Saal an der Donau, KEH. Nr. 62 in Karte
Spätrömischer Burgus
54
Lit.: J. Garbsch, Bayer. Vorgeschichtsbl. 32, 1967, 51 ff.

Sandharlanden, Stadt Abensberg, KEH. Nr. 61 in Karte
Bronzezeitlicher Grabhügel
82, 83
Lit.: N. Stark, Bayer. Vorgeschichtsbl. 18/19, 1951/52, 247 f.

Sarching, Gde. Barbing, R. Nr. 74 in Karte
Mesolithische Wohnplätze
39
Lit.: W. Schönweiß/H.-J. Werner, Bayer. Vorgeschichtsbl. 39, 1974, 1 ff.

Schernau, Gde. Dettelbach, KT. Nr. 4 in Karte
Mittelneolithische Siedlung
41, *24*
Lit.: J. Lüning, Eine Siedlung der mittelneolithischen Bischheimer Gruppe in Schernau, Ldkr. Kitzingen. Materialh. zur bayer. Vorgesch. A 44 (1981)

Schnackenwerth, Gde. Werneck, SW. Nr. 2 in Karte
Keltische Viereckschanze
25
Lit.: H. Hahn/Chr. Pescheck, Germania 41, 1963, 104 f.

Schwabmünchen, A. Nr. 132 in Karte
Römischer Vicus mit Römerstraßenstücken im Wertachtal
24, 27, 176, **38**
Lit.: H. P. Uenze, Vor- und Frühgeschichte im Landkreis Schwabmünchen. Kat. Prähist. Staatsslg. 14 (1971) passim, bes. 184 ff.

Schwaig, Stadt Neustadt an der Donau, KEH. Nr. 55 in Karte
Hallstattzeitlicher Herrenhof
53, 130, **15**
Lit.: unveröffentlicht

Sorviodurum → Straubing

Stadtbergen, A. Nr. 128 in Karte
Römisches Landgut
61, *50*
Lit.: F. Reutti, Bayer. Vorgeschichtsbl. 39, 1974, 104 ff.

Staffelberg, Stadt Staffelstein, LIF. Nr. 1 in Karte
Vor- und frühgeschichtliche Höhensiedlung
104, **2**
Lit.: siehe S. 104

Stätteberg, Gde. Oberhausen, ND. Nr. 38 in Karte
Vorgeschichtliche Stadtanlage
48
Lit.: W. Dehn, Germania 30, 1952, 280 ff.

Staubing, Stadt Kelheim, KEH. Nr. 58 in Karte
Bajuwarisches Gräberfeld mit Holzkirche
79, *99*
Lit.: R. Christlein, Arch. Korrespondenzbl. 1, 1971, 51 ff.

Stolzenroth, Gde. Pommersfelden, BA. Nr. 14 in Karte
Mittelalterliche Wasserburgen
70, 160, **30**
Lit.: siehe S. 160

Straubing, SR. Nr. 78 in Karte
Mittel- und spätrömisches Kastell Sorviodurum. Mittel- und spätrömische Gräberfelder
14
Lit.: N. Walke, Das römische Donaukastell Straubing – Sorviodurum. Limesforsch. 3 (1965). – J. Prammer, Jahresber. Hist. Ver. für Straubing und Umgebung 79, 1976, 77 ff. – W. Sage, ebenda 113 ff. – J. Prammer, Das arch. Jahr in Bayern 1980, 124 f. – Ders., Das arch. Jahr in Bayern 1981, 154 f.

Straubing-Alburg, SR. Nr. 77 in Karte
Hallstattzeitliche Befestigung Kreuzbreite
36
Lit.: unveröffentlicht

Straubing-Lerchenhaid, SR. Nr. 76 in Karte
Älterneolithische Siedlung
41, *24, 25*
Lit.: R. Christlein, Das arch. Jahr in Bayern 1980, 56 f. – Ders., Das arch. Jahr in Bayern 1981, Abb. 8

Teufstetten, Gde. Wörth, ED. Nr. 119 in Karte
Keltische Viereckschanzen
30, 33, 226, **63**
Lit.: siehe S. 226

Tittmoning, TS. Nr. 153 in Karte
Römisches Landgut
61, *51*
Lit.: E. Keller, Jahresber. der Bayer. Bodendenkmalpflege 21, 1980, 94 ff.

Treuchtlingen-Schambach, WUG. Nr. 25 in Karte
Römischer Gutshof, daraus Brunnenmaske
49
Lit.: H. Koschik, Das arch. Jahr in Bayern 1981, 140 f.

Tückelhausen, Stadt Ochsenfurt, WÜ. Nr. 9 in Karte
Schnurkeramischer Friedhof
74
Lit.: L. Wamser, Frankenland NF. 32, 1980, 102 f.

Unterhaching, M. Nr. 149 in Karte
Siedlung der Urnenfelderzeit
49
Lit.: E. Keller, Das arch. Jahr in Bayern 1980, 72 f.

Unterschleißheim, M. Nr. 118 in Karte
Siedlung der Hallstattzeit
49
Lit.: E. Keller, Das arch. Jahr in Bayern 1981, 100 f.

Volkach, KT. Nr. 3 in Karte
Vor- und frühgeschichtliche Befestigung Vogelsburg
118, **9**
Lit.: siehe S. 118

Wasenhof, Gde. Petershausen, DAH. Nr. 113 in Karte
Mittelalterliche Wasserburg
1

Wehringen, A. Nr. 130 in Karte
Grabhügelfeld der Hallstattzeit
89, 232, *85, 86, 87, 88*
Lit.: G. Krahe, Germania 41, 1963, 100 f.

Weißenburg in Bayern, WUG. Nr. 22 in Karte
Römisches Kastell Biricianis und Thermenanlage 29, 192, **46**
Lit.: E. Fabricius, Das Kastell Weißenburg. Der obergermanisch-raetische Limes des Römerreiches V Nr. 72 (1907) – L. Wamser, Jahrbuch der bayer. Denkmalpflege 31, 1979, 69 ff.
Römischer Gutshof
198, **49**

Weltenburg, Stadt Kelheim, KEH. Nr. 59 in Karte
Vor- und frühgeschichtliche Höhensiedlung auf dem Frauenberg
48
Lit.: K. Spindler, Die Archäologie des Frauenberges (1981)
Vorgeschichtliche Grabenanlage
55, 142, **21**

Wengen, Gde. Burgheim, ND. Nr. 37 in Karte
Römischer Gutshof
204, **52**
Lit.: unveröffentlicht

Westenhausen, Gde. Manching, PAF. Nr. 49 in Karte
Keltische Viereckschanze
5
Lit.: unveröffentlicht

Wilzhofen, Gde. Wielenbach, WM. Nr. 146 in Karte
Mittelalterliche Burgställe
27, 70, 164, **32**
Lit.: unveröffentlicht

Wisselsing, Stadt Osterhofen, DEG. Nr. 91 in Karte
Befestigung und Siedlung der Altheimer Kultur
140, **20**
Lit.: J. Driehaus, Die Altheimer Gruppe und das Jungneolithikum in Mitteleuropa (1960) 60. – Unveröffentlichte Luftbildbefunde

Würzburg. Nr. 5 in Karte
Hallstattzeitliche Burganlage auf dem Marienberg
55
Lit.: G. Mildenberger, Mainfränkisches Jahrbuch 16, 1964, 294 ff.

Zuchering, IN. Nr. 45 in Karte
Vor- und frühgeschichtliches Fundareal
90, 248, **74**
Lit.: unveröffentlicht

III. Abkürzungsverzeichnis der bayerischen Kreisverwaltungen

A	=	Augsburg, Schwaben
AIC	=	Aichach-Friedberg, Schwaben
AN	=	Ansbach, Mittelfranken
BA	=	Bamberg, Oberfranken
BGL	=	Berchtesgadener Land, Oberbayern
DAH	=	Dachau, Oberbayern
DEG	=	Deggendorf, Niederbayern
DGF	=	Dingolfing-Landau, Niederbayern
DLG	=	Dillingen an der Donau, Schwaben
DON	=	Donau-Ries, Schwaben
ED	=	Erding, Oberbayern
EI	=	Eichstätt, Oberbayern
ER	=	Erlangen-Höchstätt, Mittelfranken
FFB	=	Fürstenfeldbruck, Oberbayern
FO	=	Forchheim, Oberfranken
FS	=	Freising, Oberbayern
GAP	=	Garmisch-Partenkirchen, Oberbayern
GZ	=	Günzburg, Schwaben
IN	=	Ingolstadt, Oberbayern
KE	=	Kempten, Schwaben
KEH	=	Kelheim, Niederbayern
KT	=	Kitzingen, Unterfranken
LA	=	Landshut, Niederbayern
LI	=	Lindau im Bodensee, Schwaben
LIF	=	Lichtenfels, Oberfranken
LL	=	Landsberg am Lech, Oberbayern
M	=	München, Oberbayern
ND	=	Neuburg an der Donau-Schrobenhausen, Oberbayern
NEA	=	Neustadt an der Aisch-Bad Windsheim, Mittelfranken
NU	=	Neu-Ulm, Schwaben
OA	=	Oberallgäu, Schwaben
OAL	=	Ostallgäu, Schwaben
PA	=	Passau, Niederbayern
PAF	=	Pfaffenhofen an der Ilm, Oberbayern
R	=	Regensburg, Oberpfalz
RO	=	Rosenheim, Oberbayern
SR	=	Straubing-Bogen, Niederbayern
STA	=	Starnberg, Oberbayern
SW	=	Schweinfurt, Unterfranken
TS	=	Traunstein, Oberbayern
WM	=	Weilheim-Schongau, Oberbayern
WÜ	=	Würzburg, Unterfranken
WUG	=	Weißenburg-Gunzenhausen, Mittelfranken

IV. Literaturverzeichnis (Auswahl)

Allgemeines, Zeitschriften, Reihen

Bibliographie der bayerischen Vor- und Frühgeschichte 1884–1959, bearbeitet von Friedrich Wagner (1964)
Bayerische Vorgeschichtsblätter 1/2, 1921/22 – 47, 1982
Jahresberichte der bayerischen Bodendenkmalpflege 1, 1960 – 21, 1980
Das archäologische Jahr in Bayern 1980 f.
Materialhefte zur bayerischen Vorgeschichte 1 (1952) – 50 (1981)
Münchner Beiträge zur Vor- und Frühgeschichte 1 (1951) – 31 (1981)
Kataloge der Prähistorischen Staatssammlung 1 (1957) – 19 (1979)

Zu den Kapiteln »7000 Jahre menschliche Gemeinschaften auf dem Boden Bayerns« – »Stadt und Burg, Dorf und Hof« – »Tempel, Kirchen und andere heilige Plätze« – »Die Stätten der Toten«

P. Reinecke, Mainzer Aufsätze zur Chronologie der Bronze- und Eisenzeit (1965)
O. Kunkel (Red.), Vor- und frühgeschichtliche Archäologie in Bayern (1972)
L. Pauli, Die Alpen in Frühzeit und Mittelalter (1980)
H. Dannheimer/R. Fink, Fundort Bayern (1968)
W. Torbrügge/H. P. Uenze, Bilder zur Vorgeschichte Bayerns (1968)
M. Spindler (Hrsg.), Handbuch der bayerischen Geschichte I, 2. Aufl. (1981)

G. Freund, Die ältere und mittlere Steinzeit in Bayern. Jahresber. der bayer. Bodendenkmalpflege 4, 1963, 9 ff.
R. A. Maier, Die jüngere Steinzeit in Bayern. Jahresber. der bayer. Bodendenkmalpflege 5, 1964, 9 ff.
W. Dehn/E. Sangmeister, Die Steinzeit im Ries. Materialh. zur bayer. Vorgesch. 3 (1954)
B. Engelhardt, Das Neolithikum in Mittelfranken I. Alt- und Mittelneolithikum. Materialh. zur bayer. Vorgesch. A 42 (1981)
J. Lüning, Die Entwicklung der Keramik am Übergang vom Mittel- zum Jungneolithikum im süddeutschen Raum. 50. Bericht der Römisch-Germanischen Kommission 1969, 1 ff.
L. Süß, Zur Münchshöfener Gruppe in Bayern, in: Die Anfänge des Neolithikums vom Orient bis Nordeuropa. Fundamenta A 3, 5 b (1976) 1 ff.
H. Müller-Karpe, Die spätneolithische Siedlung von Polling. Materialh. zur bayer. Vorgesch. 17 (1961)
J. Driehaus, Die Altheimer Gruppe und das Jungneolithikum in Mitteleuropa (1960)
H.-J. Hundt, Eine neue jungneolithische Gruppe im östlichen Bayern (Chamer Gruppe). Germania 29, 1951, 5 ff.
P. Schröter, Zur Stellung der Glockenbecherkultur im Spätneolithikum Bayerns. Glockenbecher Symposion Oberried 1974 (1976), 249 ff.
G. Hock, Die schnurkeramische Kultur in Mainfranken. Bayer. Vorgeschichtsfreund 10, 1931/32, 1 ff.
B. Engelhardt, Neue Grabfunde der Schnurkeramik aus Niederbayern. Arch. Korrespondenzbl. 8, 1978, 285 ff.

W. Torbrügge, Die Bronzezeit in Bayern. 40. Bericht der Römisch-Germanischen Kommission 1959, 1 ff.
W. Ruckdeschel, Die frühbronzezeitlichen Gräber Südbayerns. Antiquitas 2, 11 (1978)
H. Koschik, Die Bronzezeit im südwestlichen Oberbayern. Materialh. zur bayer. Vorgesch. A 50 (1981)
A. Hochstetter, Die Hügelgräberbronzezeit in Niederbayern. Materialh. zur bayer. Vorgesch. A 41 (1980)
W. Torbrügge, Die Bronzezeit in der Oberpfalz. Materialh. zur bayer. Vorgesch. 13 (1959)
H. Müller-Karpe, Neues zur Urnenfelderkultur Bayerns. Bayer. Vorgeschichtsbl. 23, 1958, 4 ff.
H. Müller-Karpe, Münchner Urnenfelder (1957)
H. Hennig, Das Donautal bei Regensburg vor 3000 Jahren. Ausstellungskataloge der Prähist. Staatsslg. 7 (1980)
H. Hennig, Die Grab- und Hortfunde der Urnenfelderkultur aus Ober- und Mittelfranken. Materialh. zur bayer. Vorgesch. 23 (1970)
H. Hennig, Urnenfelderzeitliche Grabfunde aus dem Obermaingebiet, in: K. Spindler (Hrsg.), Vorzeit zwischen Main und Donau (1980), 98 ff.
O. M. Wilbertz, Die Urnenfelderkultur in Unterfranken. Materialh. zur bayer. Vorgesch. A 49 (1982)

G. Kossack, Zur Hallstattzeit in Bayern. Bayer. Vorgeschichtsbl. 20, 1954, 1 ff.
G. Kossack, Südbayern während der Hallstattzeit. Römisch-Germanische Forschungen 24 (1959)
W. Kersten, Die Späthallstattzeit in Nordbayern. Bayer. Vorgeschichtsbl. 12, 1934, 12 ff.
W. Torbrügge, Die Hallstattzeit in der Oberpfalz I. Auswertung und Gesamtkatalog. Materialh. zur bayer. Vorgesch. A 39 (1979)

P. Reinecke, Die erste Latènestufe (A) im rechtsrheinischen Bayern. Der bayer. Vorgeschichtsfreund 5, 1925, 49 ff.
W. Kersten, Der Beginn der La-Tène-Zeit in Nordostbayern. Praehistorische Zeitschrift 24, 1933, 96 ff.
H. P. Uenze, Zur Frühlatènezeit in der Oberpfalz. Bayer. Vorgeschichtsbl. 29, 1964, 77 ff.
Chr. Pescheck, Zur Frühlatènezeit Mainfrankens. Jahresber. der bayer. Bodendenkmalpflege 17/18, 1976/77, 34 ff.
Chr. Pescheck, Zum Bevölkerungswechsel von Kelten und Germanen in Unterfranken. Bayer. Vorgeschichtsbl. 25, 1960, 75 ff.
K. Schwarz, Atlas der spätkeltischen Viereckschanzen Bayerns (1959)
R. Christlein, Zu den jüngsten keltischen Funden Südbayerns. Bayer. Vorgeschichtsbl. 47, 1982, 275 ff.

R. Braun, Die Anfänge der bayerischen Limesforschung. Altnürnberger Landschaft e. V., Mitteilungen 31, 1982, 1 ff.
D. Baatz, Der römische Limes. Archäologische Ausflüge zwischen Rhein und Donau. 2. Aufl. (1975)
J. Garbsch, Der spätrömische Donau-Iller-Rhein-Limes. Kleine Schriften zur Kenntnis der römischen Besetzungsgeschichte Südwestdeutschlands 6 (1970)

H.-J. Kellner, Die Römer in Bayern. 4. Aufl. (1978)

Fr. Vollmer, Inscriptiones Baivariae Romanae (1915)

Fr. Wagner, Neue Inschriften aus Raetien. 37./38. Bericht der Römisch-Germanischen Kommission 1956/57, 215 ff.

U. Schillinger-Häfele, Vierter Nachtrag zu CIL XIII und zweiter Nachtrag zu Fr. Vollmer, Inscriptiones Baivariae Romanae. Bericht der Römisch-Germanischen Kommission 58, 1977, 447 ff.

Die Fundmünzen der römischen Zeit in Deutschland, Abteilung I: Bayern (1960 ff.)

Corpus Signorum Imperii Romani – Corpus der Skulpturen der römischen Welt, Deutschland I, 1:, Raetien und Noricum (1973)

R. Schmitt, Die Villa rustica und der Romanisierungsprozeß im Dekumatenland und in der Provinz Raetien. Wiss. Zeitschrift der Humboldt-Universität zu Berlin, Gesellschafts- und sprachwissenschaftl. Reihe 25, 1976, 527 ff.

W. Czysz, Der römische Gutshof in München-Denning und die römerzeitliche Besiedlung der Münchner Schotterebene. Kataloge der Prähist. Staatsslg. München 16 (1974)

H. Th. Fischer, Zur Chronologie der römischen Fundstellen um Regensburg. Bayer. Vorgeschichtsbl. 46, 1981, 63 ff.

Fr. Wagner, Das Ende der römischen Herrschaft in Raetien. Bayer. Vorgeschichtsbl. 18/19, 1951/52, 26 ff.

Chr. Pescheck, Die germanischen Bodenfunde der römischen Kaiserzeit in Mainfranken. Münchner Beiträge zur Vor- und Frühgesch. 27 (1978)

B. Svoboda, Zum Verhältnis frühgeschichtlicher Funde des 4. und 5. Jahrhunderts aus Bayern und Böhmen. Bayer. Vorgeschichtsbl. 28, 1963, 97 ff.

H. Zeiß, Von den Anfängen des Baiernstammes. Bayer. Vorgeschichtsbl. 13, 1936, 24 ff.

B. Eberl, Die Bajuwaren (1966)

W. Sage, Gräber der älteren Merowingerzeit aus Altenerding Ldkr. Erding (Oberbayern). 54. Bericht der Römisch-Germanischen Kommission 1973, 212 ff., bes. 285 ff.

H. Bott, Bajuwarischer Schmuck der Agilolfingerzeit (1952)

U. Koch, Die Grabfunde der Merowingerzeit aus dem Donautal um Regensburg. Germanische Denkmäler der Völkerwanderungszeit A 10 (1968)

A. Stroh, Die Reihengräber der karolingisch-ottonischen Zeit in der Oberpfalz. Materialh. zur bayer. Vorgesch. 4 (1954)

H. Dannheimer, Die germanischen Funde der späten Kaiserzeit und des frühen Mittelalters in Mittelfranken. Germanische Denkmäler der Völkerwanderungszeit 7 (1962)

R. Koch, Bodenfunde der Völkerwanderungszeit aus dem Main-Tauber-Gebiet. Germanische Denkmäler der Völkerwanderungszeit A 8 (1967)

M. Franken, Die Alamannen zwischen Iller und Lech. Germanische Denkmäler der Völkerwanderungszeit 5 (1944)

R. Christlein, Die Alamannen. 2. Aufl. (1979)

K. Schwarz, Der frühmittelalterliche Landesausbau in Nordost Bayern archäologisch gesehen, in: Ausgrabungen in Deutschland, gefördert von der Deutschen Forschungsgemeinschaft 1950–1975, 2 (1975) 338 ff.

Zum Kapitel »Luftbildarchäologie in Bayern«

C. Schuchardt, Die sogenannten Trajanswälle in der Dobrudscha. Abhandlungen der Preuß. Akademie der Wissenschaften 1918 Nr. 12

Th. Wiegand, Sinai. Wiss. Veröffentlichungen des Deutsch-Türkischen Denkmalschutzkommandos 1 (1920)

A. Poidebard, La trace de Rome dans le désert de Syrie. Le limes de Trajan à la conquête arabe. Recherches aériennes 1925/1932 (1934)

O. G. S. Crawford, Luftbildaufnahmen von archäologischen Bodendenkmälern in England. Luftbild und Luftbildmessung 16 (1938), 9 ff.

E. Ewald, Einsatz des Luftbildes für die vorgeschichtliche Forschung in Deutschland. Luftbild und Luftbildmessung 16 (1938), 19 ff.

D. N. Riley, The Technique of Air-Archaeology. Arch. Journal 101, 1946, 1 ff.

O. G. S. Crawford, Said and Done. The Autobiography of an Archaeologist (1953)

J. S. P. Bradford, Ancient Landscapes. Studies in Field Archaeology (1957)

H. C. Bowen/R. M. Butler, A Matter of Time: An archaeological survey of the river gravels of England (1960)

K. Schwarz, Die Bodendenkmalpflege in Bayern 1959. Jahresber. der bayer. Bodendenkmalpflege 1960, 50 ff.

Chr. Pescheck, Die erste keltische Viereckschanze nördlich des Mains? Die Mainleite 1962 Nr. 2, 1 ff.

K. Schwarz, Die Bodendenkmalpflege in Bayern in den Jahren 1961 und 1962. Jahresber. der bayer. Bodendenkmalpflege 4, 1963, 168 ff.

J. A. Brongers, »Photo-archaeology in Holland«. Colloque International d'Arch. aérienne Paris (1964), 141–142

R. Goguey, Avion, stéréoscope ou projecteur. Arch. aérienne (1964)

G. Strunk-Lichtenberg, Bodenkundliche Untersuchungen an archäologischen Objekten, die durch Luftbildaufnahmen entdeckt wurden. Archaeo-Physika 1 (1965), 175 ff.

I. Scollar, Archäologie aus der Luft. Arbeitsergebnisse der Flugjahre 1960 und 1961 im Rheinland. Schriften des Rheinischen Landesmuseums Bonn 1 (1965)

J. K. Saint-Joseph, The uses of air-photography (1966)

Ph. Filtzinger, Wehranlagen am Donaulimes in Baden-Württemberg im Luftbild. Fundberichte aus Schwaben NF. 18, 1, 1967, 106 ff.

A.-M. Martin, Luftbildarchäologie in der modernen Forschung. Bildmessung und Luftbildwesen 38, 1968, 178 ff.

L. Deuel, Flights into Yesterday. The story of aerial archaeology (1969)

D. Jalmain, Archéologie aérienne en Ile-de-France (1970)

W. Krämer/F. Schubert, Die Ausgrabungen in Manching 1955–1961. Die Ausgrabungen in Manching 1 (1970)

I. Scollar, Einführung in neue Methoden der archäologischen Prospektion. Kunst und Altertum am Rhein 22 (1970)

R. Koch, Zwei Erdwerke der Michelsberger Kultur aus dem Kreis Heilbronn. Fundberichte aus Schwaben NF. 19, 1971, 51 ff.

P. J. R. Modderman, Ausgrabungen in Hienheim. Zweiter Vorbericht. Jahresber. der bayer. Bodendenkmalpflege 10, 1969 (1971), 7 ff.

H. v. Petrikovits, 15 Jahre Rheinisches Landesmuseum Bonn (1958–1973). Bonner Jahrbücher 173, 1973, 316 ff.

H. Sterz, Motorsegler-Archäologie. Segelflieger im Dienste der Heimatforschung (1973)

D. Benson/D. Miles with C. J. Balkwill/N. Clayton, The Upper Thames Valley. An archaeological survey of the river gravels. Oxfordshire Archaeological Unit Survey 2 (1974)

A. Jones/R. Evans, Soil and crop marks in the recognition of archaeological sites by air photography. Aerial reconnaissance for archaeology. CBA 12 (1975), 1 ff.

D. R. Wilson, Photographic techniques in the air. Aerial reconnaissance for archaeology. CBA 12 (1975), 12 ff.

R. Agache, Aerial reconnaissance in Northern France. Aerial reconnaissance for archaeology. CBA 12 (1975), 70 ff.

Motorsegler und Archäologie. Segelflugverein Weißenburg im Dienste der Heimatforschung (1977)

R. Christlein, Die römische Isartalstraße von Moos-Burgstall bis Landshut. Verhandl. des Hist. Vereins für Niederbayern 103, 1977, 30 ff.

J. Dassie, Manuel d'Archéologie aérienne (1978)

M. Eckstein, Neue Befunde zum Standort des spätrömischen Kastells Venaxamodurum in Neuburg. Neuburger Kollektaneenbl. 131, 1978, 168 ff.

R. Agache, La Somme pré-romaine et romaine (1978)

F. Schubert, Archäologische Photographie heute. Archäologie und Photographie, fünfzig Beispiele zur Geschichte und Methode (1978)

H. Koschik, Luftbildarchäologie. Festschrift »10 Jahre Luftrettungsstaffel Bayern« (1979), 21 ff.

R. J. A. Jones, Crop marks induced by soil moisture stress at an Iron Age site in Midland England, UK. Archaeo-Physika 10, 1978 (1979), 656 ff.

Scheffer/Schachtschabel, Lehrbuch der Bodenkunde (1979)

B. Engelhardt, Vorgeschichte aus 400 Metern Höhe. Niederbayern 3, 1980, 75 ff.

H. Koschik, Das römische Feldlager von Weißenburg in Bayern. Jahresber. der bayer. Bodendenkmalpflege 21, 1980, 138 ff.

D. R. Wilson, Factors affecting the Distribution of crop marks in the Anglian region. Aerial archaeology 4, 1979 (1980), 32 ff.

G. Krahe, Luftbildarchäologie mit dem Motorsegler. Jahresber. der bayer. Bodendenkmalpflege 21, 1980, 17 ff.

D. N. Riley, Factors in the development of crop marks. Aerial archaeology 4, 1979 (1980), 28 ff.

Fr. Bender, Angewandte Geowissenschaften (1981)

O. Braasch, Unter Crawfords Zellenfenster. Die amtliche Luftbildarchäologie in Bayern. Symposium »Luftbild und geophysikalische Prospektion in der Archäologie« Brüssel 1979 (1982), 51 ff.

Abbildungsnachweis

Luftbilder

R. Christlein: 7, 18, 45, 58, 60
G. Krahe: 41
alle übrigen Luftbilder: O. Braasch
Luftbilder freigegeben durch die Regierung von Oberbayern/Luftamt Südbayern – Nr. GS 300/9119-82

Textabbildungen

Bayer. Landesamt für Denkmalpflege (Archiv, M. Auer, L. Breinl, R. Christlein, W. Gerstner, E. Högg, F. Leja, F. Ruppaner, H. Stölzl, M. Vaeßen, G. Weber): 8–10, 14, 16, 18, 19, 26, 30, 35, 38, 39, 41, 42, 45, 49, 51, 52, 56, 60, 64, 65, 68, 71, 72, 76–79, 81, 85–88, 91–94, 96–99
Fa. H. Fleischmann, München: Karte Seite 262
Fa. Huber und Oberländer, München: 20, 21, 67 (nach Vorlagen O. Braasch und W. Gerstner)
Ingrid Koschorreck, Landshut: 11, 12, 17, 22–25, 29, 31, 33, 36, 40, 55, 61, 70, 75 und nahezu alle die Farbtafeln erläuternden Umzeichnungen
Die Nachweise aller übrigen Abbildungen sind über das Register zu erlangen.

Archäologie bei Theiss

Wilfried Menghin
Die Frühgeschichte Bayerns

Römer und Germanen – Baiern und Schwaben – Franken und Slawen. 240 Seiten mit 120 Abbildungen und 70 Farbtafeln.
Die erste große Gesamtschau der spätantiken und frühmittelalterlichen Geschichte und Archäologie Bayerns in Text und Bild. Einem ausführlichen einleitenden Teil folgt ein umfangreicher Tafelteil mit eindrucksvollen neuen Aufnahmen. Ein fundiertes Nachschlagewerk und repräsentativer Bildband zugleich.

Wilfried Menghin
Die Langobarden

Archäologie und Geschichte. 320 Seiten mit 45 Abbildungen auf 24 Farbtafeln und 191 Textabbildungen.
Eine Rekonstruktion der spannenden, mitunter blutigen Geschichte dieses germanischen Eroberervolkes. Die Sichtung archäologischer Funde und die Prüfung der alten Quellen lassen ein erstaunlich klares Bild der Langobarden entstehen.

Günter Ulbert, Thomas Fischer
Der Limes in Bayern

Von Dinkelsbühl bis Eining. 120 Seiten mit 93 Abbildungen und 7 Farbtafeln, herausnehmbare Wanderkarte 1:50000, in die Limesverlauf und alle baulichen Anlagen eingetragen sind.
Zahlreiche Fotos von sichtbaren Bodendenkmälern und interessanten Funden geben einen umfassenden Einblick in die Entstehung des Limes, seine Geschichte und militärisch-strategische Funktion. Kartenskizzen und Rekonstruktionszeichnungen veranschaulichen Text und Bild.

Hans Dieter Stöver, Michael Gechter
Report aus der Römerzeit

Vom Leben im römischen Germanien. 272 Seiten mit 99 Zeichnungen, davon 10 doppelseitig, von F. Hilscher-Ehlert.
Die spannende Geschichte über Atto und seine Familie zur Zeit der römischen Herrschaft in Germanien. Begleittexte und Zeichnungen informieren über die damalige politische Situation, die Orte der Handlung und Aspekte des täglichen Lebens. Eine gelungene Kombination von unterhaltsam aufbereiteter Geschichte und fundierter Information.

Herwig Friesinger, Brigitte Vacha
Römer – Germanen – Slawen
in Österreich, Bayern und Mähren

Eine Spurensuche. 200 Seiten mit 368 meist farbigen Abbildungen.
Ein reich illustriertes Sachbuch über das Abenteuer der modernen Archäologie.

Archäologie
in der Deutschen Demokratischen Republik

Hrsg. von J. Herrmann u. a. 880 Seiten mit 650 Abbildungen, davon 55 auf 16 Farbtafeln. 2 Bände im Schuber.
Das zweibändige große Handbuch zur Archäologie in der DDR ist ein Standardwerk, das Laien und Fachleute anspricht. Es bietet einen Gesamtüberblick über die Funde von der Altsteinzeit bis zum Hochmittelalter. Durch seinen systematischen Aufbau ermöglicht es einen raschen Faktenzugriff. 333 archäologische Objekte werden, zumeist reich illustriert, ausführlich vorgestellt.